부를 찾아 떠난
아시아 국가들의 대서사시

더 미러클

T H E
MIRACLE

더 미러클

부를 찾아 떠난 아시아 국가들의 대서사시

초판 1쇄 펴낸날 | 2010년 3월 8일

지은이 | 마이클 슈먼
옮긴이 | 김필규
펴낸이 | 장시원
펴낸곳 | (사)한국방송통신대학교출판부
　　　　　　110-500 서울시 종로구 이화동 57번지
　　　　　　전화 영업 02-742-0954
　　　　　　팩스　　　02-742-0956
　　　　　　출판등록 1982년 6월 7일 제1-491호
　　　　　　홈페이지 press.knou.ac.kr

책임편집 | 박혜원
디자인 | *design* **Bbook** www.designbbook.com
인쇄 | 삼성인쇄

ISBN 978-89-20-00229-8 03320
값 15,000원

부를 찾아 떠난
아시아 국가들의 대서사시

더 미러클

마이클 슈먼 지음 | 김필규 옮김

T H E

MIRACLE

지식의날개

2009년 초 초판을 탈고했을 때 나는 이 책의 성공 여부를 두고 혼란에 빠졌다. 전 세계가 1930년대 이후 최악이라는 경기침체에 빠져들고 있는데, 나는 현대사에서 가장 화려했던 번영의 시기와 경제적 미러클에 대해 이야기하는 꼴이었기 때문이다. 혹시라도 이 책이 현실과 동떨어진 것으로 비칠까 걱정이 앞섰다. 서점에서 독자들이 나의 수년간 노력과 연구의 결과물을 읽으며 못 믿겠다는 듯 머리를 갸웃거릴 수도 있기 때문이었다.

그러나 이는 기우였다. 2008~2009년판 대공황(The Great Recession)은 오히려 전 세계적으로 떠오르는 아시아에 대한 관심을 집중시켰다. 미국, 유럽이 금융위기 속에서 허덕이는 동안 아시아는 지구상 어떤 곳에서도 찾아볼 수 없는 활력과 강한 체력으로 반등을 이뤘다. 서에서 동으로 향하던 경제 권력의 이동은 한층 더 속도를 냈다. 그러자 세계의 저명한 경제학자와 정책입안자들은 아시아를 바라보며 한결같이 이렇게 묻기 시작했다. "저들은 무엇을 잘하고 있으며, 우리는 무엇을 잘못하고 있는 것일까?"

경제성장과 초고속 발전에 관해서 아시아는 분명 전 세계가 배울 점을 여럿 제시했다. 이런 교훈들이 바로 이 책의 주제다. 그리고 과거에도 그랬듯 이 교훈들은 현재도 유효하다. 그럼에도 많은 전문가는 아직도 아시아의 경제성장 스토리에서 잘못된 교훈에만 집착한 채 스스로를 옭아매고 있다. 다음 장부터 보겠지만 많은 학자, 저널리스트는 아시아의 미러클을 다분히 국가 경제에 대한 정부의 간섭 덕분으로 여겼다. 이는 서양에서 전통적으로 가치 있게 여기던 이론에 배치되는 방식이다. 따라서 아시아의 간섭하기 좋아하는 관료들, 정부의 여러 산업 정책은 자유주의 정신에 근간을 둔 미국식 자본주의에 배치되는 것으로 묘사되곤 했다. 그중에서도 특히 국가 주도형 발전의 전형적인 모델로 꼽힌 게 바로 한국이다.

물론 한국을 비롯한 여러 아시아 국가가 가난에 찌든 변방에서 산업 강국의 지위로 부상하는 데 정부가 중추적인 역할을 했다는 사실에는 의심의 여지가 없다. 그러나 아시아 경제권 9곳의 정치와 경제발전을 연구한 결과, 나는 미러클에 있어서 서구의 분석가들이 생각하는 정부의 영향력은 상당히 과대평가됐다는 점을 깨달았다. 아시아 나라들은 급속한 성장을 이루기 위해 저마다 다른 방법을 취했다. 예를 들어 중국과 인도의 경제 붐은 정부가 오히려 한 발짝 물러나 민간에 좀 더 많은 자유를 줌으로써 이뤄졌다. 아시아 최고의 성공사례로 꼽히는 홍콩은 '강력한 국가의 손'을 단 한 번도 경험하지 않았다. 본문에서도 언급했지만, 오히려 아시아가 다양한 방식을 통해서도 성공할 수 있었던 한 가지 공통 요인은 바로 세계화였다.

세계가 대공황으로부터 막 벗어나고 있는 지금, 세계화란 단어의 인기가 상당히 시들해진 게 사실이다. 그러나 아시아가 성장할 수 있었던 비결은 자국의 부를 쌓기 위해 세계화를 구성하는 몇몇 기초 요소의 활용법을 간파했다는 점이다. 자유무역, 자본의 자유로운 흐름, 자유로운 기업활동 같은 것들 말이다. 아시아에서 경제적 성공을 거둔 국가들은 하나같이 글로벌 경제에 자신을 밀착시켜 이를 통해 이익을 얻음으로써 급속한 성장을 이룰 수 있었다. 이는 한국처럼 경제에 대한 국가의 개입이 뚜렷했던 곳에서도 마찬가지였다. 한국 경제는 정부의 지원을 받은 기업들이 국제 시장에서 경쟁력 있는 수출품을 만들어냄으로써 세계 경제에서 현재와 같은 두드러진 위치를 차지할 수 있게 됐다. 이런 한국의 부상은 교역의 힘을 보여준 사례지, 관료의 힘을 나타낸 것이 아니다.

이런 한국의 사례는 세계가 대공황에서 벗어나는 이 시점에 각국의 정책입안자들에게 중요한 시사점을 준다. 분명 세계 경제는 개혁이 필요하다. 금융 분야의 위기가 재발하는 것을 막기 위해선 더 많은 규제가 필요하다. 아시아에서는 계속 외화를 쌓기만 하고, 미국은 계속 빚을 짐으로써 생겨난 엄청난 규모의 불균형은 반드시 축소돼야 한다. 그리고 수출지향적 모델을 고수하던 아시아 경제권은 앞으로 내수 진작을 통해 무역 의존도를 줄임으로써 좀더 건전한 방식으로 성장해야 한다. 예를 들어 한국은 당장이라도 규제를 완화해 서비스업 같은 내수 중심적인 산업을 육성할 필요가 있다. 이를 통해 일자리를 창출하는 한편, 새로운 성장기반도 마련할 수 있을 것이다.

지금 세계 경제는 한창 개혁 중이지만, 우리는 오늘날의 부를 창출해 낸 세계화의 힘을 잊어선 안 된다. 이 책이 보여주듯 자유무역과 자본의 자유로운 이동이 없었다면 아시아는 지금과 같은 모습이 아니었을 것이다. 그런데 과도한 규제나 보호주의적 정책을 도입함으로써 이런 세계화의 기초 요소들을 깎아 내리려 한다면, 자칫 지난날 가난에서 벗어나도록 해 준 동력을 잃을 수도 있다. 한국의 지도자들 역시 전임자들이 일러 준 교훈을 현명하게 받아들여야 할 것이다. 지난 반세기 동안 그랬듯, 앞으로 올 수십 년도 세계화를 끌어안음으로써 경제적 이익을 취할 수 있어야 한다. 아시아 미러클의 교훈은 미래의 경제정책을 이끌어 줄 지침이 될 것이다. 아시아 지역에서뿐 아니라 전 세계적으로도 말이다. 가난한 국가에서건 부자 국가에서건 이 책이 정책 입안자들의 올바른 방향 선택에 도움이 되기를 바라는 마음이다.

홍콩에서 마이클 슈먼

차례

12장 | 용문을 통해 뛰어오른 물고기

13장 | 쇼트닝에서 소프트웨어로의 예상치 못한 여행

- **고겡시**: 오랜 기간 싱가포르의 장관을 지낸 인물. 리콴유의 오른팔로 싱가포르의 산업화를 열정적으로 도왔다.

- **김대중**: 한국의 민주화 지도자. 20년 이상 독재에 맞섰다. 1997년 대통령에 당선됐으며 아시아 경제위기 동안 한국을 이끌었다.

- **김우중**: 대우그룹의 창업자. 한국 기업가 중에 국제적으로 가장 널리 알려진 인물이었다. 아시아에 외환위기가 터지자 세계적인 규모의 파산을 맞는다.

- **나라야나 무르티**: 한때 사회주의자였다. 그의 아파트에서 시작한 사업이 지금은 세계적인 IT 서비스 기업인 인포시스(Infosys)로 성장했다.

- **다임 자이누딘**: 말레이시아의 재무장관. 마하티르 모하마드(전 총리)가 키운 인물로 가장 강력한 경제 관료가 된다. 경제 자유화와 민영화 작업을 주도한다.

- **덩샤오핑**: 중국 국가주석. 1970년대 후반과 1980년대에 공산주의식 계획경제를 무역과 해외투자, 민영기업활동 등에 기반한 경제 모델로 바꾸는 데 성공한다. 이로써 중국이 세계 열강의 반열에 오르는 기틀을 마련한다. 그러나 1989년 톈안먼(天安門) 사태 당시 무자비한 유혈

진압으로 자신의 명성에 오점을 남겼다.

• **도요타 에이지**: 도요타 집안의 경영자로 도요타 생산 시스템을 개발하는 작업과 미국 시장 진출을 이끌었다.

• **라만 로이**: 인도 내 비즈니스 프로세스 아웃소싱(BPO) 산업의 아버지로 알려져 있다. 인도에 처음으로 콜센터를 유치했다.

• **로버트 루빈**: 미국 전 재무장관. 아시아가 경제위기에 처했을 때 아시아 각국의 경제를 구하는 프로그램을 만든다.

• **류촨즈**: 전 중국 국책연구소의 연구원. PC 제조업체 레노버의 설립자이기도 하다. 중국 최초의 다국적기업인 레노버는 나중에 IBM의 PC 사업부문을 인수한다. 글로벌 시장을 노리는 대륙의 야망을 보여주는 신호탄이었다.

• **리궈딩**: 대만의 물리학자. 40여 년 동안 여러 중요한 정책을 입안했다. 각종 아이디어를 제공하여 대만을 세계적 수출국이자 전자제품 생산기지로 만들었다.

• **리카싱**: 홍콩계 재벌인 허치슨 왐포아의 회장. 소규모 조화(造花) 생산업자에서 아시아 최고 갑부로 성장, 세상을 놀라게 했다. 이런 성공 덕분에 '슈퍼맨'이란 별명을 달았다.

• **리콴유**: 싱가포르의 초대 총리. 독창적인 경제정책을 펴 싱가포르를 주요 산업 및 파이낸스의 중심지로 탈바꿈시켰다. '아시아적 가치'를 주창했으며 서구 민주주의에 대해선 비판적이었다. 이 책에서 가장 논란이 되는 인물 중 하나다.

• **마하티르 모하마드**: 22년간 말레이시아의 총리였다. 전직 의사로 총리 취임 후 말레이시아의 경제개발을 위해 일본식과 한국식 정책을 도입했다. 그러나 경제발전에 관한 업적보다는 서구와 유대인에 대한 적대적인 태도로 더 유명하다.

• **만모한 싱**: 온건한 성격의 경제학자. 1990년대 초반 재무장관을 지내면서 인도 경제를 세계무대에 등장시켰다. 이후 인도 경제는 급속하게 성장한다. 2004년 인도의 총리가 된다.

• **메리 마**: 중국 컴퓨터 제조업체 레노버의 최고재무책임자. 이 회사가 IBM PC 사업부문을 인수하는 작업을 이끈다.

• **모리스 장**: 미국 텍사스 인스트루먼트의 전 최고경영자(CEO). 대만 정부로부터 첨단기술 분야의 산업을 일으켜 달라는 특명을 받는다. 대만 최초의 독립 반도체 칩 파운드리(Chip Foundry, 수탁생산공장)인 TSMC(Taiwan Semiconductor Manufacturing Company)를 설립한다.

• **모리타 아키오**: 소니의 공동창업자. 아시아에서 가장 잘 알려진 사업가다. 탁월한 마케팅 능력으로 소니의 성공 신화를 일궜다. 1980년대

미국과 무역분쟁이 벌어지자 일본을 적극적으로 대변한다.

• **모하마드 밥 하산**: 인도네시아 독재자인 수하르토의 골프 친구. '크로니'(Crony, 오랜 친구를 뜻하지만 여기선 수하르토의 측근 기업인을 말함—옮긴이) 경영자의 전형. 나중에 인도네시아 최고의 목재 재벌이 된다. 스스로를 '정글의 왕'이라고 불렀다.

• **몬텍 싱 알루왈리아**: 인도의 공무원. 오랫동안 인도를 지배하던 '라이선스 라즈'(the License Raj, 인허가에 의한 통치—옮긴이)의 철폐를 주장했다. 1990년대 초반 만모한 싱(현 인도 총리)과 P. 치담바람(현 인도 내무장관)의 시장개혁 프로그램을 도왔다.

• **바차루딘 주수프(B.J.) 하비비**: 항공기술자 출신의 인도네시아 장관. 값비싼 대가를 치르며 이 나라의 중공업 분야를 육성했다. 경제개발은 국가가 주도해야 한다는 철학으로 자유시장경제를 신봉하던 '버클리 마피아(Berkeley Mafia)'에 도전한다. 1998년 수하르토가 물러난 뒤 인도네시아의 대통령이 된다.

• **박정희**: 한국의 육군 장성으로 1961년 쿠데타를 일으켜 정권을 잡았다. 18년 동안 집권하며 정부 주도형 경제개발을 이끌었다. '재벌'이라 불리는 가족형 거대기업을 정책적으로 육성했다.

• **박태준**: 한국군 장교 출신으로 박정희의 동료. 한국의 제철산업을 일으켰다.

• **사하시 시게루**: 강력한 권력을 휘둘렀던 일본 통산성의 차관. 그의 공과에 대해선 아직 논란이 있다. 경제개발에 정부가 개입하는 것이 당연하다고 믿었다.

• **서브라마니안 라마도라이**: 인도 타타 컨설턴시의 첫 뉴욕 지사장. IT 서비스 업체인 이 회사가 세계적 기업으로 발돋움하는 데 이바지, 훗날 CEO가 된다.

• **수하르토**: 인도네시아의 육군 장성. 1966년부터 1998년까지 집권했다. 세계에서 네 번째로 인구가 많은 이 나라를 극적으로 가난에서 구출했다. 그러나 권위적인 통치기간에 발생한 부패·족벌체제 등에 대한 비판이 거세져 결국 1998년 사임했는데 그때가 바로 아시아에 경제 위기가 터진 시점이다. 다른 인도네시아 인들처럼 성·이름 구분 없이 수하르토라고만 불린다.

• **스리다르 미타**: 인도의 유능한 기술자. 1980년대 IT 업체인 위프로(Wipro) 설립의 중추였다.

• **스탠 시**: PC 제조업체 에이서(Acer)의 창업주로 대만 컴퓨터 산업의 대부다. 패스트푸드 사업 모델을 컴퓨터 조립 업무에 적용했다. 이는 글로벌 PC 산업계에서 획기적인 일이었다.

• **쑨윈쉬안**: 대만 행정원장. 대만의 기술산업을 키우는 주요 정책들을 마련했다.

• **아짐 프렘지**: 인도 위프로 회장. 식물성 유지를 짜 팔던 가족기업을 강력한 IT 서비스 업체로 일궈 낸다. 현재 인도에서 가장 돈이 많은 사람 중 하나다.

• **안와르 이브라힘**: 말레이시아 재무장관. 아시아 경제위기가 닥치자 마하티르 모하마드(전 총리)의 급진적인 경제정책에 맞선다. 말레이시아 개혁당(Malaysian Reform Movement)의 총수가 된다.

• **알리 와다나**: 인도네시아 '버클리 마피아'의 핵심 멤버. 재무장관을 오래 했다. 자유시장경제를 디자인하여 인도네시아에 기적을 일궜다.

• **알버트 윈즈마이어**: 네덜란드 경제학자. 리콴유의 핵심 조언자로 싱가포르의 여러 정책에 영향을 끼쳤다.

• **앨런 하센펠드**: 미국 완구업체 하스브로의 전 회장. 1960년대 후반부터 1970년대에 걸쳐 홍콩의 리카싱 등 아시아 제조업자들과 돈독한 관계를 유지했다. 이 시기 미국 제조업체들은 앞다퉈 아시아로 생산기지를 옮기기 시작했다.

• **양위안칭**: 중국 레노버 그룹의 CEO. 공격적인 경영 스타일을 바탕으로 레노버를 중국 최대의 PC 제조업체로 키워 낸다. 역사적인 인수·합병 사례인 IBM PC 사업부 인수작업을 이끈다.

• **에밀 살림**: 인도네시아 수하르토 정부에서 오랫동안 장관을 지냈다.

'버클리 마피아'의 핵심 멤버. 버클리 마피아는 30여 년 동안 인도네시아의 정책을 좌지우지한 경제학자 그룹을 말한다.

• **오노 다이치**: 도요타의 기술자. 최고의 효율을 자랑하는 도요타 특유의 생산방식인 '린(Lean)' 방식을 고안했다.

• **완리**: 덩샤오핑의 수하로 있던 공산당 간부. 집단농장 대신 가족경작 체제 도입을 주장, 중국 농업의 개혁을 이끌었다.

• **위조조 니티사스트로**: 유능한 경제학자. 인도네시아 경제정책 팀 '버클리 마피아'의 비공식 수장이다. 팀의 다른 멤버들이 배운 경제학 이론을 실제 정책에 쓸 수 있게 했다.

• **이부카 마사루(井深大)**: 일본 소니의 공동창업자. 천재적 기술자로 소니의 히트작 상당수가 그의 손에서 나왔다.

• **이케다 하야토**: 1960년대 초반 일본의 총리. '10년 내 국가 수입을 두 배로 늘리겠다'는 계획을 세우는 등 일본 경제에 자신감을 불러 일으켰다.

• **자오쯔양**: 중국 공산당 총서기. 덩샤오핑 이후 가장 창조적인 경제개혁가이자 경제계의 변화에 가장 큰 영향력을 끼친 인물.

• **장뤼민**: 중국의 최대 가전업체 하이얼 그룹의 CEO. 중국 기업으로는

최초로 미국에 공장을 세우고 냉장고를 생산했다.

• **장제스**: 중국 국민당 총수. 마오쩌둥이 이끄는 공산당에 패한 뒤 중국 전역에서 지배력을 잃는다. 대만으로 건너가 새 정부를 세운 뒤 초창기 아시아에서 가장 인상적인 성공 신화를 쓴다. 이는 함께 건너간 숙련된 기술관료들 덕분이다. 1950년부터 1975년까지 대만 총통을 지냈다.

• **잭 웰치**: 제너럴 일렉트릭(GE)의 CEO. 인도를 믿고 사업부문 일부를 맡김으로써 이 나라의 IT와 BPO 산업을 도왔다.

• **정몽구**: 정주영의 아들. 1990년대 후반 현대자동차의 경영권을 넘겨받는다. 2류에 머물러 있던 현대자동차는 이후 메이저 기업으로 탈바꿈한다.

• **정주영**: 한국의 거대기업인 현대그룹의 창업자. 가난을 극복하고 이 나라를 대표하는 자동차 · 조선산업을 일궈 낸다. 왕회장(King Chairman)'으로 널리 알려졌다.

• **존 조이스**: IBM의 최고재무관리자(CFO). 사내 PC 사업부를 떼내 중국 레노버(Lenovo)에 매각하는 협상을 진행했다.

• **주룽지**: 중국 총리. 덩샤오핑의 경제개혁정책을 더욱 단단하게 하는 후속 정책들을 내놨다. 중국 경제가 한층 더 자유화하는 데도 기여했

다. 중국의 세계무역기구(WTO) 가입을 이끈 것이 가장 큰 업적으로 꼽힌다.

• **찬친복**: 싱가포르 경제개발이사회(EDB) 멤버. 경제개발 초기 해외투자자들이 싱가포르에 관심을 갖게 하는 역할을 맡았다.

• **팔라니아판 치담바람**: 변호사로 만모한 싱의 최측근이다. 1990년대 초반 상공부 장관으로 인도의 시장개혁 작업을 이끈다. 특히 인도 경제에서 '라이선스 라즈'를 없애는 데 지대한 공헌을 한다.

• **펑훈추, 빅터 펑, 윌리엄 펑**: 홍콩계 무역회사인 리 앤드 펑(Li & Fung)의 경영진. '국경 없는 제조업 (Borderless Manufacturing)' 분야를 개척했다. 각 부품을 생산비가 가장 싼 나라에서 조달해 완제품을 만드는 생산방식이다.

• **프라모드 바신**: GE캐피털 인도법인 대표. 라만 로이와 손잡고 인도 내에서 갓 시작된 비즈니스 프로세스 아웃소싱(Business-Process Outsourcing) 산업을 자국에서 가장 규모가 크고 영향력 있는 산업으로 키워 낸다.

• **혼다 소이치로**: 자동차 사업가 가운데 2차대전 이후 가장 성공한 인물. 혁신적인 핵심기술 개발로 사업을 일으켰다. 강력한 위상을 자랑하던 일본 통산성(MITI)의 지침에 정면으로 맞섰던 일화로도 유명하다. 일본 자동차업체 중 처음으로 미국에 생산공장을 연다.

• **후야오방**: 중국 공산당 총서기. 덩샤오핑의 핵심 측근이다. 급진적 개혁주의자였으며 '표현의 자유'를 얻기 위해 투쟁에 나섰다. 1989년 그의 죽음이 톈안먼 사태의 불을 지폈다.

• **F.C. 콜리**: 독선적 인물이지만 인도에선 IT(정보통신) 산업의 아버지로 불린다. 타타 컨설턴시(Tata Consultancy)를 인도 최초의 국제적 IT 서비스 업체로 키운다.

• **H.C. 팅과 케네스 팅**: 부자간이다. 카더 인더스트리얼(Kader Industrial)을 아시아 최고의 완구업체로 키웠다. 생산 기반을 일찌감치 중국으로 옮긴 기업 중 하나.

• **P.V. 나라시마 라오**: 오랫동안 인도 국민의회당을 이끌었다. 1991년 경제위기에 총리가 돼 정치적 역량을 총동원하여 국가 경제를 뜯어고침으로써 온 국민을 깜짝 놀라게 한다.

기적은 어떻게 일어났을까

우리 세대 위인이 품어야 할 야망은 모든 이의 눈에서 눈물을 닦아 주는 것이었다.

—자와할랄 네루

    사무실로 안기부(현 국가정보원) 요원의 전화가 왔다. 당시 나는 「월스트리트 저널Wall Street Journal」의 한국 특파원으로 서울에 있었다. 1997년 12월, 아시아는 최악의 경제위기에 처했고 그 벼랑 끝에 한국이 있었다. 기업들은 줄도산했고 실업률은 치솟았으며 증시와 원화가 치는 곤두박질쳤다. 나라 안 외화가 말라붙어 해외부채에 대해 '지급 불능(Default)'을 선언할 수도 있는 상황이었다. 바로 전달 대통령은 국제통화기금(IMF)을 찾아가 도움을 청했다. 국민들은 이를 치욕으로 받아들였지만 이렇게까지 해서 받아 온 580억 달러의 자금은 별 효과가 없어 경제를 살리기는커녕 하강 속도를 늦추지도 못했다. 불확실성과 혼돈 속에서 한국인들은 '최악은 아직 오지도 않았다'는 불안감에 휩싸였고 한국 경제는 붕괴 직전이었다.

    그런 상황에 걸려온 안기부 요원의 전화였다. 그때 나는 막 부임한 스티븐 보스워스 주한 미대사와 미대사관에서 면담을 마치고 돌아오는 길이었다. 그 자리에서 보스워스는 나와 또 다른 외신 기자 두 명에게 한국의 경제위기에 대한 워싱턴의 견해를 설명했다. 면담을 마친 뒤 나는 청명한 겨울 날씨도 즐길 겸 대사관이 있는 세종로를 따라 시청 근처의 사무실까지 걸어왔고 전화를 받은 건 사무실에 도착하고 얼마 지나지 않아서다. 전화를 건 이는 자신을 안기부 요원이라고 밝힐 뿐 이름은 말하지 않았다.

"대사관에서 들은 이야기를 우리도 좀 알았으면 합니다."

약간 당황스러웠다. 특파원으로 일하며 안기부의 전화를 받는 것은 특별한 일이 아니었다. 1990년대 들어 한국에 민주정부가 들어섰다고는 하지만 언론 통제 등 독재정권의 잔재는 여전히 남아 있었기 때문이다. 그렇다 해도 내가 대사관에서 브리핑을 받고 왔다는 사실을 한국 정부가 이렇게 빨리 알았다는 것은 놀라운 일이었다. 정보요원들이 이렇게나 빨리 정보를 수집한 적은 없었기 때문이다.

나는 그들이 상황을 웬만큼은 파악하고 있다고 판단했다. 한국에서 2년간 특파원으로 지낸 경험상 이런 상황에서는 아무것도 말하지 않는 것이 최상의 대처법임을 직감했다. 내가 하는 일을 한국 정부가 모를수록 좋았다. 나는 대답했다.

"무슨 말씀을 하시는지 잘 모르겠네요."

수화기 저편의 사람은 계속 캐물었다.

"우리는 당신이 미대사관에 있었다는 걸 압니다. 그가 무어라 말했는지 듣고 싶습니다."

도대체 무슨 꿍꿍이일까 생각했다. 혼란에 빠진 한국 정부는 아마도 미대사관에서 내게 다음날 쓸 기사와 관련해 어떤 지시를 했다고 생각하는지도 모른다. 당시 한국에선 흔하던 일이니 말이다. 어쩌면 미국 외교관과 외신이 짜고 한국을 위험에 빠뜨릴 음모를 꾸미고 있다고 생각하는지도 모른다. 그래서 이를 막으려고 안간힘을 쓰는 것일 수도 있다고 생각했다. 경제위기와 관련해 내가 쓴 기사는 이미 그런 의혹을 사고 있는 상태였다. 나와 내 동료 기자는 한국에 불어닥칠 재난에 대해 일찌감치 경고했다. 그러자 한국 언론은 우리를 위기의 주범으로 몰아세웠다. 그 후 몇 주 동안 나는 패닉 상태에 빠진 재정경제부 관계자들이 보낸 비난과 항의 메일에 시달려야 했다.

한국 정부가 어떻게 생각하든지 간에 나는 보스워스 대사의 브리핑 내용을 한국판 미중앙정보국(CIA)인 그들에게 알려주고 싶지 않았다. 그래서 "다른 독자들과 마찬가지로 내일 신문을 보면 알 수 있을 겁니다"라고 답한 뒤 전화를 끊었다.

그동안 안기부의 참견이 짜증스러웠던 건 사실이다. 그러나 이번 경우는 좀 안쓰러웠다. 나 역시 이 위기가 한국에 가져온 트라우마를 잘 알고 있었기 때문이다. 내게 한국은 제2의 고향과 같다. 이전 40여 년 동안 한국인들은 경제성장과 수익증대에 익숙해 있었다. 그런 상황에 한 순간의 악몽처럼 경제위기가 들이닥쳤다. 엄청난 노력으로 쌓아올린 부(富)가 불과 며칠 만에 사라져 버렸다. 갑자기 해고된 직장인들은 가족에게 실직 사실을 알릴 수도 없었다. 매일 아침 평상시처럼 짙은 정장 차림으로 출근하는 척 집을 나서서는 공원이나 서울 외곽으로 발걸음을 돌려야 했다. 그리고 그곳에서 하루를 보냈다. 한편 주부들은 금붙이를 모았다. 이를 팔아서라도 바닥난 정부 재원을 메워 보겠다는 것이었다. 운이 나빴던 당시 재정경제부 장관은 추후 책임을 지고 감방 신세를 져야 했다.

최근 2008년, 2009년 2년 동안 미국과 서유럽 국가들은 경기침체를 겪고 있다. 엄청난 양의 부와 일자리, 희망이 사라졌다. 10년 전 한국 인들이 겪었던 불안·공포를 똑같이 느끼게 된 것이다. 30대 이상의 한국인이라면 누구나 감수해야 했던 가난을 기억한다. 이를 극복하기 위해 얼마나 큰 고통을 겪고 희생을 견뎌야 했는지도 말이다. 1960년 대 초반 한국인들은 열악한 환경에서 일했다. 그럼에도 더 나은 삶을 위해 허리띠를 졸라매고 저축을 했다. 국가 경제를 성장시킨다는 명목 하에 시민의 권리나 개인의 자유 등은 독재정권 앞에 잠시 접어 뒀다. 그러고는 결국 성공했다. 라이베리아나 짐바브웨, 이라크보다 가난했 던 한국은 불과 35년 만에 경제협력개발기구(OECD, Organization for Economic Cooperation and Development)에 가입할 정도로 성장했다.

한국의 경제성장은 부를 쌓는 것 이상의 의미가 있다. 한국의 경제 성장은 국가의 목적을 분명히 하고, 5000년 역사에서 드물게 자존심과 자신감을 드높였으며 경제적으로 존경받고 힘 있는 나라로 인정받게 했다. 이런 상황은 다른 아시아 국가에서도 마찬가지였다. 인도에서 일본까지, 아시아의 여러 나라는 수세기 동안 계속된 식민통치, 전쟁 의 폐허를 딛고 다시 일어났다. 그리고 혁명을 통해 근대국가를 이뤘 다. 그 과정에 모두 경제적 궁핍과 희생, 점진적인 성공을 경험했다.

다행히도 한국과 그 이웃 국가들은 이번 글로벌 금융위기의 영향을 크게 받지 않았다. 1950년대부터 이들 아시아 국가가 거둬들인 경제적 이익은 측정 불가능할 정도다. 아시아는 근대 역사에서 거둘 수 있는 최대의 부를 창출했고 엄청난 수입의 증가는 30억 아시아 인에게 전례 없는 물질적 풍요와 경제적 기회를 가져다 주었다.

경제학자들은 이를 '아시아의 경제 기적'이라고 불렀다. 실로 기

| 도표 P-1 | 1인당 국민소득의 증가(단위: US달러)

국가	1965	2007	증가비율(%)
한국	130	19,690	15,046
대만	204	15,078	7,291
싱가포르	540	32,470	5,913
홍콩	710	31,610	4,352
일본	890	37,670	4,133
태국	130	3,400	2,515
중국	100	2,360	2,260
인도네시아*	70	1,650	2,257
말레이시아	330	6,540	1,882
인도	110	950	764

*인도네시아는 1969년 수치임   출처: 세계은행, 대만 통계국

미러클은 믿을 수 없는 부의 증가를 낳았다.

적이라 할 만하다. 1981년 동아시아는 세계 어떤 곳보다도 가난했다. 하루 소득이 1.25달러도 안 되는 이가 전체 인구의 80%에 달했다. 2005년 현재 이 비율은 18%로 떨어졌다(사하라 이남 아프리카 인 가운데 이런 기준의 절대빈곤에 시달리는 비율이 50%에 달한다. 같은 기간 이 수치는 거의 변하지 않았다). 아직도 논바닥에 발을 담그고 초가에 살며 자급자족에 의지했을지 모르는 수억의 아시아 인은 이제 에어컨이 빵빵하게 나오는 초고층 빌딩에서 일한다. 꽉꽉 찬 냉장고와 함께 풍족한 삶을 누리며 스타벅스 카푸치노도 즐긴다. 40년 전만 해도 대다수 아시아 인 가운데 초등교육을 받은 사람은 운이 좋은 편이었다. 그런데 지금은 상당수의 부모가 자녀를 미국 유수의 대학에 유학을 보낸다. 1950년대만 해도 아시아 경제는 스스로조차 먹여 살릴 수 없었다. 그런데 오늘날은 반도체와 LCD 패널, 노트북 컴퓨터가 그 어느 곳에서보다

많이 생산된다.

내가 아시아로 온 것은 이런 변화 때문이다. 대학 시절 경제개발에 관한 단편적인 내용을 책에서만 보았기에 이런 과정을 직접 겪어 보고 싶었다. 아시아는 나의 기대를 저버리지 않았다. 방콕 시내에서 혼잡한 스카이트레인을 타거나, 구형 앰배서더 택시를 타고 뉴델리를 둘러보거나, 바쁘게 돌아가는 상하이 거리를 거니노라면 그 도시들이 더 부유해졌고 이전에 들렀을 때보다 더 현대화돼 있다는 것을 느낄 수 있었다. 아시아는 매일 매일 변하고 있었던 것이다.

내가 아시아를 처음 방문한 것은 1991년, 「극동경제평론Far Eastern Economic Review」의 뉴델리 지사에서 석사 인턴을 하기 위해서였다. 이전까진 인도 같은 미개발국가를 가 본 적이 없었다. 그곳에서 나는 일단 '빈곤함'에 충격을 받았다. 콜카타(옛 캘커타)에 있던 호텔을 나서면 거리의 아이들이 내 셔츠 자락을 잡고 구걸을 했다. 나는 그 아이들에게 바나나를 사 주었다. 힌두교 성지인 바라나시에선 동네 사람들이 신성한 갠지스 강에서 매일 아침 목욕을 했다. 여기서 이도 닦고 빨래도 했다. 도심에서 흘러온 오수 때문에 악취가 진동하는데도 말이다. 처음엔 기꺼이 주머니를 털어 이들에게 줬다. 그러나 몇 주 지나니 그 액수가 만만치 않았다. 그러자 '굳이 내가 나설 일은 아니잖아' 하는 생각이 들었다. 미안한 마음은 들었지만 나 자신에게 면책특권을 줄 수밖에 없었다. 그만큼 인도의 가난은 누구 한 사람이 해결할 수 없는, 절박한 수준이었다.

물론 지금도 인도는 여전히 가난하다. 그러나 예전과 다른 점은 경제적 활기가 넘친다는 것이다. 내가 처음 방문했을 때는 상상도 못 했던 일이다. 뭄바이에서 첸나이까지 잘 차려입은 전문직 젊은이들이 멀티플렉스 극장에서 영화를 보고, 택시 기사들은 휴대전화를 들고 주절 댄다. 인도 남부의 옛 무슬림 타운인 하이데라바드엔 첨단기술 단지가 있다. 그런데 바로 인근엔 전통 기술자가 금·은을 망치로 직접 두들겨 만든 장신구를 파는 재래시장도 있다. 가난에 찌들었던 콜카타도 달라졌다. 파크 스트리트를 따라 늘어선 레스토랑과 야경으로 유명한 중심가에는 이제 사람들과 희망으로 넘쳐난다.

부의 이동이 가져온 파급력은 아시아를 넘어섰다. 미러클은 지난 수백 년 만에 처음으로 아시아가 세계를 상대로 지대한 영향력을 갖게 했다. 어쩌면 몽골의 친기즈칸이 모스크바에서 바그다드를 지나 광저우까지 지배하던 14세기 이후 처음일지도 모른다. 이제 홍콩과 상하이 증시가 월스트리트에서 일어날 일을 결정짓는 상황이 됐다. 또 도쿄나 베이징 중앙은행의 발표에 미국 연방준비제도이사회(FRB) 의장이 촉각을 곤두세운다. 아시아의 투자자들은 전 세계 주식·환율·부동산 시장에서 큰손이 됐다. 경제적 파워에는 정치적 파워가 뒤따르기 마련이다. 경제성장을 발판으로 아시아 국가들은 자신의 이익을 극대화하는 전략을 짜고 있다. 이는 지난 수세기 동안 볼 수 없던 공격적인 행보다. 국제적인 에너지·원자재 확보전도 이미 불이 붙은 상태다. 또 아시아 각국의 외교 공세는 UN 회의장부터 저 멀리 아프리카의 주요 도시까지 진출하고 있다. 그 대표주자는 중국인데 경제적·외교적 파워를 바탕으로 기후변화나 무역자유화·비핵화·인권 등과 관련한 주요 이슈에서 강력한 영향력을 행사한다. 결국 미러클은 2차 세계대전 이후 전 세계 역사에서 가장 중요한 트렌드인 셈이다. 어쩌면 이 여파는 공산주의의 붕괴나 테러와의 전쟁 때보다 더 깊고 오래갈지 모른다.

아시아가 떠오르면서 미국과 유럽에는 이들이 곧 서구를 잠식할 거라는 두려움이 생겼다. 영국계 역사학자인 니얼 퍼거슨(Niall Ferguson)은 아시아가 근대화함에 따라 "서구의 상대적인 하강은 막을 수 없을 것"이라며 "그 결과 세계 질서는 재편될 것"이라고 전망했다. 지난 30년간 정치인·언론인·경제학자들은 아시아의 위협을 경고했다. 반(反)자유무역주의자로 돌아선 클라이드 프레스토위츠(미국 경제전략연구소 소장, 레이건 행정부에서 통상부 장관 자문위원으로 활동했다—옮긴이)는 1980년대 후반에 이미 아시아의 성장이 미국 경제에 어둠을 드리울 거라 경고했다. 그 첫 번째 정복자는 일본이었다. 이어서 중국과 인도의 위협이 이어졌다. 프레스토위츠는 2005년 쓴 글에서 '속도가 빠르건 느리건 지금 동양에 부와 힘을 가져다 주는 이 동력이 결국 서양엔 위기와 고통으로 이어질 것'이라고 전망했다. 또 '앞으로 미국은 세계의 자유를 지키는 선도국이 아니라 현재의 삶을 유지하거나 눈앞의 이익을 지키기도 힘든 신세로 전락할 것'이라고 봤다. 그는 미국 독자들에게 이런 상황이 곧 닥칠 거라고 경고하며 이를 '경제적 9·11 사태'라고 표현했다.

물론 이런 공포 섞인 전망은 긴 안목에서 찬찬히 뜯어볼 필요가 있다. 아직도 중국 경제는 미국 경제의 4분의 1 수준이니 말이다. 어쨌든 앞으로 수십 년에 걸쳐 미국이 경제적으로 엄청나게 커진 아시아와 맞닥뜨릴 것은 분명하다. 이는 서양이 침체해서가 아니다. 동양이 성장하기 때문이다. 결국 아시아의 성장으로 세계경제는 다극화될 것이다. 2004년 제프리 삭스(Jeffrey D. Sachs, 미국 컬럼비아 대 경제학 교수—옮긴이) 역시 "세계경제의 무게중심이 아시아로 옮겨감에 따라 미국의 영향력도 점차 사그라들 것"이라고 전망했다. 또 "21세기가 전례 없는 번영과 과학적 발전의 시대가 될 것"이라면서 "그러나 미국은 세계에서

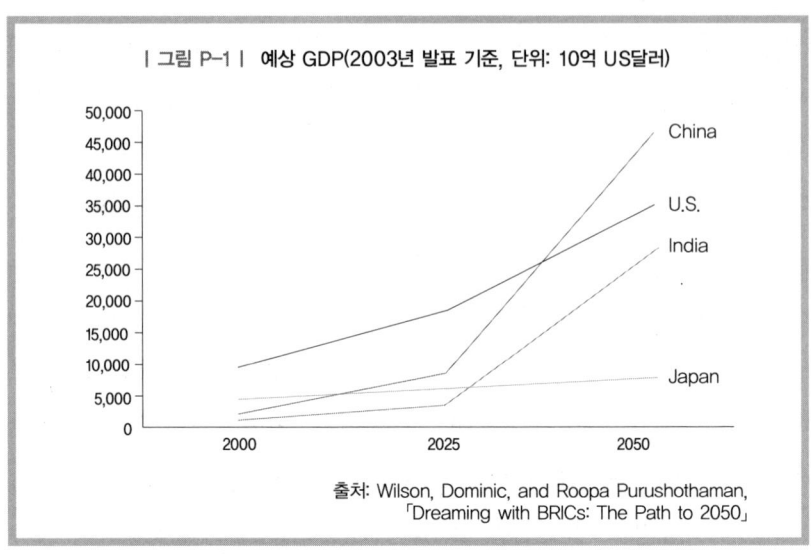

| 그림 P-1 | 예상 GDP(2003년 발표 기준, 단위: 10억 US달러)

출처: Wilson, Dominic, and Roopa Purushothaman,
「Dreaming with BRICs: The Path to 2050」

미러클은 글로벌 경제를 재편하고 있다. 2050년까지 중국은 미국으로부터 최강 경제
대국의 지위를 물려받게 될 것이다. 그 뒤를 인도가 바짝 쫓고 있다.

'필수 불가결한 국가' 라던 지위를 잃고 그저 경제적으로 성공한 많은
나라 중 하나가 될 것"이라고 했다. 투자은행인 골드만삭스도 2003년
보고서에서 중국이 2041년까지 세계 최강 경제대국의 지위를 넘겨받
을 것이라고 분석했다. 한편 인도는 2032년이면 일본을 제치고 세계 3
위의 경제권으로 도약할 것이라고 봤다. 그래서 결국 2050년에 이르면
중국·인도 경제권을 합친 규모가 미국의 두 배 이상이 될 것이란 결
론이다. 골드만삭스는 아주 짤막하면서도 불길한 질문으로 이 보고서
를 마무리지었다.

'당신은 준비돼 있습니까?'

우리 모두 준비해야 한다. 이런 미러클이 금세 시들진 않을 것이다.
미러클은 앞으로 한동안 글로벌 경제의 여러 관계·사건 등에 최우선
적으로 영향을 끼칠 것이다. 물론 그러는 동안 1990년대 한국이 그랬

듯 아시아 역시 때때로 위기를 겪을 것이다. 또 2008년 글로벌 금융위기 때처럼, 경기가 성장속도를 늦추거나 마이너스로 돌아설 수도 있다. 아니면 정치적 격변, 사회 폭동으로 성장 궤도에서 벗어날 수도 있다. 그러나 결국 우리가 이야기하려는 것은 미러클이다. 다른 모든 기적과 마찬가지로 실재하건 않건 간에 기적들은 스스로 영향력을 가지기 마련이다. 2005년에 중국 서부를 여행한 적이 있다. 그곳에서 첸샹지엔이란 사람을 만났다. 안경을 쓴 32세의 이 남자는 지방 정부가 운영하는 어느 제조업체의 영업사원이었다. 그가 사는 충칭은 인구가 3200만이나 되는, 세계적으로 규모가 큰 도시다. 첸은 지난 5년간 그의 삶이 어떻게 바뀌었는지 설명했다. 우선 수입이 세 배로 늘었다. 소니 디지털 비디오 카메라와 노트북 컴퓨터, 여기에 아파트도 두 채나 샀다. 지금은 자신의 첫 승용차를 살 계획을 세우고 있었다. 그는 자기 앞에 펼쳐질 일을 생각하며 들떠 있었다. 한 살배기 딸 유유에 대한 기대감은 이보다 더 컸다.

"유유가 내 나이가 될 때는 아마 생활 수준이 미국만큼 좋아지겠죠."

요즘 아시아에선 이런 꿈이 현실이 되고 있다.

미러클이 얼마나 기적적이었는지를 제대로 알려면 먼저 1950년대 아시아의 비참했던 상황을 돌아볼 필요가 있다. 우리의 이야기는 여기서 시작된다. 당시 아시아의 대부분 지역은 혼돈 속에 있었다. 한때 어마어마했던 일본 경제는 미국과 치열하게 싸우면서 초토화한 상태였다. 1945년 2차 세계대전이 끝날 무렵 일본의 국부는 무려 4분의 1이나 사라졌다. 연합군의 폭격을 받은 16개 대도시의 40%가 파괴됐고 수백만 명이 한 순간에 난민이 됐다. 이들 중 상당수는 기아와 영양실조에 시달렸다. 당시 특파원이던 러셀 브라인스는 전후의 도쿄를 이렇게 묘사했다.

"모든 것이 평평해졌다… 오직 평지 위에 대중탕 굴뚝 몇 개와 철제 셔터가 달린 건물이 엄지손가락처럼 남아 있었다."

어느 미국 정부 관계자 역시 이런 상황을 두고 "일본 대도시의 경제 기반이 송두리째 파괴됐다"고 보고했다.

전쟁의 상흔은 다른 아시아 국가에도 남았다. 이는 상하이를 지나 싱가포르까지 침략한 일본군 때문이다. 1937년 일본군은 중국 대륙을 공격했다. 그리고 난징 대학살을 자행했다. 20세기에 벌어진 가장 악랄한 사건 중 하나였다. 당시 중국에선 미국이 뒤를 봐주는 장제스의 국민당과 마오쩌둥이 이끄는 공산당 사이에 내전이 한창이었다. 마오쩌둥은 1949년 결국 내전을 승리로 이끌고 중화인민공화국을 세웠다. 그러는 동안 장제스는 타이완으로 건너가 국민당 정부를 설립했다. 채 1년도 지나지 않아 이번엔 한국에서 전쟁이 일어났다. 일제 치하에 있던 한반도는 2차 세계대전이 끝난 뒤 두 쪽으로 갈렸다. 북쪽엔 소련, 남쪽엔 미국의 영향을 받은 세력이 들어섰다. 3년 뒤 이 두 지역은 각각 북한과 남한으로 정착됐다. 그러다 1950년 북한이 전쟁을 일으켰다. 한반도를 공산주의로 통일한다는 것이 목적이었다. 미군은 남한을 지키려고 전쟁에 뛰어들었고, 얼마 지나지 않아 마오쩌둥의 중국군도 북한을 돕는다며 참전했다. 전쟁이 계속되던 3년 동안 한국의 도시들, 그리고 얼마 있지도 않던 산업 기반이 초토화했다. 어려운 시절을 보여주는 상징적 음식이 바로 '부대찌개'다. 굶주린 한국인들은 미군기지 밖 쓰레기장을 뒤져 먹다 남은 레이션 찌꺼기나 햄 쪼가리, 스파게

티, 치즈 등 먹을 수 있는 건 모두 모아 고추장을 넣고 한데 끓여 먹었다. 이 요리는 지금도 잘 팔린다. 물론 지금은 쓰레기통에서 나온 재료가 아니지만 말이다.

현재 우리가 알고 있는 남아시아나 동남아시아 국가들은 최근 들어서야 근대 민족국가 형태로 자리 잡았다. 네덜란드의 지배를 받던 인도네시아는 1945년 독립을 선언했고 역동적인 민족주의자 수카르노가 이 나라의 첫 번째 대통령이 됐다. 그는 자국에서 네덜란드 군대를 몰아낸 뒤, 1만 7500개나 되는 섬들을 통합하는 작업에 착수했다. 제각기 고유한 언어를 쓰는, 완전히 다른 종족을 한데 모으는 일이었다. 한편 인도는 1947년 대영제국으로부터 독립한다. 마하트마 간디의 전설적인 비폭력 불복종 운동이 있은 직후였다. 인도네시아와 마찬가지로 인도 역시 이때 처음으로 근대 민족국가의 꼴을 갖췄다. 왕이 통치하던 지역과 식민 지역을 합친 어색한 조합이긴 하지만 말이다. 1957년까지 말레이시아라는 나라는 없었다. 당시 식민통치를 하던 영국의 주도하에 반(半) 독립상태이던 여러 술탄을 합병, 나라의 형태를 갖췄고 싱가포르는 1965년 말레이시아에서 분리 독립하면서 독립국가의 기틀을 닦았다.

이처럼 20세기 중반 아시아가 겪은 격동이나 혁명, 전쟁 등은 수세기 동안 정체 상태에 있다가 최근에야 겪게 된 사건들일 뿐이다. 역사를 보면 아시아가 유럽보다 훨씬 부유하고 발전한 적도 있다. 1600년대 초반에는 전 세계 총생산(GDP)에서 아시아가 차지하는 비율이 3분의 2나 됐다. 서유럽을 다 합쳐도 20%에 불과하던 때다. 당시 중국과 인도가 양대 경제권으로 각각 전 세계 GDP의 29%, 23%를 차지했다. 17세기 인도를 여행하던 프랑스인 프랑수아 베르니에르는 그곳을 통치하던 무굴제국을 보며 이렇게 감탄했다. "세상의 어느 왕조가 이런 부를 누릴 수 있을까? 금은보화는 물론이고 금실·비단·자수·진주·사향·호박 등 이들의 사치품 소비는 상상을 초월한다."

그러나 이는 딱 1500년대까지였다. 이후 아시아는 서구와는 반대로 아주 천천히 그리고 깊게 침체의 늪에 빠져들었다. 그러는 동안 유럽 사회는 무기, 항해술 등에서 새로운 기술을 개발했다. 또 근대적인 형태의 기업도 만들었다. 이런 변화가 결국 군사·경제적인 우위에 서게 했다. 그런데 유럽인들은 향신료나 비단, 도자기 등 아시아에서 생산되는 사치품을 몹시도 탐냈다. 결국 유럽의 신기술은 이런 사치품을 찾는 데 쓰일 수밖에 없었다. 16세기 후반 동서무역을 지배한 것은 포르투갈이다. 비록 작은 나라지만 서아프리카부터 페르시아 만, 일본에 이르기까지 주요 무역거점을 확보하고 있었다. 18세기 영국의 산업혁명은 유럽 전체를 제조업 강국으로 만들었다. 그로 인한 동양과 서양의 격차는 무려 2세기가 지나도록 계속돼서 19세기 후반 아시아 국가 대부분은 유럽 제국주의의 지배를 받게 됐다. 유럽에 복속되기에 너무 덩치가 컸던 중국은 식민통치는 면했지만 실질적으로는 이들의 영향권에 있었다. 무력을 등에 업은 유럽 각국은 영국의 주도하에 중국과 불평등 조약을 맺었다. 그리고 영토 일부를 할양받는 등 각종 이권을 챙겼다. 1842년 홍콩이 영국에 넘어간 것도 그 와중에 벌어진 일이다.

1950년대 후반에 이르러 이들 아시아 국가는 식민통치에서 벗어났다. 그러나 예전의 영화는 멀기만 했다. 개발경제학자들은 오히려 다른 지역에서 경제발전의 희망을 찾았다. 발전 상태가 상대적으로 나은 라틴아메리카나 천연자원이 풍부한 아프리카의 가나·콩고 등에 성장의 기회가 더 많다고 본 것이다. 자원도 부족한 데다 산업 기반 자체가

| 도표 P-2 | 1965년부터 1999년까지 1인당 국민총생산(GDP)의 평균 증가율

지역	평균 증가율(%)
동아시아	5.6
남아시아	2.4
선진국	2.4
전 세계	1.6
라틴아메리카	1.4
중동 · 북아프리카	0.1
사하라 이남 아프리카	−0.2
동유럽 · 중앙아시아	−1.5

출처: 세계은행

동아시아 국가들은 소득증가 면에서 다른 지역을 훨씬 앞섰다.

없던 한국 · 대만 · 싱가포르 등 동아시아 국가들에는 아무런 희망도 보이지 않았다. 짐작건대 국제경제의 바닥은 바로 여기였다. 그리고 여기서 미러클은 시작됐다.

이들은 어떻게 기존 경제이론을 무시하고 글로벌 경제의 선두로 나설 수 있었을까? 대관절 미러클은 어떻게 발생한 것일까? 이에 대한 대답은 아마도 현대 경제학사에서 가장 논쟁적인 부분일 것이다. 그동안 수많은 해석이 나왔지만 아직 모든 스토리를 명쾌하게 풀어 내는 해석을 보진 못했다.

학계에는 아시아 인에게 있는 어떤 특별한 것이 미러클을 만들었다는 분석도 있다. 논란의 여지는 있지만 아시아의 문화가 급속한 경제성장을 가능케 한 요소였다는 분석이다. 그들이 초점을 맞추는 것은 바로 유교문화다. 유교의 주요 덕목에 사회적 질서, 권위에 대한 존중,

관료주의 기술, 헌신적인 업무 · 교육 등이 있는데 그 모든 요소가 경제발전에 초석이 됐다고 보는 것이다. 영국의 정치가 로데릭 맥파쿼 (Roderick MacFarquhar)는 1980년 "서양에서 프로테스탄트 정신이 자본주의 발달에 기여한 것처럼 동아시아가 초고속으로 성장하는 데는 유교가 중요한 역할을 했다"고 분석했다.

전 지역의 아시아 인들이 그들의 경제발전을 이루는 과정에 어떤 비슷한 행동양식을 보인 것은 사실이다. 예를 들면 소비보다는 절약을 강조한다는 점이 그렇다. 아시아 인들은 절약을 통해 산업 투자에 필요한 자금을 마련할 수 있었다. 1차적으로 미러클을 일군 일본 · 한국 · 대만 · 홍콩 · 싱가포르 등도 모두 유교문화권이다. 그런데 미러클이 대륙으로 퍼지는 동안 다른 문화권에 있던 국가들도 같은 성과를 거두었다. 힌두 문화의 인도, 이슬람 문화의 말레이시아, 불교권의 태국 등이 그랬다. 아시아의 문화는 한 묶음으로 평가하기에 너무 다양하다. 따라서 아시아 전체에서 일어난 미러클을 어느 한 문화의 공으로 돌리는 것은 무리다. 무엇보다 이런 '문화론적 가설'은 역사에 비춰볼 때 설득력을 잃는다. 수세기 동안 아시아 여러 국가의 정신적 지주였던 유교는 정작 발흥지인 중국을 비롯한 여타 아시아 국가들이 경제 · 기술 면에서 서양에 뒤지는 것을 막지는 못했던 것이다. 결국 아시아에서 미러클이 일어나려면 무언가 새로운 것이 필요했다.

미러클에 대한 두 번째 논의는 이것이 자연스레 발생한 것이 아니라, 인위적으로 만들어진 것이라는 분석이다. 아시아 인들은 독특하면서도 효과적인 정책 · 경제기구를 설계했고 그 결과 놀랍게 성장할 수 있었다는 이야기다. 이런 주장은 경제성장에 관여하는 국가의 역할에 초점을 맞추고 있다. 아시아 대부분의 나라에서는 미국식의 순수한 자유방임형(Laissez-faire) 정책을 받아들이지 않았다. 대신 적극적으로 경제에 개입했다. 그것은 경제학자들이 매우 비합리적이고 심지어 잠재적으로는 해악을 끼칠 것이라고 믿던 방식이다. 경제학자들은 정부가 직접 자원을 배분하고 경제 주체들의 업무를 할당하는 것을 죄악이라고 여겼다. 결국 불공정한 시장을 만들 뿐이라고 봤다. 그러나 아시아 여러 나라의 관료들은 먼저 집중적으로 육성할 특정 산업을 선택했다. 그러면서 경쟁에서 승리할 선수들을 미리 결정하고 온갖 정책을 동원해 지원, 성장에 가속도를 붙였다. 특수한 목적의 은행을 만들어 재무·투자 면에서 이들 산업을 지원하고 무역에서도 편향된 정책을 썼다. 특정 산업이나 특정 기업이 세계적 경쟁력을 갖추게 하기 위해서였다. 여러 아시아 국가에서 속속 이런 정책을 도입하자, 전문가들은 아시아가 그들만의 경제발전 모델을 창조했다고 평가했다.

이런 '아시아 모델' 이론은 상당한 설득력이 있었다. 이 책에서 앞으로 이 부분을 검증하겠지만, 이 이론에는 어느 정도 한계가 있다. 물론 미러클에 동참한 상당수의 아시아 국가가 이 모델을 받아들였던 것은 사실이다. 그러나 전부는 아니었다. 특히 중국과 인도는 반대로 국가의 영향력을 줄여 감으로써 기적의 불꽃을 일으킬 수 있었다. 게다가 요즘 들어서는 아시아의 국가 주도형 경제개발이 진정 효율적이었는지에 대해서도 의견이 분분하다. 그래도 만일 아시아 국가들이 자유시장 환경에 그대로 머물러 있었다면 분명 지금만큼의 경제발전을 이루지 못했으리라는 게 옹호론자들의 주장이다. 반면 비판론자들은 미러클을 만드는 데 있어 이들이 이야기하는 국가의 역할은 지나치게 과장된 것이라고 반박한다. 특히 경쟁에서 이길 선수를 미리 결정해 놓는 정책은 일부 실패로 돌아갔으며, 그 과정에 다른 숨겨진 비용을 치러야 했다는 지적이다.

　'아시아 모델' 이론과는 정반대의 견해를 보이는 게 세 번째 논의다. 아시아는 기적을 창조하기 위해 사실상 특별히 한 게 없다는 주장이다. 다만 자본주의의 기본 속성에 기대 외상을 진 것뿐이란 이야기다. 아시아는 2차 세계대전 이후 미국이 주도하여 마련한 자유무역 시스템을 백분 활용할 수 있었다. 이를 통해 수출과 투자가 늘었고 일자리가 생겼으며 경제적으로 성장할 수 있었다. 일본에서 인도에 이르기까지 모든 나라는 세계경제 시스템 속에서 자신의 비교우위를 자본화했을 뿐이다. 그 결과 급속한 성장이 가능했던 것이다. 그러면서 정부는 정책을 통해 민간기업을 육성했다. 세계은행(World Bank)은 이를 '기초를 바로잡는 일' 이라고 했다. 정책 입안자들은 교육에 엄청나게 투자함으로써 인적자원을 키워 냈다. 또 비용 절감을 위해 사회간접자본에도 돈을 쏟아 부었다. 그러면서 건전한 거시경제 환경을 조성하기 위해 인플레이션을 유지하고 재정적자를 줄이는 정책을 썼다. 이런 측면에서 볼 때 결국 아시아 경제는 핵심적으로는 아주 고전적인 성장 루트를 따랐다고 볼 수 있는 것이다. 싱가포르 미러클의 주역인 고겡시는 "경제정책을 세우는 것은 정부라 할지라도 아담 스미스의 지침을 벗어날 순 없다"고 말한 바 있다. 즉 미러클은 자유시장 · 자유기업이란 개념으로 구성된 교과서 내용에서 동떨어질 수 없었다는 것이다. 어쩌면 미러클이 결국은 그다지 기적적인 것이 아닐 수도 있다는 이야기다.

　그러나 이런 설명은 불완전한 측면이 있다. 순전히 미러클에 대한 이론들은 기적이 어떤 경로로 발생했는지만 보여줄 뿐, 왜 일어났는지는 설명하지 못한다. 미러클이 그렇게 간단하게 올 수 있는 것이라면 어느 나라나 이를 성취했을 것이다. 그러나 아직도 아프리카의 여러 나라는 빈곤의 늪에서 빠져나오지 못하고 있다. 성장을 위해 여러 적절한 조건을 갖추는 것, 이것은 저절로 생기는 게 아니다. 분명 아시아에는 무언가 특별한 것이 있었던 것이다.

그래도 여전히 질문은 남는다. 이런 이론들은 부분적인 설명밖에 안 된다. 도대체 아시아의 경제 기적을 일으킨 진짜 요인은 무엇이란 말인가? 이 퍼즐의 잃어버린 한 조각을 맞추기 위해 여러 시도를 하던 나는 결국 한 가지 해답을 찾았다. 익숙하지만 많은 경제학자가 놓쳤던 그것, 그것은 바로 '사람'이다.

경제학의 모든 이야기를 파고들다 보면, 결국 그 중심에는 인간들의 치열한 노력이 자리 잡고 있다.

전문 경제학자들이 즐겨 쓰는 각종 통계와 차트, 그래프도 결국엔 사람들이 내린 결정과 행동의 산물이다. 그 결정자가 위대했건 평범했건 간에 말이다. 경제는 어떤 정책에 의해 결정되는 게 아니다. 사람들이 만들어 가는 것이다. 자본의 흐름으로 만들어지는 게 아니라 자본을 가지고 투자하는 사람들이 창조하는 것이다. 생산·수출에 대한 데이터가 아니라 매일 버스를 타고 출근해 하루 열두 시간씩 공장의 컨베이어벨트 앞에서 상품을 조립하는 사람들이 이끌고 가는 것이다. 경제발전에 관한 이론들은 이런 인적요소를 간과하곤 한다. 그러나 아시아의 성공 비결은 바로 이런 사람들의 삶에서 찾을 수 있을 것이다. 한국의 경제성장을 이끈 박정희는 이런 글을 남겼다.

'한국이 경제적인 변화를 이룰 수 있었던 것은 단지 기적의 결과라기보다는 자립을 위해 오랫동안 치열하게 노력해 온 결과다.'

1950년대부터 아시아 국가들은 운 좋게도 결단력 있고 헌신적이며 창조적인 리더들을 만날 수 있었다. 정부뿐 아니라 기업에서도 그랬다. 이들은 대부분 경제적인 성과를 얼마나 내느냐에 자신들의 성패가 달려 있다고 믿었다. 그들이 속한 그룹은 다양했다. 행정관료도 있고 기술관료도 있었다. 어떤 이는 정치가였지만 어떤 이는 군인이었다. 공산주의자도 있고 자본주의자도 있었다. 민주투사도 있고 독재자도 있었다. 기술자 · 경제학자 · 사업가, 심지어 의사까지 배경도 다양했다.

그러나 그들의 목표는 같았다. 자기 민족을 가난에서 구하고 전쟁의 상처만 남은 나라를 번영시키는 것, 식민통치로 분열된 국가를 결속시켜서 아시아의 위상을 끌어올리는 것이었다. 인도의 초대 총리인 자와할랄 네루는 1947년 8월 인도가 영국으로부터 독립하기 바로 전날 이런 말을 했다.

"오늘 우리는 우리의 성취를 자축하려 합니다. 이는 앞으로 더 큰 성취와 승리를 이루게 할 새로운 기회를 향한 첫발입니다. 인도를 위해 봉사하는 것, 그것은 고난을 겪고 있는 수백만을 위해 봉사하는 것입니다. 이는 가난과 무지, 질병, 불평등의 종식을 의미합니다. 우리 세대에서 위인이 품어야 할 야망은 결국 모든 이의 눈에서 눈물을 닦아 주는 것입니다. 어쩌면 우리 능력 밖의 일일지 모릅니다. 그러나 여전히 눈물과 고통이 남아 있기에 우리는 이 일을 멈추지 않을 것입니다."

개발이 한창이던 국가의 민족주의자들은 대개 이런 유의 감정적인 호소를 했다. 그러나 이런 이상을 일관성있게 지키고 끝까지 국가의 복지를 추구한 이는 드물다. 대부분 너무 쉽게 권력에 눈이 멀어 폭군이 되거나 나쁜 정책에 집착해 자국 경제를 파멸로 이끌었다. 아시아에도 한때 이런 식의 리더십이 나왔다. 그러나 그릇된 지도자는 대부분 사라졌다. 또 엉뚱한 방향을 가리키던 정책도 자취를 감췄다. 그 대신 새로운 인물과 현명한 정책이 자리를 잡았다. 다시 묻지 않을 수 없다. 왜 아시아인가? 왜 아시아에는 이런 특출한 리더가 나왔을까? 아프리카나 중동에는 없는 그런 리더 말이다. 왜 아시아의 민족주의자들은 다른 지역의 민족주의자들과 달리 경제성장에 자신을 줄곧 헌신할 수 있었을까? 참 대답하기 어려운 질문들이다. 어떤 경제학자는 이를 두고 그저 "운이 좋았다"고 쉽게 단정짓기도 했다. 그렇지만 나는 운명론자가 아니다.

역사적으로, 정치적으로, 혹은 경제적으로 분명 미러클을 설명하는 요소들이 있을 것이다. 미러클을 일군 리더들은 놀라우리만큼 비슷한 경제·정치적 상황에 처해 있었다. 그들은 모두 쇠약해진 나라가 정치적 격변을 겪는 와중에 여러 정책을 세웠고 급속한 성장을 이끌었다. 그들 가운데는 사실상 새 국가를 건설한 리더도 있다. 싱가포르의 리콴유(3장 참조), 대만의 장제스와 그의 기술관료들(5장 참조)이 그랬다. 한편 적법하지 않은 방식으로 새로운 체제를 건설한 경우도 있다. 한국의 박정희(2장 참조)나 인도네시아의 수하르토(7장 참조)가 그 예다. 둘 다 군 장성 출신으로 권력을 잡았다. 위에 언급한 리더들은 모두 공산주의의 위협에 직면해 있었다. 박정희는 북한의, 장제스는 중국의, 리콴유와 수하르토는 국내 공산주의 세력의 도전을 받았다. 공산주의의 위협과 도전을 극복하기 위해 이들은 경제성장의 속도를 높이는 것을 최우선 과제로 삼았다. 박정희와 장제스, 리콴유, 수하르토 모두 국가와 정부의 생존을 보장받으려면 강력한 경제를 구축하는 수밖에 없다는 것을 잘 알고 있었다. 이는 무기를 구입하고 군대를 유지할 자금을 마련하기 위해서만이 아니었다. 당시 아시아에선 무기를 동원한 전쟁뿐 아니라, 사상 면에서도 치열한 싸움이 벌어지고 있었다. 지도자들은 공산주의를 거꾸러뜨리려면 그들의 정부나 이데올로기가 공산주의보다 훨씬 우월함을 입증해야 했고, 그러기 위해선 삶의 질을 개선하는 게 가장 확실한 방법이었다.

아시아의 리더들은 같은 문제를 두고 비슷한 정책을 취하곤 했다.

일본 · 한국 · 홍콩 · 대만 · 싱가포르 등 초창기 성공을 거둔 곳은 모두 천연자원과는 거리가 먼 나라들이라 원유 등 주요 원자재를 수입해야만 했다. 그러나 일본을 제외하고는 애초부터 가난한 데다 인구도 적어 내수경제를 기대하기도 어려웠다. 결국 이들은 국제경제로 눈을 돌릴 수밖에 없었다. 제일 먼저 일본의 관료들이 그랬고(1장 참조), 박정희와 장제스의 기술관료들이 그 뒤를 따랐다. 모두 수출에 목숨을 걸고 자국의 경제를 그 어느 나라보다 강하게 글로벌 시장에 밀착시켰다. 이런 '수출주도형' 성장정책은 추후 미러클을 이룬 모든 국가에서 받아들였다. 아시아 국가들이 급속한 경제성장을 이룰 수 있었던 가장 중요한 원인을 하나만 꼽으라면 바로 이 점을 들 수 있을 것이다. 지금은 이런 이야기가 상식처럼 들릴 수도 있다. 그렇지만 1950~1960년대만 해도 수출을 이렇게 생각하는 이가 많지 않았다. 당시 아시아의 성장정책은 경제개발의 일반적인 사이클에 비춰 볼 때 사이비적인 시도 정도로 인식됐다. 많은 전문가가 제3세계 신생 독립국가들은 이들을 식민통치했던 국가들이 이미 구축해 둔 세계경제 체제에 편입돼야 한다고 주장하면서 그러지 않고 독자적으로는 개발이 불가능할 것이라고 장담했다. 그러나 이런 개념 하의 글로벌 경제 시스템 속에서 개발도상국들은 서양에 항상 빚을 지는 시종으로 남을 수밖에 없었다. 서양은 단순히 이들에게서 자원만 빨아들일 뿐, 그들이 스스로 성장할 기회는 억눌렀던 것이다. 서양이건 신흥국이건 할 것 없이 경제성장을 연구하던 전문가들은 무역과 외국인투자의 제한, 수입대체 등의 효과에 주목했다. 이런 조치를 통해 필수품을 수입에 의존하지 않고 안방에서 생산할 수도 있기 때문이다. 특히 1950년대에 소련이 거대 강국으로 등장하면서, 성장을 위해 굳이 자본주의 모델을 따를 필요가 없다는 생각을 심어 줬다. 라틴아메리카와 아프리카 대부분 지역이 이런 생각을 따랐다. 그러나 이는 참담한 결과를 낳았다.

반면 아시아에서 미러클을 일군 리더들은 정책을 세울 때 관습이나 이데올로기를 무시했다. 세계화의 조류에 올라타면서도 기존의 주류 경제학적 덕목들은 과감히 무시했다. 그 선택이 미러클을 일으키는 동력이 됐다. 이런 리더십 덕분에 엄청나게 짧은 시간에 국민 복지와 경제적 힘을 동시에 확보하는 길을 찾을 수 있었다. 미러클은 여러 종속 이론 학자들이 예상했던 것과는 달리 글로벌 경제체제가 후발주자들에게 결코 불리하지 않음을 보여줬다. 경제학자 폴 크루그먼(미국 프린스턴 대 경제학 교수, 2008년 노벨 경제학상 수상자—옮긴이) 역시 이와 비슷한 말을 했다. "글로벌 경제는 많은 국가가 적어도 2세기는 걸려야 가능했을 경제성장을 단 한 세대 만에 성취할 수 있게 했다"는 이야기다. 또 그는 "이런 발견은 꼭 아시아뿐 아니라 자본주의 전체에 활력을 불어넣었다"고 덧붙였다. 이런 미러클을 볼 때 세계화가 부를 창조했다는 사실에 의문의 여지가 없다.

이 페이지를 읽는 독자들이 혹 세계화에 대한 나의 생각이 다소 편향됐거나 너무 자극적이라고 여길지 모르겠다. 세계화가 가난한 이들을 이용하고, 노동자를 착취하며 선진국 중산층을 더 피폐하게 했다는 비난도 있으니 말이다. 2008년, 2009년에 불어닥친 글로벌 금융위기처럼 어려운 시기엔 이런 목소리가 더 크게 들리기 마련이다. 물론 경기침체기에는 세계경제에 밀착해 있는 국가일수록 이익보다 고통이 더 큰 게 사실이다. 그러나 지난 40년 역사에서 아시아의 사례를 보면 자유무역, 투자개방, 장벽 없는 기업활동, 장벽 없는 시장 등을 보장함으로써 세계화에 동참한 것이 얼마나 많은 부와 기회를 낳았는지 알 수 있다. 가끔 세계경제 시스템을 보완할 필요는 있다. 그렇다 하더라도 미러클이 분명히 시사하는 것은 아시아와 서양의 정치인들이 보호무역주의의 장벽을 치거나 국제경제 질서에서 이탈하려는 유혹에 빠져선 안 된다는 사실이다.

세계화를 지키는 것이야말로 수억 명의 가난한 이들에게도 기적을 맛보게 할 수 있는 유일한 길이다. 아시아의 성공사례는 각국 중앙은행과 정부 지도자들에게 시사하는 바가 크다. 어떻게 하면 성장을 회복하고 수입을 늘리면서도 국민 복지를 향상시킬 수 있는지 잘 보여줬다.

물론 세계화의 길을 택하는 것이 옳긴 하지만 쉬운 결정은 아니다. 분노에 가득 찬 정치적 반대세력 앞에서 결단이 필요하기 때문이다. 이는 1950년대부터 아시아의 리더들이 계속해서 학습해 온 부분이다. 박정희나 리콴유, 또 다른 아시아 리더들은 어떻게 해서 두려움 없이 그들만의 경제 노선을 취할 수 있었는지를 알아내는 게 이 책의 중요한 주제다. 그들은 다른 개발도상국들과 달리 이데올로기에 얽매이지 않았을 뿐 아니라 경제성장에 필요한 정책을 받아들이는 데는 더 개방적이었다. 이것이 기적을 일군 리더 가운데 경제학자 출신이 없는 이유인지도 모른다. 물론 인도의 만모한 싱은 예외지만 말이다(9장 참조). 이들 리더는 변호사거나 기술자, 혹은 장군 출신이었다. 이들 '선도국가' 에서 시행한 중요 정책들은 국경을 넘어 아시아 전역으로 퍼졌다. 한 국가에서 제대로 효과를 낸 정책은 옆 나라에서 더 계승 발전됐다. 이런 프로세스의 시발점은 일본이었다. 일본의 관료나 정치 지도자들이 고안한 아이디어들은 중요한 예비 로드맵이 돼 다른 아시아 국가에서 미러클을 이루었다. 중국의 덩샤오핑(6장 참조)이나 인도의 만모한 싱, 말레이시아의 모하마드(10장 참조) 등 '후발주자' 들은 '선도주자' 들의 영향을 크게 받았다. 예를 들어 마하티르가 주창한 '동방정책(Look East Policy)' 은 일본과 한국의 경제정책을 따라하자는 것이었다. 결국 이를 통해 말레이시아 역시 미러클을 이룰 수 있었다. 미러클은 자생하는 성향이 있다. 성공이 성공을 낳는 것이다.

미러클을 이룬 리더들은 빠른 경제성장을 뒷받침할 정책을 세울 때 어떻게 하면 사업가들의 창의력을 높일 수 있을지 고민했다. 아시아의 개발과정에 대한 연구에서 종종 이들 사업가의 역할이 소홀히 취급되는 점이 있다. 신제품을 개발하고 기존 장벽을 극복함으로써 세계시장에서 경쟁하던 비즈니스 리더의 창의력과 초자연적인 능력 역시 아시아의 성공요인 중 하나였다. 전자제품의 천재인 일본의 모리타 아키오(1장 참조), 자동차 분야의 혁신가인 혼다 소이치로 (8장 참조), 홍콩의 플라스틱 제조업자 리카싱(4장 참조), 한국의 대표적 사업가 정주영(2장 참조), 컴퓨터 기업가인 대만의 스탠 시(5장 참조)와 중국의 류촨즈(12장 참조), 인도의 대가급 기술자인 아짐 프렘지와 나라야나 무르티(13장 참조) 등은 모두 엄청난 역경을 딛고 자신의 기업을 국제적인 수준으로 끌어올림으로써 세계시장의 판도를 바꿨다. 결국 기적의 중심에는 민간기업들의 승리가 있었던 것이다.

이는 동시에 미국의 승리이기도 했다. 미국은 미러클의 보험업체

격으로 아시아 국가에 경제적 원조와 지도, 군사적 보호를 제공했으며 나아가 드넓은 미주 시장에 물건을 팔 수 있는 길도 열어 줬다. 즉 아시아가 번영할 수 있는 국내외적인 발판을 마련해 준 셈이다. 여기에는 자국에 우호적인 정부를 장벽으로 삼아 아시아에서 공산주의를 고립시키려는 의도가 있었고 일본 · 한국 · 대만 같은 '선도주자'들은 이런 방어선 노릇을 잘해 줬다. 그런 이유로 아시아의 경제성장에 미국이 중요한 역할을 했다는 사실이 쉽게 평가절하되기도 한다.

"안보와 안정에 대한 미국의 지원이 없었다면 우리나라에서 성장은 없을 것이다."

이는 싱가포르 건국의 아버지 리콴유의 이야기다.

아시아의 업적은 결국 우리가 보고 있는 오늘날의 세계를 만들었다. 이 대륙의 성공은 경제 · 정치 면에서 힘의 균형을 이루고 세계경제의 구조를 바꾸었으며 국제시장에서 세계화가 가속돼 미국과 유럽에 맞설 수 있는 다국적 연합군이 형성됐다. 서양의 지배력에 도전하려는 강력한 세력이 이제 막 고개를 든 것이다.

그렇다고 해서 미러클을 이룬 리더들이 성인(聖人) 같은 존재는 아니었다. 어떤 이는 민주주의와 인권을 탄압하고, 장기 집권을 위해 고문이나 살해도 마다지 않았다. 간혹 대규모의 부정부패로 유죄를 선고받은 이도 있다. 기업인들은 재빠르게 독점체제를 갖췄고, 정치적인 영향력을 키우느라 골몰하기도 했다. 모두 정당하다 말할 수 없는 행위들이다. 그러나 그렇다고 이들의 업적을 깡그리 무시할 수도 없다. 이들 기업인 역시 네루의 말대로 아시아 인의 눈에서 눈물을 닦아 준 건 분명하기 때문이다.

다음 장에선 과연 이들이 누구이며, 어떻게 미러클을 만들었는지에 대한 이야기가 펼쳐진다. 전 세계의 절반이나 차지하는 인구의 부를 끌어올리기 위해 얼마나 많은 고통과 희생을 감수했는지, 얼마나 엄청난 창조력과 영감을 발휘했는지, 전 대륙에 걸쳐 얼마나 극적인 노력을 기울였는지에 관한 내용이다. 사기가 완전히 꺾여 희망이라곤 눈 씻고 봐도 보이지 않던 곳, 일본에서부터 이야기는 시작된다. 전후 도쿄의 폐허에서 미러클은 움트고 있었다.

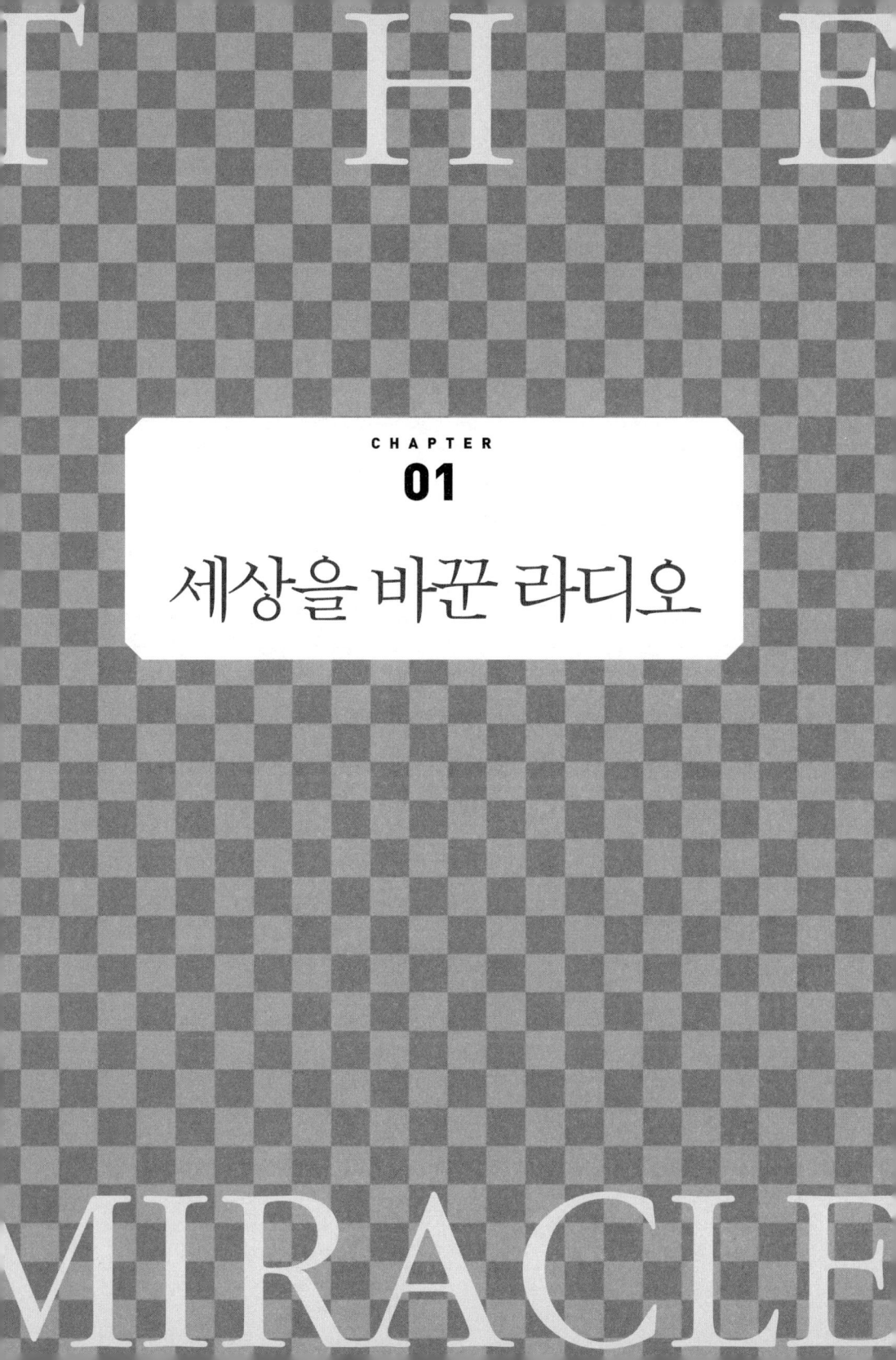

CHAPTER

01

세상을 바꾼 라디오

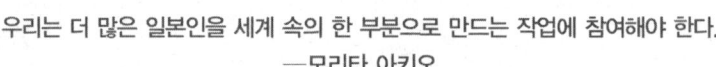

우리는 더 많은 일본인을 세계 속의 한 부분으로 만드는 작업에 참여해야 한다.
—모리타 아키오

모리타 아키오는 별로 기쁘지 않았다. 1953년, 일본 기업인인 그는 독일 뒤셀도르프의 한 레스토랑에서 아이스크림을 먹던 중이었다. 그러다 아이스크림에 꽂혀 있는 미니어처 우산에 시선이 꽂혔다.

"손님 나라에서 수입한 것입니다."

종업원이 웃으며 말했다. 아마도 이방인인 그에게 호감을 보이려는 의도였을 것이다. 그러나 그 말은 도리어 모리타의 자존심을 멍들게 했다.

"'그가 일본에 대해 아는 것은 겨우 이 정도구나' 라는 생각을 했습니다. 그게 일반적인 생각이었겠지요." 모리타는 나중에 이렇게 회고했다. 그는 '(이를 극복하려면) 얼마나 더 오래 걸려야 할 것인가' 속으로 생각했다.

그러나 당시 상황으로는 일본이 과연 그가 바라는 것을 이룰 수 있을지 자신이 서지 않았다. 80여 년 전부터 일본은 서양 따라잡기에 나섰다. 그러나 계속되는 노력에도 아직 저 멀리 뒤처진 상태였다. 특히 모리타가 전공한 기술 면에서 더 그랬다. 해군 장교로 2차 세계대전에 참가해 열추적장치와 야간투시장치를 개발하는 팀에서 일했던 그는 기술의 중요성을 절실히 깨달았다. 일본군 지도부는 이런 신기술만 개발된다면 이미 기울고 있던 전쟁의 방향을 바꿀 수 있을 것이라 믿었다. 당시 모리타도 일본과 미국의 기술 격차가 그다지 크지 않다고 여겼다.

그러나 미국이 일본에 원자폭탄을 투하하면서 환상은 산산이 부서졌다. 그는 히로시마에 폭탄이 떨어진 바로 다음날인 1945년 8월 7일 동료들과 점심을 먹다가 그 소식을 들었다. 뉴스에선 '미국이 번쩍이는 섬광과 함께 터지는 신무기를 사용했다'는 정도의 소식만 전했다. 그러나 실력 있는 물리학자 모리타는 그 무기가 무엇인지 정확히 알았다. 그 뉴스는 마치 어떤 계시처럼 다가왔다.

"우리 이제 하던 연구를 그만두는 게 낫겠습니다."

낙담한 모리타가 함께 점심을 먹던 팀원들에게 말했다.

"만약 미국이 원자폭탄을 개발했다면, 그건 우리가 거의 모든 분야에서 이미 따라잡을 수 없을 만큼 뒤처졌다는 걸 의미합니다."

상관은 패배주의적인 그의 발언에 불같이 화를 냈다. 그러나 모리타는 단지 현실을 직시할 뿐이었다. 모리타는 추후 "히로시마에서 온 소식은 솔직히 믿기 힘든 것이었다"고 회고했다. 그는 "미국의 산업이 우리가 생각하던 것보다 훨씬 대단하다는 것, 아니 완전히 압도하고 있다는 사실은 큰 충격이었다"고 말했다. 그러는 한편으로 모리타는 한 가지를 확신했다. 자기처럼 제대로 교육받은 일본 젊은이들이 일단

이 과정을 잘 견뎌, 전후 복구사업을 이끌어야 한다는 것이었다.

"앞으로 일본은 그 어느 때보다 재능 있는 이들을 필요로 하게 될 거라고 생각했습니다. 젊은이로서 어떻게든지 내가 할 일이 있을 것이란 말을 거리낌 없이 하고 다녔습니다."

모리타의 증언이다.

모리타는 1946년 동업자인 이부카 마사루와 함께 벤처 기업을 만들면서 그 일을 시작했다. 도쿄통신공업주식회사(Tokyo Telecommunications Engineering Corporation)라는 회사였다. 처음엔 다 무너진 도쿄 백화점 안에 본사를 차렸다가 도시 외곽의 통나무집으로 옮겼다. 폭격 맞은 지붕 틈새로 물이 새 책상과 서류를 적셔 버리기 일쑤였기 때문에 비라도 오면 직원들은 우산을 쓰고 근무해야 했다. 그러나 창고에서 기업을 일으킨 이들이 그렇듯 이들 역시 자본은 빈약해도 야망은 원대했다. 전쟁의 폐허 속에서도 자신들의 노력으로 국가가 재건되기를 바랐다. 이부카는 설립취지서에서 '이 회사는 일본을 재건하는 한편, 역동적인 기술과 제조 활동을 통해 국가의 문화를 일으킬 것'이라고 밝혔다.

그러나 7년이 지난 뒤, 뒤셀도르프에서 아이스크림을 뜨던 모리타는 여전히 참담한 심정이었다. 전쟁이 끝난 뒤 빠르게 성장하던 독일에 비해 '일본의 회복 속도는 턱없이 느려' 보였던 것이다. 바로 직전 미국 여행을 한 뒤라 더 기가 죽었다. 미합중국의 엄청난 크기를 보면서 과연 그의 손바닥만 한 기업이 미국 시장에서 성공할 수 있을지 의문이 들었다. 나중에 모리타는 "여기서 내 물건을 파는 건 거의 불가능해 보였다. 이곳은 날 완전히 압도했다"고 털어놨다.

도쿄로 돌아오기 전, 당시 가전업계의 강자이던 필립스의 고향, 네덜란드 아인트호벤에 들른 그는 이곳에서 희망을 보았다. VIP가 아닌,

평범한 관광객 신분으로 필립스 공장을 둘러보며 그곳의 엄청난 기술력에 깜짝 놀랐다. 일본만큼이나 작은 농업국가가 세계적인 기업을 만들었다는 사실이 놀라웠다. 이에 고무된 그는 당장 이부카에게 편지를 썼다.

'필립스가 해냈다면 우리도 할 수 있을 거야.'

결코 얼토당토않은 이야기가 아니었다. 모리타와 이부카가 세운 이 회사는 훗날 아시아에서 가장 유명한 기업이라 할 수 있는 소니로 성장했다. 소니는 일본뿐 아니라 아시아의 경제·기술적 성장을 상징하는 기업이 됐다. 또 서양이 주도하던 경제질서에 대한 이들의 영향력이 얼마나 커졌는지도 보여줬다. 어느 면에서 소니는 미러클을 대표하는 '브랜드 네임'이 됐고 모리타 아키오 역시 유명한 인물이 됐다. 사교적인 성격의 모리타는 미국에서도 유명해 아메리칸 익스프레스 카드의 미국 내 TV 광고에 출연했을 정도다("제가 누군지 아십니까?"라고 묻고는 "소니 회장으로서 융숭한 환영회를 기대합니다"라고 말하는 장면이 광고로 나왔다). 모리타는 미국에서도 가장 엘리트적인 집단에 편입됐다. 록펠러 같은 이들과 친하고 레너드 번스타인을 '친구'라고 부르며 소니가 중국 진출을 시도할 땐 헨리 키신저가 중국 최고지도자 면담을 주선해줬다. 키신저는 모리타를 "현대 사회에서 일본이 독자 노선을 걷는 대신, 다른 국가와 어울리면서 앞으로 나아가야 한다는 것을 알고 있는 위대한 애국자"라고 평했다. 이처럼 미국을 존중하던 그였지만 1970년대와 1980년대 일본과 미국 간 무역분쟁이 발생하자 모리타는 적극적으로 일본 편에 섰다.

사업가로서 모리타는 소비자의 심리를 파악하는 데 천부적인 재능을 보였고 미래의 기술적·사회적 트렌드도 잘 파악했다. 그런 재능 덕에 소니는 글로벌 전자산업의 선두에 설 수 있었다. 그의 영감은 대부분 어린아이 같은 호기심과 열정에서 나왔다. 어른이 돼서도 장난감을 좋아했고 오르골과 저절로 연주하는 자동 피아노는 평생을 두고 수집했다. 뉴욕에서 가장 유명한 완구점인 FAO 슈워츠에 들르기를 즐겼고 집에 와서는 골동품 주크박스를 만지작거리며 연구했다. 60세에 스키를 시작한 모리타는 65세에는 윈드서핑, 67세엔 스쿠버 다이빙을 배웠다. 그는 "게으름은 병을 만든다"고 입버릇처럼 말했다. 쉴 새 없는 만물수리공 같던 그는 항상 최신 가전제품에 빠져 살았다. 후지 제록스의 전 회장이며 모리타의 가까운 친구였던 고바야시 요타로는 1967년 자기 회사에서 만든 데스크톱 복사기를 일본 시장에 처음 출시한 뒤 모리타에게 전화해 이를 알렸다. 모리타는 당장 한 대를 보내달라고 하고는 다음날 고바야시에게 다시 전화했다.

"우린 이제 제록스 기계의 모든 것을 알았네."

신제품이 도착하자마자 모리타와 그의 연구팀은 이를 분해해 작동원리를 파헤쳤던 것이다. 당황한 고바야시가 조심스레 모리타에게 경고했다. 그 제품은 판 것이 아니고 그저 빌려준 것이라고 말이다. 모리타는 남의 재산을 망가뜨린 셈이 됐다. 그러자 모리타는 이렇게 답했다.

"알고 있네. 제품은 다시 완벽하게 조립돼 잘 작동한다네."

미러클을 일구는 데 있어서 모리타의 가장 큰 업적은 아시아 기업 스스로가 생각하는 능력의 수준을 확 끌어올렸다는 것이다. 소니가 막 출범했을 때만 해도 일본은 서양에서 이미 나온 제품의 복제물을 공급하는 곳, 아니면 잡동사니를 헐값에 만드는 곳 정도로 인식됐다. 뒤셀도르프에서 모리타가 주문한 아이스크림에 꽂혀 있던 미니어처 우산 같은 것 말이다. 그러나 소니의 연구소는 초창기부터 혁신적 기술을 바탕으로 삶의 패턴을 바꿀 만한 제품들을 개발했다. 가장 대표적인 것이 바로 휴대용 카세트 플레이어 워크맨이다. 이런 제품들은 결국 전 세계 소비자들에게 없어선 안될 일상용품으로 자리 잡았다. 경영학의 대가인 오마에 겐이치는 "제품 디자인이나, 생산, 마케팅 등 소니의 기술적 성과는 값싼 모조품 정도로 여겨지던 '메이드 인 재팬(Made in Japan)'의 이미지를 우수한 품질의 대명사로 바꾸었다"고 평가했다.

모리타가 소니의 성장 방향을 이렇게 맞춘 것은 1953년이다. 그는 이때 트랜지스터를 처음 봤다. 그리고 트랜지스터가 진공관을 대체할 혁신적 기술이라고 생각했다. 당시 진공관은 대부분의 전자제품에 쓰이긴 했지만 크기만 크고 자주 망가졌다. 그는 트랜지스터만 있으면 소니가 더 작으면서도 품질 좋은 라디오를 만들 수 있을 거라 믿었다. 사실 꿈 같은 일이었다. 글로벌 기술업계에선 여전히 트랜지스터의 가능성을 확신할 수 없었기 때문이다. 벨 연구소에서 개발된 트랜지스터는 아직 소형 라디오에 쓰일 만큼 제 기능을 갖추지 못한 상태였다. 이에 대한 특허권을 가지고 있던 웨스턴 일렉트릭의 경영진은 이 기술을 보청기에나 쓸 수 있는 거라 생각했다.

처음 트랜지스터에 매료된 이는 이부카였다. 1952년 미국 여행 중에 트랜지스터를 본 그는 곧 웨스턴 일렉트릭과 면담을 시도했지만 실패했다. 그러나 도쿄로 돌아가기 직전 뉴욕에 사는 일본인 친구를 시켜 다시 접촉했다. 그리고 혹시 트랜지스터 기술의 사용권을 팔 의향이 있는지 물었다. 소니를 대신한 로비는 계속됐고 1953년 이런 노력이 결실을 맺었다. 이부카는 웨스턴 일렉트릭으로부터 만나서 판권을 논의하자는 서신을 받았다. 모리타가 뉴욕으로 갔고 결국 계약은 성사됐지만 계약하기까지 모리타의 근심은 이만저만이 아니었다. 웨스턴 일렉트릭과 만나는 바로 전날 밤까지도 자신감을 잃게 하는 여러 사건을 겪은 것이다. 절망감에 빠진 그는 일본에서 온 오랜 친구인 다니카와 유주루를 찾아갔다. 그 역시 뉴욕에서 사업을 하고 있었다. 모리타는 다니카와에게 물었다.

"왜 웨스턴 일렉트릭같이 대단한 회사가 나같이 하찮은 사람을 만나주려는 걸까""정작 내일 가면 이 문제를 별로 진지하게 생각지 않을지도 몰라. 차라리 지금 포기하는 게 낫겠어."

다니카와는 수심에 가득 찬 모리타를 격려했다.

"무슨 소리야. 미국인들은 그렇지 않아. 언제건 자기들이 재미있는 것을 발견하면 그냥 와서 직접 말해. 이게 미국인이 일본인과 다른 점이야."

힘을 얻은 모리타는 다음 날 웨스턴 일렉트릭의 특허권 담당 부사장인 프랭크 마스카리치를 만났다. 모리타가 걱정한 대로 마스카리치는 소니를 믿지 않았다. 그는 어떤 협정이든 일본 정부의 승인이 필요하다고 했다. 물론 그런 승인을 받은 것은 없었다. 게다가 당시 모리타가 영어를 거의 하지 못해 통역을 두었는데 통역에 의존해 복잡한 협상을 진행하려니 더 어려웠다. 그래도 모리타는 자신의 열정과 매력을 총동원해 설득했다. 이는 효과를 발휘했다. 마스카리치는 추후 "썩 즐거운 합의는 아니었다"고 기억하면서도 모리타에 대해서는 "매우 설득력 있었고 자신의 계획을 꼭 이루고 싶어 하는 게 보였다"고 했다. 마스카리치는 한푼도 받지 않고 일반에는 공개되지 않은 두 종류의 기술 매뉴얼을 넘겨줬다. 이것이 훗날 소니 기술진이 트랜지스터를 연구하는 기본 교과서가 된다.

아직 정부의 승인 절차가 남아 있긴 했지만 이부카는 짜릿한 쾌감을 느꼈다. 이 일로 모리타와 이부카는 강력한 위상을 자랑하던 일본 통산성(MITI, Ministry of International Trade and Industry)과 논쟁을 벌여야 했다. 1950년대 통산성은 일본 기업에 막강한 영향력을 행사했다. 그 힘은 「통산성의 정의에 관한 연구」라는 논문을 쓴 정치학자 찰머스 존슨(Chalmers Johnson)이 '일본의 경제적 참모부'라고 표현할 정도였다. 통산성이 소니의 제안에 대해 먼저 우려한 것은 환율이었다. 모리타와 이부카는 트랜지스터 기술 사용권을 얻기 위해 웨스턴 일렉트릭에 2만 5000달러를 선지급해야 했다. 당시는 통산성이 자국 화폐의 이동을 직접 관리했기에 통산성이 승인하지 않는 한 소니는 웨스턴 일렉트릭과 한 계약을 지킬 수 없는 상황이었다.

통산성의 첫 반응은 신통치 않았다. 이부카가 처음 승인을 요청하자 비웃을 뿐이었다. 나중에 관련 공무원들은 소니가 통산성 승인 없이 미국 기업과 정식 협정을 맺고 돌아온 것에 대해 불쾌해했다. "관료들은 그 기술의 활용도를 잘 알지 못했기 때문에 굳이 승인을 내줄 필요를 못 느꼈다"고 모리타는 회상했다.

"게다가 우리같이 작은 회사가 그런 신기술과 관련된 엄청난 일을 할 수 있을 거라고 생각하지 못했겠죠. 그들은 정말 완고했습니다."

공무원들을 설득하는 일은 이부카가 맡았다. 그는 통산성의 주무 부서원들을 비 새는 소니의 사무실로 초청했다. 융숭하게 접대하며 트랜지스터가 앞으로 전자산업의 역사를 어떻게 바꿀 것인지 설명했다. 그는 이 자리에서 "통산성이 도와주건 도와주지 않건 간에 우리는 이 일을 계속 진행할 것"이라고 큰소리치면서 "그렇지만 웨스턴 일렉트릭과의 협상을 도와준다면 당신들은 굉장히 스마트해 보일 것"이라고 덧붙였다. 6개월간 옥신각신하며 기다린 끝에 드디어 통산성의 승인이 떨어졌다.

통산성의 결정은 결국 글로벌 경제사의 전환점이 됐다. 이 결정은 소니의 미래를 결정지었을 뿐 아니라 일본에서 가장 영향력 있는 전자산업과 반도체산업이 태동하게 되는 최초의, 그리고 가장 중요한 첫걸음이 됐다. 소니와 통산성 간의 일전은 일본이 어떻게 미러클을 이뤘는지에 대해 많은 것을 시사한다. 또 왜 많은 미국인이 일본의 경제 시스템을 잘못 알고 있었는지도 설명한다. 이 경제 시스템은 결국 미국인들로 하여금 공포심, 혹은 적개심을 가지게 할 만큼 일본이 글로벌 강자로 떠오르는 발판이 됐다. 이러한 역사를 모두 이해하려면 훨씬 더 시간을 거슬러 올라가야 한다. 미 해군 모함이 일본의 한 연안에 정박했던 1853년으로 말이다.

페리 제독, 세계의 질서를 바꾸다

매튜 페리(Matthew Perry) 제독은 일본인들을 견딜 수 없었다. 그는 일본인을 '반(半) 야만인'이나 '야바위꾼' 정도로 여겼다. 그런 그가 1850년대 일본에 행한 일은 일본 지도자들에게 자신의 최우선 과제가 경제적 근대화임을 자각하게 했다. 의도하지는 않았겠지만 페리 제독은 세계적 힘의 질서를 바꿔 놓았던 것이다. 서양의 주도권에 대한 아시아의 도전은 이렇게 시작됐다. 미러클의 발판이 마련된 것이다.

무뚝뚝한 페리 제독은 당시 미국 대통령 밀라드 필모어(Millard Fillmore)의 특명을 받는다. 일본과 교역의 길을 트라는 것이었다. 17세기 초반부터 일본을 지배하던 도쿠가와 막부는 외국인들에게 좀처럼 문호를 개방하지 않았다. 겨우 나가사키 남부 항구에서만 제한적으로 교역을 허용했는데 외부에서 들어온 문물이 자국의 문화 · 종교 · 경제를 해칠까 두려웠던 것이다. 그런 와중에 페리 제독이 거대한 범선을 이끌고 도쿄 만(灣)에 나타나자 일본인들은 입항을 막았다. 막부의 사절은 더 많은 혜택을 약속하며 나가사키로 가라고 했다.

그러나 페리 제독은 그럴 수 없었다. 흡사 퇴각하는 것 같기도 한데다가 일본 지도자에게 전달할 필모어 대통령의 서한도 가지고 있었기 때문이다. 그는 이를 꼭 전달해야겠다고 마음을 굳혔다. 1853년 7월 9일 페리 제독은 "도쿄 항을 열지 않는다면 '막강한 군대'를 이끌고 상륙해 직접 전달하겠다"고 통보했다. "그 결과가 어떻게 되든 상관없이"라는 말도 덧붙였다. 이틀 후 자신의 모습을 분명히 보여주기 위해 범선 미시시피 호를 도시에서 더 가까운 곳으로 이동시켰다(그 도시는 '에도'라고 불렸다). 안절부절못하던 지배층은 한층 더 불안해졌다. 페리 제독의 돌발 행동에 도쿄 시내는 거의 패닉 상태였다. 곧 페리 제독이 포신을 도심으로 겨눌 것이라는 소문까지 돌았다. 한 일본인 역사학자는 당시 상황에 대해 '저마다 귀중품과 가구를 챙겨 들고 도심에서 먼 친구 집으로 대피했다'고 묘사했다. 막부 정부는 방침을 바꿔 필모어 대통령의 서신을 받기로 하고, 이듬해 페리 제독은 양국 간 교역을 허용하는 조약을 들고 본국으로 돌아간다. 승리자인 페리 제독은 그때 남긴 공식문서를 통해 그가 떠난 뒤 일본에서 펼쳐질 일에 대해 이렇게 예측했다.

'일본인들은 매우 모방적이고 적응을 잘한다. 그리고 유순한 민족이다. 이런 성향 때문에 앞으로는 일본에 외국 관습을 소개하는 것이 더 쉬울 것이다.'

페리 제독은 과연 선견지명이 있었다. 페리 제독과 그 뒤를 이어 온 다른 나라 군대로부터 받은 수치심은 도쿠가와 막부에 대한 불만과 맞물려 일본에 중요한 변화를 일으키는 촉매가 된다. 페리 제독의 전함과 무기를 본 일본인들은 자신들이 고립돼 있는 동안 얼마나 뒤떨어졌는지 깨달았다. 탐욕스러운 외부세력으로부터 일본을 지켜 내려면 스스로를 빠르게 개조하는 수밖에 없었다. 1868년 지역 군주들이 연합해 막부를 몰아내고 다시 일왕을 정부의 최고 권위자로 옹립한다. 그러나 '메이지 유신(明治維新)'으로 불린 이 정치혁명은 왕정시대로 돌아간 것 외에는 별다른 의미가 없었다. 그러자 일부 민족주의자들이 '후코쿠 교헤이'(富國强兵, 나라를 부유하게 하고 군대를 키우자)라는 슬로건을 내걸고 구(舊)질서 타파에 나섰다. 이에 따라 메이지의 사명은 경제·기술·군사적으로 우위에 있던 서양을 따라잡는 것이 된다. 메이지 시대의 개혁가이자 총리였던 다카하시 고레키요는 대학 강단에서 이 정신을 이렇게 설명했다.

"제군이여. 일본의 지위를 개선하고, 문명화된 세력과 동등한 위치에 올려 놓는 것, 그들 모두를 능가할 수 있는 초석을 닦는 일 모두가 당신들 몫입니다."

메이지 시대 일본은 해외 기술과 선진 제도를 무서운 속도로 받아들였다. 일본에 가장 적합한 모델을 찾기 위해 해외로 사절단도 보냈다. 금융과 대학 분야에선 미국의 시스템을 주로 받아들였고 상업과 민법 체계는 영국과 독일의 영향을 받았다. 철도나 통신, 산업 면에서의 최신 기술은 국가를 가리지 않고 수입했다. 그렇다고 일본이 단지 외국 문물을 흉내만 낸 것은 아니다. 세계에서 경제적으로 가장 발전한 국가들과 경쟁하기 위해 필요한 것들을 기꺼이 배우면서도 일본 문화 고유의 요소는 그대로 간직했다. 메이지 시대의 저명한 교육자인 니지마 조는 "이방인의 생각과 종교에 저항하려는 이는 일단 그들의 품에 들어간 뒤 그들의 무기를 자신의 것으로 만들어야 한다"고 조언했다.

그러나 메이지 지도자들은 일본의 미래를 그저 자유방임주의의 힘에 맡길 수는 없었다. 그래서 초기부터 국가가 산업화 과정에 적극적으로 개입했다. 메이지 시대의 강력한 지도자 오쿠보 도시미치는 일본이 더 빠르게 움직일 필요가 있다고 경고했다. "국내 생산을 부양하고 수출을 늘려 국부와 국력을 쌓아야 일본의 약점을 보완할 수 있다"는 주장이었다. 그는 민간 상인들만 나서서는 이런 목표를 달성할 수 없다고 봤다. 국가가 직접 산업을 이끌어야 한다는 주장이었다. 그것이 정치학의 규칙을 거스르는 일이라 할지라도 일본은 '무언가 다른 나라'이기 때문에 개발에도 '다른 규칙'이 필요하다는 이야기였다.

메이지 정부의 노력은 놀라운 성공을 거뒀다. 일본은 비서양 지역에선 최초로 산업화를 이룬 국가가 됐다. 일본이 중공업 분야로 진출하면서 자이바쓰(zaibatsu, 財閥, 재벌)라고 불리는 거대기업집단이 형성됐다. 그러나 이런 경제적 팽창의 한 구석에선 군국주의라는 불길한 움직임이 꿈틀대고 있었다. 1930년대에 정부 관료들은 국가의 산업자원을 아시아를 향한 군사적 지배를 위해 투입했다. 2차 세계대전 무렵, 놀랍게도 일본의 기술적·산업적 능력은 유럽과 맞먹는 수준에 이른다.

결과적으로 일본이 2차 세계대전에서 패했지만, 일본 정부와 기업인들 사이에는 '서양을 따라잡아야겠다'는 의지가 더욱 불타올랐다. 전쟁이 끝나고 나라 전체가 비참한 상황에 처하자 이들은 무슨 일이 있어도 가능한 한 빨리 경제를 정상궤도에 올려야겠다는 생각을 품게 됐다. 한때 전쟁에 쏟아 부었던 민족주의 에너지가 경제개발로 방향

을 튼 것이다. 메이지 시대의 슬로건이던 '후코쿠 교헤이'는 1960년 대 들어 '오베이니 오이코세(欧米に追い越せ)', 즉 '유럽과 미국을 따라 잡자'로 바뀌었다. 일본의 전후 리더십은 메이지 시대의 전시(戰時) 경제체제에 몇 가지 새로운 요소를 버무려 놓은 듯했다. 결국 이것이 이른바 '아시아 모델'의 원형이 됐고 추후 아시아 전역으로 널리 퍼져 갔다.

이 '모델'은 여러 노력의 합작품이다. 일본의 경제개발 프로그램은 누군가 책상에 앉아서 펜대를 굴리며 짠 게 아니다. 어떤 특정한 시점, 경제의 특정한 수요를 맞춰 가며 형성된 것이다. 1950년대 중반 이 시스템이 제 자리를 찾을 무렵, 이 '모델'은 마치 기름칠이 잘된 기계처럼 굴러 간다. 일본 관료들은 이를 'GNP(국내총생산) 머신'이라고 불렀다. '아시아 모델'을 창조해 낸 관료들은 모두 의도적으로 미국식 자유방임주의 경제를 피했다. 그들은 일본의 경제발전은 국가가 주도해야 한다고 굳게 믿었다. 그런 면에서 이들은 모두 메이지 시대 사상가 오쿠보의 제자들이었던 셈이다.

일본 경제를 이끈 괴물

개발주도형 관료의 전형적인 인물이 사하시 시게루(佐橋滋)다. 통산성에 근무하던 그는 가장 강력한 차관 중 한 명이었으며 전후 일본 정부를 이끈 수많은 관료 중에서도 '일본식 경제 모델'을 세우는 데 가장 큰 공을 세운 이였다. 호전적이고 직설적이며 때로는 거만한 사하시는 일본의 관료주의적 전통을 도마에 올린 뒤 이를 박살내 버렸다. 그는 실적이 연공서열에 우선돼야 한다고 생각해 평생 동안 연공서열에 따른 승진체계로 이뤄진 정부 시스템을 비판했고, 남성 위주로 경직된 관료주의를 깨기 위해 통산성에 여성 직원을 처음으로 채용했다. 무뚝뚝해서 언론으로부터 '미스터 통산성(Mr. MITI)'이란 별명을 얻었고 지지자들에게는 영웅이 됐다. 혹자는 그를 '사무라이 중에 사무라이'라고도 치켜세우는가 하면 한편에서는 '괴물 사하시'라고 비아냥거렸다.

다른 경제 관료와 마찬가지로 사하시 역시 엘리트 집안이나 전문 경제학자 출신이 아니었다. 1913년 일본 중부지방인 이즈미의 한 마을에서 사진작가의 아들로 태어났다. 초등학교 시절 그는 저돌적인 아이였다. 스모 대표선수로 지역 토너먼트에 출전하기도 했다. 탁월한 실력 덕에 '야마 아라시(山嵐)', 즉 '산폭풍'이라는 별명까지 얻었다. 그러면서 학업 성적도 우수해 최고 명문 도쿄 대 법대에 입학하는 등 줄곧 탁월한 실력을 보였다. 사하시 역시 당시 대부분 명문대 졸업생들이 원하던 정부 관료의 길을 택했다. 열렬한 민족주의자인 그는 강력한 파워의 관료 집단에 들어가는 게 국가에 봉사하는 가장 확실한 길이라 믿었다. 일본에선 전문 관료들이 경제정책을 좌지우지했다. 이것이 선거로 뽑힌 리더가 영향력을 행사하는 미국과 다른 점이다. 사하시는 훗날 '일본인들이 인간다운 삶을 살도록 만들어 주는 가장 빠른 길은 내가 관료가 되는 것이라고 믿었다'고 기록했다. '사회를 위해 일하는 관료가 될 수 있을 거라 생각했다'는 것이다. 사하시 같은 졸업생들이 가장 가고 싶어 하던 곳은 통산성※이나 재무성이었다. 둘 다 정부에서 가장 영향력이 큰 부처였다. 인터뷰 후 두 군데 다 합격한 사하시는 통산성을 택했다.

※ 사하시가 처음 정부에 들어갈 당시, 부처 이름은 상공성(商工省, the Ministry of Commerce and Industry)이었다. 1951년 통산성(MITI)으로 바뀌었다.

결국 사하시의 탁월한 능력으로 통산성은 '아시아 모델'을 만들어 내는 지휘부 구실을 하게 된다. 경제에 대한 사하시의 관점은 메이지 시대의 오쿠보와 같았다. 그는 정부가 직접 지휘하지 않으면 올바른 방향으로 전진할 수 없다고 믿었고 "인류가 완전해지고 개인과 전체가 이상적으로 조화를 이루는 게 가장 좋겠지만, 사회생활이나 경제 영역에서 이는 불가능한 일"이라고 말했다. 따라서 "(정부가) 복지와 사회발전에 기여해야 한다"고 주장했다. 사하시를 포함한 통산성 관료들은 그저 시장에만 맡길 경우 일본 경제가 바른 길로 성장할 수 없을 것이라고 우려했다. 시장원리만 따르다 보면 그렇지 않아도 부족한 자원이 이익이 뻔한 곳으로만 몰릴 판이었기 때문이다. 실제로 전후 몇 년 동안 완구나 모직 등 노동집약적인 산업에 상당수의 저임금 노동력이 집중돼 있었다. 그러나 사하시 같은 관료들은 새로운 비교우위※를 만들려고 했다. 그들은 경제구조를 중화학공업 쪽으로 바꾸려 했다. 그러려면 더 많은 전문 기술과 방대한 투자, 최고급 인력과 더 높은 수준의 급여가 필요했다. 결국 관료들은 일본에서 중화학공업을 키우려면 정부가 개입해야 한다고 결론지었다. 이에 따라 정부는 필요한 자원이 지정된 분야에 배분될 수 있도록 하는 업무를 맡게 됐다. 이것이 바로 '산업정책(industrial policy)'이다.

어떤 경제적 결과를 얻기 위해 정부가 직접 나서는 것이 새로운 일은 아니었다. 미국 건국의 아버지 알렉산더 해밀턴(Alexander Hamilton) 역시 산업정책을 잘 활용했다. 1791년 미 상원 보고서에 따르면 해밀

※ 한 국가가 '비교우위'에 있다는 것은 어떤 재화를 다른 나라보다 더 효율적으로 만들 수 있다는 것을 의미한다. 옥수수 농사를 예로 들어 보자. 어떤 나라가 지대는 싼데 토양도 비옥하고 농업 기술력도 훌륭해 다른 나라보다 싼 비용에 옥수수를 경작할 수 있다면, 이 나라는 '비교우위'에 있는 것이다. 또 재봉 일을 할 수 있는 저임금 노동력이 풍부한 곳이라면 역시 봉제업 분야에서 '비교우위'에 있다고 할 수 있다.

턴은 경제에 활력을 불어넣고 국방력을 키우려면 신생 미국 정부가 '특별한 지원과 보호정책'을 펴야 한다고 주장했다. 제조업을 육성하면 유럽의 선진국들과 경쟁할 수 있다는 논리였다. 일본의 전략은 상당 부분 해밀턴의 주장과 비슷하다. 전후 일본은 특정 산업 분야를 키우기 위해 선진적이지만 복잡한 경제 시스템을 도입했다. 정치학자 찰머스 존슨은 "일본이 도입한 고성장 시스템은 전 세계 모든 정부가 고안한 산업정책 중에서 가장 이성적이고 생산적인 것"이라고 평가했다.

사하시와 그의 통산성 동료들은 성장 가능성이 있고 세계적인 경쟁력을 갖출 수 있다고 판단되는 특정 산업군을 '찍어서(targeting)' 미리 '승리자를 선발(picked winners)' 했다. 초창기 승리자는 철강과 조선업이었다. 나중엔 반도체 같은 첨단산업에 '타깃'이 맞춰졌다. 통산성과 재무성, 중앙은행 등은 민간 기업체들이 이런 '타깃' 산업으로 진출할 수 있게 각종 인센티브를 제공했다. 자금조달 비용을 줄여 준다거나 필수 기자재나 기술 등을 들여올 때 관세를 면제해 주었으며 특정 산업을 보호하기 위해 관세장벽도 낮춰 줬다. 이런 인센티브는 민간기업이 타깃 분야에서 사업을 할 때 드는 비용이나 리스크를 줄이는 데 초점을 맞췄다. 그럼으로써 자유시장 상태로 두었을 때보다 더 많은 투자를 더 빨리 할 수 있도록 유도한 것이다. 특히 일본 정부가 키우려 했던 중공업 분야에서는 투자의 장벽을 낮추는 게 매우 중요했다. 초기에 상당한 비용이 투입되는 데 비해 이른 시일 안에 이익을 환수할 가능성은 적었기 때문이다. 일본의 산업정책은 고속성장만을 목표로 하지는 않았다. 일본의 경제구조 자체를 선진국형으로 바꿔 놓는 한편, 새로운 고부가가치 분야에서 세계적으로 경쟁할 수 있는 기업을 만들어 내는 것이었다. 일본 정부가 세운 개발 패턴은 미러클을 일군 다른 아시아 국가의 본보기가 됐다. 초창기엔 저임금 노동력을 바탕으로 저비용, 낮은 기술의 제품을 만들어 빠른 속도로 성장을 이룬다. 그런 뒤 경제개발이 진행됨에 따라 점차 더 비싸고 수준 높은 기술을 요하는 제품 쪽으로 생산 주력을 이동하는 식이다.

통산성이 주도한 '아시아 모델'은 일본 기업들에 분명히 큰 혜택을 줬다. 정부가 제공하는 보호막과 각종 지원 속에서 새로운 사업을 시작할 수 있었기 때문이다. 반면 이로 인한 단점 역시 극명했다. 일본 정부는 자유시장체제 하의 미국 관료보다 훨씬 더 직접적으로 경제를 통제했다. 자신들의 산업정책이 잘 먹혀들게 하기 위해서였다. 1950년 대를 거치면서 통산성의 권한은 공식적이 돼 기업의 의사 결정과정에도 개입할 수 있게 된다. 소니가 골머리를 앓던 외환거래 통제정책은 통산성의 막강한 권한 중 아주 작은 일부였다. 1960년대 초반에 이르러 자유화 바람이 불면서 통산성은 법적 권한을 점차 잃기 시작한다. 그러나 사하시와 다른 관료들은 민간 기업인들이 통산성의 관리감독 없이 스스로 회사를 꾸려 가는 상황을 상상도 할 수 없었다. 사하시는 이에 대해 이렇게 말한 적이 있다.

"(기업인들 중에) '정부가 산업발전을 위해 해야 할 것을 일일이 지시하기보다는, 그저 기업하기 좋은 환경을 만들어 주기만 하면 된다'고 말하는 이들이 있다. 그러나 이는 극히 자기중심적인 관점이다."

사하시와 그의 동료들은 결국 통산성이 민간산업 분야에 '권고'를 하는 방식으로 비공식적인 통제기능을 유지했다. 이것이 바로 '행정지도(administrative guidance)'다.

행정지도는 간혹 '초법적'이기까지 했다. 공식적으로는 강요할 수 없지만 사실상 정부가 여전히 경제를 좌지우지했기 때문에 기업인들이 행정지도를 무시한다는 것은 무모한 짓이었다. 사하시는 명령에 반발하는 기업인들은 강경하게 대했다. 1965년 철강업체인 스미토모 메탈이 경기침체에 대비해 생산량을 줄여야 한다는 통산성의 '지도'를 거절했다. 통산성은 그동안 시장이 하락세로 돌아설 때 일본 산업 전체에 미칠 부작용을 줄이기 위해 이런 식의 생산량 조절정책을 취했다. 그러나 스미토모의 휴가 호사이(日向方齊) 사장은 생산량을 할당하는 것은 불공정한 처사라고 분개했다. 스미토모는 '정의의 이름'으로 기업의 이익을 지키기 위해 맞섰고 사하시는 코크스 용 석탄의 수입물량을 줄이겠다고 협박했다. 코크스 용 석탄은 철강을 만드는 데 없어서는 안 되는 원재료다. 휴가는 이례적으로 기자회견까지 열어 생산하고 싶은 대로 철강을 만들 것이라고 장담했다. 그러자 사하시는 정말로 석탄 수입을 제한했다. 대안도 없었다. 결국 휴가는 무릎을 꿇을 수밖에 없었다. 사하시 역시 제왕적이고 무자비한 정책 때문에 여론의 뭇매를 맞았지만 '미스터 통산성'은 자신이 일본 경제를 위해 옳은 일을 한다고 믿었다. 시간이 흐른 뒤에도 그는 "나는 추호도 잘못 한 것이 없다고 생각한다"고 말했다.

한편 정부는 재정권이라는 강력한 통제수단도 가지고 있었다. 통산성의 산업정책 파트너라 할 수 있는 재무성이 쥐고 있던 권한이었다. 어느 저널리스트는 재무성을 두고 '선진국에선 좀처럼 찾아볼 수 없는 정치 · 경제 · 지식적 힘을 두루 갖춘 권력'이라고 평했다. 일본의 상업은행들은 민간 소유였으나 어떤 결정을 내릴 때면 대개 재무성이 개입했다. 자원의 흐름을 관료들이 관리해, 통산성이 '타깃'으로 삼은 분야에 투자하는 기업으로 자금이 흘러가게 하는 것이었다. 재무성은 이 작업에 중앙은행인 일본은행(Bank of Japan)의 대출업무 감독권을 활용했다. 일본은행은 서양의 중앙은행과 달리 재무성의 영향권 안에 있었다. 또 민간 은행에서 정부의 '타깃' 기업에 지원할 자금이 부족할 때, 정부 소유의 금융기관을 통해 실탄이 투입되기도 했다. 바로 그런 업무를 일본산업은행(the Japan Development Bank)이 맡았다. 정부는 이런 자금을 바탕으로 자신들의 감독을 원활히 하기 위해 일부 자이바쓰를 포함한 거대기업집단을 부활시켰다. 자이바쓰는 2차 세계대전 후 더글러스 맥아더 장군의 미군정 시기를 거치면서 모두 해체된 상태였다. 그러나 정부에 의해 게이레쓰(keiretsu, 계열)라는 형태로 다시 태어난 것이다. 이번엔 은행이나 무역회사를 중심으로 다른 산업군의 기업들이 달라붙는 식이었다

게이레쓰의 모든 계열사는 지분 교차소유로 얽혀 있다. 결국 게이레쓰는 통산성이 제시하는 계획과 제안, 각종 인센티브를 받아 이를 신규사업에 적용함으로써 통산성의 산업정책에 생명력을 불어넣는 역을 맡은 것이다. 이들 거대집단이 나중에 세계적으로 이름을 떨치게 되는 미쓰비시, 스미토모, 후지, 미쓰이 등이다.

이처럼 게이레쓰는 상당한 보호를 받았다. 그렇다고 일본 정부가 단지 몸집만 부풀어 오른 비효율적인 괴물을 만들려는 것이 결코 아니었다. 애당초 통산성의 목표는 이들 기업을 글로벌 경쟁자로 키우는 것이었다. 이런 선견지명이 일본의 산업정책 모델과 다른 신흥국의 국가주도형 경제개발 방식의 가장 큰 차이점이다. 통산성이 지원하는 기업의 성패는 결국 얼마나 수출을 잘할 수 있느냐에 달려 있었다. 천연자원이 부족한 일본을 먹여 살리는 길은 수출밖에 없었기 때문이다. 따라서 일본의 산업정책은 국제무역의 수요와 긴밀히 연관될 수밖에 없었다.

수출에 집중하다 보니 일본 기업들은 성장 초기부터 미국·유럽 기업과 치열한 경쟁을 펼쳐야 했다. 그런 상황에 일본 기업들이 살 길은 하루바삐 더 효율적이고, 품질이 좋은 제품을 생산하는 능력을 갖추는 것이었다. 따라서 일본식 모델은 성장전략을 짤 때부터 시장 영향력이라는 개념을 포함시켰다. 그동안 국가주도형 성장전략을 취해 온 다른 나라에서 간과했던 부분이다. 사하시는 "경쟁이란 무엇이 더 나은 경제인지 깨닫게 하는 수단"이라고 말했다. "우리가 자유경쟁이 좋다고 여기게 된 것도 그것이 인간의 창의성을 활용하는 가장 좋은 방법이기 때문"이라는 설명이다. 바로 이 말 속에 일본식 모델의 비결이 숨어 있다. 정부의 간섭을 시장의 힘과 교묘히 연결시킨 것이다.

한편 일본 기업들은 내수시장에서는 외부세력의 치열한 도전으로부터 보호받았다. 통산성, 특히 사하시는 노골적인 민족주의자였다. 그들의 목표는 토착 산업을 키우는 것이었다. 다국적기업이 일본에 들어와 시장을 잠식하고 기업들의 성장을 짓누르는 것을 막아야 한다고 생각했다. 통산성은 외국인이 국내에 투자하는 것을 철저히 감시하고 통제했다. 이런 정책 탓에 통산성은 외국 기업들과 자주 마찰을 빚었다. 그중 가장 유명한 게 IBM과의 분쟁이다. 이 미국계 거대기업이 일본에 자회사를 세우려 하자 통산성은 이 법인의 대주주는 반드시 일본인이 돼야 한다고 고집했다. IBM은 이런 조건을 결코 받아들일 수 없었다. 그래서 우회전략을 썼다. 완전히 엔화를 기반으로 한 현지법인을 세워 통산성의 외국인투자 제한을 피해 간 것이다. 제 꾀에 넘어간 사하시는 불같이 화를 냈다. 그리고 아예 IBM 지사가 일본 내 공장에서 쓸 장비를 수입하지 못하게 했다. 이 갈등은 결국 IBM 일본 지사 간부들과 사하시 간의 수차례 협상을 통해 풀 수 있었다. 사실 사하시는 컴퓨터와 관련된 IBM의 특허권에 군침을 흘리고 있었다. 그러나 IBM이 일본 경쟁자에게 결코 자신의 독점적 기술을 넘겨주려 하지 않자 급기야 이를 빼앗기로 결심한 것이다. 사하시는 "우리가 제시한 조건을 따르지 않으면 IBM이 일본에서 영업을 못 하도록 모든 조치를 취하겠다"는 협박까지 했다.

일본 주식회사와 미러클

'괴물 사하시(Monster Sahashi)'와 그의 열렬한 민족주의자 동료들은 '일본 주식회사(Japan Inc.)'라는 컨셉트를 만들었다. 통산성의 '지도' 아래 경제가 발전하면서, '일본은 정부·기업·금융기관이 대기업의 각 부서들처럼 유기적으로 돌아가는 단일체'라는 인식이 세계에 퍼져 나갔다. 실제로 이 '일본 주식회사'는 마치 기업인 양 글로벌 시장에서 경쟁자들을 물리치며 자신의 이익을 위해 전진한다. 마침내 '일본 경제는 세계 정복에만 눈이 먼 재수 없는 조직'이라는 인식이 생겨나기 시작한다. 1990년, 당시 크라이슬러 부사장이던 버넷 비드웰(Bennett Bidwell)은 일본을 '중앙집권적이면서도 충성을 다하는 경제적 침략자'라고 표현했다.

일본이 잘 조율된 산업형태를 갖추었던 것은 사실이지만 '일본 주식회사'라는 컨셉트가 미러클과 직접 관련됐다고 생각하면 오해다. 통산성 관료들이 모든 정책과 금융에 개입했다고는 하나 민간 경제의 세세한 부분까지 관여할 순 없었다. 심지어 개별 기업이나 한 산업군 전체에서 통산성의 '지도'를 따르지 않아 오히려 잘된 사례들도 있다. 예를 들어 1960년대 사하시는 업계의 덩치를 키우기 위해 자동차 업체의 인수 합병을 지시한 적이 있다. 그래야만 미국의 '빅 3'(GM·

포드·크라이슬러 등 미국의 상위 3개 자동차업체-옮긴이)에 맞설 수 있으리라 여겼던 것이다. 사하시는 "이 정책을 당장 폐기하라"는 업계의 강력한 반발에 부딪혔다. 이와 함께 통산성 관료들은 일부 실패한 기업들을 떠안는 부담을 지기도 했다. 자신들이 '승리자'라고 꼽았으나 결국 패배자가 돼 버린 기업이 간혹 나왔기 때문이다. 강력하게 드라이브를 걸었다가 완전히 실패로 끝나 버린 상업용 비행기산업 역시 이들의 명백한 실책 중 하나로 꼽힌다. 한편 오토바이·로봇·팩스·가전제품 등 일본에서 가장 잘나간다는 산업들 역시 통산성의 이렇다 할 지원 없이 성장을 이뤘다. 모리타는 통산성에 대해 "일부 사람들이 생각하는 것과 달리 일본 전자산업에 있어서는 그다지 고마운 존재가 아니었다"고 평했다.

사실 통산성에 대한 평가는 일본 경제학계에서도 치열한 논쟁거리다. 산업정책이 과연 일본의 눈부신 경제성장에 중추적인 역할을 했는가 하는 것이다. 그리고 이런 의문도 남는다. '아시아 모델'은 정말로 효율적이었는가? 그리고 과연 그 모델이 미러클을 만드는 주동력이었던 것인가?

찰머스 존슨 같은 '아시아 모델'의 지지자는 통산성이 일본의 산업화와 경제성장을 앞당겼다고 믿는다. 자유방임형 시스템 속에선 결코 이룰 수 없는 성과였다는 것이다. 그는 1950년대와 1960년대 일본의 경제구조를 바꾼 것은 오로지 통산성의 공이라고 한다. 결국 통산성이 '승리자'로 지목한 산업들이 대부분 오늘날 일본에서 큰 성공을 거뒀다는 게 그 결정적인 증거라는 이야기다.

그러나 이런 주장에 고개를 갸웃거리는 이도 많다. 이들은 존슨이 통산성을 과대평가하고 있다고 본다. 경제학자인 나카무라 다카후사

(中村隆英)는 "'일본 주식회사'를 지지하는 이들은 일본 경제의 한 단면을 보고 그 중요성을 과장하는 경향이 있다"고 꼬집었다. 존슨과 그의 의견에 동조하는 이들이 일본 경제성장에 기여한 관료들의 업적을 찬양하느라 사업가나 기업 경영, 또 개별 근로자들의 노력은 평가절하했다는 것이다. 일본인 경제학자 고사이 유타카(香西泰)도 "일본의 고속성장이 단지 성장정책의 결과만은 아니다. 일부 엘리트 집단의 구상으로 얻은 결과라고 보기 힘들다"고 지적했다. 오히려 "가장 중요한 풀뿌리인 기업과 가계가 시장의 변화에 신속하게 대처한 결과"라는 게 그의 분석이다. 이런 관점에서 볼 때, 통산성의 역할은 단지 성장을 할 수 있는 멍석을 깐 것이다. 진짜 어려운 일은 민간기업들이 해 냈다. 따라서 고속성장의 배경에는 일본 정부의 '지도하는 손(guiding hand)'이 아니라 시장의 힘이 있다는 주장이다. 경제학자 휴 패트릭(Hugh Patrick)과 헨리 로조프스키(Henry Rosovsky)는 "일본 정부가 사업하기 좋은 환경을 마련해 준 것은 사실이지만 성장을 이룰 수 있던 주동력은 역시 민간 분야였다"고 분석했다. 기업에 대한 투자와 민간 저축이 늘고, 시장중심적인 환경에서 숙련된 인력을 운용할 수 있었기 때문이라는 것이다. 따라서 이들은 "일본의 경제성장은 전혀 특이할 게 없다"고 본다. 상대적으로 정부의 역할이 중요했을지언정, 경제성장에 미친 이들의 영향력이 '특별한 일본식'은 아니었다는 이야기다. 이런 관점에서 통산성은 미러클에 지원자 노릇을 했을 뿐 결정적인 역할은 하지 않았다고 본다.

소니의 사례 역시 통산성과 그 산업정책의 역할에 대해 지나치게 큰 의미를 부여해서는 안 된다는 것을 보여준다. 트랜지스터를 개발하는 과정에 모리타와 이부카는 통산성의 '행정적 지도'를 따르지도, 미끼로 내던진 인센티브를 받지도 않았다. 그러고는 통산성의 개입 없이 그들이 이루고자 하는 것을 얻었다. 통산성은 소니가 하려던 일의 중요성을 전혀 알지 못했다. 오히려 그들이 새롭게 개척하려는 일을 가로막았다. 정치경제학자 다니엘 오키모토는 이를 두고 "통산성이 쌓아온 통찰력에 대한 신화와 완전히 배치되는 에피소드"라고 말했다. 기업 역사를 통틀어 소니는 통산성 시스템에 속한 적이 한 번도 없다. 물론 일부 초기 상품의 경우 세제혜택같이 통산성이나 재무성이 마련한 정책의 덕을 보기는 했다. 그러나 정책융자 등 정부가 '타깃' 기업에 제공하는 금융지원은 한 번도 받지 못했다. 그래서 소니의 전 최고경영자(CEO) 노부유키 이데이는 "(소니는) 시작부터 자유시장체제였다"고 강조한다. "통산성은 애당초 별 관심이 없었다"는 게 그의 생각이다. 개개의 기업에 대해서나 전자산업 전체에 대해서나 말이다.

통산성을 지지하는 학자들은 상당수 다른 경제학자가 이미 구식이 된 미국 중심의 자유기업 이데올로기에 함몰돼 있다고 비난한다. 그래서 일본에서 미러클이 가능했던 진짜 요인을 발견하지 못하고 있다는 것이다. 또 국가의 개입이 시장을 교란시킬 뿐이라고 굳게 믿는 고전경제학자들은 이런 선입견 탓에 정부의 정책이 시장을 잘 이끌고 강화할 수 있다는 사실을 보지 못한다고 지적한다. 이들은 일본식 산업정책이 시장 주체의 행동을 바꿨다기보다는 단지 지휘·감독함으로써 더 재빠르게 움직일 수 있도록 도왔다고 주장한다. 전문용어로 통산성은 '시장을 거스르는(Market-defying)' 정책이 아니라 '시장에 부합하는 (Market-conforming)' 정책을 추구했다는 것이다. '아시아 모델'을 지지하는 대표적 저널리스트인 제임스 펠로 (James Fallows)는 "현대 아시아 경제의 성장 모델에서 배울 점은 '시장'과 '계획'이 잘 조화를 이뤘다는 것"이라고 분석했다. 정부의 정책을 백분 활용함으로써 시장이 제 기능을 발휘할 수 있도록 도왔다는 것이다. 그의 말에 따르면 일본은 고전경제학의 전통과 미국식 자유시장 이데올로기를 완전히 무시했다. 즉 '일본은 경제법칙을 재창조' 한 것이다.

일본의 미러클에는 가속도가 붙었다. 그러면서 더 많은 사람에게 일본이 더 우월한 형태의 자본주의를 고안했다는 믿음이 퍼졌다. 반면 고전경제학자들은 글로벌 경제의 새로운 현실을 제대로 설명하지 못했다는 지적이 나오며 이들의 목소리는 다소 수그러들 수밖에 없었다. 그럼에도 '아시아 모델' 을 둘러싼 논쟁은 여전히 진행형이다. '아시아 모델' 을 지지하는 이들조차 모델의 궤도에서 벗어났던 소니가 어떻게 성공할 수 있었는지에 대해선 똑 부러진 답을 내놓지 못하니 말이다. 펠로는 "소니가 글로벌 기업으로 발돋움하게 한 것은 통산성이 아니라, 다소 구식이지만 불굴의 기업가 정신"이라고 분석한다. 그는 모리타를 "미국인의 기준으로 볼 땐 악덕 기업가"라고 했다. "스스로 굉장한 기업을 세웠고, 이는 미국인 입장에서 볼 때 철저히 미국적인 방식을 따른 것"이라는 설명이다. 이 말이 맞다면 일본은 그가 처음 이야기한 것과 달리 경제법칙을 재창조한 게 아닐 수도 있다.

소니를 탄생시킨 전자축음기

아버지가 나고야 집에 전자축음기를 들고 온 날, 중학생인 모리타는 기대와 호기심에 가득 찼다. 클래식 애호가인 그는 축음기에서 흘러나오는 청명한 소리에 단숨에 매료돼 바흐 · 모차르트 · 라벨 등의 레코드를 듣고 또 들었다. 그 순간부터 모리타는 가전제품에 푹 빠졌다.

"나는 새로운 발견에 사로잡혔다. 그리고 그와 관련한 여러 질문이

머릿속을 맴돌았다."

훗날 모리타가 한 말이다. 모리타는 라디오나 전자기술에 대한 최신 서적과 기사들을 닥치는 대로 찾아 읽었다. 또 방과 후엔 평소 즐겨 보던 잡지 「와이어리스 앤드 익스퍼리먼츠Wireless and Experiments」에 나온 설계도를 가지고 직접 장치를 만드는 일에 매달렸다.

모리타 가문은 300년 동안 양조업을 이어온 부유한 집안이었다. 아시아의 전통을 따르자면 장남 모리타는 가업을 물려받아야 하는 처지였다. 아버지는 모리타가 열 살 때부터 양조장 이사회에 데리고 갔다. 모리타는 "초등학생 때부터 사업회의에서 어떤 이야기가 오가는지 배웠다"며 "얼마 지나지 않아 그런 회의를 즐기게 됐다"고 회고했다.

그러나 그는 사케 대신 전자제품을 택했다. 오사카 제국대에서 물리학을 전공한 그는 2차 세계대전이 터지자 특별 프로그램의 일환으로 해군에 차출돼 군 소속 연구소에서 일했다. 나중에 그는 "그 덕에 고향에서 수천 마일 떨어진 곳에서 의미 없는 전쟁을 치르느라 일생을 바치는 것을 피할 수 있었다"고 회고했다. 연구소에서 열추적 미사일을 개발하던 어느 날 이부카 마사루를 만났다. 민간인인 이부카는 사업체를 운영하고 있었다. 물 밑에 숨어 있는 미군 잠수함을 찾아내는 장치를 개발하는 업체였다. 그는 연구 팀에서 컨설턴트 같은 일을 하고 있었다. 이부카와 모리타는 상당히 다른 성격의 소유자였다. 변덕스럽고 다소 강박관념이 있던 이부카는 퉁명스럽고 무뚝뚝하기까지 했다. 그는 좋아하는 프로젝트에 몰두하느라 다른 일에는 거의 관심을 갖지 않았다. 또 쉽게 싫증을 느꼈다. 소니에서도 말이 늘어지는 손님을 대할 때면 중간에 말을 끊어 버리는 것으로 유명했다. 그런데도 둘은 금세 친해져서는 평생지기가 됐다. 사업에 있어서도 둘은 완벽한 짝이었다. 이부카는 독보적인 창의성을 가진 기술자였고 모리타는 마케팅과 소비자 트렌드를 읽는 데 천재적이었다. 모리타는 한 회의석상에서 이부카를 만난 게 자신의 인생에서 가장 큰 '터닝 포인트'였다고 말했다.

전쟁이 끝난 뒤 이부카는 도쿄에 새 회사를 세웠다. 한때 도시에서 가장 사치스러운 곳이었만 지금은 잔해만 남은 어느 백화점 자리에 사무실을 잡았다. 그는 나무통에 전선을 엮어 전기밥솥을 개발하려 했다. 시제품을 여럿 만들었지만 하나도 제대로 작동하지 않았다. 그러다 기존 라디오에 부착만 하면 단파 방송(shortwave signal)을 들을 수 있는 장치를 만들어 팔았다. 전쟁을 겪으면서 일본인들은 라디오를 목숨보다 소중히 여기게 됐다. 라디오만이 새로운 정보를 얻을 수 있는 수단이었기 때문이다. 그래서 이부카의 첫 작품은 날개돋친 듯 팔렸다. 모리타와 이부카는 전쟁 막바지에 서로 연락이 끊긴 상태였다. 그러다 신문에 이부카의 회사에 대한 기사가 났고 기사를 본 모리타가 이부카에게 편지를 썼다. 비록 다 타 버린 백화점 건물에 있는 회사지만 함께 일하고 싶다는 내용이었다. 모리타는 "다시 만난 우리 둘은 서로의 꿈을 이야기했다"고 말했다. 차를 사고, 엘리베이터가 달린 공장을 세우는 그런 꿈이었다.

힘을 합친 모리타와 이부카는 뭔가 히트 상품이 필요했다. 1949년 일본 공영 라디오 방송국을 방문했을 때, 이부카는 미국산 테이프 레코더를 처음 봤다. 그는 이 기계에 완전히 매료됐다. 그래서 자신들의 힘으로 테이프 레코더를 만들기로 했다. 사실 이에 필요한 기술에 대해선 아는 게 전혀 없었다. 그러나 그런 건 중요하지 않았다. 소니에 대해 연구한 존 나단 교수(John Nathan, 일본학 전공)는 자력으로 테이프 레코더를 만들려던 이런 노력이야말로 전후(戰後)의 일본을 회복시킨

독창성과 결단력을 보여주는 대표적 사례라고 평가했다.

테이프 레코더를 만들 때 가장 어려웠던 부분은 마그네틱 테이프였다. 이부카도 모리타도, 그의 팀원들도 테이프가 작동하는 원리를 전혀 알지 못했다. 심지어 재료를 어디서 사야 하는지도 몰랐다. 당시 일본에는 테이프에 쓰는 플라스틱을 살 수 있는 곳이 없었다. 그래서 그들은 셀로판지로 테이프를 만들기도 했다. 그러나 레코더를 한 번 지나면 이내 늘어져 다시는 쓸 수가 없었다. 모리타는 대신 두꺼운 종이를 써 보기로 했다. 이번엔 종이로 된 테이프를 자기화하는 작업이 걸림돌이었다. 시행착오를 거치던 중 수석연구원 중 한 명인 기하라 노부도시가 약국에서 굉장히 창의적인 화학 재료를 발견했다. 그는 이를 프라이팬에 살짝 튀긴 뒤 갈색 시료에 섞어 테이프 위에 덮을 마그네틱 코팅을 만들었다. 그리고 종이를 가늘게 자른 뒤 그 위에 미리 만들어 놓은 약품을 발랐다. 이 작업에는 미국산 너구리 털로 만든 부드러운 붓을 사용했다. 1950년대 초반, 소니는 드디어 투박하지만 자신들이 직접 만든 첫 번째 테이프 레코더를 세상에 내놓는다.

그러나 판매는 부진했다. 소비자들은 레코더가 작동하는 것에는 깊은 인상을 받았지만 사야 할 필요성은 느끼지 못했던 것이다. 특히 지금 기준으로 475달러나 됐던 가격도 문제였다. 모리타와 이부카는 "우리가 할 일은 오로지 좋은 제품을 만드는 것이다. 그러면 주문은 자연스럽게 들어올 것"이라고 생각했다. 모리타는 "이 일로 우리 둘 다 큰 교훈을 얻었다"고 말했다. 그렇지만 모리타는 포기하지 않았다. 제품을 모포로 둘둘 말아 닷선(Datsun, 닛산에서 만든 자동차의 브랜드 이름—옮긴이) 트럭에 싣고 다니면서 소비자들에게 직접 제품을 보여줬다. 나중에 일본 법원이 이 제품을 구매했다. 전쟁이 끝나고 구하기 힘들어진 속기사를 대체하기 위해서였다.

그렇지만 트랜지스터 개발을 위해 소니가 들인 공에 비하면 이는 고등학교 과학 실험 수준이었다. 미국에서 트랜지스터 관련 기술을 들여온 뒤 이부카와 모리타는 연구실에서 전혀 새로운 형태의 트랜지스터를 만드는 작업에 착수했다. 그들이 목표로 삼은 미니 라디오를 만들려면 더 강력한 기능의 트랜지스터가 필요했기 때문이다. 소니 기술자들은 기능을 끌어올리는 방안을 찾기 위해 여러 아이디어를 짜냈다. 그러나 이렇다 할 결과가 없었다. 이부카는 소니 연구원으로 있던 처남 이와마 가즈오를 트랜지스터 프로젝트 팀장으로 앉혔다. 그리고 1954년 초 이부카와 이와마는 미국으로 날아갔다. 웨스턴 일렉트릭의 마스카리치 부사장은 펜실베이니아 주 앨런타운에 있던 트랜지스터 공장을 보여줬다. 그러나 여기서도 뾰족한 답을 얻지 못했다. 이부카는 당시 트랜지스터 제작과정에 대해 "상당히 복잡한 기술이었다"고 회고했다. 그는 수심이 가득한 얼굴로 처남에게 물었다.

"여기까지가 우리의 한계라면 어떡하지?"

도쿄 대에서 지구물리학을 공부한 이와마는 3개월 더 미국에 머물렀다. 그동안 벨 연구소와 웨스팅하우스, 웨스턴 일렉트릭을 찾아가 그곳 기술자들에게 여러 가지를 꼬치꼬치 캐물었다. 밤에 호텔에 돌아와선 새로 알게 된 내용을 편지에 담아 도쿄로 보냈다. 이렇게 쓴 편지들은 결국 일본이 트랜지스터를 만들게 하는 초석이 된다.

소니 본사 기술자들은 이와마가 보낸 편지를 분석해 1954년 중반 마침내 소니의 첫 번째 트랜지스터를 만들어 낸다. 몇 개월이 지난 뒤 이와마는 성능이 강화된 트랜지스터를 만드는 프로세스를 완성한다. 이는 벨 연구소에서 거절했던 작업이다. 이후 소니는 놀라운 속도로 라디오 용 트랜지스터를 생산하게 된다.

그러는 동안 기하라와 다른 기술자들은 미니 라디오에 들어갈 다른 부품을 설계하는 작업에 매진했다. 1955년 1월, 소니는 첫 번째 트랜지스터 라디오 시제품을 선보였다. 사실 이것이 세계 최초의 제품은 아니다. 이미 미국의 리전시(Regency)라는 회사가 1954년 말 비슷한 제품을 만들었다. 이 소식을 듣고 실망한 이부카는 통산성 관료들을 비난했다. "통산성이 (개발) 허가를 조금만 일찍 내줬어도 소니가 트랜지스터 라디오를 개발하는 시점을 앞당길 수 있었을 것"이라는 불만이었다. 1955년 8월 TR-55라는 이름이 붙은 소니의 첫 모델이 출시됐다. 2년 후엔 더 작고 더 품질이 좋은 제품을 줄줄이 시장에 내놓았다. 모리타는 마케팅적인 관점에서 이 미니 라디오에 '주머니에 쏙 넣을 수 있다(pocketable)'는 이미지를 심고 싶었다. 그러나 실제로 남성 셔츠 주머니에 넣기엔 조금 무리였다. 그러자 그는 주머니를 더 크게 만든 셔츠를 따로 제작해 영업사원들에게 입혔다. 신제품을 주머니에 쏙 넣어 가지고 다니게 함으로써 드라마틱한 효과를 내기 위해서였다.

이 특별한 제품을 손에 쥔 모리타는 이제 글로벌 시장으로 눈을 돌린다.

소니, 뉴욕에 첫발을 딛다

1960년 3월 모리타는 회사 주간보고서에 '소니는 국내에서 해외로 무대를 옮겨야 한다'고 썼다. 경험도 많지 않은 신생기업으로서는 놀랄 만한 발언이었다. 당시 소니는 모리타와 이부카가 한 사무실을 쓸 만큼 작은 회사였지만 그들 역시 다른 일본 기업들과 마찬가지로 수출지향적 사고방식에 감염돼 있었다. 일본 소비자들은 여전히 지갑을 닫고 있었기 때문에 기업이 성장하려면 메이저 시장에 물건을 파는 수밖에 없었다. 모리타는 "당시 일본 기업이 살아남으려면 수출을 해야 한다는 공감대가 형성돼 있었다"고 말했다. 그는 "지금 해외시장으로 눈을 돌리지 않는다면 소니를 나와 이부카가 꿈꾸던 기업으로 성장시킬 수 없다는 것을 확신했다"고 회고했다. 당시 일본에서는 '해외에 물건을 판다'는 말은 '미국에 수출한다'와 동의어였다. 세계에서 가장 큰 소비시장인 미국은 가장 확실한 타깃이었다.

모리타는 미국에 기대하는 바가 컸다. 노부유키 이데이가 말한 대로 모리타는 '미국을 동경했다'. 자신의 트랜지스터 라디오를 국내 시장보다 미국에 먼저 팔고 싶었던 모리타는 1955년 소니의 시제품을 들고 뉴욕으로 건너가 현지 메이저 판매업자들에게 소개했다. 그러나 아무런 소득이 없었다. 바이어들은 그렇게 작은 라디오가 왜 필요한지 이해하지 못했다. 1950년대만 해도 전자제품은 집안에서만 쓰는 품목이란 인식이 강했다. 가족들은 거실에서 라디오 쇼를 들었고 TV는 마치 가구인 양 한 자리를 차지하고 있었다. 그러나 모리타와 이부카는 머지않아 사람들이 라디오나 TV, 카세트 테이프 플레이어 등을 개인 용품으로 여길 것이라고 봤다. 그 예측은 정확했지만 1955년의 미국에서는 아직 너무 앞선 생각이었다.

모리타는 당시 유명 브랜드였던 불로바(Bulova)의 CEO를 만났다. 모리타의 제품 설명을 들은 그 CEO는 미니 라디오 10만 개를 주문했다. 모리타는 그 순간 어안이 벙벙했다. 생각지도 못한 주문이었기 때문이다. 회사의 생산능력을 몇 배나 넘는 물량이었다. 그런데 불로바는 소니 대신 자신의 브랜드 네임을 제품에 붙이고 싶어 했다. "이 나라에는 소니라는 이름을 들어 본 사람이 아무도 없다"는 게 그의 주장이었다.

이런 조건은 협상을 깰 만큼 치명적인 요구(deal breaker)였다. 결국 그는 소니가 이름도 없이 그저 물건을 공급만 하는 회사로 전락하는 것을 거부했다. 자신만의 권리를 가진 브랜드가 되기를 바랐기 때문이다. 그는 결정을 내리기 전 도쿄 본사에 전보를 보내 의견을 물었다. 동료들의 생각은 달랐다. 불로바의 조건을 따르자는 것이었다. 돌아온 전보에는 '이름은 잊어라. 주문을 받아라' 라는 문구가 적혀 있었다. 무시하기 힘든 내용이었다.

소니의 기록을 보면, 모리타와 이사회는 이 문제를 두고 며칠간이나 논쟁을 벌였다. 그러나 모리타는 이사회를 설득했고 결국 그 조건은 거절키로 했다. 모리타의 회고록에는 이 부분에 대한 기록이 없지만 아마도 불로바를 다시 찾아가 독단적으로 주문을 거절했을 것이라고 추정된다. 불로바의 CEO에겐 충격적인 일이었다. 그러나 모리타는 이 제품이 소니를 자신만의 브랜드를 가진 회사로 키워 줄 유일한 기회라고 설명했다. 그는 불로바 CEO에게 "50년쯤 지난 뒤면 우리 이름이 오늘날 당신네 회사만큼 유명해질 것"이라고 장담했다. 이부카는 모리타가 바보 같은 결정을 내렸다고 생각했지만 모리타는 훗날 "내가 내린 결정 중에 최고였다"고 회고했다.

그 후로 모리타는 소니 미국법인 설립에 착수, 1950년대 후반에는 도쿄와 뉴욕을 오가며 일했다. 그는 '미국에서 우리 회사를 탄탄하게 지으려면 먼저 이 나라를 잘 알아야 한다' 고 생각, 미국인들의 생활방식, 사고방식을 파악하려 했다. 모리타는 소니가 미국에 계열사를 설립해야 한다고 이부카에게 제안했다. 이를 통해 독자적인 영업망을 확보함으로써 더 이상 무역회사나 신뢰할 수 없는 판매상에게 의존하지 말자는 것이었다. 처음엔 반대하던 이부카도 차츰 마음이 움직였다. 1960년 2월 모리타는 마침내 소니 미국법인(the Sony Corp. of America)을 세운다. 으레 그랬듯 그는 모든 열정과 에너지를 신생 법인에 쏟아 부었다. 도쿄에서 맡은 임무도 막중했지만 한 달에 열흘은 뉴욕에서 보냈다. 사무실은 브로드웨이의 직물 창고로 쓰던 곳 앞에 자리 잡았다. 모리타는 이리저리 책상을 옮겨 다니며 최신 정보를 수집하고 또 관련 보고서를 텔렉스로 도쿄 본사에 보냈다. 자정을 넘겨 일하기 일쑤였고 저녁 식사는 밤늦게 '24시 식당' 에서 했다. 모리타는 이때 매처 볼 수프(Matzoh ball soup, 밀가루에 효모를 넣지 않고 구운 빵으로 만든 수프-옮긴이)에 맛을 들이게 됐다.

한편 모리타는 소니가 미국에서 진정한 성공 스토리를 쓰려면 좀더 고급 제품을 내놔야 한다고 생각했다. 일본에서 그는 도쿄의 유행 1번 지인 긴자에 쇼룸을 낸 적이 있다. 신제품을 선보이는 곳으로 활용하기 위해서였다. 그 쇼룸의 마케팅적 가치는 어마어마했다. 그는 뉴욕에도 이런 쇼룸이 필요하다고 생각했고 그 입지로 적합한 곳이 딱 한 군데였다.

"온 도시를 돌아다닌 결과 한 가지 결론에 도달했다. 돈이 좀 있어서 다소 비싼 값에도 기꺼이 우리 제품을 살 수 있는 소비자들이 주 타 깃이라면, 쇼룸의 장소로는 5번가가 적격이었다."

모리타는 몇 시간 동안 5번가를 돌아다녔다. 티파니, 버그도프 굿맨, 삭스 피프스애버뉴 등 고급스러운 매장에 감탄을 금치 못했다. 또 그는 매장 앞에 걸린 국기도 유심히 봤다. 그러나 어느 상점 앞에도 일장기는 없었다. 민족적 자존심이 또 한 번 상처를 입는 순간이었다. 그 순간 모리타는 '5번가에서 첫 번째로 일장기를 내거는 회사' 가 되기로 결심했다. 모리타가 보기에 그중에서도 가장 우아한 곳은 거리의 동쪽, 45번가와 56번가가 만나는 곳이었다. 그는 그곳을 택했다.

사실 이제 겨우 제품 한 개를 출시한 소니로서는 감당하기 힘들 정도로 화려한 곳이었다. 그러나 모리타는 비용 따위는 무시했다. 오직 마케팅 측면에서의 이익만 고려했다. 언젠가 이야기했듯 "스타일을 갖추는 게 가장 중요했기 때문"이다. 이렇게 적당한 장소를 찾는 데만 2년이 걸렸다. 그는 한쪽 벽을 거울로 꾸몄다. 매장 입구가 좀 좁았던 터라 넓어 보이게 하려는 것이었다. 1962년 드디어 개장 행사가 열렸고 모리타와 그의 부인은 400여 명의 초청객과 함께 참석했다. 쇼룸 한가운데엔 소니가 막 내놓은 5인치 마이크로 TV가 전시돼 있었다. 모리타는 매장 앞에 일장기를 내걸었다. 5번가에 등장한 첫 일장기였다. 소니와 일본은 이렇게 미국 시장에 뿌리를 내리기 시작했다.

일본에서 아시아로 번진 미러클

"당신이 총리가 된다면 무엇을 하겠습니까?"

비서가 이케다 하야토(池田勇人)에게 물었다. 이케다는 당시 통산성 장관이었다. 그는 일본에서 가장 중요한 게 무엇인지 잘 알고 있었다.

"결국 경제정책이 가장 큰 문제 아닌가. 소득을 두 배로 늘리는 데 주력할 걸세."

이케다의 대답이었다. 1960년 이케다는 총리가 된다. 그리고 그는 앞서 말했듯 1970년까지 국민소득을 두 배로 늘리는 계획을 수립한다.

그 시점까지 이케다는 이미 전후 일본의 경제적 성공에 핵심적인 역할을 했다. 경제학자 나카무라는 이케다에 대해 '경제성장에 대한 국민적 동의를 끌어내고 그 목표를 이루기 위해 분투한 인물로 기억될 것'이라고 기록했다. 실제로 그는 경제성장을 위해 헌신했다. 프랑스 대통령 샤를 드 골이 그를 두고 '트랜지스터 라디오 외판원'이라는 조롱 섞인 별명을 붙였을 정도다. 통산성과 재무성 장관을 지내는 동안 이케다는 일본의 산업정책에 근본이 되는 요소들을 적극적으로 지지했다. 그 역시 직설적인 화법으로 유명했다. 1952년 의회에선 "정부의 강력한 경제정책 탓에 중소기업 5~10곳의 사장이 자살해도 눈 하나 깜짝 안 하겠다"는 돌출발언을 했다가 사퇴 압력을 받기도 했다.

그의 가장 큰 업적은 뭐니 뭐니 해도 1960년 내놓은 '소득배증계획 (the National Income Doubling Plan)'이다. 어쩌면 이 계획의 가장 큰 성과는 국민적 정서를 바꿨다는 데 있을지도 모른다. 국민들이 일본 경제의 미래를 더 신뢰하게 함으로써 실제 경제성장에 큰 영향을 끼쳤다. 1964년 연설에서 이케다는 "이 계획이 스스로를 깨닫게 하고 국가적인 자신감을 키웠다"고 밝혔다. 그러면서 기업 투자와 개인 수입이 증가했다. 좀처럼 지갑을 열지 않고 저축만 하던 소비자들도 세 가지 제품에는 돈을 아끼지 않았다. '신성한 세 개의 보물'이라고까지 불리던 TV·세탁기·냉장고다. 10년이 지난 뒤 이 세 품목은 '3C'라고 알려진 자동차(car), 컬러 TV(color TV), 냉방장치(cooler)로 바뀌었다. 나카무라는 이런 이케다의 계획 덕분에 일본인 대부분이 고속성장을 당연한 것으로 여기게 됐다고 말했다. 그에 수반되는 소득증대나 삶의 질의 변화도 마찬가지였다.

이케다의 계획은 1970년 완수된다. 당초 이케다는 1970년까지 국내 총생산(GNP, Gross National Product)을 26조 엔까지 올리는 것을 목표로 삼았다. 그러나 실제로는 40조 엔으로 커졌다. 세계는 일본에 뭔가 범상치 않은 일이 벌어지고 있음을 깨달았다. 그리고 일본이 어쩌면 경제성장에 전혀 새로운 모델을 제시할지도 모른다고 여겼다. 영국 경제 주간지 「이코노미스트Economist」는 1962년 자체 설문조사를 통해 '나머지 아시아나 아프리카는 일본의 성공을 좋은 선례로 삼아야 한다'고 보도했다. 또 '그동안 극심한 가난에 빠진 나라들이 어떻게 하면 그 굴레에서 빠져나올 수 있는가에 대해 수없이 연구했지만 한 번도 답을 찾은 적이 없다'며 '그러나 바로 여기(일본의 성공에) 문제를 풀 실제적인 케이스 스터디가 있다'고 소개했다.

모리타 아키오는 이후 미국 시사주간지 「타임Time」 인터뷰에서 이렇게 말했다.

"아무것도 없던 일본이 일어설 수 있도록 미국이 도왔던 것처럼, 우리 모두는 전 세계에서 또 다른 일본이 생길 수 있도록 도와야 한다."

실제로 아시아의 다른 국가들은 일본의 교훈을 잘 배우고 익혔다. 그리고 이 새로운 이론을 적용해 또 다른 미러클을 창조했다.

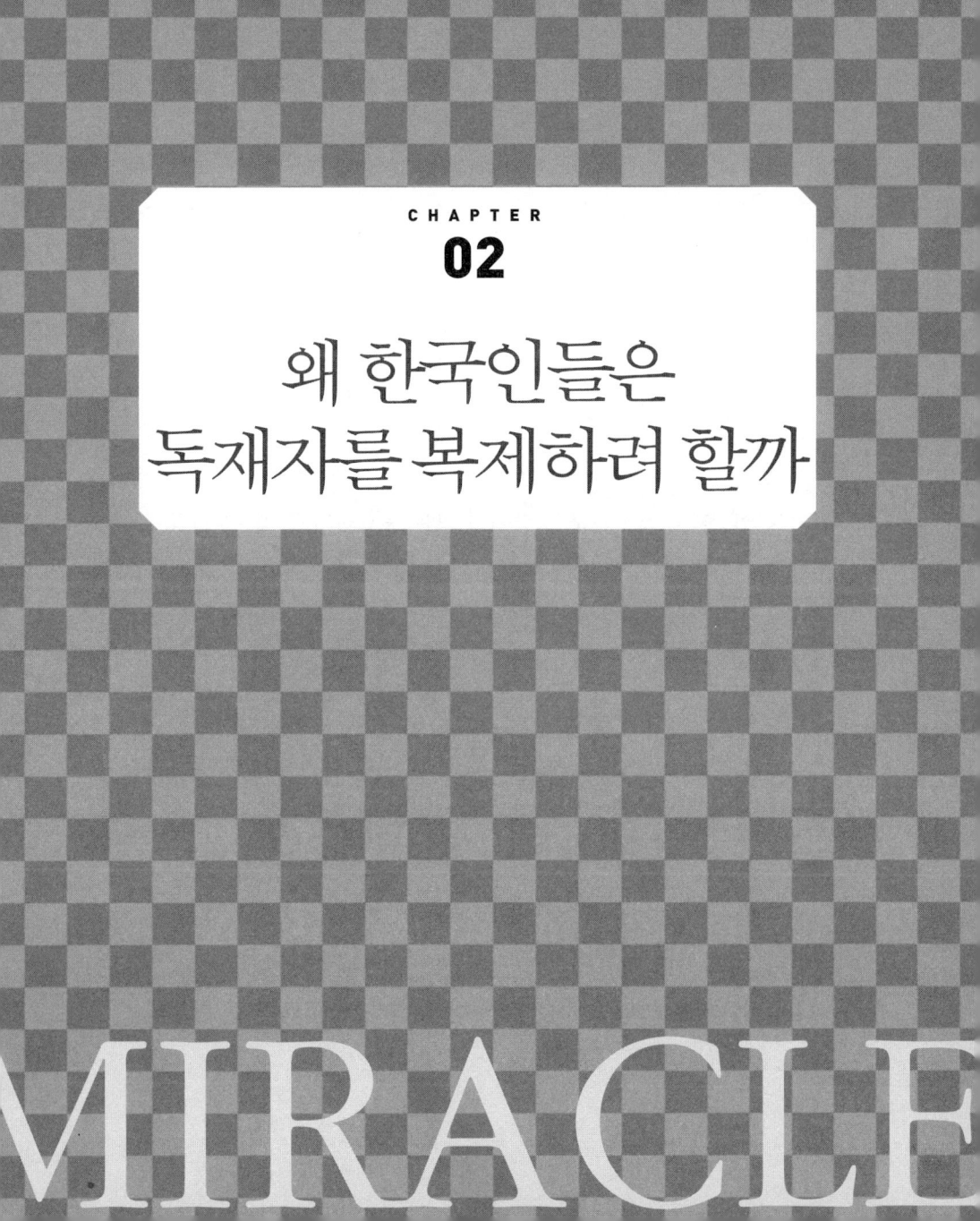

CHAPTER
02

왜 한국인들은
독재자를 복제하려 할까

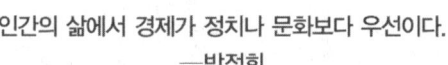

인간의 삶에서 경제가 정치나 문화보다 우선이다.
—박정희

박정희는 조용히 담배에 불을 붙였다. 1961년 5월 16일, 아직 동이 트기 전이었다. 한국 육군 소장이던 그는 동료들과 함께 시 외곽에서 서울로 진격했다. 그의 타깃은 북한의 공산주의자들이 아니었다. 바로 자신의 정부였다. 박정희와 젊은 장교들은 군사 쿠데타만이 무능력하고 부패한 정치 관행을 뿌리뽑을 수 있는 길이라고 믿었다.

시작은 다소 삐걱거렸다. 쿠데타에 동참하기로 한 해병대 병력이 약속보다 늦게 나타났다. 독실한 기독교인이던 지휘관이 마지막 순간에 기도를 하느라 늦었던 것이다. 박정희는 일정이 늦어진 것에 대해 짜증을 내면서 누가 또 뒤처졌는지 찾아내기 위해 지프를 몰았다. 드디어 쿠데타가 시작됐다. 서울을 가로지르는 한강을 건너 시내로 진입하려던 그는 다리 북단에 있던 헌병대에 가로막혔다. 그들은 다리로 진입하려는 박정희의 부대를 향해 발포했다. 바로 그 순간 박정희는 결단을 내리기 위해 담배를 물었다.

박정희는 권총을 꺼내 손에 쥐고는 홀로 다리로 향했다. 첫 번째 교각쯤에 이르렀을 때 그는 부대원에게 자신을 따르라는 신호를 보냈다. 그러나 겁에 질린 부대원들은 좀처럼 움직이려 하지 않았다. 그는 계속 다리를 건너갔다. 두 번째 교각에 이르러 다시 또 따라오라고 명령했다. 부대원들은 용기를 냈다. 그리고 다같이 앞으로 진격했다. 그러자 오히려 맞은편에 있던 수비대가 퇴각을 해 버렸다. 고작 이것이 박정희가 쿠데타 과정에 겪었던 가장 큰 저항이었다. 새벽 5시 그는 공영방송국을 찾아갔다. 그리고 아나운서에게 준비된 원고를 읽게 했다. 한국에 새 정부가 들어섰다는 내용이었다.

그 순간부터 박정희는 한국의 유구한 역사에서 가장 중요하면서도 지도력을 갖춘 인물로 떠오르게 된다. 그는 이후로 내리 18년간 이 나라를 통치한다. 무자비함과 편협함으로 기록된 시간이었다. 그러나 이날 아침만큼은 그도 스스로를 권력에 미친 정복자로 생각하진 않았다. 그는 자신을 국가의 구원자, 정의롭지 않은 정부와 공산주의의 침략으로부터 한국인을 지켜 줄 사람이라고 믿었다. 박정희는 나중에 "우리는 우리 자신이 국민의 오랜 염원을 이뤄줄 기수(旗手)라고 생각했다"고 회고했다. 그의 쿠데타는 쿠데타라기보다 '혁명'이었다. 후진국이라는 멍에와 식민통치, 부정부패 등으로 점철된 지난 세기를 넘어서서 국가를 확 뜯어고칠 기회가 된 것이다. 박정희는 이에 대해 '국가적 부흥(National Renaissance)을 이룰 마지막 기회'라고 기록했다. 역사적으로 많은 군사 독재자가 고상한 말로 개혁을 이야기하며 스스로의 뻔뻔한 통치를 정당화했다. 박정희도 그랬다.

한국은 미러클 국가들 가운데서도 가장 성공할 수 없을 것 같은 나라였다. 쿠데타 당시만 해도 아시아에서도 가장 빈약한 나라였다. 2400만 한국인 가운데 상당수가 굶주렸고 국가 재정의 절반을 미국 원조에 기대고 있었다. 그나마 전쟁을 거치면서 파괴돼 얼마 남지 않은 생산시설과 발전소도 대부분 북한 쪽으로 넘어가 있었다. 남한엔 남아 있는 생산시설이 거의 없었다. 당시 박정희가 파악한 바로는 미국의 포드 한 회사가 쓰는 전력만큼도 전기를 생산하지 못했다. 그러나 그의 통치 막바지인 1979년 한국은 자동차는 물론, 가전제품 · 선박 · 철강까지 생산하는 나라가 됐다. 박정희는 무(無)에서 유(有)를 창조해 산업화된 경제를 이끌어 냈다. 말 그대로 '한강의 기적'이라고 불리는 놀라운 업적을 이룬 것이다.

한국의 사례는 국가의 개입이 경제를 끌어올릴 수 있다는 확실한 증거가 됐다. 일본의 미러클에 영향받은 박정희는 통산성의 개발 모델을 도입해 이를 활성화시켰다. 그의 정부는 통치기간 내내, 심지어 '괴물' 사하시와 그의 참견쟁이 동료들보다 더 포악하게 경제를 직접 통제했다. 이 과정에 그는 일본과 비슷하게 정부 · 기업 · 금융권을 한데 엮었다. 한국도 일본처럼 '한국 주식회사'라는 별명을 얻었다. 일본 통산성이 그랬던 것처럼 박정희도 '한국 주식회사'의 최고경영자로서 한국의 경제계획을 직접 통제하고 디자인했다. 이런 그의 전략은 기존 고전경제학을 무시하는 것이었다. 국가를 거의 사유화해 통치했다는 면에서는 어쩌면 일본보다 더 심했다. 박정희의 경제정책을 연구한 앨리스 암스덴(Alice Amsden, 미국 매사추세츠 공과대 정치경제학 교수—옮긴이)은 한국을 "수세기 동안 경제학을 연구한 사람들이 세운 가정들에 정면으로 도전한 새로운 산업화 모델의 사례"라고 표현했다.

박정희의 성공은 미러클에서 가장 논란이 됐던 질문에 대해 하나의 시사점이 됐다. 과연 급속한 경제성장을 위해선 권위적인 통치가 꼭 필요한가 하는 질문이다. 그의 통치는 '개발독재'라고도 불린다. 이런 권위주의적 정부 덕에 기술관료들은 정치인 · 시민단체 · 기업이익 등에 구애받지 않고 정책을 펼 수 있었다. 그래서 단기적 성과에 대한 정치적 평가에 연연하지 않고 장기적인 성장전략을 짤 수 있었다. 또 정부의 위계질서가 확실해 투명하면서도 빠른 의사결정도 가능했다. 반면 민주정권이 들어서 있을 경우 이해관계가 너무 엇갈리고 정치인들은 유권자들의 관심에 민감해서 급속한 경제성장에 필요한 일관성 있는 정책을 펴기 힘들다는 주장도 나온다.

간혹 자유주의를 신봉하는 미국인이나 유럽인들은 이런 '개발독재'의 역할을 무시해 버리는 경향이 있다. 자신들은 오랜 유산인 '민주주의가 동반된 경제성장'에 익숙해 있기 때문이다. 그러나 박정희의 양면적인 유산, 즉 정치적 탄압을 가하면서도 경제성장을 이뤘다는 점은 상당히 까다로운 질문을 남긴다. 만약 민주적인 정부가 집권했다면 한국의 미러클이 제 궤도에서 이탈했을 것이냐는 것이다. 적어도 박정희는 그렇게 생각했다. 그는 아직 한국에서는 다당제 민주주의가 시기상조라고 결론지었다. 서양 국가과 달리 한국은 1950년대가 돼서야 민주주의를 처음 겪었다. 사회가 발전하는 과정에 자연스럽게 등장한 것도 아니다. 아직 가난을 벗지 못하고 근대화도 이루지 못한 상태인데 외부에서 유입된 것이었다. 그래서 한국인들은 민주주의 시스템의 열매를 누릴 수 없으며, 오히려 특수한 이해관계에 지배돼 부패와 비효율로 종말을 맞이할 것이라는 게 박정희의 생각이었다. 따라서 그는 '혁명'이 필요하다고 믿었다. 그는 한국에서는 민주주의를 발전시키기 전에 경제개발을 먼저 이뤄야 한다고 생각했다. 경제성장 없이는 정치적

자유는 아무 소용이 없다고 믿었다. "빛을 잃은 보석처럼 기근과 절망에 시달리는 이들에게 민주주의는 아무 소용이 없다"는 게 그의 지론이었다. "아시아 인들이 우선적으로 원하는 것은 경제적으로 서양을 따라잡는 것이다. 그들과 어깨를 나란히 할 수 있는 정치적 장치를 마련하는 것은 그 다음 이야기"라고 그는 주장했다.

앞으로 다루겠지만 이런 생각을 가지고 있던 지도자는 박정희만이 아니었다. 그렇다면 그 생각은 옳은 것이었을까? 과연 권위주의와 산업화 간에는 일정한 상관관계가 있는 것일까? 놀랍게도 미러클을 겪은 거의 모든 아시아 국가가 독재정치(한국 · 대만 · 중국 · 인도네시아)나 군정(태국), 혹은 한 정치세력에 의해 자유가 억압된 시스템(싱가포르 · 말레이시아)을 어김없이 겪었다. 일본조차도 사실상 일당(one-party) 체제나 다름없었다. 자유선거제도를 가지고 있지만 1990년대 초반 아주 잠깐을 제외하고는 1950년대 중반부터 지금까지 줄곧 자민당이 정권을 쥐었기 때문이다(이 책이 출판된 이후인 2009년 8월 30일, 민주당이 선거에서 승리해 일본은 54년 만에 정권이 교체됐다—옮긴이). 그러나 시간이 흐를수록 아시아에서 독재자와 경제개발 간의 연결고리는 약해지고 있다. 박정희에 대한 평가도 예전의 긍정적인 평가 대신, 그저 사욕을 추구했을 뿐이라는 쪽으로 점차 기울고 있다.

물론 이런 '개발독재'는 인권침해 같은 엄청난 부작용을 낳았다. 박정희의 말마따나 자신을 위해 권력을 가진 게 아니었다 하더라도, 어쨌든 한 번 잡은 뒤에는 이를 놓지 않으려 했고 집권 기간이 길어질수록 점점 억압적으로 변했다. 반대파들은 감옥에 끌려가 고문을 당했고, 학생 시위대는 경찰에 두들겨 맞았다. 그런 와중에 대부분의 한국인은 경제발전의 대가로 자유를 기꺼이 희생했다. 따라서 그가 나라를 통치하는 것의 정당성은 경제적 성과를 내는 것과 긴밀히 연결돼 있을 수밖에 없었다. 그러나 이런 관계에는 한계가 있었다. 가난한 이들은 자신의 자유와 삶의 질을 맞바꿀 수 있었지만 시간이 지나며 점점 그 수가 늘게 된 중산층은 달랐다. 경제적 권리에 걸맞은 정치적 권리를 요구하게 된 것이다. 결국 박정희의 시대는 폭력과 저항으로 점철된 채 종말을 맞게 된다.

그럼에도 한국인들은 박정희를 근대화를 이끈 국가적 승리자 (champion)로 기억한다. 1996년 한 여론조사에서 박정희는 '한국인들이 가장 복제하고 싶은 사람'으로 꼽혔다. 여전히 그는 수수께끼 같은 인물로 남아 있다. 더 유명하고 더 이채로운 이력을 지닌 다른 민족주의 지도자들과 달리, 그는 수수하고 검소한 인물이었다. 열정적인 언변보다는 자신의 삶을 통해서 국민에게 영감을 줬던 것이다. 1960년대 박정희에 관한 글을 남긴 김종신 기자(부산일보)는 '그의 인격에 대해 많은 부분이 알려져 있지만, 그것은 분명히 그의 말을 통해서가 아니라 침묵 속에 보여준 행동을 통해서였다'고 기록했다. 1975년 박정희를 인터뷰한 저널리스트 돈 오버도퍼(Don Oberdorfer, 당시 「워싱턴포스트 The Washington Post」 기자, 현재 미국 존스홉킨스 대 교수—옮긴이)는 "그토록 강력한 인물을 직접 만나 보니 과묵하고, 수줍어하며 실제보다 작아 보이는 느낌이었다"고 말했다. 또 "작은 치와와를 무릎에 올려놓고 직접 눈을 마주치지도 않았다"고 기억했다. 그러나 그는 대중 앞에선 쌀쌀하고 냉혹한 듯 보였다. 1966년 탈북자들에게 살 곳을 마련해 주겠다고 발표하는 기념식장에서 그를 본 소설가 마이클 키온(Michael Keon)은 '엄숙하고 초연하면서도 신성한 모습이 아즈텍 전사의 왕이 피라미드 제단의 기공식을 주재하는 듯했다'고까지 표현했다. 아마도

1974년의 암살 기도 때만큼 그의 냉정함을 잘 보여주는 일화는 없을 것이다. 관중으로 가득한 국립극장에서 그가 연설을 하던 중이었다. 한 남자가 자리에서 갑자기 일어서더니 객석 통로로 뛰쳐나오며 그에게 권총을 발사했다. 박정희는 강대 뒤로 몸을 피해 화를 면했다. 그러나 그 뒤에 앉아 있던 부인은 앞으로 고꾸라졌다. 머리에 총을 맞은 것이다. 의료진이 들어와 피 흘리는 그녀를 극장 밖으로 옮겼다. 그러자 박정희는 다시 단상에 올랐다. 그리고 마이크를 잡았다.

"신사 숙녀 여러분." 그는 어안이 벙벙한 청중에게 말했다.

"하던 얘기를 계속하겠습니다."

그의 부인은 몇 시간 뒤 사망했다.

그는 연설을 할 때마다 한국인들이 경제개발 프로그램에 적극적으로 참여하고, 국가발전에 헌신해야 한다고 강조했다. 그의 연설은 항상 더 높은 생산성을 강조하는 내용 일색이었다. 1965년 1월 연두 정례연설에선 그해를 '일하는 해'로 삼았다. 그리곤 12개월이 지난 1966년에는 유머러스하게도 '또 일하는 해'로 선언했다. 박정희 자신부터가 지칠 줄 모르는 '워커홀릭(workaholic)'이었다. 종종 청와대의 집무실에 앉아 수첩을 들고는 경제에 관한 통계들을 직접 계산했고 장관들과 오랜 회의를 마친 뒤에는 청와대 안에 있는 사옥에 가서 잠을 잤다. 다음날 아침 더 많은 아이디어를 내기 위해서였다. 그는 또 평균적인 한국 근로자들의 생활 수준에 맞춰 살려고 노력했다. 청와대의 점심식사는 국수일 때가 많았다. 그가 먹는 밥 역시 가난한 이들이 먹는 대로 보리를 섞게 했다. '즐겁게 노는 일은 짧으면 짧을수록, 그리고 잦지 않을수록 더 좋다'는 게 그의 철학이었다. 한국인들은 그의 노력에 화답했다. 1970년대 후반 제조업에 종사하는 한국인의 주당 평균 근로시간은 미국인보다 무려 30%나 많았다.

박정희와 그의 국정 운영방식이 어떤 평가를 받든지 간에, 이런 헌신이 한국 경제에 활력을 가져왔다는 데는 이론의 여지가 없다. 쿠데타를 일으키던 날 아침, 그는 자신을 따르는 젊은 장교들을 작전통제실로 불러 모았다. 그리고 당시엔 아무도 가능할 거라 생각지 못했지만, 그들 손으로 부유한 나라를 만들게 될 것이라고 약속했다. 또 산업화를 통해 배고픈 사람을 없애고, 북한 공산주의에 맞설 수 있을 만큼 충분한 자금력을 갖춘 나라를 만들자고 이야기했다. 박정희가 아끼던 박태준 대령은 그의 말에 귀를 기울였다. 그리고 그의 메시지를 마음속 깊이 받아들였다. 박태준은 "당시 그가 무엇을 해도 기꺼이 따를 이가 많았다"며 "우리는 그가 분명 국가를 위해 좋은 일을 할 것이라고 믿었다"고 전했다.

그날 아침, 박정희는 이런 숭고한 정신으로 한국을 통치하기로 마음먹었다. 미러클의 가장 위대한 도전이 막 시작되는 순간이었다. 자신감에 넘치며 모든 것을 낙관하던 그는 당시 상황을 "침착하게 혁명군에 진격을 명령했다. 전혀 흥분하지 않은 상태였다"고 기억했다. 그리고 서울로 향하는 군인들을 보며 이런 생각을 했다고 기록했다.

'인간이 만들 수 있는 고귀한 장면이었다. 눈물이 날 지경이었다. 한강을 내려다봤다. 강의 움직임이 새로웠고 물은 맑았다. 어느 것도 어제와 같지 않았다.'

대통령이 된 초등학교 교사

박정희가 권력을 잡기까지의 과정은 그의 성품만큼이나 베일에 싸여 있다. 그는 1917년 한국 남부 지방인 구미에서 태어났다. 그의 아버지는 어렵다는 공무원 시험에 합격했으나 마땅한 일자리를 찾지 못해 결국 농사꾼이 되는 수밖에 없었다. 그러나 농사에 서툴러 항상 가난에 시달려야 했다. 박정희는 7남매 중 막내였다. 없는 살림에 짐만 더할까 봐 걱정이 된 그의 어머니는 낙태를 위해 간장을 통째 들이켜기도 했다. 그러나 소용 없었다. 한국에는 다행한 일이었다. 박정희는 흙과 이엉을 엮어 만든 두 칸짜리 움막에서 자랐다. 어릴 때부터 두각을 나타냈고 아무나 가기 힘든 대구사범학교에 입학했다. 일제 치하에 있던 때라 이 학교엔 한국인이 입학할 수 있는 수가 제한돼 있었다. 졸업한 뒤 그는 외딴 산골의 초등학교 교사로 부임한다.

이곳에서 그는 인생을 바꿔 놓는 경험을 하게 된다. 초등학교를 방문한 일본인 장학관이 교직원들을 모욕적으로 대했던 것이다. 그 순간 그는 일본의 지배를 받는 한 진정한 발전은 불가능하다는 것을 깨닫는다. 그리고 이 나라의 유일한 희망은 일본을 몰아내는 것이라고 생각한다. 그 목표를 이루기 위해 그는 아이러니컬한 결정을 내리게 된다. 일본군에 지원하는 것이었다. 바로 이것이 대표적인 박정희식 실용주의인 셈이다. 그는 일본과 싸우려면 군사를 조직하고 훈련하는 법을 먼저 익혀야 한다고 생각했다. 이를 위해 가장 적합한 곳이 바로 일본군이었다. 박정희에게는 항상 결과가 수단을 정당화했다.

그는 일본 육군에 있는 동안 2차대전을 겪었으며 일본의 영향권에 있던 만주국에서 중공군과 대치했다. 그러다 한국이 독립을 맞자, 새로 창설된 한국군의 교관으로 들어간다. 그곳에서 박정희는 일생을 통틀어 아주 희한한 경험을 하게 된다.

1948년 남부 지방에선 공산주의 세력의 영향을 받은 폭동이 일어났다. 그러자 이 지역 군인 중 일부가 반란에 동참해 '인민공화국'을 세웠다. 이 사태의 진압 과정에 박정희는 반란세력의 주동자 중 하나로 체포됐다. 그리고 군사재판에서 사형선고까지 받았다. 그러나 당시 대통령 이승만이 이 결정을 뒤엎었다. 다른 고위 장교들과, 특히 이 대통령의 미국인 군사고문관이던 제임스 하우스만(James Hausman)이 선처를 호소했던 것이다. 하우스만은 박정희를 '끝내주는 군인(a damned good soldier)'이라고 치켜세우며 적극적으로 변호했다. 이 사건에서 풀려난 뒤 박정희는 정보과에 배치돼 군대 내 공산주의 세력을 솎아내는 업무를 맡는다(1961년 박정희가 집권했을 때, 미국에선 이 사건 때문에 그가 공산주의자가 아닌가 의심했다. 그러자 박정희는 하우스만을 보내 그의 신분을 보증케 했다).

그러다 한국전쟁이 터진다. 그는 1953년 휴전협정이 맺어질 때까지 여단장으로서 여러 전투를 치르지만 1950년대를 지나면서 박정희는 쇠약하고 의존적인 조국의 경제에 불만을 품게 된다. 더 많은 일을 해야 하는데도 무기력하기 짝이 없는 이승만 정부 역시 못마땅했다. 그가 나중에 '독재와 부패, 무능력, 나태에 빠진' 정치인들을 들어낸 것도 이런 이유에서다. 그는 "5000년 한국 역사에서 처음으로 완전히 새로운 나라를 세울 수 있는 절호의 기회를 허비한다"며 정치인들을 비난했다. 독립 이후 한국에 대해선 "얻은 것보다 잃은 게 많다"고 불평하면서 무력함을 고치지 않는 한 북한의 위협 앞에 취약할 수밖에 없다고 생각했다. 한국이 고전을 면치 못하는 동안, 평양의 김일성 체제는 소련의 원조를 받아 성장가도를 걷고 있었다. 박정희는 "이런 상황이 심해진다면 한국 역시 점차 공산주의 사회가 될 것"이라고 우려하며 그렇게 되면 "이 나라의 역사와 전통이 종말을 맞을 것"이라고 경고했다.

이승만 정권은 학생혁명에 의해 막을 내렸다. 노구의 대통령은 1960년 4월 하야를 선언했다. 민주적 절차인 선거를 통해 새 정부가 들어섰지만 무기력하고 무질서하기 짝이 없었다. 박정희는 이런 상황을 더는 두고 볼 수 없었다. 그리고 뭔가 행동을 취해야만 한다는 생각이 점점 깊어졌다.

"생각이 여기에 이르렀을 때 이 시점에 이 나라에 태어났다는 사실에 슬픔을 억누를 수 없었다. 밤새 깨어 있었다. 내가 할 수 있는 어떤 수단을 써야 이 나라를 위기에서 구할 수 있을지 생각했다."

그는 자신이 권력을 쥐는 것이 편치 않았다고 말했다. '그렇지만 그저 방관자가 돼선 안 된다'고 기록했다. '나라가 망할 위기에 처해 있는데 국방의 의무만 붙잡고 있어선 안 되겠다'고 생각했다는 것이다.

쿠데타는 상당히 오랜 기간 계획됐다. 박정희는 1960년 초부터 반란을 구상했다고 기록했다. 그러나 학생혁명이 일어나 이승만 정권을 전복시키는 바람에 미룰 수밖에 없었다. 쿠데타에 관한 모든 것을 혼자서 계획한 것은 아니었다. 역사학자들은 당시 소장파 장교였던 김종필의 역할도 컸다고 본다. 군사정권이 들어설 당시, 박정희는 정부를 이끌던 군사혁명위원회의 한 멤버일 뿐이었다. 그러나 몇 개월이 지나자 박정희에게 권한이 집중되는 게 눈에 보였다. 처음엔 군사혁명위원회의 의장으로, 나중엔 대통령에까지 오르게 된다. 드디어 한국을 뜯어고치는 작업이 시작된 것이다.

박정희가 창조한 '아시아 모델'

"정권을 넘겨 받았을 때, 나는 스스로에게 '너는 다 타버리고 도둑 맞은 집을 넘겨 받은 것'이라고 되뇌었다."

박정희는 이렇게 회고했다. 그의 첫 업무는 '쓰레기'를 처리하는 것이었다. 그는 이전 정권의 관료나 지지자들을 이렇게 불렀다. 수천 명이 체포되고 일부는 사형을 당했다. 박정희는 "삽으로 퍼내듯 오염된 지역을 깨끗하게 해 모든 병균의 근원을 없애고 싶었다"고 말했다. 진실인지 알 수는 없으나 자신도 무자비한 숙청에 가슴이 아팠다고 했다. 그는 '눈물로, 진정 눈물로 그들을 벌할 수밖에 없었다'고 기록했다.

이런 '청소' 작업은 그가 그토록 추진하고 싶던 일, 바로 경제를 일으켜 세우는 것의 전주곡이었다. 한국인의 열악한 생활 수준에 진저리가 났던 그는 '가난과 정체된 경제의 잔인한 고리를 단호히 끊겠다'고 결심했고 '인간의 삶에서 경제가 정치나 문화보다 우선'이라고 생각했다. 경제개발에 대한 강박관념은 안보의식과도 맞물려 있었다. 그의 생각엔 산업화된 나라가 곧 강한 나라였다. 스스로 무기를 만들고 군대를 유지할 수 있어야 북한에 맞설 수 있기 때문이었다. 나아가 번영 없이는 주권국 노릇을 할 수 없을 거라 생각했다. 그는 "경제적 독립 없이 한 국가 전체의 희망을 이야기하는 것 자체가 말 그대로 연목구어(緣木求魚, 나무에 올라 물고기를 잡으려 함-옮긴이)"라고 말했다.

일본 통산성의 사하시처럼 박정희는 경제를 민간 부문에만 맡겨서는 안 된다고 생각했다. 정치학자인 우정은 교수(현 미국 버지니아 대 학장-옮긴이)는 "시골 출신인 박정희와 그의 측근들 모두 부자들에 대한 앙심 혹은 의심 같은 것을 지니고 있었다"고 설명했다. 그들 생각에 자유에 기반한 자본주의라는 것은 부자들의 의혹을 감추는 수단에 불과했다. 특히 박정희는 한국 기업들이 국가의 도움 없이 경제를 강하게 키울 수 있을 만큼의 자원이나 기술을 가지지 못했다고 걱정했다. 그래서 경제가 발전하려면 국가가 노력해야 한다고 여겼다. 국가의 리더십 아래 부족한 자원을 배분함으로써 최대한의 효과를 낼 수 있다고 생각한 것이다.

박정희가 창조한 경제 시스템은 상당 부분 일본의 영향을 받은 것이다. 그는 자본주의의 '아시아 모델'을 통째로 수입했다. 통산성이 그랬듯 '승리자를 선발'해서 재정적·무역적 혜택을 줬다. 박정희는 일본을 따라 경제를 직접 지휘·감독할 기관을 만들었다. 재무부와 상공부는 일본의 해당 부처와 비슷한 일을 했고 한국산업은행은 일본산업은행을 모방한 것이다. 아시아 학을 연구한 하버드 대의 에즈라 보겔(Ezra Vogel) 교수는 "섹터를 통틀어 볼 때 한국만큼 일본의 성공과정을 잘 이해하고 활용한 나라가 없다"고 말했다.

그러나 박정희는 '아시아 모델'을 한 단계 끌어올렸다. 일본에선 볼 수 없던 수준의 새로운 중앙통제 방식이었다. 쿠데타가 끝나고 2개월 후, 박정희와 군사혁명위원회는 경제기획원(EPB, Economic Planning Board)을 설립했다. 단일 부처 차원을 넘어 경제 프로세스 전반을 통제하는 초월적 기관이었다. 경제기획원은 비슷한 기능을 가지고 있던 일본의 어느 기관보다도 훨씬 강력했다. 단지 정책의 우선순위를 정하고 부처 간의 의견을 조율하는 수준이 아니었다. 수립된 정책을 추진하는 데 필요한 예산의 분배권까지 가지고 있었다. 심지어 중앙은행의 통화정책도 좌지우지했다. 경제기획원의 또 하나 중요한 기능은 경제개발 5개년 계획을 세우고 추진하는 것이었다. 이는 경제성장을 위해 정부가 세워 놓은 목표에 따라, 이를 충족하기 위한 각종 프로그램들을 펼치는 방식이다. 첫 번째 5개년 계획은 쿠데타가 난 지 몇 개월 만에 수립됐다. 그리고 1962년부터 시행됐다.

이와 함께 박정희는 기업들을 길들이기 위한 조치도 단행했다. 쿠데타 1개월 후 그는 부정축재처리법을 통과시킨다. 지난 정권에 빌붙어 부정한 방법으로 부를 쌓은 기업인들을 체포하거나 재산을 몰수할 수 있게 한 것이다. 기업인의 목을 죄는 법이었다. 그러는 한편으로는 이들 대부분에게 빠져나갈 구멍을 만들어 줬다. 사면받은 기업들이 박정희가 관심 갖는 분야에 집중적으로 투자함으로써 충성을 보이게 했던 것이다. 4개월 후 박정희는 경제에 관한 영향력을 한층 더 강화했다. 일본처럼 금융권을 간접적으로 통제하는 것이 아니라, 아예 국유화해서는 대출업무를 직접 지시하는 것이었다. 박정희와 그의 기술관료들은 어느 산업, 어느 프로젝트에 자금을 쏟아 부을지 직접 결정했다.

이런 정책의 수혜자는 대부분 주요 수출기업이었다. 박정희는 일본이 그랬듯 무작정 수출증대 캠페인에 나섰다. 대부분의 재화를 수입에 의존하던 한국이라 필요한 자본재와 에너지를 사들일 외화가 필요했기 때문이다. 또 나라의 자금줄을 미국의 원조에만 의지하고 있는 상황도 타개하고 싶었다. 그래서 박정희는 수출을 '경제의 생명선'이라고까지 말했다. 1964년 초 정부는 일련의 수출증대정책을 시행했다. 화폐 단위를 평가절하한 뒤 변동환율제를 도입한다. 그리고 엄격한 수입정책을 완화해 국내 기업들이 수출 제품을 만들 때 필요한 외국산 기계, 원자재, 부품 등을 손쉽게 들여올 수 있게 한다. 1965년 정부는 일본 통산성이 그랬던 것처럼 13가지 품목을 '타깃(target)'으로 삼고 이들 '승리자(winner)'들을 특별히 지원한다. 비단·직물·고무·라디오 등 노동집약적 산업이 그 대상이었는데 박정희 정부는 한국의 풍부하면서도 근면한, 그리고 상대적으로 값싼 노동력 덕분에 특히 이들 산업군에서 비교우위(comparative advantage)에 있다고 믿었다. 이 분야 기업들은 정부로부터 특별한 혜택을 받았다. 저리의 자금 제공, 수출

이익에 대한 세금공제, 필수 원자재에 대한 관세감축 등이었다. 이런 방식으로 한국 정부는 경제의 기본 원리인 보상체계(incentive structure)를 확 바꾸었다. 수출산업에 비정상적으로 이익이 많이 남게 함으로써 이 분야에 투자가 집중되도록 한 것이다. 암스덴 교수의 표현대로 일종의 '가격왜곡(getting prices wrong)'이었던 셈이다.

에너지가 넘쳤던 박정희는 국가의 경제개발계획을 지나칠 정도로 꼼꼼하게 직접 감독했다. 보겔 교수는 "그는 최전방 지휘자처럼 행동했다"고 표현했다. 그는 집무실 옆에 '상황실'을 두고 프로그램 진행 상황을 직접 감독하고 점검했다. 그리고 장관들과 정치인, 은행장, 기업인, 노조 대표를 불러 월별, 분기별 회의를 열고 각각의 추진상황을 체크했다. 특히 장관들에게 수시로 전화를 걸어 목표치를 달성하는 데 문제가 없는지를 따져 물었다. 박정희 재임기간에 재무부 장관과 비서실장을 지낸 김정렴은 "박 대통령은 공공 분야건 민간 분야건 모든 프로그램의 진행상황을 일일이 모니터했다"고 기억했다. 지하수 개선사업을 추진할 때만 해도 박정희는 모든 사안이 결정될 때까지 10여 차례 회의를 거친 뒤 결국엔 직접 현장을 찾아갈 정도였다.

이처럼 정책결정에 엄청난 영향력을 가지고 있으면서도, 박정희는 스스로 경제에 대한 경험이나 지식이 부족하다는 것을 시인했다. 그래서 장관이나 보좌관으로 임명한 경제전문가들의 조언에 놀라울 정도로 귀를 열었다. 김정렴도 그런 인사 중 하나였다. 1961년 쿠데타가 일어났을 때 김정렴은 중앙은행인 한국은행 직원이었다. 이 은행의 연락관으로 뉴욕에 있는 미국 연방준비은행에 파견 나간 상태였다. 이전 정권 인사들에 대한 숙청이 한창이었기에 그 역시 한국에 돌아가면 같은 운명에 처할 것이라며 불안에 떨었다. 그렇다고 미국에 망명을 신청하는 것도 썩 좋은 선택이 아니었다. 타국 땅에서 가족을 먹여 살릴 자신이 없었기 때문이다. 하는 수 없이 서울로 돌아오면서도 "당장 감옥에 갈 수 있다는 생각에 정말 두려웠다"고 돌이켰다. 다만 통화정책에 대한 자신의 전문성에 한 가닥 희망을 거는 수밖에 없었다.

그 생각은 옳았다. 그는 귀국 직후 중앙정보부의 경제조사부서로 뽑혀 갔다. 그리고 여기서 군사혁명위원회가 구상하던 화폐개혁에 대한 보고서를 작성하라는 지시를 받았다. 당시 정부는 구 화폐를 새 화폐인 '원'으로 바꾸는 한편, 금융규제도 뜯어고치고 싶어 했다. 모두 투자를 활성화하기 위한 조치였다. 이 모든 작업을 디자인한 사람이 김정렴이었다. 그러나 그 일을 주도하면서도 그는 그런 노력이 결국 비참한 재앙으로 끝날 것이라고 걱정했다.

어쨌든 군사혁명위원회는 그의 전문성에 감탄했다. 이에 박정희는 그를 호출했고 어느 회의실에서 김정렴은 박정희를 처음 대면한다. 그의 기억에, 팔을 벌린 채 딱딱하게 의자에 앉아 있던 박정희는 마치 황제 같은 인상이었다. "조용한 모습이었지만 눈에서는 불이 나오는 듯했다"는 게 박정희에 대한 김정렴의 기억이다. 다른 장교들이 그의 양편에 앉아 있었다. 그 자리에서 박정희는 김정렴에게 통화계획에 대한 생각을 말해 보라고 지시했다. 상당히 위협적인 분위기였지만 김정렴은 용기를 내어 소신껏 말해야겠다고 생각했다. 계획된 경제개혁이 결국 엄청난 위험을 가져올 거라 굳게 믿었기 때문이다. 그는 박정희에게 좀 덜 과격한 방법으로도 충분히 같은 효과를 볼 수 있을 것이라고 직언했다. 박정희는 갑작스러운 지적에 놀라지 않고 끝까지 그의 말에 귀를 기울였다. 그리고 그의 생각을 말했다. 지금 경제는 완전히 엉망진창이고, 그래서 이렇게 극단적인 방식이 필요하다는 이야기였다. 박정희는 그가 반대의견을 낸 것을 벌하지 않았다. 오히려 이 일로 김정 렴은 박정희의 신임을 얻는다. 그는 박정희의 재임기간 대부분을 옆에 서 보좌하게 된다.

철의 피가 흐르는 사나이

박정희는 전문가 그룹의 비평을 기꺼이 듣기는 했으나 이들의 조언 을 항상 받아들인 것은 아니었다. 우선 그는 화폐개혁에 대한 김정렴 의 경고를 무시했다. 그리고 결국 그 조치는 완전히 실패로 돌아간다. 일부 조치 가운데는 오히려 원상복귀된 것도 있다. 큰 실패를 경험했 지만 고집 센 박정희는 이후에도 종종 경제팀의 의견을 묵살한다. 집 권기간이 길어질수록 점점 더 독단적으로 행동했다. 가끔 엄청난 반대 에 부딪히기도 했지만 그의 행보는 어쨌든 한국 경제의 틀을 다시 짰 고 '한국 주식회사'를 만드는 데 기여했다.

그의 성격을 잘 보여주는 예가 한국 최초의 고속도로인 경부고속도 로 건설이다. 박정희는 1964년 서독을 방문한 뒤 한국에 고속도로를 만드는 일에 집착하게 된다. 서독의 아우토반을 달리며 깊은 인상을 받았던 것이다. 아우토반 중간에 두 번이나 차에서 내려 도로 표면을 만져 보고 중앙분리대 등 교통시설을 둘러보기도 했다. 현지 관료는 서독 지도를 펼쳐 놓고 자기 나라의 광역 도로망을 설명하며 그것이 얼마나 경제에 도움이 되는지도 강조했다. 박정희는 교역을 늘리고 산 업 효율성을 높이려면 한국에도 고속도로망이 필요하다고 확신했다. 한국에서 가장 큰 두 도시인 서울과 부산을 잇는 고속도로를 건설하는 게 그의 최우선 과제가 됐다.

그러나 그의 생각에 동의하는 이는 거의 없었다. 1965년 정부는 세계은행에 한국 육로 운송 개발에 대한 연구과제를 맡긴 적이 있다. 그 결과 큰 고속도로는 불필요하며 중간 규모의 도로면 충분하다는 결론이 나왔다. 박정희는 이 연구결과를 무시했다. 경제개발 5개년 계획이 이미 목표를 초과달성하고 있는 만큼, 세계은행이 생각하는 것보다 더 빨리 고속도로를 깔아야 한다고 생각했다. 그러나 정부 내에서조차 이런 구상은 저항에 부딪혔다. 경부고속도로의 건설비용만 1967년 전체 국가 예산을 넘어섰기 때문이다. 그동안 고분고분하던 국회도 처음으로 그의 계획에 반대했다. 심지어 여당 의원들조차 등을 돌렸다.

그러나 박정희는 밀리지 않고 개인적으로 사업을 추진한다. 남미의 안데스 산맥에서부터 소련의 시베리아까지, 기존 고속도로 관련 자료를 모아 철저히 파헤쳤다. 또 건설부 기술자들과 함께 헬기를 타고 남쪽으로 날아가며 스케치북을 무릎에 놓고 직접 예상 루트를 그려 보기도 했다. 그의 헬기는 문제가 생긴 곳이면 언제 어디라도 날아다니느라 동에 번쩍, 서에 번쩍이었다. 고속도로 건설 현장에서 일했던 한 기술자는 "박 대통령이 화요일에 현장에 왔다가 문제에 대한 해결책을 찾지 못하면 목요일이나 금요일에 다시 찾아왔다"고 기억했다. 결국 박정희는 최단시간 기록을 세우며 고속도로 건설에 성공한다. 1970년 개통한 266마일(428km) 길이의 이 도로는 불과 2년 5개월 만에 완공됐다.

역경을 딛고 이뤄 낸 박정희의 또 다른 성공신화는, POSCO로 더 잘 알려진 포항제철이다. 박정희가 키우려 했던 수많은 산업 중에서도 제철소는 최대의 숙원이었다. 박정희는 한국의 산업개발을 위해선 철강이 꼭 필요하다고 생각했다. 건설이나 중공업, 다른 기반시설을 위해서도 철강은 없어선 안 될 원자재였기 때문이다. 게다가 박정희는 철강이 북한에 대한 군사 방어 차원에서도 중요하다고 여겼다.

'철강은 국력'

박정희가 친필로 써서 포항제철에 남긴 글귀다(이 휘호는 현재도 이 회사 서울사무소에 걸려 있다).

제철소 건설은 고속도로보다 더 상상을 뛰어넘은 사업으로 평가된다. 당시 한국은 철강 분야에 있어서 이렇다 할 기술도, 경험도 없었다. 자금이나 원자재도 부족했다. 무엇보다 내수시장에선 엄청난 규모의 일관제철소에서 생산되는 물량을 소화할 수도 없었다. 세계은행은 또 다른 연구과제를 통해 포항제철에 관한 구상을 '경제적 실현 가능성을 고려하지 않은 성급한 사업'이라고 꼬집었다. 그래도 박정희 정권은 제철소 건설을 첫 경제개발 5개년 계획에 포함시켰다. 그러나 당장은 사업을 착수할 수 없었다. 박정희의 실망은 이만저만이 아니었다.

그는 박태준을 찾았다. 박태준은 쿠데타를 도운 젊은 대령이었다. 두 박은 성장배경도 비슷했다. 박태준 역시 가난한 집안에서 태어나 일본식 교육을 받았다. 일본인도 들어가기 힘든 와세다 대에 진학, 기계공학을 공부했다. 1961년 쿠데타에 성공한 뒤 박정희는 그를 자신의 첫 비서실장으로 삼았다가 3년 뒤엔 다른 임무를 맡겼다. 손실을 내면서도 기업 내 부정이 만연했던 텅스텐 관련 공기업을 뜯어고치라는 것이었다. 사업가 경력이 전혀 없는 박태준이었지만 회사의 경영상태를 돌려 놓는 데 성공한다. 대통령은 이런 성과에 깊은 인상을 받았다. 그리고 그에게 제철소 건설을 맡기기로 결정한다. 1965년 대통령은 박태준에게 이 사업을 맡아 달라고 부탁했다. 박태준은 거절했다. 제철소 건설은 그에게도 벅찬 일이었다.

"제가 어떻게 이 일을 할 수 있겠습니까?"

박태준이 물었다. 그러나 언제나 그랬듯 박정희는 이미 마음을 굳힌 뒤였다.

"물론 지금까지는 실패였네. 그러니 자네가 맡아야 하는 걸세."

대통령이 답했다. 박태준은 더 이상 대꾸하지 않았다. 그는 "대통령에겐 자신이 시키면 내가 무조건 할 것이라는 이상한 믿음이 있었다"고 회고했다.

역시 제일 큰 난관은 돈이었다. 한국 정부는 1967년 5개국 기업으로 구성된 컨소시엄과 기술지원계약을 맺었다. 이듬해 포항제철이 국영기업으로 출범했고 박태준이 대표를 맡았다. 공사는 1969년 초로 예정돼 있었다. 그러나 정확한 날짜는 오락가락했다. 건설에 필요한 자금이 모이지 않았기 때문이다. 걱정스러운 마음에 박태준은 미국 피츠버그로 날아가 프레드 포이(Fred Foy)를 만난다. 그는 코퍼스(Koppers)라는, 영향력 있는 기술회사의 회장이었는데 컨소시엄 구성에 중추적인 역할을 맡고 있었다. 그러나 그는 세계은행의 부정적인 의견을 언급하며 컨소시엄이 포항제철을 지원하거나 재무적 안정을 보장할 수는 없다고 잘라 말했다. 박태준이 밤새도록 간청했지만 포이는 한국에는 제철소가 필요없다는 말만 되풀이했다. 낙담하여 짐을 싸 돌아가려는 박태준에게 포이는 지인이 가지고 있는 하와이의 한 해변가 콘도미니엄에 들렀다 가라고 권했고, 심신이 지쳐 있던 박태준은 그의 초청을 받아들인다. 그러나 하와이의 맑은 날씨도 그의 기분을 풀어 주진 못했다. 오직 제철소만이 그의 머릿속을 맴돌았다.

"제철소를 짓기에 한국의 경제적 기반은 너무 취약하다. 그래서 아무도 우리가 지으려는 제철소에 투자하려 하지 않는 것이다."

타월을 깔고 해변에 누워 있던 순간 반짝 하며 아이디어가 떠올랐다.

'일본에서 받은 배상금을 포항제철에 투자하면 어떨까?'

1965년 박정희는 일본과 관계를 정상화함으로써 세상을 들썩이게 했다. 그 대가로 도쿄는 일련의 원조와 차관을 약속했다. 그렇게 들어온 돈은 이미 다른 프로젝트에 쓰기로 결정된 상태였다. 박태준은 그 중 남는 돈 일부라도 포항제철에 돌릴 수 있을 것이라고 생각한 것이다. 그는 서울에 있는 박정희에게 전화했다.

"왜 진작 그 생각을 못 했지? 정말 좋은 아이디어군."

대통령이 화답했다. 대통령과 장관들이 일본 정부를 상대로 로비를 하는 동안 박태준 역시 자신의 일본 인맥을 동원해 작업을 한다. 결국 서울은 도쿄의 승인을 받았고 포항제철은 돛을 올릴 수 있었다.

지체된 시간을 만회하기 위해 박태준은 살인적인 스케줄을 짰다. 지휘봉을 들고 현장에서 직접 작업을 감독했으며 심지어 야간에도 불을 켜 놓고 작업을 진행했다. 그 지휘봉은 그의 냉혹한 추진력을 상징하며 공포의 대상이 됐다. 전 공정이 진행되는 동안 그가 기억하기에 하루에 잠자는 시간은 두세 시간에 불과했다. 이런 유별난 노력 덕에 그는 다양한 별명을 얻었다. '다이내믹(Dynamic) 박' '철의 피가 흐르는 사나이' 등이다. 박태준은 공사속도뿐 아니라 품질관리에도 철저했다. 국가주도형 경제개발에선 흔히 놓치기 쉬운 부분인데도 말이다. 한번은 고로의 화염 상태를 점검하기 위해 300피트 높이의 설비 위로 올라갔다가 거기서 장치의 볼트 하나가 빠진 것을 발견했다. 어쩌면 치명적일 수 있는 결함이었다. 결국 그는 관리자들과 한 팀을 이뤄 제철소 안에 있는 24만 개의 볼트를 죄다 점검했다. 그리고 보수가 필요한 곳은 하얀 분필로 일일이 체크했다.

1973년 7월 두 박은 함께 고로에 불을 지폈다. 한국에 철강의 시대가 열리는 순간이었다. 박태준은 이후 1992년까지 포항제철을 맡아 탄탄하게 경영한다. 그 기간 박태준은 품질과 기술을 가혹할 정도로 관리했고 이런 노력이 포항제철을 세계에서 가장 크면서도 효율적인 제철소 중에 하나로 만든다. 그리고 이 회사는 박정희의 바람대로 한국이 미러클을 향해 한 걸음 더 나아갈 수 있게 하는 초석이 된다. 한국은 많은 전문가들이 틀렸음을 입증했다.

박정희의 파트너, 정주영

박정희에게 철강산업은 한국 경제를 완전히 바꿔 놓는 작업의 한 부분에 불과했다. 신발이나 의류 수출 역시 폭발적으로 증가하며 대성공을 거뒀다. 그러나 1970년대 초반 국내의 생산비용이 점점 늘면서 박정희는 앞으로는 노동집약적 산업에만 의존할 수 없겠다고 판단했다. 사하시가 그랬던 것처럼 박정희 역시 경제구조를 더 큰 규모의 공장과 자금, 숙련된 경영을 요하는 중공업 중심으로 바꾸고 싶었다. 특히 일본이 경제구조를 바꾸는 작업에 성공하는 것을 보며, 한국도 할 수 있다고 확신하게 됐다. 언제나 그렇듯 그의 결정은 국방과 맞물려 있었다. 박정희는 중공업 중심으로 전환하여 방위산업을 육성하고 자체적으로 무기도 생산하려 했던 것이다.

이번에도 모든 이가 박정희의 계획에 동의하진 않았다. 일단 경제 부처 장관들이 반대의사를 표했다. 강력한 권한을 가지고 있던 경제기획원은, 대규모의 산업계획을 소화해 내기엔 한국의 경제규모가 너무 작다고 반대했다. 대통령과 경제기획원 관료들은 국무회의에서도 치열하게 맞섰다. 박정희는 몇 차례나 특별회의를 소집해 이견을 좁히려 했지만 실패했다.

박정희는 결국 스스로 실행에 옮기기로 한다. 1973년 발표된 중공업 육성정책은 '대추진(Big Push)'이라고도 불린다. 우정은 교수는 이런 정책을 "정치적 강박관념이 반영된 것"이라고 분석했다. 사사건건 반대하는 장관들을 피해 청와대 내에 중화학공업추진위원회라는 기구를 만들었다. 이 분야에 관련된 경제기획원의 권한을 뺏기 위한 조직이었다. 대통령과 위원회는 조선·전자·제철·철강·기계·화학 등의 중점 6개 산업을 지정했다. 또 이들은 전국에 공장과 조선소가 들어설 대규모 산업단지 조성에 들어갔다. 이와 관련된 사업에 참여하는 기업들은 각종 재무적 혜택을 비롯, 하역 비용과 전기세 등을 할인받았다. 박정희의 계획은 크기나 규모 면에서 실로 웅장하면서도 환상적이었다. 우 교수는 "새로 짓는 공장들은 세계에서 가장 훌륭하거나 가장 큰 규모여야 했다. 그러면서도 가장 빨리 건설되거나 효율적으로 운영돼야 했다. 마치 모든 계획이 기네스북에 올라야 한다는 생각으로 추진되는 듯했다"고 말했다.

이런 추진력은 '한국 주식회사'를 만드는 데 어떤 정책들보다도 크게 이바지했다. 그 덕에 한국 경제는 조선·자동차·전자 분야에 진출할 수 있었고 이 나라의 기업 형태가 결정됐다. 모두 오늘날 한국을 대표하는 산업들이다. 한국 정부는 육성할 산업군이나 사업만 결정한 게 아니라 이를 운영할 기업인까지도 지정했다. 박정희는 중공업 계획을 함께 짠 소수의 기업인들과 전문적인, 가끔은 개인적인 결속을 돈독히 유지했는데 그 결과 경제 전반을 독식할 거대기업집단을 육성하게 된다. 이들이 바로 재벌이다. 일본의 게이레쓰를 모델로 한 문어발식 가족경영 기업집단은 결과적으로 한국의 성장동력이 된다. 오늘날 귀에 익은 삼성·현대·LG 등이 바로 그들이다.

박정희의 산업정책에는 다른 개도국의 국가주도형 성장 모델과 차별화되는 비밀이 있다. 바로 정부의 움직임과 시장의 힘을 조화시켰다는 점이다. 일본 통산성이 그랬듯 박정희는 자신이 선호하는 기업을 정책적으로 지원했다. 그러면서 기업으로 하여금 고품질의 제품 생산, 수출증대 등으로 보답하게 했다. 게이레쓰처럼 한국의 재벌들 역시 초창기 국내 시장에서 안전을 보장받는 대신, 해외시장에선 선진 기업들과 치열하게 경쟁해야 했다. 무한경쟁 상태였던 세계시장은 한국 제품에 대해 상당히 높은 기준을 요구했다. 그러나 정작 이런 기준을 충족시키라고 재벌에 압력을 가한 것은 세계시장이 아니었다. 박정희 자신이 나서서 이를 직접 지휘했다. 경쟁에서 패한 경영자는 사라지고, 성공한 자는 또 다른 프로젝트를 따내며 계속 특권을 누릴 수 있었다. 물론 이런 시스템이 완벽한 것은 아니다. 그러나 재벌들을 분발하게 하는 데는 분명 효과를 봤다. 이런 요소가 바로 한국 성장의 핵심 요소가 됐다. 박정희는 '아시아 모델'이 그렇듯 일을 추진함에 있어 '시장을 거스르는(market defying)' 게 아니라 '시장에 부합하는(Market

| 도표 2-1 | 한국 제조업 중 중화학공업 규모의 변화(단위 %)

연도	생산량	수출량
1971	41	14
1975	48	26
1980	56	40
1984	62	60

출처: Amsden, 「Asia's Next Giant」, p. 58

박정희는 한국 경제를 중공업 위주로 재편하는 데 힘썼다.

conforming)'데 초점을 맞췄다.

　박정희가 가장 좋아한 기업인 중 하나가 현대그룹의 창업자 정주영
이다. 박정희와 정주영 모두 가난한 집안에서 태어나 특유의 근면함과
두꺼운 낯으로 성공을 이룬 인물이다. 둘 다 국가 경제를 일으킬 수 있
을 거라 믿었고 독재적인 지도방식을 좋아했다. 1984년 어느 날 저녁
정주영은 서울 본사에 있던 전 직원을 새 사옥으로 옮기라고 명령한
다. 그것도 즉시. 퇴근 준비를 하던 직원들은 당황했다. 게다가 12층짜
리 새 사옥은 아직 완공도 되지 않은 상태였다. 정주영은 즉시 새 팀을
꾸려 다음날 아침까지 공사를 마무리짓게 했다. 이런 기이한 행동 탓
에 정주영은 한국 언론으로부터 '왕회장(King Chairman)'이란 별명을
얻는다. 1990년대까지 현대는 자동차 · 트럭 · 선박 · 반도체 · 전자제
품 · 중장비를 만든다. 또 상선회사 · 백화점 · 펀드운용사 · 증권사도
운영한다. 1992년 정주영은 대권에도 도전했지만 실패한다. 2001년
사망하기 전까지 몇 년간은 북한과 남한의 대치국면을 푸는 일에 전념
한다. 화해의 상징으로 자신의 목장에서 키우던 소떼를 직접 이끌고
군사분계선을 넘어 북에 전달하기도 한다. 박정희가 한국의 최고경영
자(CEO)였다면 정주영은 최고운영책임자(COO, chief operation officer)였
던 셈이다. 다른 이들은 불가능하다며 콧방귀를 뀌던 대통령의 원대한
계획을 실행에 옮긴 이도 정주영이었다. 「뉴욕타임스The new York
Times」의 데이비드 생어(David Sanger) 기자는 "많은 지도자가 한국을
통치(rule)했지만 한국을 건설(build)한 사람은 정주영이란 사실을 모두
가 알고 있다"고 말한 적이 있다.

　정주영은 한국이 일제 치하에 있던 1915년 아산의 한 마을에서 태

어났다. 그의 어린 시절은 가난에 찌들어 있었다. 소작농이던 아버지는 4에이커(1만 6188㎡)의 땅을 일구느라 하루 15~16시간을 일했다. 그러나 가족은 항상 배고픔에 시달렸다. 하루 식사라곤 아침 저녁으로 죽 한 그릇을 먹는 게 고작이었다. 그는 "부모님 모두 이른 아침부터 늦은 밤까지 열심히 일했지만 항상 가난했다"고 회상했다. 단벌 옷에는 항상 이가 들끓었다. 겨울이면 어머니는 추운 바깥에 그의 옷을 걸어 놨다. 기생충을 떨어내기 위해서였다. 고통스러운 기억이 그에게는 기업가로 성공해야겠다는 동기가 됐다. 정주영은 훗날 "어린 시절 겪었던 가난 덕분에 여러 일을 해낼 수 있었다"고 말했다.

1931년 정주영은 소학교를 졸업한다. 엄격한 할아버지에게 논어·맹자를 배운 것 말고는 이것이 그가 받은 교육의 전부였다. 그러나 그는 아버지처럼 허리가 끊어지도록 노동만 하는 삶을 택하지는 않았다. 독서광이던 그는 모든 위인전을 탐독했다(특히 나폴레옹과 에이브러햄 링컨이 그의 삶에 큰 영향을 줬다). 어느 날 장터에서 지역 부자들을 만난 뒤론 부자가 돼야겠다는 생각을 품게 됐다. 그는 "그 순간 먹고 싶은 쌀밥을 맘껏 먹을 수 있는 곳으로 떠나기로 마음먹었다"고 회상했다. 세 번의 가출 실패 후 1934년 드디어 서울에 발을 디뎠다. 공사장 인부에서 풀 공장의 기술자, 나중에는 정미소 배달부까지 닥치는 대로 일을 했다. 정미소에선 그가 바라던 대로 삼시 세 끼를 다 먹으면서도 매일 쌀 반 되씩을 챙겨 갈 수 있었다. 열심히 일하는 그를 보며 정미소 주인은 정주영에게 가게를 물려주기로 마음먹는다. 경영인으로서 첫발을 내딛는 순간이었다.

이후 정주영은 자동차 정비소를 사기 위해 자금을 빌렸다. 사실 차에 대해 아는 게 전혀 없었지만 평소 그의 스타일대로 일하며 배울 수 있을 거라 생각했다. 2차 세계대전 중에는 사업을 접었다가 전쟁이 끝난 뒤 다시 문을 열었다. 그리고 새 정비소의 이름을 '현대자동차공업'이라고 붙였다. '모던(modern)'이란 뜻 때문에 현대라는 이름을 택한 것이다. 1947년 한국에 주둔한 미군기지에서 건설 열풍이 불었다. 당시 돈을 쥐고 있던 건 미군밖에 없었다. 이를 지켜보던 정주영은 현대토건사를 설립한다. 이것이 곧 제국을 건설하는 기초가 됐다. 한국전쟁 중에 정주영은 국군과 미군으로부터 소규모 건설사업을 수주했다. 그러다 1952년 전환점이 된 큰 기회가 찾아왔다. 막 미국 대통령에 당선된 드와이트 아이젠하워(Dwight Eisenhower)가 왔을 때다. 아이젠하워는 유엔군 묘역을 참배하려 했다. 그러나 때는 한겨울이라 잔디가 모두 시들어 너저분해 보였다. 미군 장교들의 걱정이 이만저만이 아니었다. 결국 정주영을 불러 묘역을 그럴 듯하게 바꿀 방법이 없는지 물었다. 정주영은 번뜩이는 아이디어를 냈다. 트럭 30대분의 보리싹을 사다가 묘역을 덮은 것이다. 추운 날씨에도 푸른빛을 유지하는 보리싹을 활용한 것이다. 미군은 이에 대한 감사의 뜻으로 원래 지급하기로 했던 비용의 3배를 줬다. 정주영은 "그날 이후로 미 8군에서 발주하는 건설 프로젝트는 모두 내 차지였다"고 회고했다. 한국전쟁 후에는 한강을 가로지르는 다리 등 점차 더 큰 공사를 수주했다. 그때도 폭군이던 그는 작업 관리자를 수시로 호출했다. 말도 안 되는 완공 목표 시점을 제시하거나 작업 상태를 점검하러 갑자기 현장에 나타나기도 했다. 1960년 현대는 한국에서 가장 큰 건설회사가 됐다.

정주영은 박정희가 집권하고 얼마 지나지 않아 그와 함께 일하게 된다. 그는 박정희가 고위 공무원과 기업인을 한 자리에 모아 열었던 정례 수출증대회의에도 항상 참석했다. 그 역시 초창기부터 박정희 경제정책의 수혜자였다. 정부 자금을 받아 1964년 시멘트 공장을 지었고 이를 자신의 건설업에 활용했다. 특히 정주영은 박정희가 추진한 고속도로 건설사업에서 큰 역할을 맡아 두각을 나타낸다. 박정희는 1967년 정주영을 청와대로 불렀다. 단독으로 대면하기는 처음이었다. 그는 정주영에게 고속도로 건설에 대한 전문가의 의견을 듣고자 했다. 예상 비용도 물었다. 정주영은 청와대를 나온 후 3주 동안 고속도로를 연구했다. 예상 루트 답사를 마친 그는 박정희를 다시 만났을 때 고속도로 경로를 조금 돌리라고 제안한다. 산을 뚫어 터널을 내는 대신 조금 우회하면 더 빨리, 그리고 더 싸게 고속도로를 놓을 수 있다는 것이었다. 정주영이 제시한 비용은 건설부가 계산한 것의 40%에 불과했다. 처음에는 회의적이던 박정희도 정주영의 확신에 찬 모습에 설득된다. 박정희는 정주영에게 현대가 대주주가 된 컨소시엄을 구성해 사업을 이끌라고 지시한다.

박정희와 정주영의 관계는 고속도로를 건설하며 더욱 돈독해진다. 현대 직원들은 대통령이 제시한 마감시한을 지키기 위해 24시간 일했다. 정주영은 자신의 낡은 지프 안에서 잠을 자며 거의 현장에서 살았다. "우리는 정말 열심히 일했고 계절이 바뀌는지도 몰랐다"고 정주영은 기억했다. 박정희로서는 드디어 자신의 뜻대로 일을 해 줄 적임자를 만난 것이다. 어느 날 새벽 박정희가 예고도 없이 새벽에 헬기를 타고 정주영이 있는 건설 현장을 찾아갔다. 정주영은 이미 일어나 직원들에게 아침 훈시를 하고 있었다. 정주영이 고속도로 사업을 통해 얻은 경제적 이익은 아주 작았다. 그러나 그는 박정희의 신임을 얻었다. 정주영과 박정희는 매주 목요일 청와대에서 만나 저녁을 함께 먹었다. 둘은 노타이 차림으로 만나 막걸리를 마시며 몇 시간 동안 대화를 나

냈다.

　고속도로 건설에 힘쓰는 한편 정주영은 또 다른 사업에 착수했다. 바로 자동차 사업이다. 박정희가 수립한 제2차 경제개발 5개년 계획에는 국내 자동차 조립업체에 대한 세제감면, 수입 원자재에 대한 관세감면 등의 혜택이 포함돼 있었다. 차량 정비소를 운영한 경험이 생생한 정주영은 곧장 이 사업에 뛰어들었다. 그는 정부 자금을 끌어들여 울산의 한 마을을 샀다. 그리고 그곳에 조립공장을 만들고 1967년 현대자동차를 설립했다. 이것이 정주영과 울산이 긴밀한 관계를 맺게 되는 계기다. 조용하던 어촌은 얼마 지나지 않아 현대가 세계로 뻗어 나가는 전진기지가 된다. 또 그의 막대한 투자 덕에 한국에서 가장 중요한 도시 중 하나로 발돋움한다. 처음에 현대자동차는 포드 모델을 들여와 조립했다. 그러다 1973년 일본 미쓰비시 자동차와 기술 라이선스 계약을 맺는다. 그리고 브리티시 리랜드(British Leyland, 재규어, 랜드로버, 미니 등을 만들어 팔던 영국의 자동차업체. 경영난에 시달리다 지금은 조각나 중국 등에 매각됐다―옮긴이) 전 사장의 도움을 받아 현대의 첫 번째 생산제품인 소형차 포니 개발에 착수한다. 이 차는 1976년 울산 공장 조립 라인을 통해 처음 세상에 나왔다.

　정주영이 진가를 나타낸 것은 조선업에서다. 그는 중동에서 항만을 건설하며 조선업에 뛰어들어야겠다는 생각을 품게 된다. 그래서 일본의 미쓰비스 중공업을 찾아가 조선업과 관련한 기술협력을 요청했다. 기나긴 협상 끝에 미쓰비시는 아주 제한적인 차원의 협력을 제공하겠다는 의사를 밝혔다. 정주영은 이런 조건부 협력이 나중엔 결국 목을 조일 것이라고 판단했다. 그래서 영국의 다른 회사와 기술협력에 대한 계약을 맺었다. 그런 뒤 자금줄을 찾아 나섰다. 박정희 정부는 정주영이 성공하길 바라는 마음에 그동안은 기꺼이 자금을 대 주었다. 그런데 이번에는 좀 달랐다. 조선소를 짓겠다며 4000만 달러의 추가 자금을 요청해 온 것이다. 이미 정주영은 스위스와 프랑스, 영국의 은행들로부터 대출을 거절당한 상태였다. 현대뿐 아니라 한국의 어떤 기업도 정주영이 생각하는 규모의 배를 만들어 본 적이 없기 때문이다. 정주영은 영국계 은행 바클레이스의 최고경영자를 만났다. 그 자리에서 그는 이 CEO의 회의적인 마음을 돌리려고 안간힘을 썼다.

"어떤 일이 가능하다고 생각하는 사람만이 결국 그 일을 해내는 것 아니겠습니까?"

정주영은 그에게 간청했다. 한편 박정희는 추진 상황이 지지부진하자 크게 화를 낸다. 정주영에게 더 노력하라고 요구하면서 "쉬운 일만 하려 했다간 앞으로 내 지원을 못 받을 줄 알라"고 엄포를 놓기도 했다.

정주영은 몰래 다시 바클레이스를 찾아갔다. 이미 정주영은 그리스의 선박왕 조지 리바노스(George Livanos)를 만나 두 척의 유조선을 수주한 상태였다. 이 이야기를 들은 바클레이스와 다른 유럽 은행들로 구성된 컨소시엄에서 5000만 달러를 빌려주기로 했다. 이제 남은 과제는 유조선을 만드는 것이었다. 리바노스는 기존 디자인대로 배를 만들라고 요구했으나, 정주영은 새로운 디자인을 연구한다. 1972년 첫 번째 배의 용접이 시작됐다. 바로 옆에서는 선박 제작을 위한 건식 독(dry dock)이 만들어지고 있었다. 언제나 그랬듯 정주영은 인간의 한계를 뛰어넘는 속도를 요구했다. 근로자들은 하루 17시간씩 일했다. 정주영은 장밋빛 미래를 제시하며 그들을 독려했다. "모두들 앞으로 5년 안에 TV와 냉장고를, 그리고 15년 안엔 자가용 자동차를 가질 수 있게 될 것"이라고 약속했다. 모두가 열심이었지만 워낙 경험이 부족해 선박 디자인 작업에선 난관에 부딪혔다.

심지어 어떤 기술자는 "설계도를 어떻게 읽는지도 몰랐다"고 고백했다. 따로 제작하던 배의 앞뒤 부분을 하나로 합치는 날, 기술자들은 경악했다. 연결 부위가 서로 맞지 않았던 것이다. 이를 바로 잡는 데 또 많은 시간을 보내야 했다. 1974년, 2년간의 쉼 없는 공정 끝에 첫 번째 유조선이 완성됐다. 그 배가 과연 물에 뜰지 확신하는 사람은 아무도 없었다. 모든 직원이 가슴을 죄며 부두에 모였다. 미끄러지듯 바다로 들어간 배는 무사히 항해를 시작했다. 직원들은 환호성을 질렀다. 현대가 본격적으로 조선업에 진입하는 순간이었다. 10년 뒤 현대는 세계에서 가장 큰 조선업체가 된다.

예상치 못한 종말

몇몇 경제학자는 조선업에서 현대가 거둔 성공을 두고 박정희식 아시아 모델이 긍정적으로 작용한 증거라고 이야기한다. 경제학자 리로이 존스(Leroy Jones)와 사공일은 "박 대통령의 독려가 없었다면 이 사업은 연기됐을 게 분명하다"고 말한다. "효율적이고 에너지 넘치는 정부 지원이 있었기에 제 시간에 마칠 수 있었다"는 것이다. 이에 대한 반론도 있다. 세계은행은 박정희의 중공업 정책이 당초 그가 바라던 대로 노동집약적 산업 중심이던 이 나라의 경제구조를 완전히 바꾸는 데는 실패했다고 분석한다. 오히려 육성하는 산업 분야에 뛰어든 기업들에 여러 가지 혜택을 주느라 국가의 재정 부담이 늘고, 금융권의 손실만 커졌다고 주장한다. 실제로 1980년의 경기침체는 이런 대추진의 대가였으며 박정희가 밀어붙이던 사업 중 몇몇은 결국 실패해 사라지거나 규모가 확 줄었다는 것이다. 일본에서도 그랬듯 통산성 스타일의 산업 정책이 가져온 성과에 대해선 평가가 엇갈린다.

박정희는 1970년대 들어 점점 더 억압적인 지도자가 된다. 그리고 이는 한국 사회에 큰 짐이 됐다. 1972년 그는 계엄령을 선포하며 국가를 충격에 빠뜨린다. 그러고는 대통령 직선제를 폐지하고 자신의 평생 집권을 가능하게 하는 유신헌법을 내놓았다. 정부의 압박이 심해지자 국민의 저항도 커졌다. 박정희의 가장 큰 정적(政敵) 김대중은 민주주의 수호를 외치며 학생·노동자 세력과 힘을 합쳤다. 1971년 대선에서 그는 박정희를 거의 끌어내릴 뻔했지만 결국 실패했다. 이 사건은 오히려 박정희의 망상만 키웠고 김대중은 요주의 인물이 됐다. 1973년 8월 점심 약속에 맞춰 도쿄의 한 호텔을 나서던 김대중은 검은 양복 차림의 남자 셋에게 납치됐다. 근처 방으로 끌려가 구타당한 뒤 마취된 채 차에 실렸다. 차는 항구로 향했고 그는 한국행 선박에 옮겨졌다. 팔다리에는 무거운 물체가 매달린 상태였다. 이 사실이 알려진 뒤 도쿄에선 격렬한 시위가 벌어졌고 서울의 주한 미대사관은 심각한 결과를 초래할 것이라고 청와대에 경고했다. 그 덕분인지 김대중은 목숨을 구했다. 납치된 지 5일 후 그는 서울의 자택 근처에서 풀려났다. 그리고 가택연금에 처해졌다. 1970년대 후반 박정희는 사면초가 신세가 됐다. 연이어 학생 시위가 일어났고 파업에 나선 근로자들의 투쟁 수위도 높아졌다. 그러나 박정희는 점점 더 권력을 움켜쥐기만 했다.

종말은 예상치 못하게 다가왔다. 1979년 10월 26일 박정희는 집무실 근처 안가에서 중앙정보부장 김재규와 저녁 식사를 하고 있었다. 유명 가수 두 명이 무릎을 꿇고 앉아 그들이 식사를 하는 동안 술을 따랐다. 박정희와 차지철 경호실장은 그 자리에서 김재규를 호되게 나무랐다. 남부 지방에서 격화되고 있는 시위를 제대로 진압하지 못한다는 이유였다. 차지철은 특히 김재규가 너무 유약하게 대처한다고 몰아세웠다. 잠시 자리를 뜬 김재규는 2층 사무실로 올라가 38구경 스미스 앤드 웨슨 권총을 들고 내려왔다. 방으로 들어서자마자 그는 총을 발사했다. 첫 발은 차지철에게, 두 번째는 박정희에게 쐈다. 총이 고장 나자 그는 근처 중앙정보부 사무실에서 다른 총을 가져와 쓰러져 있는 둘에게 또 다시 발사했다. 피범벅이 된 박정희는 앞으로 고꾸라졌다.

"각하, 괜찮으십니까?"

곁에 있던 여성 한 명이 물었다.

"나는 괜찮네."

이것이 결국 그의 마지막 말이 됐다.

한국, 아시아의 호랑이가 되다

국가를 일으킨 위대한 지도자(the great nation builder)는 이렇게 속절없이 갔다. 아이러니컬하게도 그가 평생 적으로 여긴 북한에 의해서가 아니라, 억압 통치의 수단으로 자신이 세운 기관에 의해서였다. 김재규에겐 유죄 판결이 내려졌고 사형이 집행됐다. 재판에서 그는 민주주의를 되찾기 위해 그를 죽였다고 주장했다. 그럴 가능성은 낮지만 만일 그의 주장이 사실이었다면 그의 계획은 실패한 셈이다. 곧이어 또다른 독재자가 나타나 박정희를 대신했기 때문이다. 그가 바로 전두환이다.

박정희가 세운 경제 모델은 그가 죽은 뒤에도 계속 번창했다. 그리고 한국은 원조 아시아 호랑이 중 하나가 됐다.

'한때 목표의식도 없이 가난에만 찌들어 있던 우리의 삶이 이젠 풍

족한 사회를 건설할 수 있다는 새로운 자신감과 결단력으로 넘치게 됐다.'

그가 죽기 얼마 전 남긴 글의 일부다. 그는 또 '가시밭길 속에서 우리 세대가 걸어온 지난 30년을 돌아볼 때면, 예전과는 완연히 달라진 오늘날의 찬란한 모습에 감동할 수밖에 없다'고 했다. 그는 분명 '한국이 새 시대를 열어 갈 문을 두드렸다'고 믿었다. 그러나 정작 그 자신은 그 시대가 열리는 것을 보지 못했다.

CHAPTER
03

고문장관(Minister Mentor)의
아시아적 가치

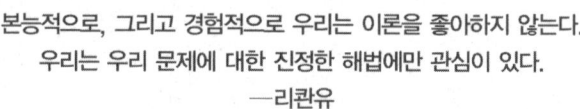

본능적으로, 그리고 경험적으로 우리는 이론을 좋아하지 않는다.
우리는 우리 문제에 대한 진정한 해법에만 관심이 있다.
─리콴유

리콴유는 너무 지쳐 잠을 들 수 없었다. 내내 뒤척이며 좀처럼 마음을 진정시키지 못했다. 걱정할 만한 상황이기도 했다. 바로 다음 날인 1965년 8월 9일이면 그는 완전히 새로운 나라, 도시국가인 싱가포르의 첫 총리가 되는 것이다.

그는 떨리는 마음으로 이 작업을 해 왔다. 네루나 박정희처럼 식민통치를 벗어난 국가의 지도자들과는 상황이 달랐다. 그들은 독립을 국가 재건의 기회로 삼았다. 그러나 리콴유는 독립을 한다고 해서 손바닥만 한 싱가포르가 스스로 생존할 수 있을지 의문이었다. 영국 식민지였던 싱가포르는 지난 2년 동안 인접한 말레이시아와 함께 연방을 맺고 있었다. 리콴유는 말레이시아와의 파트너십이 싱가포르의 존립을 위해 중요하다고 믿었다. 그러나 둘의 관계는 오래가지 못했다. 쿠알라룸푸르에 있는 연방정부와의 관계가 점점 악화됐고 연방관계를 더 이상 유지할 수 없을 정도가 돼 버렸다. 격렬한 최종협상 결과, 분할이 결정됐다. 이 과정에 리콴유는 완전히 지쳐 버렸다. 그리고 막중한 책임감이 그를 짓눌렀다. 그날 밤 리콴유는 거의 시간마다 잠에서 깼다. 그러고는 다시 노트를 들고 길게 적혀 있는 '할 일 목록'에 새로운 내용을 추가했다.

오전 10시 싱가포르는 독립을 선언했다. 리콴유는 너무 바빠서 전 세계에 공표하기 전까지 선언문 한 번 읽어 볼 시간도 없었다. 두 시간 후 그는 싱가포르 TV 방송국 기자회견장에 나타났다. 그는 질문 몇 개를 받은 뒤 지난날 벌어졌던 극적인 사건들을 자세히 설명했다. 그는 기자들 앞에서 말레이시아와 연방관계를 끝내는 것에 대해 "고뇌의 순간이었다"고 말했다. "내 평생을 두고 두 지역은 통합돼 있는 게 맞다고 믿었다. 지역적으로나 경제적으로, 그리고 혈연관계로 연결돼 있는 사람들이었다." 그러고는 잠시 말을 멈췄다. 그 순간 그의 눈엔 눈물이 고였다.

"잠시 회견을 중단해도 괜찮겠습니까?" 그는 애처롭게 부탁했고 다시 회견을 시작하기까지 20분이 흘렀다. 나중에 그는 "중국인으로 그런 남자답지 못한 모습을 보인 것은 꼴사나운 일이었다"고 말했다. 그러나 "나도 어쩔 수 없었다"고 고백했다.

리콴유는 감정적으로는 나약한 상태였다. 그렇지만 훌훌 털고 새 조국 건설에 착수했다. 최우선 과제는 국방력 확보였다. 그날 아침 그는 인도에 서한을 보내 싱가포르 군대를 훈련시킬 장교들을 보내줄 수 있는지 물었다. 이는 외부의 적대세력으로부터 국토를 지키기 위해서만이 아니었다. 자국민의 충성심을 완전히 믿지 못했기 때문이다. 싱가포르 국민은 주로 화교들로 구성돼 있다. 거기에 일부 인도인과 토착 말레이 인이 섞여 있다. 싱가포르 인이라는 정체성이 없는 상태였다. 리콴유는 장관들도 믿을 수 없었다. 그래서 새 정부에 대한 충성의 증거로, 각각의 이해관계에서 벗어나겠다는 분리 서약을 받아 냈다. 리콴유는 독립 첫날의 대부분을 최측근이자 동료인 고갱시와 보냈다. 그와는 대학 때부터 친구였다. 둘은 조국의 미래에 대해 논의했다. 리콴유는 '당시 우리는 둘 다 멍한 상태였다'고 기록했다. '갑작스러운 현실에 적응하지도 못했고 앞으로 있을 예측 불가능한 일들 때문에 두려움에 떨고 있었다'고 했다.

리콴유는 즉시 싱가포르의 경제에 눈을 돌렸다. 그의 표현에 따르면 경제가 '가장 큰 골칫거리'였다. 싱가포르는 1819년 대영제국에 의해 세워진 뒤부터 이 지역 무역의 중심이었다. 대영제국이 쇠락하면서 무역에 있어서 싱가포르의 영향력도 함께 사라졌다. 말레이시아 민족주의자들은 스스로 상업을 발전시키려 했다. 그러자 싱가포르와 정치적으로 불편한 관계에 있던 인도네시아가 싱가포르와 교역을 끊어 버렸다. 리콴유는 "그동안은 부두창고에 새로 들어온 종이·후추·코프라(copra, 야자 열매 속을 말린 것-옮긴이)·등나무 등이 가득했고, 이를 다시 내다 팔기 위해 일꾼들이 분주하게 돌아다녔다"고 회상하며 그러나 독립 이후 "이젠 더 이상 말레이시아나 인도네시아로부터 그런 상품이 들어올 것을 기대하기 힘들게 됐다"고 회상했다. 실업률은 14%까지 치솟았다. 싱가포르에는 이렇다 할 천연자원도 없고 인구도 200만 명에 불과했다. 혼자 힘으로 어떤 산업을 일으키기에 역부족이었다. 그는 "우리는 아무런 배후지역 없이 섬 하나만 덜렁 넘겨받았다"며 "마치 몸 없이 심장만 있는 꼴이었다"고 표현했다. 이런 황량한 현실은 그를 낙담케 했다. 리콴유는 "살아남을 가능성이 없어 보였지만 우리는 이런 역경을 무릅쓰기로 했다"고 말했다.

그는 싱가포르가 이런 상황을 헤쳐 나가려면 아주 독특한 경제성장 방식을 취해야 한다고 결론 내렸다. "완전히 새로운 종류의 경제, 그 어느 나라도 해 본 적 없는 새로운 방식을 시도해야 했다"는 것이다. "지구상에서 싱가포르 같은 나라는 한 곳도 없기 때문"이었다.

"나는 동남아시아에서 섬으로 된 도시국가가 살아남으려면 평범한 방법으로는 안 된다고 결론 내렸다. 조직화되고 튼튼하면서도 적응력 좋은, 그래서 이웃 국가들보다 더 싼값에 일할 수 있는 국민이 되기 위해선 비범한 노력을 기울여야 했다. 우리는 달라야 했다."

이렇게 세워진 싱가포르를 누구라도, 어떤 이유에서라도 비판하긴 힘들 것이다. 빈털터리였던 열대 식민지를 활기 넘치는 국제적인 대도시로 바꾼 것, 이 역시 미러클의 가장 위대한 성공신화 중 하나다. 싱가포르는 이제 세계에서 가장 분주한 항구, 금융의 허브, 세계적인 줄기세포 연구 중심지로 자리 잡았다. 싱가포르 성공 스토리의 중심에는 호전적인 리콴유가 놓여 있다. 넓은 안목과 불굴의 의지로 조국을 이끌어 온 그다. 조국이 그랬던 것처럼 그 역시 1965년 보잘것없는 지방 공무원으로 시작해 아시아에서 가장 위대한 지도자가 됐다. 자그마한 국토에서 국제사회에 엄청난 영향력을 지닌 인물로 성장했다. 그의 지혜와 통찰력은 미국 대통령부터 아프리카 정치인에 이르기까지 학습의 대상이 됐다. 조지 부시(George H.W. Bush) 전 미국 대통령은 리콴유를 "내가 만나 본 사람 중 가장 총명하고 능력 있는 사람"이라고 평했다. 영국 총리였던 마거릿 대처(Margaret Thatcher) 역시 "그의 연설문을 모두 읽었다"며 "어느 말 하나 틀린 게 없었다"고 말했다.

리콴유는 여러 성격이 뒤섞인, 복잡한 인물이었다. 사려 깊은가 하면 좀스럽기도 하고, 열려 있는 듯하면서도 근시안적이고, 배포가 큰 듯하면서도 사소한 것에 집착했다. 또 그는 아시아에서 가장 활기 넘치는 자본주의 사회를 건설한 사회주의자이며, 다문화주의자임을 자처하면서도 중국인의 우수성을 역설하는 이중성을 보인다. 이런 모순은 육체적인 측면에서도 드러났다. 무더운 열대지방에서 태어났지만 민감성 체질이라 열과 습기를 지독히도 싫어한다. 그의 침실에 에어컨이 설치되던 날이 그의 인생에 전환점이었다고 말할 정도였다. 이런 유난스러움은 그의 삶 전반으로 퍼져 나갔다. 그의 일대기를 쓴 저널리스트 알렉스 조시(Alex Josey)는 리콴유에 대해 '잘 닦인 구두를 신는 것부터 매우 중요한 결정을 내리는 것까지 어떤 일이든 대충 하거나 부주의하게 하는 법이 없는 사람'이라고 평했다. '그의 가장 대표적인 성격을 꼽으라면 컴퓨터같이 똑 부러진 실용주의를 들 수 있을 것이다. 천성적으로나 본인이 원해서나 리콴유는 문제를 직접 공략하는 사람이지 개요만 보고 어림잡는 학생이 아니었다.' 집권기간 내내 그는 얻고자 하는 바에 맞춰 정책을 없애고 새것을 만드는 데 특출한 능력을 발휘했다. 미국 시사주간지 「타임Time」은 그의 기본적인 성품을 '감정에 휘둘리지 않는 극도로 객관적인 이성을 지니고 있으며, 스스로의 판단에 대해 확고한 신념을 가지고 있는 날카로운 지성'이라고 표현했다. 역사상 가장 성공적인 공공주택 정책을 만들 정도로 리콴유는 국민에게 놀랄 만큼 너그러웠다. 그러나 동시에 놀랄 만큼 오만한 사람이기도 했다. 그는 자신이 알고 있는 내용이 최고라는 믿음을 좀처럼 버리지 않았다. 한 영국인 외교관은 그를 두고 "다소 폭력배 같은 면이 있지만, 그래도 세계에서 가장 똑똑한 사람"이라고 평했다.

경제에 있어서 그는 국가가 비중 있는 역할을 해야 한다고 강조했다. 그런 점에서 리콴유 역시 '아시아 모델'을 상당 부분을 도입했다고 볼 수 있다. 그러나 그의 버전에는 몇 가지 중요한 차이점이 있다. 첫째, 기업과 국가의 관계다. 일본이나 한국과 달리 싱가포르 관료들은 지역 기업인을 지원하며 싱가포르 기업을 살리는 방법을 쓰지 않았다. 리콴유와 그의 경제팀은 어떤 새 비즈니스에 진입하려 할 때 국가가 직접 회사를 차리기도 했다. 이런 면에서 경제에 대한 간섭 정도는 리콴유가 일본 통산성이나 박정희보다 훨씬 심했다고 할 수 있다. 아마도 산업화를 이룬 아시아 국가들 가운데 가장 정교하고 기술적으로 만들어진 나라라고 할 수 있을 것이다.

리콴유의 성장정책이 일본이나 한국의 '아시아 모델'과 차별화되는 또 다른 특징은 빠른 성장을 위해 외국 자본을 활용했다는 점이다. 리콴유는 자국 경제에서 외국 자본이 일정 수준의 영향력을 행사하는 것을 기꺼이 받아들였다. 거의 외국인 공포증 수준의 민족주의자였던 박정희와는 대조적이었다. 리콴유는 정부를 해외 투자 유치 수단으로 삼았다. 그리고 다국적회사를 적극적으로 설득했다. 이런 과정을 통해 리콴유와 그의 경제팀도 일본 통산성이 그랬던 것처럼 '승리자를 선발(picked winners)'했다. 다만 '타기팅(targeting)' 방식이 달랐다. 자국에 많은 수의 일자리를 창출하고, 신기술을 들여오며, 싱가포르 인에게 선진기술과 경영기법을 전해 주고, 또 생산품을 수출할 수 있는 다국적기업을 대상으로 했다. 이런 방식을 통해 싱가포르는 한국의 재벌, 또는 일본의 게이레쓰가 했던 업무를 다국적기업에 맡겼던 것이다. 이는 매우 천재적인 발상이었다. 또 외국의 투자가 가난한 나라를 어떻게 부유하게 하는지 보여준 좋은 예가 됐다.

이 과정을 돌이켜 볼 때, 리콴유는 조막만한 자신의 나라 미래를 세계화의 흐름과 연결시키는 데 성공했음을 알 수 있다. 일본이나 한국보다 더 앞서간 측면도 있다. 싱가포르는 다국적기업들이 비용을 줄이기 위해 영업기반을 해외로 돌리고 있는 상황을 이용했다. 싱가포르발(發) 미러클의 시작은 기술혁신과 맞물려 시작됐다. 더 나은 커뮤니케이션 시스템과 빠르고 믿을 만한 대중교통 수단 덕분에 오프쇼어링(offshoring, 생산·서비스 기지 등을 역외 국가로 옮기는 것-옮긴이)을 추진하는 기업들의 비용과 위험도를 확 줄일 수 있었다. 사실 리콴유의 이런 정책은 역설적인 것이다. 정부가 경제에 직접 개입하면서도 글로벌 시장과 한 몸이 됨으로써, 싱가포르를 국가주도형 개발국가이면서도 동시에 일본·한국보다 더 글로벌화한 경제권으로 만들었던 것이다. 리콴유는 국가와 시장 사이에서 상호작용을 이끌어냄으로써 '아시아 모델'을 새로운 수준으로 승화시켰다.

다른 나라의 정책 입안자, 경제학자들도 싱가포르에 주목하기 시작했다. 리콴유의 모델을 다른 나라에도 적용할 수 있겠느냐는 것이 그들의 관심사였다. 리콴유는 그럴 수 있다고 봤다. 그가 생각하기에 개발의 기초를 쌓는 것은 간단했다. 출발점은 엘리트 제도를 활용하는 것이다. 그는 "국민들이 스스로 교육받고 훈련하며 기술을 개발하게 해야 한다. 그럼으로써 경제에 많이 기여할수록 그만큼 보상을 받게 하는 시스템을 구축하는 게 중요하다"고 말했다. 수출지향적 사고방식을 가진 다른 지도자들보다 시장기능에 대해 더 극단적인 시각을 가지고 있었다. "절대 시장기능을 거스르려고 하지 마라. 시장에 맞서면 아무것도 이룰 수 없을 것이다"라는 게 그의 지론이었다.

그러나 그가 평소 드러낸 경제 철학을 뜯어보면 이런 주장과 모순된 부분이 많다. 대학 강단에서 개발을 주제로 강의할 때 그는 문화와 경제적 성공 간에 상당한 연관성이 있다는 주장을 폈다. 리콴유는 특히 미러클이 유교사상으로 대표되는 아시아적 문화에 의한, 아시아적 현상이라고 믿었다. 따라서 다른 문화권으로 쉽게 이식될 수 없다고 봤다. 그는 그간의 미러클에 대한 논의가 경제적·정책적 관점에 함몰돼 이런 중요한 문화적 요소를 빠뜨렸다고 주장했다. 또 문화적 뿌리를 갖고 있는 사회가 더 빨리 성장할 능력을 갖췄다고 믿었다. 유교 영향권 아래 있는 사회들은 일정한 사회적 규범을 따르면서 교육·절약·희생정신·협력 등에 큰 가치를 둔다. 따라서 이런 '아시아적 가치'가 미러클의 기반이 됐다는 것이다. 그는 1994년 저널리스트 파리드 자카리아(Fareed Zakaria, 현 「뉴스위크」 인터내셔널판 편집장-옮긴이)와 인터뷰할 때 "다른 개발도상국은 이런 동력이 없기 때문에 동아시아가 했던 방식으로는 성공을 거둘 수 없을 것"이라고 밝혔다. "만약 어떤 문화권이 교육이나 학문, 근면, 절약에 가치를 두거나 미래를 위해 현재의 즐거움을 잠시 접지 않는다면 경제발전은 그만큼 더 늦어질 수밖에 없다"는 게 그의 이야기였다.

싱가포르 통치 과정에 그가 보여준 편협함은 이보다 더 논란이 됐다. 그는 이런 부분을 정당화하기 위해 '아시아적 가치'는 그만큼 복잡한 것이라고 변명했다. 싱가포르는 경제발전을 위해 몇 가지 대가를 치러야 했다. 국민의 자유와 인권을 제한한 것이다. 싱가포르는 국가가 시민들의 삶에 직접 개입했다. 서구였다면 받아들일 수 없을 정도였다. 싱가포르는 공식적으로는 정기 선거에 의해 의회가 구성되는 민주주의 국가다. 그러나 실상은 리콴유가 이끄는 인민행동당(PAP, People's Action Party)이 1959년 이래 줄곧 집권하고 있는, 사실상 일당(一黨) 국가인 셈이다. 리콴유와 인민행동당은 권력을 이용해 반대파의 주장, 심지어 공공 토론장에서 나올 수 있는 목소리까지 찍어 눌렀다. 정부 지도자들이 이를 위해 즐겨 사용한 수법은 비난하는 반대파 정치인을 명예훼손으로 고발하는 것이었다. 미국 국무부는 이런 법적 조치를 두고 "반대파들이 마음껏 정치적인 의견을 개진하는 것을 막고 불이익을 줄 수 있다"고 했다. 외신이건 국내 매체건 언론도 비슷한 압력을 받았다. 2008년 '국경없는 기자회(Reporters Without Borders)'가 매긴 언론자유 지수에 따르면 싱가포르는 173개국 중 144위였다. 권위주의적 통치 아래 있는 수단이나 카자흐스탄보다도 못한 것이다. 이와 함께 싱가포르의 무지막지한 벌금형도 국제사회의 신랄한 비판 대상이었다. 2005년 국제연합(UN) 보고서에 따르면 싱가포르는 전 세계적으로 1인당 벌금 부과율이 가장 높은 국가로 나타났다. 그 액수도 지나칠 정도여서 2위인 사우디아라비아의 두 배 가까웠다. 벌금형을 따르지 않은 이들에겐 체벌도 가했다. 리콴유는 이런 조치가 잘못이라고는 전혀 생각지 않았다. "사랑 받는 것과 공포감을 주는 것, 둘 중 하나를 고르라면 나는 언제나 마키아벨리 쪽이 옳다고 믿는다"는 게 그의 생각이었다. 심지어 "아무도 나를 두려워하지 않는다면 나는 무의미한 존재"라고까지 말했다. 홍콩의 마지막 영국 총독 크리스 패튼(Chris Patten)에게 그는 수백 명을 감옥에 가두어 싱가포르의 고질인 삼합회(三合會) 문제를 뿌리뽑았다고 자랑했다. 그러자 패튼이 깜짝 놀라 되물었다.

"수백 명이라고요? 그들이 모두 삼합회 멤버였나요?"

리콴유가 대답했다.

"아마도요."

박정희처럼 리콴유도 그의 통치가 싱가포르에 미러클을 이루는 필수요소라고 생각했다. 1992년 도쿄에서 한 연설을 통해 그는 "특별한 경우를 제외하고 개도국에서는 민주주의가 좋은 정부를 만들지 못한다"고 주장했다. 그는 "민주주의가 개발을 이끌지 못했다. 이는 정부가 개발에 필요한 안정과 규율을 확립하지 못했기 때문"이라고 말했다. 어떤 면에서 리콴유는 박정희보다 한 수 위였다. 그는 미국에서 발달한 민주주의는 아시아적 문화와 역사를 가진 곳에 맞지 않다고 했다. 또 아시아 인들은 '아시아적 가치'에 기반한 통치를 바란다고 주장했다. 질서의 추구, 가족과 공동체에 대한 충성, 위계질서 같은 것들 말이다. 그 역시 아시아 인의 한 사람으로 "정부는 정직하고 힘이 있고 효율적으로 자국민을 보호하며, 안정적이고 질서 잡힌 사회 속에서 스스로를 발전시키는 기회를 제공함으로써 행복한 삶을 살 수 있도록 해야 한다"고 밝혔다. 이와 함께 아시아 인들은 개인의 권리보다, 공동체의 권리를 우선순위에 둔다고 봤다. 그래서 개인의 자유보다는 공동체의 안정을 지켜 주는 정부를 더 좋아한다는 것이었다. 그는 '동양 사회에서 으뜸가는 목표는 질서가 잘 잡힌 사회를 건설해 모두가 최대의 자유를 누릴 수 있게 하는 것'이라고 기록한 바 있다. 리콴유는 심지어 서양 민주주의의 근본 원리들까지 잘못된 것이라고 무시했다. 그는 도쿄 연설에서 이렇게 말했다.

"남성과 여성이 평등하다고, 혹은 평등해야 한다고들 이야기한다. 그러나 이는 현실적으로 불가능한 이야기다. 그렇다면 평등을 주장하는 것은 재고돼야 한다. … 민주주의의 약점은 모든 사람이 평등하다는 가정에서 출발한다는 것이다. 그래서 모든 이가 공익을 위해 똑같이 기여하고 있다고 생각한다. 그러나 이는 틀린 이야기다."

그는 민주주의가 미국인들이 이해하는 대로 만국 공통의 개념도 아니고 시장경제의 필수요소도 아니라고 봤다. 그런 식으로 만들려는 시도 자체가 문화제국주의며 자신의 가치를 전 세계에 전파하려는 서양의 음모라는 것이다. "미국은 자신의 시스템을 먹히지도 않을 다른 나라에 마구잡이로 이식하려 해서는 안 된다"는 게 그의 주장이었다. 국제관계학을 전공한 마이클 바(Michael Barr) 교수는 리콴유에 대한 연구 논문를 통해 '글로벌 경제 속에서 가장 번영한 자본주의 국가를 세우기 위해 비민주적이고 반자유적인 엘리트 주의를 실제적으로, 이론적으로 진두 지휘한 인물'이라고 평했다.

상당수 서양인은 이런 리콴유의 '아시아적 가치'가 단지 아시아의 권위주의적 정권에 정당성을 주고 영구 집권을 위해 만들어 낸 그럴싸한 논리일 뿐이라고 치부한다. 싱가포르를 포함해서 말이다. 크리스 패튼은 "아시아적 가치라는 게 최근 들어선 아시아 정부가 무슨 짓을 하든, 무엇을 하려 하든 이를 정당화시키기 위해 갖다 붙이는 다목적 개념이 돼 버렸다"고 비난했다. 그는 "권력을 놓지 않으려는 늙은 지도자나 투표를 통해 국민의 심판을 받기를 겁내는 늙은 정권이 동양과 서양 간에 장막을 치려 한다"면서 "자신들이 무엇을 하든 그것이 고대 문화로부터 축복받은 유산인 동시에 알 수 없는 동양의 수수께끼라고 정당화한다"고 말했다. 리콴유는 이런 비판을 서양의 문화적 오만이라고 일축했다. 그러나 같은 아시아 인이면서도 오히려 리콴유의 생각에 분개한 이들도 있다. 대표적인 사람이 한국의 민주화 운동가인 김대중이다. 그는 1994년 미국의 외교전문 잡지「포린 어패어스Foreign Affairs」에 기고한 글에서 '아시아 문화에 대한 그의 관점은 지지하기 힘든 것이며 다분히 자기 이익을 위한 논리'라고 비판했다. 그는 리콴유의 주장과 달리 민주주의적 이상은 유럽에서 뿌리내리기 전부터 존재한, 아시아 정치 시스템의 일부라고 반박했다. 그러므로 아시아적 가치에서 자생적으로 뻗어나간 개념이지 결코 서구로부터 강요받은 게 아니라는 것이다. 따라서 '아시아에선 민주주의를 굳게 확립시키고 인권을 강화할 기회를 놓쳐선 안 된다'고 주장하며 '결국 가장 큰 장애물은 아시아의 문화적 유산이 아니라 권위주의적 통치자와 그 추종 세력들의 저항'이라고 덧붙였다.

그러나 이런 반박도 싱가포르에는 별 영향을 끼치지 못했다. 분리 독립 후 40여 년이 지났지만 리콴유의 입지는 전혀 달라지지 않았다. 1990년, 무려 31년간 계속된 무소불위의 집권을 끝내고 총리에서 물러났지만 통치권을 완전히 놓은 것도 아니다. 현재 그는 '고문장관 (Minister Mentor)'이라는 수수께끼 같은 직책을 맡고 있으며, 그의 아들 리셴룽이 2004년부터 총리직을 이어받아 수행하고 있다. 리콴유와 그의 가족은 공산주의 국가를 제외하고는 아시아 어느 나라에서도 찾을 수 없는 권력세습 가문인 셈이다.

1965년 첫 번째 독립기념일을 맞을 당시만 해도 리콴유는 이렇게 성공을 거둘지 몰랐다. 또 이처럼 논란을 불러올지도 전혀 상상하지 못했다. 그날 저녁 그는 또 잠자리를 미루고 관저에 있는 골프 연습장에 가서 150개의 공을 날렸다. 기분이 좀 나아졌지만 여전히 의구심과 걱정이 떠나지 않았다. 그의 불면증은 갈수록 심해졌다. 심지어 어떤 날은 영국인 고등판무관을 불러 침실에서 회의를 할 정도였다.

"집을 어떻게 짓는지, 엔진을 어떻게 고치는지, 책을 어떻게 쓰는지에 관한 책은 많다. 그러나 제각각의 이민자로 구성된 국민을 데리고 국가를 건설하는 것에 대한 책은 본 적이 없다. … 한때 잘나가는 화물 집산지였다가 점점 쇠락하는 곳에서 국민들을 먹여 살릴 방법에 대한 책도 없다." 리콴유가 남긴 이야기다.

그는 '1965년 8월 9일 엄청나게 떨리는 마음으로 표지판도 없는 도로를 따라, 알 수 없는 행선지를 향해 길을 떠났다'고 기록했다.

싱가포르, 말레이시아와 결별하다

유교사상을 공부했지만 정작 리콴유 본인은 자식의 도리를 다하지 못했다. 그는 1923년 9월 16일 싱가포르의 2층짜리 대형 목조주택에서 태어났다. 당시 그의 부모는 16살이었다. 아버지 리친쿤은 리콴유의 감정 섞인 표현대로 '별로 내세울 게 없는 사람'이었다. 리친쿤은 싱가포르 최고급 백화점에서 돈을 펑펑 쓸 정도로 유복한 환경에서 자랐다. 그러나 대공황을 겪으며 온 집안의 재산이 날아간 뒤, 의무교육밖에 받지 못한 리친쿤은 셸 주유소의 점장으로 인생을 마감했다. 자식 중 제일 똑똑했던 리콴유는 아버지의 실패를 받아들일 수 없었다.

그의 집안은 친영(親英)적인 분위기였다. 그 역시 이런 분위기를 거스르지 않았다. 당시 싱가포르는 영국의 통치를 받았고 할아버지는 리콴유에게 '해리(Harry)'라는 이름을 붙여 줬다. 당시 영국식 이름을 가진 중국인은 거의 없었다. '해리'라는 이름 탓에 리콴유는 학창 시절 내내 놀림거리가 됐다. 리콴유는 또래 아이들보다 두각을 나타냈고 우수한 학생들만 가는 중학교인 래플스 학원(Raffles Institution)에 진학할 수 있었다. 이 학교는 싱가포르 건국자의 이름을 따 만든 곳이었다. 아이로니컬하게도 그토록 규율을 강조하던 리콴유도 어릴 때는 문제아였다. 그는 회고록에서 '당시 나는 장난기 넘쳤고 놀기 좋아했다'고 기록했다. 그는 '수업시간에 한눈을 팔기 일쑤였고 친구들 공책에 낙서를 했으며 선생님들의 이상한 행동을 흉내 내곤 했다'고 기억했다. 한번은 장난기 때문에 곤경에 처하기도 했다. 학교에서 한 학기에 세 번 지각하는 학생에게 채찍질을 세 번 하기로 한 것이다. 리콴유는 항상 지각했다. 그는 "일찍 일어나는 종달새보다는 올빼미형에 가까웠기 때문"이라고 설명했다. 결국 그는 세 번 지각을 하고 만다. 학교 교장은 그에게 체벌을 내렸다. 아마도 이 일이 훗날 리콴유가 국민에게 같은 조치를 내리는 계기가 됐을지도 모른다. 그는 나중에 "왜 서구 교육자들은 그토록 체벌을 반대하는지 이해할 수 없다"고 말했다. "나는 물론이거니와 급우들에게도 전혀 해를 끼치지 않았다"는 주장이었다.

리콴유는 영국으로 유학 갈 계획을 세웠다. 때마침 2차 세계대전이 터졌고 그는 유학 대신 국내에 있던 래플스 대학에 진학해야 했다. 그러나 전쟁이 심각해지면서 이마저도 중단할 수밖에 없었다. 그는 의무병으로 참전했다. 일본군이 시내로 진격해 오던 1942년 1월의 마지막 날 그와 동료 학생들은 래플스 대학 본관에서 보초를 서고 있었다. 곳곳에서 터지는 포탄으로 건물이 심하게 흔들렸다. 겁에 질린 리콴유가 말했다.

"이게 대영제국의 마지막인가 보다."

꼭 맞는 말은 아니었다. 그 폭발음은 말레이 반도와 싱가포르를 잇는 둑길을 영국군이 폭파하는 소리였던 것이다. 싱가포르는 포위됐고 결국 1942년 일본군에 항복한다.

영국군이 패했다. 대영제국이 겪었던 가장 당혹스러운 순간 중 하나였다. 이로 인해 세계를 바라보는 리콴유의 시각도 바뀌었다. "그동안 백인이 우월하다는 것에 의심을 품은 적이 없었다. 영국 정부와 영국 사회가 우수하다는 것은 내 삶의 진리였다"고 그는 고백했다. 그러나 일본군이 승리한 뒤 그의 표현에 따르면 "영국이 통치하던 식민사회는 산산조각 났고 영국인들이 우월하다는 생각도 박살 났다."

영국의 패배는 그의 인생에 중요한 계기가 됐다. 그의 대학 친구 모리스 베이커(Maurice Baker)에 따르면, 일본이 30여 일 만에 영국을 물리쳤다는 사실은 그가 정치에 입문하게 된 근본적 이유가 된다. 리콴유는 그에게 "우리는 이런 일이 다시 일어나게 해선 안 된다. 우리 스스로 지키고 돌봐야 한다. 우리 스스로 우리 나라를 통제하고 움직여야 한다"고 말했다.

전쟁이 끝나고 영국이 싱가포르로 돌아왔을 때 리콴유는 케임브리지 대학에서 법을 공부하고 있었다. 이곳에서 그는 정치적 행보를 시작했다. 먼저 '말레이안 포럼(Malayan Forum)'이라고 불리던 현지 비공식 스터디 모임에 가입했다. 이곳에서 그는 동료들에게 이제 영국의 지배를 끝내야 한다고 주장했다. "좀처럼 사라지지 않는 제국주의자들이 이 땅에 발 붙일 수 없다는 사실을 깨닫게 하는 게 바로 우리의 사명"이라는 게 그의 이야기였다.

1950년 그는 싱가포르로 돌아왔다. 당시 싱가포르는 공산당의 영향력이 가장 큰 상태였다. 리콴유는 싱가포르가 공산세력의 손에 떨어지는 것을 막기로 결심한다. 박정희가 그랬던 것처럼 그 역시 젊은 시절엔 좌파에 기울었지만 이제는 오히려 그 사상을 혐오하게 됐던 것이다. 그는 "공산당은 너무 강압적이었다"고 말했다. "그들은 자신과 의견이 다를 경우 그냥 죽여 버리는 식으로 '기브 앤드 테이크(Give and take)'가 없었다"며 "나는 그 방식을 받아들일 수 없었다"고 설명했다.

대신 리콴유는 도시 노동자들의 근로분쟁을 해결해 주면서 정치적 입지를 쌓는다. 몇 차례의 승소를 거두면서 싱가포르 노동계급의 영웅이 된 그는 1953년 좌파 단체들을 한데 불러 모아 푹푹 찌는 그의 집 지하에서 회의를 열고 새로운 정치세력을 결성하는 문제를 논의했다. 이를 모태로 1954년 인민행동당(PAP)이 출범했다. 이후 5년 동안 인민행동당은 수차례의 합종연횡을 거치며 반대세력을 압도해 나갔다. 영국 정부나 반대파, 심지어 공산주의자들과의 협상도 서슴지 않았다. 리콴유의 부상은 대영제국의 몰락과 맞물렸다. 당시 영국은 싱가포르에 상당한 수준의 자치권을 줬다. 이어서 리콴유의 인민행동당은 1959년 의원 선거에서 압승을 거뒀고 리콴유는 총리가 됐다.

1961년 영국에서 막 독립한 말라야 연방의 총리였던 퉁쿠(Tunku, '왕자' 정도로 번역될 수 있는 말레이의 직책) 압둘 라만(Abdul Rahman)은 리콴유에게 두 나라의 연합을 제안했다. 손바닥만 한 싱가포르가 더 큰 시장의 일부가 될 수 있는 기회였다. 리콴유는 당연히 둘이 합치는 게 경제적이라고 생각했다. 그리하여 1963년 둘은 역시 영국 식민지였던 보르네오 섬과 함께 말레이시아라는 이름의 국가를 형성했다. 그러나 이 연합은 처음부터 삐걱거렸다. 말레이 민족주의자인 퉁쿠는 이 연합을 통해 말레이 공동체의 정신을 드높이려 했다. 그는 새로운 말레이시아가 말레이의 지배력을 끌어올려 줄 거라고 기대했다. 그러나 리콴유의 생각은 달랐다. 그는 말레이시아가 모든 소속 공동체에 공평한 기회를 제공하는 근대국가가 돼야 한다고 생각했다. 이처럼 진보적인 생각을 품고 있던 그는 말레이시아 정부의 행태에 실망할 수밖에 없었다. 리콴유와 퉁쿠의 관계는 악화일로를 걸었다. 결국 리콴유는 연방이 깨졌다는 사실을 인정해야 했다. 그는 1965년 둘을 분리키로 하는 협상에 동의했다. 싱가포르는 다시 혼자가 된다.

리콴유 · 고갱시 · 윈세미우스, 싱가포르 경제를 일으키다

싱가포르 독립 초기에 리콴유는 국가의 여러 경제 문제를 풀려고 안간힘을 썼다. 그는 재무장관에게 아프리카로 특별사절을 보내게 했다. 무역을 증진시키기 위해서였다. 그러나 결과는 썩 만족스럽지 못했다. 싱가포르가 더 이상 전통적인 무역업으로 먹고 살 수 없을 거란 사실은 분명했다. 이 작은 나라는 한국이 걸었던 길을 따라야만 했다. 리콴유는 '내각의 모든 사람이 우리가 살아남을 길은 산업화밖에 없다는 걸 알고 있었다'고 기록했다.

싱가포르 내에서 계속 꿈틀대는 공산세력을 막기 위해서라도 산업화는 절실했다. 한국에서도 그랬듯 공산주의자들의 위협은 정부가 경제성장에 더 박차를 가하도록 자극하는 효과가 있었다. 그러나 박정희의 경우 북한 공산체제라는 적은 외부에 있었다. 반면 리콴유는 내부에서 적을 맞아야 했다. 그럼에도 이로 인한 도전의 강도는 한국 못지않았다. 만일 리콴유가 경제를 키워 내지 못한다면, 그래서 일자리와 복지를 늘리지 못하고 인민행동당의 인기가 떨어진다면 언제라도 공산주의자들이 체제를 전복할 수 있는 상황이었다. 리콴유는 1965년 다음과 같이 말했다.

"만약 다음 10년 동안 공산주의 국가들이 비공산권 국가들보다 앞서 나간다면 아시아 인들은 이렇게 물을 것이다. '자유사회란 게 도대체 뭐냐. 정치인들이 마음껏 약탈하고 횡령할 수 있는 사회를 의미하느냐, 아니면 사람들이 항상 배고프고 못먹고 제대로 못 배우는 사회를 말하느냐'고 말이다."

다행스럽게도 리콴유에게는 이 상황을 헤쳐 나가는 데 필요한 든든한 조력자가 있었다. 대학 친구 고갱시였다. 리콴유는 그를 '나의 또 다른 자아'라고 표현했다. 리콴유는 "우리 둘은 서로 성격은 달랐지만 관점과 가치관이 같았다"며 "어떤 일을 해야 할지에 대해서도 생각이 같았다"고 말했다. 또 "경제나 조직과 관련해 그의 도움이 없었다면 싱가포르는 오늘날 모습의 절반도 갖추지 못했을 것"이라고 치하했다. 고겡시와 일을 해 본 이라면 일단 그의 지적 수준에 놀라게 된다. 그리고 수 많은 공직자가 그의 아버지 같은 성품과 멘토 역할에 좋은 평가를 내린다. 고겡시는 1918년 말레이시아에 있는 멜라카(Melaka)의 한 마을에서 태어났다. 유년기에 그의 가족은 싱가포르로 이주한다. 고겡시는 고무농장에서 어린 시절을 보낸다. 어린 나이였지만 그때부터 그는 경제개발에 대한 꿈을 키웠다. 1939년 대학에 다니던 시절 경제학 클럽의 리더로 독일의 재건과정을 연구, 발표했다. 리콴유와 마찬가지로 고겡시도 영국에서 공부했다. 런던 정경대(LSE)에 다닐 때 리콴유와 함께 말레이안 포럼에서 활동했다. 고겡시는 이 포럼의 창립 멤버였다. 1959년 선거에서 인민행동당의 승리를 이끈 리콴유는 고겡시를 재무장관에 앉혔다. 이후 25년 동안 고겡시는 정부의 요직을 두루 거친다. 리콴유만큼 화려하게 드러나진 않았지만 고겡시는 기술관료로서 싱가포르의 미러클을 기초부터 다진 주인공이다.

고겡시는 종종 자유기업의 힘에 대해 이야기했다. 그러나 시장의 힘만으로 싱가포르가 발전할 거라고는 생각하지 않았다. 일본 통산성의 사하시처럼 그 역시 제대로 된 결과를 내려면 국가가 개입해야 한다고 믿었다. 고겡시는 '식민지 시절 방임형 정책이 결국 싱가포르를 막다른 길로 몰았다'고 기록한 바 있다. 그 결과 '경제성장은 미미했고 실업률만 높아졌으며 주택과 교육정책도 무너졌다'는 것이다. '우리는 좀더 직접적이고 능동적으로 접근했어야 한다'는 게 고겡시의 생각이었다. 그는 또 유럽식 사회주의에 물들어 있었다. 그래서 공공주택 공급 등 일부 중요한 사업은 직접 기업을 세워 운영할 수도 있다고 생각했다. 그래야 국민의 삶을 더 나은 수준으로 끌어올릴 수 있을 거라 봤던 것이다. 고겡시는 "저개발국가(LDC, Less developed country)에서 경제가 얼마나 나아지고 있는지를 판단하는 척도는 바로 그 나라 정부"라고 말한 바 있다.

고겡시는 지체 없이 싱가포르의 산업화에 직접 뛰어들었다. 1960년 그는 국제연합(UN)에 산업화와 관련해 싱가포르 정부에 컨설팅을 해 줄 수 있는 전문가를 파견해 달라고 요청했다. 그는 특히 벨기에나 네덜란드처럼 소국(小國)이지만 세계적으로 영향력 있는 경제를 이룩한 나라의 조언을 듣고 싶었다. UN은 네덜란드 출신 경제학자 앨버트 윈세미우스(Albert Winsemius)에게 싱가포르를 위한 스터디팀을 맡아 달라고 부탁했다.

윈세미우스는 이 자리를 꺼렸다. 그는 UN의 다른 관료 I.F. 탕(Tang)을 만났다. 탕은 1949년 마오쩌둥이 집권하자 중국을 떠난 학자였다. 윈세미우스는 탕에게 어느 정유회사 임원에게 싱가포르가 곧 공산국가가 될 거란 이야기를 들었는데 사실이냐고 물었다. 그러자 탕은 펄쩍 뛰었다.

"누가 그런 소리를 해? 말도 안 돼."

의심을 완전히 떨쳐버리진 못했지만 그는 2주가 지난 뒤 제안을 받아들였다. 다만 탕과 함께 간다는 조건을 내걸었다. 그리하여 둘은 1960년 막바지에 싱가포르 땅을 밟게 된다. 리콴유는 그들이 입국하자마자 저녁 식사에 초대했다. 윈세미우스는 싱가포르에 깊은 인상을 받았다. 그는 "그곳에서 공산주의의 냄새를 전혀 맡을 수 없었다"고 회고했다. 결국 윈세미우스는 이후 20여 년 동안이나 리콴유의 경제자문 역을 맡게 된다.

윈세미우스의 결정은 리콴유에겐 행운이었다. 그는 사상적인 배경에서 다른 경제학자와 상당히 달랐다. 경제학으로 박사학위를 따기 전 그는 치즈 회사 영업사원이었다. 그래서 종종 "경제를 굴리는 것보다 치즈를 파는 게 훨씬 더 어렵다"고 말했다. 이런 현장 경험과 전후 유럽의 재건에 참여했던 경험은 윈세미우스가 경제성장에 대해 시장중심적이면서 실용적인 관점을 갖는 데 도움을 줬다. 그는 당시 개발 전문가들이 추구하던 것과 달리 반(反)무역, 친(親)정부 정책을 펴는 것에 반대했다. 국제 비즈니스 면에서 윈세미우스가 가진 지식은 리콴유에겐 정말 값진 것이었다. 리콴유는 그를 '싱가포르의 성장에 매우 중대한 기여를 한 실용적이면서도 빈틈 없는 사람'이라고 표현했다.

싱가포르의 상황에 윈세미우스와 탕은 처음엔 당황했다. 탕은 훗날 "우리는 싱가포르의 문제가 얼마나 심각한지 알지 못했다"고 털어놨다. 그중 가장 심각한 것은 공산주의자들이 세력을 넓혀 가고 있다는 것이었다. 탕은 '사상적인 반대파의 공세 속에서 문자 그대로 균형을 어떻게 잡느냐에 미래가 달려 있었다'고 기록했다. 그는 "월요일에 공장을 세우면 금요일엔 '노동자 착취'를 반대하는 모든 종류의 현수막이 걸릴 것이란 농담까지 나돌았다'고 말했다.

어쨌든 이 경제 팀은 싱가포르의 경제 청사진을 짜는 작업에 들어갔다. 윈세미우스는 민간 투자자를 끌어들이고 도와 줄 독립기관을 세우라고 정부에 권유했다. 네덜란드 역시 비슷한 기관을 세워 효과를 톡톡히 보았기 때문이다. 이에 따라 리콴유는 1961년 경제개발이사회(EDB, Economic Development Board)를 세웠다. 외국 자본을 최대한 효과적으로 끌어들이기 위해 각 부처와 장관들의 역할을 조율하는 태스크 포스 구실을 한 이 기구는 결국 싱가포르의 미러클을 이루는 동력이 됐다. 경제개발이사회를 지원하기 위해 고갱시는 싱가포르 남쪽 주롱에 산업단지를 만들었다. 한때 버려졌던 이 지역에 수도와 전력, 항만 시설을 지었다.

그런데 정작 찾아오는 기업이 없었다. 윈세미우스가 경고했듯 투자자들은 싱가포르를 '롤스로이스가 아닌 레몬(볼품 없는 것)'으로 봤던 것이다. 정부는 국내 기업인들에게 식물성 기름이나 화장품·모기향·헤어크림·나프탈렌 등을 만드는 공장을 지으라고 권했다. 경제개발이사회는 종이를 재활용하거나 세라믹 제품을 만드는 벤처 기업을 직접 세웠다. 그러나 경험이 부족해 둘 다 실패로 돌아갔다. 주롱 지역 부동산이 텅텅 비자 사람들은 "고갱시가 멍청한 짓을 한다"며 비웃었다. 리콴유조차 그의 계획을 두고 "전망이 썩 밝지 않았다"고 말했다.

고갱시는 상황을 반전시키려고 엄청나게 노력했다. 몇 년이 흐른 뒤, 과연 주롱이 성공할지에 대해 의심해 본 적이 없느냐는 질문을 받는다. 그의 대답은 간단했다.

"해결해야 일이 산적해 있을 때, 그것이 과연 성공할지 안 할지 걱정만 하고 있어선 안 된다."

고갱시는 싱가포르가 새로운 투자처로 부상하고 있다는 인상을 주기 위해 약간의 홍보 트릭을 쓰기도 했다. 그는 아무리 작은 규모라도 모든 공장의 설립 행사에 참석했다. 어떤 때는 한 회사의 공장 건설 단계에 따라 매번 기념식을 열어 다양한 홍보 효과를 노렸다. 착공식은 물론, 건설을 시작하는 시점에 또 다른 기념식을 열고 제품을 생산하는 시점에 또 기념식을 열었다. 고갱시와 관료들은 그 모든 현장에 기자와 사진기자들을 불렀다. 그런데 빡빡한 스케줄에 극심한 스트레스가 겹치면서 그의 건강에 문제가 생겼다. 이런 행사에는 위스키가 빠질 수 없는 법, 지나치게 술을 마신 탓에 만성 간질환에 시달리자 그의 아내는 술 대신 중국차를 권했다. 그러나 고겡시는 고개를 저었다. 장래 투자자가 될 수 있는 사람들의 기분을 상하게 할 수 없다는 이유였다.

싱가포르는 곧장 산업화 추진 단계로 들어섰다. 1962년 주롱에 제철소 건설을 시작했다. 이것이 내셔널 아이언 앤드 스틸 밀(NISM, National Iron & Steel Mills, 지금은 낫스틸로 바뀌었다-옮긴이)이다. 싱가포르 정부는 조선과 해운업에도 투자했다. 이와 함께 항공사를 만들고 정부 주도의 개발은행도 세웠다. 그러나 싱가포르의 경제 전망은 리콴유의 답답함을 풀어 줄 정도로 나아지지는 않았다. 1968년 런던에 출장을 갔을 때 유통업체 막스 앤드 스펜서(Marks & Spencer)를 경영하는 마커스 시프(Marcus Sieff)가 그의 호텔을 찾아왔다. 리콴유를 BBC 방송에서 본 적이 있는 시프는 사업 제안을 하려고 그를 보자고 했던 것이다. 싱가포르 화교들의 손재주가 좋으니 고품질 송어 낚시 바늘과 미끼를 만들면 막스 앤드 스펜서에서 사겠다는 이야기였다. 리콴유는 "이 때문에 TV에 나와서도 불쌍한 표정을 지었다"고 말했다. 자신의 그런 모습을 그에게 보여주기 위해서였다. 리콴유는 "시프가 고맙긴 했지만 결국 그 일은 성사되지 못했다"고 말했다.

일본·한국과는 다른 길을 걷다

리콴유는 싱가포르 미러클에 불을 지필 전략을 짰다. 이 과정에 그가 영감을 받은 곳은 일본이나 고성장을 이룬 아시아 다른 나라가 아니었다. 바로 이스라엘이었다. 리콴유는 유대인들이 이웃 아랍 국가들의 보이콧을 무릅쓰고 오히려 미국, 유럽과 연계함으로써 경제를 부흥시킨 것에 깊은 인상을 받았다. 그는 싱가포르 역시 같은 전략을 취해야 한다고 생각했다. 말하자면 '지역의 한계를 뛰어넘자'는 것이었다. 이 전략을 성공으로 이끌려면 산업화로 전환할 필요가 있었다. 말레이시아와 분리하기 전까지만 해도 싱가포르는 일종의 수입대체정책을 통해 경제를 일으키려 했다. 생산한 물품을 연방 내의 인구가 더 많은 나라에 팔려고 했던 것이다. 그러나 싱가포르가 독립하면서 이 구상은 수포로 돌아갔다. 그 대신 일본식 수출지향정책을 도입했다. 생산한 제품을 선진국의 거대 시장에 판매하는 방식이다. 그러나 일본이나 한국과 달리 싱가포르는 당장 서구 시장에 물건을 팔 수 있는 기업을 키울 수가 없었다. 리콴유는 "만일 당시 국내에 있던 무역상들이 생산자가 될 때까지 마냥 기다렸다면 우린 모두 쫄쫄 굶었을 것"이라고 말했다. 결국 해답은 싱가포르를 위해 기업을 세우고 시장을 만들어 줄 사람들을 외부에서 찾는 것이었다.

이런 일련의 사고를 거친 끝에 리콴유는 외국인투자자를 유치한다. 거대한 다국적기업(MNCs, Multi National Corporations)이 들어오면 자본을 직접 공급할 뿐 아니라 일자리도 창출하고 싱가포르가 필요로 하는 기술 전수도 가능하다고 생각했던 것이다. 또 이런 다국적기업은 싱가포르에서 생산된 제품을 내다 팔 시장도 이미 확보하고 있었다. 이들이 싱가포르에 공장을 지을 경우 여기서 생산된 것을 자국 시장이나 다른 선진국 시장에 팔 수 있었다. 이는 바로 "최첨단 기술을 보유한 선진 산업국가의 기업을 이 나라에 세우는 셈"이라고 리콴유는 설명했다. 또 그는 "물론 최신 기술이 아닌, 2차·3차 기술을 전수해 주겠지만 그것만으로도 우리에겐 충분하다"며 "우리가 갖지 못한 경영기법 등도 배울 수 있을 것"이라고 말했다. 리콴유는 특히 미국계 다국적기업을 적극적으로 유치했다. 이들을 '싱가포르 최고의 희망(Best hope)'이라고 부를 정도였다. 그는 미국계 다국적기업이 다른 나라의 투자기업보다 큰 규모의 투자를 함으로써 일자리 창출 효과도 좋고 더 고급 기술을 전수해 줄 거라 생각했던 것이다. 이런 생각은 1968년 2개월 동안 하버드 대에서 안식월을 보낸 뒤 더 단단해졌다. 그곳에서 그는 비즈니스 리더, 경제학자들과 글로벌 경제에 대해 토론을 했다. 그는 미국 기업들이 확장을 거듭하면서 역동적인 기세로 해외에 진출하고 있다는 것을 알았다. 경제 전체가 풀가동하고 있는 상태였다. 그는 "미국 기업들은 생산원가를 줄이면서도 사업을 확장하고 시장을 넓히는 한편, 해외에서 생산한 물품을 자국으로 들여와 팔고, 남은 제품은 수출하는 전략을 추구하고 있었다"고 말했다. 그때 그는 '여기에 바로 우리 문제에 대한 해답이 있을지 모른다'고 생각했다. 특히 그에게 큰 영향을 준 레이 버논(Ray Vernon) 교수를 통해 글로벌 시장에서 싼 노동력과 자유시장경제의 힘이 얼마나 대단한지 깨달았다. 버논 교수는 싼 노동력이 미국 기업들의 투자를 이끌어내는 데 효과적인 수단이 될 수 있다고 설명했다. 미국 기업들은 그런 기회를 활용해 리콴유가 생각하는 것보다 훨씬 더 빠르게 움직였다. 리콴유는 "나는 그동안 산업화는 단계적으로 이뤄지며 좀처럼 선진국에서 저개발국으로 이동하지 않는다고 생각해 왔는데 버논 교수는 그런 나의 기존 관념을 깡그리 깨뜨려 버렸다"고 회고했다. 그는 또 "싸면서도 신뢰할 만한 항공·해운 수송이 발달하면서 산업이 신흥국으로 옮겨가는 게 가능해졌다"고 말했다. 결국 그는 장차 오프쇼어링이 가져올 수 있는 엄청난 경제적 혜택을 이해했던 것이다. 싱가포르처럼 작은 나라나 글로벌 경제 전체적으로 모두에게 돌아갈 혜택이었다.

당시만 해도 이런 생각은 상당히 급진적인 것이었다. 많은 개발경제학자나 신생 독립국 지도자들은 다국적기업, 특히 미국계 다국적기업을 악마의 자손쯤으로 여겼다. 다국적기업들은 신(新)식민주의의 적자(嫡子)로 가난한 나라의 자원과 노동력을 무자비하게 착취함으로써 이들 개발도상국가를 영원한 서양의 종으로 만들려 한다는 게 그들의 생각이었다. 그러나 리콴유는 동의하지 않았다. 싱가포르의 미러클을 이끌어내며 그는 어떤 이데올로기나 교과서를 따르지 않았다. 단순히 실용주의적 관점에서 판단했을 뿐이었다. 그는 어떤 방향이 맞다는 확신이 서면 기존 습관과 정반대로 가는 것도 서슴지 않았다. "본능적으로, 그리고 경험적으로 우리는 이론을 좋아하지 않는다. 우리 문제에 대한 진짜 해법에만 관심이 있지 누구의 이론이 옳고 그름을 가려내는 것은 내 관심 밖"이라는 이야기였다. 또 그는 "우리가 가진 것은 노동력과 지리적 요인, 우리의 기술"이라며 "다국적기업들이 우리가 가진 것을 통해 이익을 내고 우리의 생계를 책임져 주기를 바랄 뿐"이라고 말했다. 이런 면에서 리콴유는 한국의 박정희나 일본 관료들과 자신을 차별화했다. 그들은 세계적 수준의 기업을 자력으로 세우는 게 우선순위였다. 리콴유는 "일본의 패러다임은 우선 유럽이나 미국에 배운 뒤 그 내용을 일본식으로 재창조하는 것"이라고 분석했다. 그러나 싱가포르의 경우 "우리는 그런 야망은 없다"고 잘라 말했다. 다만 "우리는 모두에게서 배울 준비가 돼 있다"며 "목표에 이르려면 그 제품이 오리지널 싱가포르 산이든 아니든 상관없다"고 덧붙였다. 리콴유는 여러 종류의 생각과 정책들이 뒤섞여 싱가포르의 미러클을 가져왔으며 이것이 경제개발에 새로운 모델이 됐다고 믿었다. 그는 "이런 과정에 우리는 새로운 경제 독트린을 만들었다"며 "그러나 완전히 새로운 내용을 창조한 게 아니라 여러 소스에서 아이디어를 가져와 우리 자신과 세계를 위해 유용한 무언가를 만들기 위해 하나로 조립한 것"이라고 설명했다.

사실 이해하기 힘든 부분은 그 다음이다. 미국 기업들이 싱가포르에 투자하게끔 어떻게 설득했는가 하는 것이다. 이런 막중한 책임이, 경험은 없지만 고집 하나만은 엄청 센 전직 영어 교사의 어깨 위에 놓여 있었다.

싱가포르맨 인 뉴욕

1968년 1월의 매섭게 추운 어느 날, 찬친복은 뉴욕의 존 F. 케네디 공항에 도착했다. 그는 싱가포르의 투자 유치를 담당할 첫 번째 해외 사무소를 뉴욕에 세우라는 경제개발이사회의 특명을 받고 이곳에 왔다. 그에게는 한숨만 나오는 일이었다. 그는 "이 일을 어떻게 해야 할지 전혀 몰랐다"며 "나뿐 아니라 다른 사람도 마찬가지였다"고 회고했다. 눈 내린 뉴욕 길을 터벅터벅 걸으며 그는 오싹함을 느꼈다. 매서운 바람보다도 나라가 곧 망할 수도 있다는 불길함 때문이었다. 그는 "혼자 살림을 꾸려야 한다는 것보다도, 완고한 미국 경영자들에게 싱가포르가 최상의 투자처임을 설득해야 한다는 사실이 더 몸을 얼어붙게 했다"고 회고했다.

찬친복은 그저 전형적인 관료였다. 경제학자도 아니고 이번 미션을 위해 특별한 교육을 받은 것도 아니었다. 경제개발이사회에서 일하게 된 것도 손님이 두고 간 선글라스 때문이었다. 그는 포드 자동차 싱가포르 법인의 홍보팀장으로 일할 당시 경제개발이사회 멤버인 S. 다나발란(S. Dhanabalan)을 처음 만났다. 다나발란은 그의 팀장과 함께 회의차 포드 사를 들렀다가 회의실에 선글라스를 두고 왔다. 찬친복은 이를 돌려주러 그를 찾아갔고 그 자리에서 우연히 경제개발이사회가 외국 투자 유치를 담당할 전문가를 모집한다는 소식을 듣게 된다. 새로운 도전에 귀가 솔깃해진 찬친복은 1964년 경제개발이사회에 합류했다.

리콴유의 경제 비전이 뚜렷해질수록 경제개발이사회도 활기를 띠게 됐다. 경제개발이사회는 외국에서 투자를 받아 산업화를 이루려는 싱가포르의 작전사령부 구실을 했다. 윈세미우스는 뉴욕에 경제개발이사회 현지 사무소를 열어 미국 투자자 컨택트 포인트로 삼으라고 제안했다. 네덜란드 역시 같은 방식으로 미국 기업의 투자를 끌어모았기 때문이다. 그래서 포드에서 일한 경력이 있는 찬친복이 창립 멤버로 뽑혀 갔다. 그나마 미국 다국적기업의 생리를 조금이라도 이해하는 이가 그밖에 없었던 것이다. 그는 즉시 단골 양복점에 겨울용 양복과 두꺼운 울 스포츠 재킷을 주문했다. 이것이 그가 처음 산 겨울용 의복이었다.

뉴욕에 도착한 뒤 그는 5번가의 한 원룸에 사무실을 차렸다. 직원은 비서로 둔 쿠바계 이민 한 명뿐이었다. 아무런 인맥도 없던 터라 일단 기업 본사에 전화를 걸어 면담 일정을 잡아 달라고 무조건 졸랐다. 이렇게 해서 만난 CEO 중 일부는 싱가포르가 어디 있는지도 몰랐다. 그는 지도를 펴고 일일이 설명을 했다. 그러다 보니 점점 인맥이 형성됐다. 그는 거의 매일 고위급 임원들과 점심 약속을 잡았다. 당장 투자를 하진 않아도 최소한 미국 기업이 어떻게 변하고 있는지, 이에 따라 싱가포르가 어떤 선택을 할 수 있는지 서로 생각을 공유하게 됐다. 찬친복은 그의 표현대로 미국 기업인의 '열린 사고방식(open door spirit)' 을 백분 활용했다.

리콴유는 찬친복의 든든한 우군이었다. 리콴유가 미국을 방문하면 찬친복은 미국 CEO들에게 소개하고 점심 식사 자리도 마련했다. 또 이런 자리가 마련되기 전에 참석자들을 만나 싱가포르에 대해 간략하게 설명하고 그들의 관심사가 무엇인지 체크했다. 그러면 윈세미우스는 리콴유에게 CEO들이 듣고 싶어 하는 이야기가 무엇인지 귀띔했다. 리콴유는 '미국 기업인들은 정치 · 경제 · 재정적 안정과 방해받지 않고 생산에 전념할 수 있는 건전한 노사관계를 기대했다' 고 기록했다. 그래야 전 세계 고객과 그들의 자회사에 안정적으로 제품을 공급할 수 있기 때문이다. 그들은 눈치 빠른 리콴유를 좋아했다. 그는 "'리콴유의 말은 들어볼 만하다' 는 말이 돌면서 나를 만나려는 이들이 점점 늘었다"고 자랑했다. 수백 명의 기업인이 그의 말을 듣기 위해 한꺼번에 모이기도 했다. 리콴유는 싱가포르에 답사를 온 CEO들에게도 깊은 인상을 남겼다. 이들이 공항에서 내려 시내의 주요 호텔, 그리고 그의 집무실까지 오는 길의 조경을 세심하게 정비했다. 집무실이 있는 정부 청사 '이스타나(Istana)' 는 마치 하나의 전시장 같았다. 푸른 잔디에 나무가 우거진 9홀 골프코스까지 있었다. 그런 시설을 도심 한가운데 조성한 것이었다. "말로 설명하지 않아도 CEO들이 싱가포르가 얼마나 경쟁력 있고 질서정연하며 신뢰할 만한 곳인지 알 수 있게 했다"는 게 리콴유의 설명이다. 많은 CEO가 리콴유의 설명을 들었다. 그는 직설적으로 자신의 메시지를 전했다.

"우리는 어떤 일이든 무조건 되게 하기 위해 만들어진 사회입니다.

우리가 당신을 초청했다는 것은 이미 당신의 투자를 성공시키기 위해 도울 준비가 돼 있다는 뜻입니다."

찬친복이 뉴욕에 자리 잡고 몇 달이 지나자, 이런 노력들이 열매를 맺기 시작했다. 그는 비공식 점심 자리에서 앞으로 반도체 산업이 싱가포르의 타깃이 될 수 있겠다고 생각했다. 일본 기업들의 무한가격 경쟁에 시달리던 미국 반도체업체들은 비용을 줄일 수 있는 방안을 찾는 중이었다. 찬친복은 캘리포니아의 한 에이전트를 고용해 반도체 업체들을 찾아가 싱가포르를 새로운 생산기지로 삼게끔 로비를 하게 했다.

우연히 큰 계기가 찾아왔다. I.F. 탕이 대만에서 홍콩으로 가는 비행기에서 텍사스 인스트루먼트(TI, Texas Instruments)의 마크 셰퍼드(Mark Shepherd) 사장 옆자리에 앉게 된 것이다. 셰퍼드는 대만에 반도체 조립공장을 세울 만한 곳이 있는지 살펴보고 돌아오는 길이었다. 탕은 기회를 놓치지 않았다. 그는 싱가포르가 대안이 될 수 있다고 설득했다. 싱가포르에 도착한 탕은 경제개발이사회를 통해 찬친복에게 전보를 보내 곧 TI에서 연락이 갈 거라며 무슨 수를 써서라도 TI의 투자를 끌어내라고 지시했다.

마침내 연락이 왔고 찬친복은 곧장 TI 본사가 있는 댈러스로 날아갔다. 셰퍼드 사장과 다른 임원들이 참석한 회의에서 그는 자신의 모든 것을 쏟아 싱가포르 인의 영어 실력과 낮은 인건비, 세제 혜택 등을 강조했다. 그리고 작은 국가인 만큼 TI가 바라는 것을 정부 차원에서 신속하게 채워 줄 수 있을 거라고 주장했다. 셰퍼드가 바라던 것은 바로 이런 속도였다. TI의 경영진은 일단 투자를 결정하면 50일 안에 공장을 가동하고 정상적으로 운영하면서 해외로 수출까지 할 수 있게 되길 바란다고 말했다. 과연 싱가포르가 그렇게 해 줄 수 있을까. 혼자 결정할 수 있는 일이 아니었다. 잠시 주저하던 그는 일단 셰퍼드에게 약속했다.

"최선을 다하겠습니다."

회의를 마친 뒤 싱가포르에 있는 경제개발이사회 동료에게 전보를 보내 TI가 제시한 50일 데드라인을 알려주며 "어쨌든 이 일을 해내야만 한다"고 덧붙였다.

셰퍼드는 싱가포르를 답사하기로 했다. 1968년 그가 찾아왔을 때 경제개발이사회는 만반의 준비를 하고 있었다. 먼저 타이베이를 들른 셰퍼드는 다소 언짢은 상태였다. 대만에서 TI 공장으로 점찍었던 부지가 여전히 논으로 있었기 때문이다. 싱가포르는 이를 절호의 찬스로 봤다. 경제개발이사회는 미리 지어 놓은 공장을 그에게 보여주며 언제라도 TI의 조립공장으로 개조할 수 있다고 설명했다.

셰퍼드는 흡족했다. 결국 1969년 TI는 싱가포르에 생산공장을 열었다. 내셔널(National)과 페어차일드(Fairchild) 등 또 다른 반도체 기업 두 곳도 잇따라 공장을 냈다. 이제 반도체가 싱가포르의 주요 수출품목이 된 것이다. 찬친복은 "독립 후 처음으로 싱가포르의 미래에 서광이 비치기 시작했다"고 회고했다. 이처럼 TI를 끌어들이는 과정에 드러난 '안 되면 되게 하라(do-whatever-it-takes)' 정신은 투자 유치를 위한 싱가포르의 노력이 얼마나 적극적이었는지 보여주는 단적인 예다. 1969년엔 네덜란드 전자업체인 필립스(Phillips)가 아시아 생산기지에서 사용할 장비를 만들 공장 설립을 추진하고 있었다. 이미 대만이 후보지로 거의 선정된 상태였지만 경제개발이사회 역시 이 공장을 유치하고 싶었다. 필립스가 숙련된 기술자들과 함께 이곳에서 공장을 운영하게 되면 싱가포르 입장에선 투자 유치 리스트에 유수의 유럽 기업 이름을 올릴 수 있기 때문이었다. 경제개발이사회는 자국 내 필립스 지사에서 본사 부사장이 대만으로 가는 길에 싱가포르에 잠시 머물 거라는 정보를 입수했다. 경제개발이사회 직원들은 곧 공작에 들어갔다. 공항에 내린 부사장에게 후보지로 싱가포르도 한번 둘러보라고 설득했다. 경제개발이사회 간부는 싱가포르 인에게 철강산업 기술을 가르치려고 설립한 교육센터에 그를 데려갔다. 이곳을 둘러본 필립스 부사장은 깊은 인상을 받는다. 그러고는 대만이 아니라 싱가포르에 공장을 짓기로 결정했다. 그러는 동안 찬친복은 미국에서 애를 썼다. 1968년에서 1970년 사이 그는 제너럴 일렉트릭(GE, General Electric)에서 투자를 이끌어내기 위해 캠페인을 벌이고 있었다. 전국 각지에 퍼져 있는 이 대기업의 지역 책임자들을 만나기 위해 비행기를 타고 사방을 돌아다녔다. 이 3년 동안 그는 GE에서 10건의 투자를 유치한다. 그리고 1972년까지 GE는 무려 1만 3000명의 직원을 채용한 싱가포르 내 가장 큰 외국인투자 기업으로 자리 잡았다.

싱가포르는 제3세계의 오아시스

리콴유는 마침내 휴식을 취하기로 결정했다. 경제성장은 이제 미러클의 단계에 이르렀다. 1970년대 초반의 석유파동 등 수차례 환란도 잘 견뎠고 그에게 반대하던 공산주의 세력도 뿌리가 뽑혔다. 한때 노동운동가였던 그는 공산주의에 기댄 노동조합이 외국인투자를 위축시키지 않을까 우려했다. 국가 경제가 위태롭다는 것을 내세우면서 그는 "신생독립국 싱가포르는 극도로 불안정한 상태에서 자립해야 하는 상황이다. 국가의 생존을 위협하는 어떤 노조도 허용할 수 없다"며 노동 안정

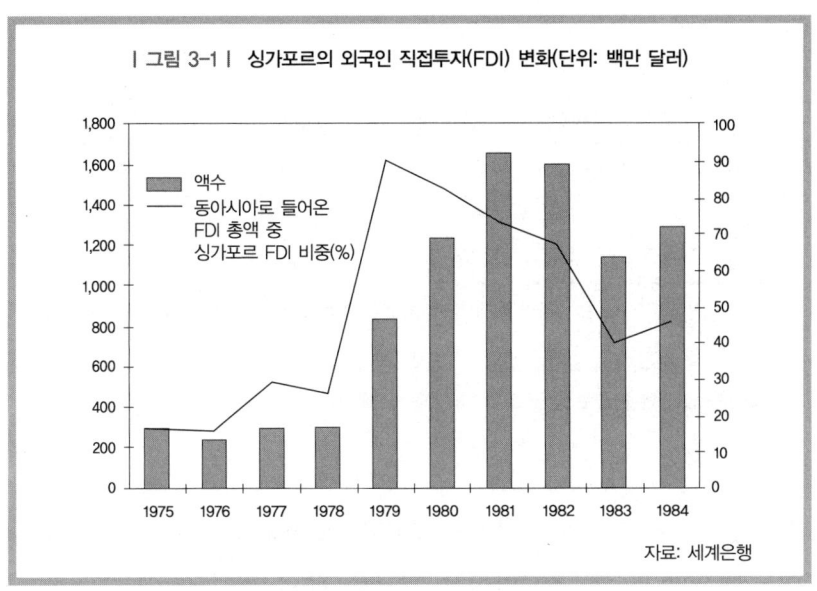

| 그림 3-1 | 싱가포르의 외국인 직접투자(FDI) 변화(단위: 백만 달러)

자료: 세계은행

아시아로 들어온 외국인 직접투자의 상당액은 싱가포르로 몰렸다.

을 위해 노조를 가혹하게 탄압했다. 1967년엔 환경미화원 노조를 와해시키기 위해 노조위원장을 체포하고 파업 참여자를 해고하고, 1968년 노조 회의가 열렸을 때는 항만 근로자들의 파업을 "국가 반역죄로 간주하겠다"고 엄포를 놓았다. 리콴유의 인민행동당은 1968년 근로자들의 복지를 축소하고 기업에 채용과 해고를 할 수 있는 더 강력한 권한을 주는 법을 통과시켰다. 그 결과 1969년 싱가포르에선 파업이 단 한 건도 일어나지 않았다.

리콴유의 성공을 가져온 중요한 원인 중 하나는 싱가포르에 쏟아진 외국인투자다. 한때 '멍청한 짓'이라고 놀림 받았던 주롱 산업단지는 더 이상 웃음거리가 아니었다. 1972년 후반까지 이 지역엔 417개의 공장이 들어서고 근로자만 4만 8000명에 이른다. 여기에 74개의 공장이

| 도표 3-1 | 싱가포르 제조업에서 외국인이 소유·운영하는 기업의 규모 변화

연도	전체 생산량 대비(%)	전체 근로자 대비(%)	전체 수출량 대비(%)	전체 자본지출 대비(%)
1968	46	26	NA	43
1975	71	52	84	65
1980	74	58	85	75
1990	76	59	86	71

출처: Kwong et al. 「Industrial Development in Singapore, Taiwan, and South Korea」

외국에서 들어온 자금은 싱가포르의 미러클을 이루는 데 쓰였다.

건설 중이거나 입주가 계획된 상태였다. 이곳에 들어오려는 이는 컴퓨터 주변장치나 디스크 드라이브, 반도체, IT 장비 등을 만드는 첨단기술 기업이 대부분이었다. 리콴유는 "우리는 모두를 환영했다"고 말하면서도 "그러나 성장성이 큰 대규모 투자자를 만나면 여기서 사업을 잘할 수 있도록 백방으로 지원했다"고 덧붙였다. 그 결과 싱가포르는 일본이나 한국의 개발 패턴을 압축해서 시행할 수 있었다. 저임금, 저기술, 노동집약적 산업에서 자본집약적이고 고기술 산업으로 옮겨갔던 패턴 말이다. "직물과 의류업에서 시작해 기술의 계단을 천천히 밟아 올라가기보다 당시 상당한 첨단기술이 몰려 있던 IT 분야로 직접 진입하는 길을 택했다"는 게 리콴유의 설명이다.

리콴유가 어떻게 이 모든 투자를 이끌어냈는가 하는 것이 싱가포르 스토리에서 가장 중요한 교훈일 것이다. 그의 목표는 "제3세계 지역에서 제1세계(선진국)의 오아시스를 만드는 것"이었다. 만일 싱가포르가 최고 수준의 보안과 기반시설·통신시설·교육·운송수단·의료 서비스 등을 갖춘다면, 이 지역에서 사업을 하려는 기업가와 기술자·간부들이 자연스럽게 찾아올 것이라 생각했다. 싱가포르는 외국인투자자들이 신뢰할 수 있는 환경을 만들어 냄으로써 다른 신흥국과 차별화할 수 있었다. 리콴유는 "싱가포르가 살아남기 위해 취한 딱 하나의 단순한 원칙이 있다"고 말했다. 바로 "싱가포르는 주변 지역 어떤 나라보다 잘 조직되고 더 효율적이어야 한다"는 것이었다. "우리가 이웃나라와 다를 바 없다면 기업체들이 우리 나라에 둥지를 틀 이유가 없는 것 아니냐"는 게 그의 생각이었다.

CHAPTER

04

슈퍼맨의 초창기

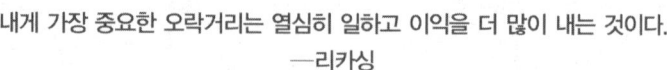

내게 가장 중요한 오락거리는 열심히 일하고 이익을 더 많이 내는 것이다.
—리카싱

하센펠트 가(家) 사람들은 머리가 부족할 수도 있다는 고민에 빠졌다. 하센펠트(Hassenfeld) 일가는 로드 아일랜드에서 완구업체인 하스브로를 운영했다. 하스브로는 인기 있는 장난감 인형 G.I. 조(Joe)의 플라스틱 머리 부분을 본사에서 멀리 떨어진 홍콩의 창장(長江)실업이란 곳에 주문했다. 창장의 소유주는 중국 이민자 출신인 리카싱(李嘉誠)이었다. 그는 플라스틱 두상을 최대한 빨리 주조할 수 있는 값비싼 장비를 갖추고 있었다. 1967년 당시 G.I. 조는 큰 인기를 끌고 있었다. 그래서 하스브로는 머리 공급물량이 달릴 수도 있다는 걱정을 하게 됐다. 회사 내엔 머리 없는 G.I. 조 몸통만 넘칠 판이었다.

점점 걱정이 커지자 하스브로의 임원 스티븐 하센펠트(Stephen Hassenfeld)는 리카싱에게 전화를 걸었다. 그리고 하스브로의 주문량을 맞출 수 있게 주조 기계를 하나 더 구입하라고 촉구했다. 리카싱은 그런 장비 하나 더 구입하는 것으로는 하스브로가 직면한 문제를 해결하지 못한다는 사실을 알고 있었다. 그런 복잡한 기계를 새로 주문해 설치하기까지 적어도 3~4개월은 걸릴 것이기 때문이었다. 하스브로는 그렇게 오래 기다릴 상황이 아니었다.

오랜 시간 대화를 나눴지만 이 미국인 파트너를 진정시키기엔 역부족이었다. 당시 홍콩 정국은 상당히 불안정한 상황이었다. 이웃한 중국의 정치적 불안으로 시작된 좌파세력의 폭동이 도시 전체를 휩쓸고 있었다. 두 사람이 전화를 하는 동안에도 큰 폭발음이 리카싱의 사무실을 흔들었다. 겉면에 '동포여 조심하라'는 문구가 적힌 상자에 들어 있던 폭탄이 창장 공장에서 불과 20피트 떨어진 곳에서 터진 것이다. 하센펠트도 수화기를 통해 폭발음을 들었다.

"무슨 일이죠?"

그가 물었다.

"폭탄이 터졌소."

리카싱은 대수롭지 않다는 듯 말했다. 그는 이 긴장된 상황을 유머로 풀려 했다.

"그래도 우리는 열심히 작업하고 있습니다. 그러니 독촉하기 전에 메달부터 줘야 하는 것 아닙니까."

하센펠트를 달래는 길은 어쨌든 필요한 만큼 머리를 만들어 납품하는 것이었다. 기술자로 정식 교육을 받은 건 아니지만 벌써 20년째 플라스틱 기계를 다뤄 온 리카싱은 공장이 돌아가는 방식을 잘 알고 있었다. 관련 전문지를 읽고 몇 가지 실험을 한 그는 가지고 있는 기계를 조금만 손보면 생산량을 두 배로 늘릴 수 있을 거라고 확신했다. 리카싱은 그 아이디어를 회사 선임 기술자에게 설명했다. 창장의 작업을 감독하라고 하스브로에서 보낸 기술자였다. 리카싱은 "개조는 99% 성공할 것"이라고 말했다. 그러나 한 가지 문제가 있었다. 개조하려면 8시간 정도는 기계를 세워야 했던 것이다. 그의 계획을 들은 선임 기술자는 펄쩍 뛰었다. "30년 동안 이 분야에서 일했지만 그런 생각은 한 번도 해 보지 않았다"는 것이었다. 리카싱은 그에게 기계를 고치는 동안 호텔로 돌아가 쉬라고 했다. 그리고 아침에 오라고 했다. 그러나 화가 난 기술자는 오히려 미국 본사의 상사에게 전화를 걸었다. 한밤중이라 자고 있던 상사를 깨워 리카싱이 하려는 일을 보고했다.

리카싱은 자신이 있었다. 그래서 한 번만 기회를 달라고 하스브로를 설득했다. 그러고는 전원을 끄고 뚝딱거리더니 6시간 만에 작업을 마쳤다. 다시 전원을 올리자 기계는 두 배의 속도로 머리를 찍어 내기 시작했다. 그가 생각한 대로였다. 다음날 공장에 돌아온 선임 기술자는 놀라면서도 기쁨에 넘쳤다. 그는 리카싱과 함께 다시 한 번 생산량을 두 배로 늘리는 개조작업에 착수했다. 결국 하스브로에서 G.I. 조의 머리가 부족해지는 일은 발생하지 않았다.

이런 유형의 창의성과 신뢰 덕분에 리카싱을 비롯해 그를 닮은 동아시아 중소기업인들은 점점 더 글로벌화하는 생산 시스템 속에서 중요한 역할을 맡게 됐다. 다양한 업종의 미국 기업이 아시아에서 사업을 벌이기 시작한 것은 1950년대로 거슬러 올라간다. 그들은 아시아에서 만든 부품이나 완제품을 미국 시장에 가져다 팔았다. 그 제품들은 미국 소비자에게 팔리기 전에 잘 알려진 미국 브랜드로 포장됐다. 정작 물건을 만든 외국 기업은 익명성에 묻혔던 것이다. 그 물건의 구매자는 미국 내 수입업체나 유통업체들이었다. 새롭고 값싼 물건을 아시아에서 사들여 자국에 팔았다. 미국 제조업체들이 아시아의 생산업체를 고용하는 경우도 있었다. 미국에서 모든 제품을 생산하는 대신 일부 부품은 아시아에서 만들어 공급받겠다는 의도였다. 아예 생산 전체를 아시아에 맡기는 곳도 있었다. 이런 과정이 바로 '오프쇼어링 아웃소싱(offshoring outsourcing)'이다. 이런 방식이 수십 년 동안 진행되면서 생산의 중심은 점점 더 아시아로 이동했다. 이것이 바로 오늘날 이 지역이 부를 쌓을 수 있게 한 필수 동력이 됐던 것이다. 아웃소싱 역시 아시아를 글로벌 무역 시스템의 한 부분으로 통합시키는 데 기여했다. 그래서 동서양의 경제가 서로 영원히 얽히도록 한 것이다. 리카싱은 하스브로의 단순 공급자가 아니었다. 그는 이 완구업체의 성패를 가름할 정도의 인물로 자리 잡았다.

리카싱과 하스브로의 관계는 점점 더 긴밀해졌다. 사실상 그들은 거대한 한가족이나 다름없었다. 리카싱은 특히 스티븐의 남동생 앨런 하센펠트를 좋아했다. 그는 대학도 졸업하기 전인 1968년 아시아 파트너와 일하기 위해 홍콩으로 파견됐다. 리카싱은 앨런을 자기 밑에 뒀다. 그러면서 주말이면 그와 두 아들 빅터, 리처드를 초청해 오후 유람선 여행에 데려가곤 했다. 리카싱은 그에게 플라스틱 몰딩 기계 사용법을 가르쳤고, 점심 시간엔 공장 모퉁이에 함께 쭈그리고 앉아 국수를 먹기도 했다. 앨런이 홍콩에 올 때면 리카싱은 아무리 바빠도 공항으로 마중 나갔고 홍콩 섬으로 들어오는 페리도 함께 탔다. 앨런은 그를 편하게 'KS'라고 불렀다. 그리고 "내 삶에 크나큰 영향을 끼친 아버지 같은 분"이라고 평가했다.

리카싱과 앨런의 유대가 이렇듯 돈독했지만, 사업이 원칙을 벗어나는 일은 없었다. 하스브로는 1960년대 초반부터 장난감을 생산할 아시아 기업을 물색했다. 처음엔 일본에서 물건을 사들였다. 초기 제품은 풍선류 완구와 인형 옷 등이었다. 이후 하스브로는 홍콩과 한국·대만으로 생산기지를 넓혔다. 1970년대에 이르자 하스브로 제품의 약 4분의 1을 아시아에서 만들게 됐다. 1970년대 초반 앨런은 한 해 중 8개월을 홍콩의 힐튼 호텔에 묵으며 인근 지역 공급자들을 감독했다. 그는 텔렉스 종이를 침대 머리맡에 붙여 놓고 주문을 확인했다. 완구산업은 일찌감치 아시아로 생산기지를 대거 옮긴 업종 중 하나였다. 직물이나 의류·신발·가전제품도 마찬가지였다. 시간이 지나면서 컴퓨터나 다른 첨단 전자제품 등 선진형 산업체들도 아시아로 속속 건너왔다.

기업체들이 이동하게 된 주요 원인은 비용이다. 완구나 의류 같은 노동집약적 산업에선 생산원가에서 임금이 차지하는 비율이 상품 경쟁력을 결정하는 중요한 요소다. 따라서 미국처럼 상당한 수준에 오른 국가는 가난하면서도 인구밀도가 높은 아시아 국가와는 경쟁이 되지 않았다. 1970년 당시 홍콩의 공장 근로자는 시간당 33센트를 받았다. 이는 미국 생산직 근로자의 10분의 1 수준이었다(싱가포르나 한국의 임금 수준은 이보다 더 낮았다). 그러니 미국 기업으로서는 아시아에 아웃소싱을 함으로써 얻을 수 있는 절감 효과를 마다할 이유가 없었다. 1970년대 당시 G.I. 조의 머리 부분을 미국에서 만드는 비용은 홍콩보다 약 7배나 더 들었다. 선적 비용을 포함해도 그랬다.

아시아가 세계적인 생산기지가 된 이유는 단지 비용 때문만은 아니었다. 1960년대와 1970년대 전 세계 개발도상국에는 굶주림에 시달리며 푼돈에라도 일하겠다고 나서는 이가 도처에 깔려 있었다. 그러나 제조업체들은 아시아로 향할 뿐 아프리카나 중동으로는 눈길도 돌리지 않았다. 아시아와 이들 국가가 다른 점이라면 바로 정부의 경제정책이었다. 홍콩과 한국, 대만, 싱가포르에는 정부가 나서서 안정적인 경제환경, 친기업적 정책을 세우려는 분위기가 조성돼 있었다. 다른 개발도상국과 달리 외국 기업인을 환영하고 편안하게 해주어 긍정적인 투자환경을 만들었던 것이다. 통신 시스템을 개선하고 빠르고 믿을 만한 운송체계를 구축한 것 역시 아시아를 더 쉽게, 더 싸게 생산할 수 있으면서도 덜 위험한 곳으로 인식하게 만들었다. 창장실업 같은 아시아 제조업체들은 이런 과정을 밟으며 전문성을 쌓고 효율성과 경쟁력을 높였다. 반면 그동안 미국 완구업체들은 G.I. 조의 머리를 칠하거나 머리카락을 붙이는 기술 등에서는 완전히 손을 놓고 있었다.

아시아로 생산기지를 옮겨 얻은 이익은 대단했다. 미국 기업들은 일단 돈을 아끼면서 이익을 극대화할 수 있었고 신규 투자 자금에 얽매이지 않아도 됐다. 그들은 아시아에 생산 기반을 두어 절감한 비용을 소비자들에게 가격 인하로 보답했다. 더불어 미국인들은 수준 높은 삶을 즐길 수 있었다. 한편 아시아에서는 생산이 늘면서 수출을 할 수 있었고 덩달아 수입도 늘었다. 홍콩과 주변에 공장이 속속 세워지면서 고용도 창출됐다. 이곳에서 일하던 근로자 상당수가 농촌에서 벗어나 산업화된 세상을 처음 경험해 보는 이들이었다. 사실 근로환경은 끔찍했다. 가끔 건강을 위협하는 경우도 있었다. 오랜 시간 노예처럼 일했고, 재봉틀을 돌리거나 TV를 조립하느라 온종일 몸을 구부리고 있어야 했다. 그러나 그렇게 번 돈이 논바닥에서 버는 것보다 훨씬 많았다. 마치 캘리포니아 금광이 그랬듯 이곳의 공장들은 더 나은 삶을 안내하는 희망의 표지 같았다. 가난한 이들에게 시골 촌구석을 벗어나 광채가 나는 새로운 산업단지로 오라고 손짓하는 듯했다.

그러나 1990년대에 이르면서 산업의 대규모 이동은 미국과 아시아 간에 가장 논쟁적인 경제 이슈가 됐다. 특히 미국 기업이 아시아에 아웃소싱한 것을 두고 그랬다. 아시아에 리카싱의 창장 같은 회사가 많아질수록 미국에선 더 많은 공장이 문을 닫았기 때문이다. 공장이 있어야 고용도 유지되는 법이다. 미국인들은 아시아가 거의 모든 산업을 휩쓸면서 자기네 일자리까지 훔쳐 갔다고 불평했다. 실제로 1990년 거의 100만 명에 가깝던 미국 내 의류산업 종사자는 현재 20만 명을 밑돈다. 하센펠트 가 역시 경제적으로 가능한 한 많은 양을 미국에서 생산하려고 했다. 그러나 금전적으로 현실적인 한계에 부딪혔다. 급기야 1998년 그들은 로드 아일랜드의 하스브로 메인 공장 문을 닫았다(현재 보드게임 같은 일부 제품만 미국에서 생산한다). 미러클이 조금씩 진행될수록 미국에서는 전 분야의 고용이 위협받았다. 그러자 정치인과 노조 관계자, 반무역주의자들 사이에서 아시아를 멀리하자는 주장이 나오기 시작했다.

반면 아시아에서는 싼값에 물건을 만들어 미국과 유럽에 수출함으로써 미러클을 이뤘다. 미러클을 이룬 아시아 국가들은 이런 '생산의 이동' 덕분에 성장에 시동을 걸 수 있었던 것이다. 특히 홍콩은 전적으로 이런 이동 덕에 발전했다고 해도 과언이 아니다. 대영제국에 속해 있던 1950년, 홍콩은 파이낸스와 무역의 중심이었을 뿐 제조업 분야는 미미했다. 그런데 1975년에 이르러 무려 35억 달러의 의류와 완구, 직물, 전자제품을 수출하는 곳이 됐다. 2차 세계대전이 끝난 뒤 몇 년 동안 리카싱 같은 소규모 기업인들이 한데 모여 큰 그룹을 형성했다. 그리고 홍콩에 점포를 내고는 만든 제품을 속속 미국이나 유럽에 수출하기 시작했다.

홍콩에선 이런 과정을 통해 거의 전적으로 민간 분야가 미러클을 이끌었다. 사하시 시계루처럼 '승리자를 선발'하지도 않았고 민관(民

盲) 협력을 기반으로 하는 '아시아 모델'을 따르지도 않았다. 그저 영국인 총독과 그의 소규모 팀이 지역 내 기업 커뮤니티를 지원하는 게 고작이었다. 예를 들어 공공부지를 산업단지로 조성해 주는 식이었다. 이들의 가장 큰 공로를 굳이 꼽는다면 똑똑한 정책을 폈다는 점이다. 안정적이면서 효율적이고 개방적이고 또 부정부패가 없는 환경을 만들어 앨런 하셴펠트 같은 기업인을 끌어들였던 것이다. 이는 리카싱 같은 기업인이 새 사업을 펼치는 데도 큰 도움이 됐다. 이렇게 설립된 신생 기업들은 점점 더 장벽이 사라지는 국제무역 시스템을 백분 활용, 세계 전역으로 물건을 팔 수 있게 됐다. 결국 홍콩은 정부의 힘이 아니라 자유시장·자유무역·세계화의 힘을 등에 업고 '호랑이'가 될 수 있었던 것이다. 경제학자 밀턴 프리드먼(Milton Friedman)은 홍콩을 "현대 사회에서 자신들의 경제활동을 조직하는 데 있어 시장기능에 의한 자발적인 변화에 우선순위를 둔 모범사례"라고 평했다.

그러다 보니 홍콩의 미러클은 개발에 있어서 '아시아 모델'이 과연 유효한 것인가 하는 의문을 던졌다. 홍콩은 한 국가가 제대로 된 통치와 개방경제를 잘 조화시키기만 하면, 굳이 국가 주도의 금융이나 정부의 강압적인 지침 없이도 경제성장을 빨리 이룰 수 있음을 보여주었기 때문이다. 그동안 일본 통산성의 개발경제 모델에 많은 관심이 몰리고 찬사가 이어졌다. 그러나 홍콩의 성공사례에서 드러난 미러클의 필수요건은 단순했다. 바로 옛날식 자본주의다. 한국처럼 국가가 개발을 주도한 곳에서조차 정부의 정책은 글로벌 경제의 테두리 안에서 경쟁우위를 갖추는 것과 연결돼 있었다. 이런 분석을 따라가다 보면 결국 일본이나 한국의 강력한 정부 개입이 미러클을 이루는 데 필요했느냐는 결론에 이르게 된다. 그들의 역할이 상당히 과장된 면이 있다는 이야기다.

그렇다고 '아시아 모델' 자체를 완전히 폐기할 수는 없다. 홍콩보다 더 큰 국가의 경제는 홍콩과 분명 다른 패턴으로 발전했기 때문이다. 홍콩 경제는 수십 년 동안 강력한 금융기관과 무역업체들이 수많은 소규모 기업을 뒷받침하는 상태를 유지해 왔다. 중공업과 첨단산업을 집중 육성함으로써 경제 체질을 확 바꿨던 일본·한국과는 다른 양상이었다. 그래서 홍콩에는 현재 포스코도, 현대도 없다. '아시아 모델'을 지지하는 이들은 이것이 바로 산업정책을 어떻게 썼는가의 차이라고 설명한다. 성장은 '아시아 모델'의 여러 목적 중 하나일 뿐이며 경제 구조 자체를 고부가가치 산업으로 바꾸는 것이 중요하다는 이야기다. 그저 자유시장 시스템에만 맡겼다면 이런 중요한 전환은 결코 일어날 수 없었을 거라고 주장한다. 일어났더라도 그 정도로 빠르게, 성공적으로 전환할 수는 없었다는 것이다. 결국 '아시아 모델'을 둘러싼 논쟁은 여전히 진행형이다.

'슈퍼맨' 리카싱, 홍콩을 들어올리다

리카싱은 홍콩의 자유경제체제를 활용해 큰돈을 벌고 미러클의 불을 지핀 철저한 사업가였다. 앨런 하센펠트와 국수를 후루룩 마시면서 그는 다른 기업인들보다 더 많은 부를 쌓을 기반을 닦았다. 최근 경제 월간지 「포브스Forbes」의 조사 결과, 그는 세계에서 11위의 부자로 총 재산이 무려 265억 달러에 달한다. 그가 부자가 된 건 G.I. 조 머리를 만들어 판 덕분만은 아니다. 리카싱은 플라스틱 제조로 번 돈을 홍콩의 미래에 투자했다. 국제적으로 진출하기 전부터 부동산과 다른 자산 등을 시의적절하게 매입함으로써 큰돈을 벌었다. 오늘날 그의 주력 기업인 허치슨 왐포아(Hutchison Whampoa)는 유럽과 아시아에서 AMPS 방식 이동통신망을 가지고 있으며 세계의 어떤 기업보다 많은 항만을 운영하고 있다. 홍콩에는 말 그대로 곳곳에 리카싱이 있다. 슈퍼마켓과 드럭스토어, 와인숍을 운영하며 아파트도 짓고 발전소까지 돌린다. 그의 영향권에 있는 회사들만 합쳐도 홍콩 증시에서 거래되는 시가총액의 15%에 달할 정도다. 리카싱의 한 측근은 리카싱의 강력한 영향력을 두고 "홍콩의 역사를 거의 새로 썼다"고까지 표현했다. 이런 과정에서 리카싱은 항상 거래를 완벽하게 성사시키는 마법과 같은 능력을 가졌다는 명성을 얻게 된다. 저널리스트 루이스 크라(Louis Kraar)는 경제월간지 「포춘Fortune」에 쓴 기사에 '리카싱은 도박사의 본능과 회계사의 치밀함을 겸비했다'고 표현했다. 홍콩에서 그의 별명은 '슈퍼맨(Superman)'이다.

다른 중국 부호와 마찬가지로 리카싱 역시 비교적 검소하게 산다. 적어도 공적인 모습은 그렇다. 그는 홍콩에 있는 2층집을 맏아들 빅터와 함께 썼다. 한 층은 자신이 쓰고 다른 층에선 아들 내외와 세 손녀가 살게 했다. 크라 기자가 1990년대 초반 리카싱을 찾아갔을 때 그는 여느 아시아 기업의 간부들처럼 평범한 검은 정장에 단순한 타이를 매고 있었다. 그는 자신의 '시티즌(Citizen)' 손목시계가 50달러밖에 하지 않는다고 자랑했다. 크라는 리카싱을 "붙임성 있고 똑똑한 은행원 같았다"고 표현했다. 리카싱이 설명한 그의 기업 철학 역시 상당히 심플했다. "좋은 평판을 유지하고 열심히 일하며 사람들을 잘 대하고 약속을 잘 지키면 당신의 사업은 훨씬 수월해질 것"이라고 말한 바 있다. 그런 철학을 스스로도 잘 지키는 그는 홍콩에서도 특유의 부지런함과 무자비한 근무 스케줄로 정평이 나 있었다. "내게 가장 중요한 오락거리는 열심히 일하고 이익을 더 많이 내는 것"이라고 말할 정도였다. 그러나 그에게 부와 권력이 쌓여 갈수록 그를 향한 대중의 적개심도 커졌다. 그가 홍콩에서 무소불위의 영향력을 갖게 되자 중산층은 그를 적으로 돌리기 시작했다. 뼈빠지게 돈을 벌어 소비를 하고 나면 얼마씩은 꼭 리카싱의 돈궤로 들어간다고 생각했던 것이다.

그러나 리카싱도 처음 사업을 시작했을 때는 홍콩의 여느 중국인과 다르지 않았다. 유명하지도 않고 가난했으며 비전도 없었다. 그래서 한 기록에선 가난뱅이에서 부자로 거듭난 그의 이야기를 '실생활에서 벌어진 신화'라고 표현했다. 리카싱은 1928년 7월 29일 중국의 극심한 혼란기에 태어났다. 1930년대 후반에 이르자 일본군이 중국 전역을 가로질러 침략해 들어왔다. 그의 고향인 광둥 차오저우 역시 공격을 받았다. 교장으로 있던 학교가 휴교하자 신변에 위협을 느낀 아버지 연징은 부인과 세 아이를 데리고 1940년 홍콩으로 건너갔다. 당시 홍콩은 영국의 통치 하에 있었다.

그의 가족은 칸막이를 친 방에서 살았다. 리카싱과 그의 아버지는 삼촌이 운영하던 시계공장에서 일했다. 아버지는 재무부서에서, 리카싱은 수습생으로 일하던 중 1941년 일본이 또 한 번 가족의 발목을 잡았다. 일군이 홍콩을 점령하면서 경제가 급격히 위축돼 또 다시 생계를 걱정하게 됐던 것이다. 어머니와 형제들은 다시 차오저우로 돌아갔다. 얼마 지나지 않아 연징은 폐결핵에 걸려 병원에 입원하게 된다. 리카싱은 아버지를 극진히 돌봤다. 심지어 헌책방에서 의학서적을 구입해 스스로 치료법을 연구할 정도였다. 그러나 좀처럼 나아지지 않았다. 한 신문기사에 따르면 연징은 임종 직전 아들에게 "너는 강인한 아이다. 하늘만큼 높게 성장하거라"라는 말을 남겼다. 리카싱은 가족들이 미래에는 분명 더 좋은 세월을 맞게 될 것이라며 아버지를 안심시켰다. 결국 연징은 1943년 사망했다. 그때 리카싱의 나이 열네 살이었다. 그 나이에 홍콩에 덜렁 남겨진 한 가족의 가장이 된 것이다.

그는 삼촌의 공장에서 뛰어난 능력을 발휘한다. 처음엔 시계와 시곗줄 수량 재고관리를 맡았다. 17살이 되자 플라스틱 벨트 영업사원으로 승진했다. 나중에 그는 "다른 사람들은 하루 8시간씩 일했지만 나는 16시간 일했다"며 "그야 말로 하루 종일, 쉬지 않고 일한 셈"이라고 회고했다. "근무시간엔 물건을 팔러 돌아다녔고 일과 후엔 공장에 들러 주문과 배달 상황을 점검했다"는 것이다. 발군의 성과를 보인 그는 이듬해에는 공장 책임자가, 또 그 다음해엔 운영 총책임자가 된다. 불과 19살 때였다.

1950년에 이르자 자기 사업체를 차릴 준비를 했다. 그동안 모아 둔 1750달러에 가족·친지에게서 끌어모은 7000달러를 합쳐 플라스틱 공장을 세웠다. 회사 이름은 '창장(長江)'이라고 지었다. '긴 강'이란 뜻으로 중국에서 가장 큰 강인 양쯔 강을 가리키기도 한다. 이 이름에는 그의 원대한 야망과 그가 성공을 일군 비결이 함께 숨어 있다. 언젠가 리카싱은 이렇게 이야기한 적이 있다.

"중국 속담에 이런 말이 있다. 성공하고 싶다면 이루고자 하는 사업이나 얻고자 하는 지위가 무엇이건 다른 의견과 다른 사람을 포용할 줄 알아야 한다는 것이다." 즉 "양쯔 강이 지금처럼 크고 긴 강이 된 것은 작은 강을 모두 받아들였기 때문"이란 해석이다. 처음에는 플라스틱 비누곽이나 빗 같은 기초 생활용품을 만들었다. 그러다 시장조사를 통해 이탈리아 제 플라스틱 조화(造花)가 북미와 유럽에서 큰 인기를 끌고 있음을 알게 됐다. 그는 즉시 생산품목을 바꾸었다. 그 결정은 현명했다.

1957년 외국 기업인 한 명이 슬며시 공장에 나타났다. 나중에 밝혀지지만, 미국 수입업체 조지프 마르코비츠(Joseph Markovits) 주식회사에서 온 직원이었다. 그는 창장이 홍콩에서 제일 큰 플라스틱 제조업체라는 소문을 들었으며 플라스틱 조화 생산을 맡길 생각이라고 했다. 리카싱은 당황했다. "당시 우리 회사는 홍콩에서 제일 큰 회사가 아니라 중간 정도밖에 안 됐다"며 "누가 그런 잘못된 정보를 흘렸는지 궁금했다"고 말했다. 한참 동안 그 직원의 이야기를 듣고 난 뒤에야 상황을 이해했다.

1년쯤 전 리카싱은 지역 무역회사의 주문으로 플라스틱 장난감을 생산한 적이 있었다. 그러나 이를 선적하기 전에 물건을 사기로 한 아프리카 바이어가 재정난에 빠지면서 구매를 취소했다. 무역회사는 리카싱에게 손해를 배상해 주겠다고 제안했다. 그러나 리카싱은 그쪽 매니저에게 걱정하지 말라며 오히려 창장이 나서서 장난감을 사 줄 새 바이어를 찾을 것이라고 안심시켰다. 그는 별 뜻 없이 "앞으로 기회가 있으면 일을 같이 하자"는 말도 덧붙였다. 그러고는 이 일을 잊고 있었다.

그러나 그 무역업자는 이 일을 잊지 않고 미국 수입업자들에게 리카싱을 칭찬하고 다녔다. 그의 관대함에 대한 보답이었던 셈이다. 이렇게 찾아온 조지프 마르코비츠 측은 리카싱에게 6개월치 플라스틱 조화를 주문했다. 얼마 지나지 않아 이 회사 대표 니컬러스 마시(Nicholas Marsh)가 리카싱을 만나러 홍콩으로 날아왔다. 이 만남이 리카싱에겐 일생 일대의 전환점이 된다. 그리고 둘은 평생지기가 된다.

마시를 비롯한 다른 외국 기업에서 주문이 쏟아지면서 리카싱은 창장의 생산능력을 대폭 확장했다. 리카싱은 "거의 10년간을 플라스틱 조화와 함께 살았다"고 회상하며 "하루 종일 어떻게 하면 조화를 더 진짜같이, 더 창조적으로 만들까 생각했다"고 말했다. 그는 가지가 긴 장미를 통으로 주조하는 방법을 고안했다. 종업원들이 꽃잎과 가지를 일일이 꿰맬 필요가 없어진 것이다. 꽃을 두 가지 색으로 표현할 수 있는 이중 분사 시스템도 개발했다. 리카싱은 곧 '플라스틱 조화의 왕'로 유명해졌다.

G.I. 조, 양배추 인형, 모두 메이드 인 홍콩

리카싱은 홍콩 경제를 바꿔 놓은 여러 중국 이민자 중에 한 명이다. 이 도시는 중국 본토의 혼란을 피해 온 이들에겐 얼마 남지 않은 안전한 곳이었다. 특히 2차 세계대전 후 국민당과 공산당 간에 내전이 벌어지면서 더 그랬다. 1945년까지 홍콩의 인구는 60만 명에 불과했다. 그러던 게 5년 만에 250만 명으로 늘어났다. 대개가 가난한 노동자, 농민이거나 마오쩌둥의 공산당을 피해 상하이 등에서 건너온 갑부들이었다. 이 두 그룹은 홍콩의 미러클을 이루는 양 축이 됐다. 부유한 이들은 중국에서 가져온 자본과 자산을 새 기업에 투입했다. 그리고 가난한 이들은 이렇게 세워진 공장에 노동력을 제공했다. 그들은 모두 홍콩을 '모험 천국'이라고 입을 모았다.

부유한 이민자 중 하나가 H.C. 팅(Ting)이다. 그는 국공내전(國共內戰)이 벌어지는 동안 상하이에서 배터리와 손전등을 생산했다. 처음에 그는 상하이를 떠나지 않으려 했다. 그러나 시간이 지날수록 미래가 걱정스러웠다. 일단 예방 조치로 1946년 홍콩에 손전등 부품을 만드는 소규모 공장을 세웠다. 이는 정말 현명한 투자였다. 중국 내의 정치적 불확실성이 점차 커지자 팅은 1948년 홍콩으로 건너갔다. 나중에 공산당은 그의 상하이 공장을 사들였다. 그는 남은 사람들이 걱정돼 매각 대금 대부분을 예전 직원들에게 나눠 줬다. 그리고 자신은 홍콩에서 새 사업을 시작했다.

카더 인더스트리얼(Kader Industrial)이라고 이름 붙인 그의 새 기업은 창장과 비슷한 방식으로 출발했다. 처음 만든 제품은 플라스틱 생활용품이었다. 그러다 1950년대 중반부터 품목을 점점 늘려 장난감 등 다른 플라스틱 제품까지 만들었다.

홍콩에 새 공장이 속속 들어섬에 따라 생산업자와 무역상 간 네트워크가 돈독해지면서 카더는 더 활기를 띠었다. 당시 가장 영향력 있던 무역상이 펑훈추다. 리 앤드 펑(Li & Fung)이라는 무역업체의 매니저인 그 역시 중국계 이민이었다. 남부의 대도시 광저우를 기반으로 사업을 하던 리 앤드 펑은 1937년 홍콩으로 본사를 옮겼다. 그리고 1949년 본토에 남아 있던 회사는 문을 닫았다. 창업 초기 펑훈추는 도자기나 폭죽, 죽제품 등 중국 토산품을 서양에 내다 팔았다. 그러나 1950년에 이르자 사업이 위축되기 시작했다. 공산화된 중국 본토에서 나오는 제품의 수준이 급격히 떨어졌던 것이다. 게다가 미국과 유럽에서 이런 골동품에 대한 수요도 줄어들었다. 펑훈추는 새로운 돈벌이를 찾아야 했다.

그는 홍콩에서 막 싹을 틔우던 제조업 분야에서 해법을 발견했다. 펑훈추 역시 다른 이민자들처럼 소규모 공장을 세우는 일에 동참했다. 나무 그릇이나 철제 기구, 심지어 플라스틱 조화까지 만들었다. 또 미국에 자기 제품을 수출하기 위해 다른 홍콩 기업과도 긴밀히 접촉했다. 1950년대에 리 앤드 펑의 사업이 번창하면서 펑훈추의 수주량이 많아지자 작은 공장으로는 물량을 감당할 수 없었다. 그래서 또 다른 공장과 계약을 하고 나머지 물량을 생산했다. 그러면서 리 앤드 펑은 점차 주문량 전부를 외주하는 업체로 바뀌었다. 해외에서 주문을 받아 국내의 마땅한 기업에 맡겨 생산하여 다시 완제품을 수출하는 식이다. 기업 형태를 이렇게 바꾸는 데는 펑혼추의 두 아들이 핵심적인 역할을 했다.

소싱(sourcing) 에이전트 일을 하면서 펑혼추는 새로운 수출 품목을 찾기 위해 카더의 팅을 찾아간다. 그는 카더에 플라스틱 제품 견본을 들고 가 서양에 팔 수 있게 똑같이 만들 수 있겠느냐고 물었다. 카더는 이를 받아들였고, 금세 미국과 유럽을 대상으로 한 메이저 완구 수출 업체가 됐다. 미국 완구업체인 아이디얼(Ideal)은 초창기 주요 고객이었다. 사업을 하면서 카더는 미국 거래처들과 공동으로 완구 디자인도 했다. 1980년대에 이르기까지 카더는 어린이들에게 사랑받는 수많은 제품을 만든다. 큰 인기를 끈 양배추 인형(Cabbage Patch Kids) 역시 이 회사의 제품이다.

팅과 펑혼추 같은 기업인들의 긴밀한 관계는 1970년대까지 홍콩을 생산의 중심지로 만들었다. 팅처럼 원래의 사업을 계속 유지한 기업들도 대부분 성장했다. 그러나 리카싱은 달랐다. 그는 좀더 원대한 목표로 시선을 돌리고 있었다.

리카싱, '은행'의 고객이 되다

1970년 윌리엄 퍼브스(William Purves)는 창장 공장의 시끄러운 기계 사이를 성큼성큼 걸어갔다. 리카싱의 사무실에서 나오는 길이었다. 리카싱은 빈 찻잔과 휴지, 침 뱉는 통이 널브러진 유리 방에 편안히 앉아 있었다. 영국인 퍼브스는 HSBC란 이름으로 더 잘 알려진 홍콩&상하이 은행의 부장이었다(나중에 그는 회장이 된다). 당시 HSBC는 홍콩에서 그냥 '은행(the Bank)'이라고 불렸다. 퍼브스는 리카싱에게 자기 은행의 고객이 되어 달라고 부탁했다. 이는 중국인 기업가에겐 흔치 않은 기회였다. 당시 홍콩에선 영국 식민주의가 워낙 강한 탓에 '은행'은 이런 제안을 쉽게 하지 않았다. 그러나 이젠 '은행'도 점차 늘어나는 부유한 중국 기업가들과 돈독하게 지내고 싶어진 것이다. 리카싱은 이미 다른 이민자 출신 기업인들 사이에서도 독보적인 존재였다. 공격적인 투자와 현명한 거래를 거듭하면서 홍콩의 부동산 왕으로 등극해 있었다. 퍼브스가 그런 제안을 했다는 사실 자체가 리카싱의 영향력이 그만큼 커졌으며, 그가 홍콩 최상류층에 편입했음을 의미하는 것이었다. 둘 다 나름의 이해관계가 맞았기에 합의는 자동적으로 이뤄졌다. 퍼브스는 나중에 "리카싱이 차 타는 데까지 배웅 나오는 것을 보면서 '거래가 성사됐구나' 하는 사실을 직감했다"고 회고했다.

리카싱이 부동산 사업에 손을 대는 과정에는 우연이 많이 작용했다. 1958년 플라스틱 사업은 빠르게 성장하고 있었지만 공장 부지를 빌려 쓰는 상태였다. 그런데 이 임대 절차가 골칫거리였다. 땅 주인이 2년 이상으로는 계약을 하지 않으려는 것이었다. 갱신할 때마다 임대료를 올려 정기적인 수입으로 삼으려는 의도였다. 결국 리카싱은 땅을 사서 공장을 세우기로 결심한다. 그리고 동시에 그의 첫 번째 아파트도 함께 지었다. 그는 "부동산이 미래에 가장 유망한 사업이 될 것이라고 확신했다"고 말했다. "홍콩은 토지는 제한돼 있는 반면 인구는 마구 늘어나기 때문"이었다. 그의 부동산 사업은 꾸준히 성장했다. 특히 1960년대 후반에 그랬다. 하센펠트를 긴장시킨 좌파 폭동으로 많은 투자자가 홍콩을 떠났다. 그러나 리카싱은 오히려 자신 있게 남아 있었다. 그리고 헐값에 나온 좋은 부동산을 사들였다. 1960년대 후반에 이르자 그는 플라스틱 제조업보다 부동산업으로 더 많은 돈을 벌게 된다. 그리고 1970년대에는 부동산업이 그의 주력 사업이 됐고 1981년엔 아예 플라스틱 공장 문을 닫아 버렸다.

당시 상류층은 대개 은행을 통해 교류하고 있었다. 1979년 HSBC는 보유하고 있던 허치슨 왐포아의 지분 22%를 매각하기로 결정했다. 이 회사의 지분 구조를 바꾸기 위해서였는데 이는 모두 의결권이 있는 주식이었다. 허치슨은 '헝(行)'이라고 불리던 영국계 양행(무역상사) 중에서도 역사가 오랜 곳으로, 당시 홍콩의 경제를 주름잡고 있었다. 그러나 1970년대를 거치면서 어려움을 겪게 됐고 급기야 은행에 도움을 청하게 된 것이었다. HSBC는 허치슨의 재무구조를 개선시킨 뒤 새 주인을 찾아 나섰다. 그때 나타난 게 바로 리카싱이었다.

그는 기회를 놓치지 않았다. 그렇지 않아도 허치슨의 부동산 포트폴리오와 다른 자산을 눈여겨보던 터였다. 리카싱의 말마따나 돈이 있다고 아무나 허치슨을 살 수 있는 것은 아니었다. 허치슨을 이끌 깜냥이 되는 사람이란 확신이 들어야 인수할 수 있었던 것이다. 그는 "은행이 나를 잘 알고 있었고, 내가 해낼 수 있을 거라 믿었던 것 같다"고 말했다. 1980년 새해 첫날 리카싱은 허치슨을 인수한다. 그는 우선 경영권에 대해 명확히 했다. 인수 후 즉시 경영진에게 가서 말했다.

"나는 회장이란 직함에는 관심이 없다. 그저 최고경영진을 내가 직접 앉히고 각 계열사에 대한 최종 결정권을 가질 것이다. 밖에서 우리를 어떻게 보는지는 상관 안 한다. 내가 원하는 건 순수한 경영권이다."

리카싱의 허치슨 인수는 홍콩 경제사에 하나의 시발점이 되는 순간이었다. 영국계 무역상사를 인수한 첫 번째 중국인이었기 때문이다. 게다가 그는 항만과 유통업체 등 자기 제국의 주춧돌이 될 여러 사업을 추가로 인수했다. 홍콩 경제를 쥐락펴락하던 영국 엘리트들은 '은행'이 한 짓에 놀랄 수밖에 없었다. 이제는 플라스틱 조화를 팔던 영업사원이 홍콩을 일으켜 세우는 가장 영향력 있는 사람이 됐으니 말이다. 그러나 '은행'은 현실을 정확히 보고 있었다. 리카싱의 부상은 홍콩 경제의 본질이 바뀌고 있음을 분명히 보여줬다. 영국계 무역상들은 이제 점점 홍콩에서 밀려나고 있었다. 반면 공격적인 중국 기업인들이 막 떨쳐 일어나고 있었다. 더 이상 미러클과 그 여파를 피해갈 수 없는 상황이 된 것이다.

CHAPTER
05

오리알과
용꿈 이야기

중국인들은 산업혁명을 할 수 있는 첫 번째 기회를 놓쳤다.
또 다시 그런 기회를 놓쳐선 안 된다.
─스탠 시

스탠 시(Stan Shi, 施振榮, 스전룽)는 회계부서에 있는 친구에게 나쁜 소식을 들었다. 그가 일하는 퀄리트론(Qualitron)의 오너, 즉 린(Lin) 일가가 전자제품 사업부를 통해 대출한 자금을 다른 회사에 쏟아 부으려 한다는 이야기였다. 이 일가가 경영하는 기업 중 어려움에 처한 직물회사를 도우려는 것이었다. 1976년 퀄리트론은 대만에서도 가장 빠르게 성장하는 기업 중 하나였다. 그러나 도저히 갚을 기미가 보이지 않는 부채가 걸림돌이었다. 스탠 시는 기업 전체에 파산 위험이 도사리고 있음을 직감했다. 선임 연구개발(R&D) 기술자였던 그는 혼자서라도 회사를 구하기로 결심한다.

스탠 시는 가족 경영인 중 퀄리트론을 책임지고 있던 빈센트 린(Vincent Lin)에게 퀄리트론의 자금을 다른 곳으로 빼 가지 말라고 간청했다. 그러나 빈센트 린은 듣지 않았다. "이건 우리 가족의 문제지 당신이 상관할 바 아니다"라는 식이었다. 그러나 스탠 시는 쉽게 포기하지 않았다. 다른 기업 두 곳을 몰래 접촉해 퀄리트론에 투자하라고 부탁하기도 했다. 그러나 소용이 없었다. 퀄리트론의 끝이 보였다. 그는 다른 일자리를 찾아야 할 처지였다.

새 일자리를 찾는다는 것은 그에게 큰 도전이었다. 대만 경제가 성장가도를 달리고 있긴 했지만 시의 기대치를 충족시킬 만한 일자리는 없었다. 당시 31살인 그는 막 전자산업이 싹트는 대만에서 이미 스타로 자리 잡았다. 스탠 시는 처음으로 대만산(産) 휴대용 계산기를 개발했다. LED 시계가 달린 펜을 세계 최초로 내놓은 이도 바로 그였다. 그는 하던 연구를 계속하면서 새로운 기술을 개발하고 싶었다. 당시 대만에서 연구개발(R&D)에 상당한 투자를 하고 있는 곳은 퀄리트론 정도밖에 없었다. 대다수 기업이 TV나 라디오, 기타 전자제품을 단순 조립하는, 낮은 기술 수준의 생산에 그치고 있었다. 스탠 시는 자신을 '개척자'라고 불렀다. 그래서 "다른 회사들은 내가 새로운 발명을 할 만한 플랫폼이 되지 못했다"고 말했다.

그가 추구하던 '새로운 발명'에는 훗날 거의 집착 수준으로 매달리는 신기술 '마이크로프로세서'도 포함돼 있었다. 요즘은 자동차에서 냉장고까지 이 특수한 칩이 안 쓰이는 곳이 없지만 1970년대 중반만 해도 이는 전자업계의 신 개척 분야였다. 스탠 시는 1974년 가장 우수한 전자기술을 가진 록웰 인터내셔널(Rockwell International)이 주최한 로스앤젤레스의 한 세미나에서 마이크로프로세서를 처음 접한다. 대만으로 돌아온 뒤 그는 퀄리트론 기술자들에게 마이크로프로세서와 관련해 할 수 있는 일이 뭐가 있는지 알아보게 했다. 20여 년 전 소니의 모리타가 트랜지스터를 보고 전자산업의 혁신을 예감했듯, 스탠 시도 마이크로프로세서가 산업발전 역사에 또 한 번의 전환점이 될 거라 믿었다. 그러나 퀄리트론이 쇠락하면서 마이크로프로세서 관련 연구를 하겠다던 그의 희망도 사그라지는 듯했다. 결국 그는 한 가지 옵션밖에 없다고 결론을 내렸다. 자신이 창업을 하는 것이었다.

이 결정은 대만 경제사에 아주 중요한 순간이었다. 그때 그가 세운 회사는 훗날 세계에서 셋째로 큰, 그리고 대만 기업으론 가장 잘 알려진 에이서(Acer)로 성장하기 때문이다. 스탠 시 자신도 세계적으로 강력한 대만 전자산업의 아버지가 됐다. 그리고 홍콩에서도 그랬듯 그의 성공사례는 적극적이면서도 영리한 대만 기업가들에게 영감을 줬다. 이들은 결국 대만을 세계경제에서 없어선 안 될 존재로 성장시켰던 것이다. 스탠 시 역시 개인적으로 세계의 개인용 컴퓨터(PC) 역사에 큰 족적을 남길 수 있었다. 그는 거의 모든 PC 업체의 표준이 된 새로운 컴퓨터 생산방식을 개척했다. 소위 '패스트푸드 모델(fast-food model)'이라고 불리는 방식이다. 스탠 시는 버거킹에서 손님이 오면 주문을 받아 햄버거를 만드는 방식대로 PC를 만들었다. 부품 관리에 착안하여 최신 부품을 공급할 수 있게 한 것이다. 이 시스템 덕에 비용을 확 줄일 수 있었고 최신 기술로 만든 부품이 더 빨리 매장에 들어올 수 있었다. 인텔(Intel)의 최고경영자 폴 오텔리니(Paul Otellini)는 "1만 달러 PC를 1000달러에 살 수 있는 것은 다 스탠 시 덕분"이라고 말한 적도 있다. 그는 "값싼 칩과 효율적인 생산을 서로 결합시켰을 때 얼마나 대량으로 컴퓨터를 팔 수 있는지 발견했다"고 표현했다.

스탠 시와 에이서의 이야기는 가끔 우리가 간과하는 미러클의 핵심 요소를 잘 보여준다. 서양의 기술을 따라잡기 위해 아시아 경제가 보여준 초인적인 능력 말이다. 대만은 놀랄 정도로 짧은 시간에 전자산업을 세계적인 반열에 올렸다. 그리고 글로벌 IT 생산의 중심으로 자리 잡았다. 2005년까지 대만 기업들은 세계 PDA(personal digital assistants)의 약 80%를, 노트북 컴퓨터의 70% 이상을, 평판 컴퓨터 모니터의 3분의 2를 생산했다. 한국 조선산업의 빠른 성장, 일본 가전제품의 혁신 사례 등에서도 나타났듯 이런 '따라잡기'는 다양한 분야의 모든 '선도자(early movers)'들에게 나타났다. 시가 말했듯 "세계시장에 견줄 수 있는 선진 기술을 우리도 개발할 수 있다는 사실을 증명한 것"이었다.

그러면 아시아에서는 '따라잡기'가 어떻게 가능했을까. '아시아 모델'의 지지자들은 우선 정부의 역할을 꼽으며, 이를 뒷받침하는 사례로 대만을 거론한다. 물론 대만 기술관료들은 한국처럼 '아시아 모델'을 통째로 도입하지 않았다. 그러나 대만의 발전을 이끌기 위해, 적어도 홍콩의 영국인 관료들보다는 기관 차원의 노력을 훨씬 더 많이 기울였다. 대만과 홍콩 정부가 보인 이런 차이점은 산업 성장과정에 '아시아 모델'이 미친 영향을 분석할 수 있는 드문 자료다.

여러 면에서 대만과 홍콩 경제는 비슷했다. 일단 둘 다 개인 사업가가 시작한 작은 기업이 많다는 점이 그렇다. 수출에 상당히 의존하며 대부분이 외국 기업의 아웃소싱 사업을 진행하고 있다는 점도 비슷하다. 둘 모두 비슷한 시기에 가전제품 사업을 일으켰다. 그러나 해가 지나면서 다른 길을 걷게 됐다. 대만 기업들은 더 고차원의 기술을 요하는 제품을 생산하는 쪽으로 방향을 틀었다. 그래서 홍콩보다 훨씬 더 빠른 속도로 미국 경쟁자들의 기술 수준을 따라잡았다. 대만 기업들은 제품 디자인이나 연구개발(R&D) 면에서도 홍콩을 앞섰다. 반면 홍콩의 전자기업들은 상당 부분 원래 자신들이 하던 비즈니스 모델에 매달렸다. 수준 높은 기술보다는 저임금과 생산의 유연성 등에 기반한 모델이었다. 이런 차이를 낳은 핵심 요인은 정부 정책이었다. 대만의 기술관료들은 자국 내 전자기업들이 첨단제품을 개발해 파는 것을 돕기 위해 무수한 정책을 마련했다. 에이서의 사례가 바로 스탠 시 같은 유능한 사업가와 창의적인 기술관료들이 힘을 합쳤을 때 한 나라의 경제 방향을 어떻게 바꿀 수 있는지 잘 보여준다. 홍콩의 경우 공무원들은 상당히 수동적이었다. 전반적으로 친기업적인 정책을 많이 만들긴 했지만 특정 분야를 키우려는 노력은 하지 않았다. 대만 정부의 추가적인 노력이 바로 첨단 전자산업 분야에서 홍콩과 격차를 낳은 주 원인이 됐음을 설명하는 대목이다. '아시아 모델'의 지지자들은 정부 차원의 노력이 단지 이를 받아들인 아시아 국가들에 경제적 성장만 가져온 것은 아니라고 역설한다. 자신들의 경제구조를 고부가가치의, 더 기술 집약적인 산업으로 전환할 수 있게 해 준 것이다. 대만의 전자산업이 이를 뒷받침하는 사례다.

그러나 또 지적하지만, 정부의 역할에만 후한 점수를 주는 것은 일단 경계할 필요가 있다. 대만의 관료들이 뒤처진 기술을 따라잡을 수 있도록 여러 환경을 조성한 것은 사실이지만 스탠 시 같은 기업인들의 노력 역시 무시할 수 없다. 정책을 짠 대만의 관료들조차 자신들은 그저 보완할 뿐이라고 밝혔다. 대만의 주요 정책입안자였던 리궈딩(李國鼎)은 "1980년 대만의 미러클에 정부가 핵심적인 역할을 했다"고 말하면서도 "지난 20년 동안 지속적으로 생산과 수출의 빠른 성장을 가능케 한 것은 다분히 민간 분야의 노력이었다"고 인정했다.

스탠 시는 사실 이런 복잡한 이야기의 주인공 같은 외모는 아니다. 커다란 안경을 끼고 할아버지처럼 느릿느릿 말하는 그는 강인한 기업인이라기보다는 그저 고등학교 화학 선생님 같은 이미지다. 그의 아내 캐럴라인은 남편에 대해 '좋은 음식, 세련된 옷 등엔 관심이 없었다. 그저 있는 대로 먹고 할인하는 옷을 사 입었다'고 기록했다. 그는 대학 시절 배운 탁구를 가장 즐겨했다. 대만 전자업체인 벤큐(BenQ)의 CEO 이자 에이서의 창립 멤버 중 하나인 K.Y. 리(Lee)는 시를 정직하고 신실한 사람으로 기억했다. '길을 가다 방향을 물어 보면 아주 따뜻하게 대답하며 무엇이든 도와 주려고 하는, 인정 넘치는 시골 사람 같다'고도 묘사했다. 그러나 그의 경력을 보면 거의 신화적이다. 컴퓨터의 새로운 트렌드를 발굴해 사업에 연결시켰고 관련 산업에서 최신 기술을 이끌어냈다. 리가 말했듯 스탠 시는 그야말로 모든 시간을 사업을 생각하며 보냈다. 스탠 시는 "새로운 가치를 창조하는 게 내 삶의 가치"라고 말했다.

이렇게 간단한 철학으로 그는 1976년 에이서를 창립했다. 당시 이름은 멀티테크(Multitech)였다. 그는 퀄리트론에 있던 기술자 세 명을 새 회사에 영입했다. 그리고 서로 돈을 내 2만 5000달러의 자본금을 마련했다. 스탠 시가 투자한 40%의 지분은 대부분 예전에 어머니에게 받아 계좌에 넣어 두었던 자금이다. 캐럴라인은 이런 남편의 모험에 적잖이 놀랐다. "학창 시절 수줍음 많고 사회활동도 제대로 못하는 데다 아무 야망도 없어 보였기에 창업을 할 거라곤 생각지도 못했다"는 것이었다. 그래도 캐럴라인은 남편을 도와 에이서의 공동창업자가 됐다. 아버지 회사에서 장부 정리를 해 봤던 그녀는 에이서의 재무를 책임졌다. "재무를 볼 인력을 채용할 자금이 없었다"는 게 그녀의 이야기다. 직책상으로는 '이사회 회장'이었지만 사무실 앞 계단을 걸레질하는 것도 그녀의 업무였다. 1200평방피트(약 34평) 크기의 아파트에 꾸역꾸역 들어간 11명은 그곳을 사무실과 연구소로 만들었다. 시의 표현대로 '집합적인 기업운영'이었던 셈이다. 스탠 시와 캐럴라인은 같은 동의 바로 옆 작은 아파트에서 아이 셋과 함께 살았다. 자금이 계속 부족해 캐럴라인은 2년 동안 월급을 받지 못했다.

그러나 당시 K.Y. 리 같은 에이서의 젊은 기술자들에게 돈은 그다지 중요하지 않았다. 그는 퀄리트론에 입사 지원을 하러 왔을 때 스탠 시를 처음 봤다. 사무실에서 면접을 보던 스탠 시는 갑자기 마이크로 프로세서의 놀라운 기능에 대해 강의를 시작했다. 리는 그 자리에서 그 기술과 시에게 빠져들었다. 그가 퀄리트론에 입사하고 몇 달 되지 않아 스탠 시는 에이서를 차렸다. 그리고 리를 자기 회사의 R&D 부서로 불러들였다. 시가 제시한 월급은 125달러 정도에 불과했다. 다른 곳에 가면 받을 수 있는 돈의 절반 수준이었지만 리 역시 정형화되지 않은 일(non-stereotype job), 좀더 혁신적인 일을 원했다. 그가 생각하기에 바로 에이서가 그런 미래였다.

시작은 초라했지만 스탠 시에게는 미래에 대한 큰 비전이 있었다. 그는 이를 '용꿈'이라고 불렀다. 에이서가 사업적으로 큰 성공을 거둘 뿐 아니라 대만과 중국 사회를 한 단계 끌어올릴 거라고 기대했던 것이다. 스탠 시는 "어릴 때 선생님들은 중국인이 얼마나 위대한지를 가르쳤지만 정작 현실은 그렇지 않았다"고 말했다. 따라서 "중국인이 국제사회에 더 많이 기여하고 결코 뒤처지지 않았다는 것을 보여주는 게 바로 용꿈"이란 설명이다. 시가 찾은 해답은 마이크로프로세서였다. "중국인들은 이미 첫 번째 산업혁명의 기회를 놓쳤다. 그러나 또 다시 그런 기회를 놓쳐선 안 된다"는 말이었다. 더 원대한 생각을 품지 못할 이유가 무엇인가. 1970년대 대만에는 무슨 일이든 할 수 있다는 분위기가 팽배했다. 대만은 이미 미러클 호(號)에 올라탄 상태였다.

전쟁에 진 국민당, 경제로 승부 걸다

'지난 한 해는 내 인생에서 가장 어둡고 황량한 시간이었다.'

중국 국민당을 이끌던 장제스(張介石)가 1949년 10월 31일 62번째 생일날 일기에 남긴 말이다. 마오쩌둥이 이끄는 공산당과 중국의 패권을 두고 싸운 국공내전의 전황이 좋지 않게 돌아갔다. 국민당 군대는 몇 번의 전투에서 내리 참패하면서 본토의 구석으로 점점 밀려나고 있었다. 가장 큰 동맹국인 미국도 장제스를 포기했다. 프랭클린 델라노 루스벨트(Franklin Delano Roosevelt) 대통령은 한때 장제스를 일본에 함께 대적할 동맹으로, 전후 세계질서를 함께 재편할 세력으로 생각했다. 그러나 1940년대 후반에 이르러 장제스의 부패와 독재, 군사적인 실수 등에 넌더리를 내게 됐다. 2차 세계대전 때 중국과의 연합군에서 참모총장을 지낸 미군 소속의 조지프 스틸웰(Joseph Stilwell)이 루스벨트 대통령에게 "장제스는 우유부단하면서도 속임수가 많아 믿을 수 없는 늙은 건달"이라고 보고할 정도였다. 루스벨트가 사망한 뒤 대통령에 오른 해리 트루먼(Harry Truman)은 장제스가 전쟁에서 이길 가망이 없다고 봤다. 그래서 국민당에 대한 지원을 제한했다. 트루먼은 국민당에 대해 "마지막 한 놈까지 모두 도둑놈"이라고 투덜거렸다. 그러는 와중에도 장제스는 자기 운명을 다시 일으켜 세울 수 있을 거라 믿었다. 그는 일기에 이렇게 썼다.

'나는 불명예와 패배를 맛봤다. 그러나 걱정하거나 분노해선 안 된다. 자만해서도 안 된다. … 위험과 어려움이 눈앞에 있다. 경계 태세를 더 강화해야 한다. 그러면 중국을 살리고 공화국을 재건할 수 있을

것이다.'

　그러나 현실은 그렇지 않았다. 12월 1일 충칭에 있던 그의 전시 본부는 공산당에 넘어갔다. 국민당은 중국 본토를 버리고 대만으로 건너가 새 정부를 세우기로 결정한다. 12월 10일 장제스는 중국 서남부 쓰촨 성의 성도 청두의 한 활주로에 도착했다. 그리고 그곳에서 대만으로 향하는 DC-4기에 올라탄다. 짙은 구름 탓에 육안으로는 비행이 불가능했다. 비행사는 거의 육감으로 방향을 잡았고 장제스는 무사히 착륙할 수 있었다. 그와 그의 아들, 장징궈(蔣經國)는 대만에서도 경치 좋기로 유명한 르웨탄(日月潭)의 한 호텔에 묵었다. 본토에 남은 국민당군은 마오쩌둥의 군대에 붙잡히거나 최후까지 저항하다 전사했다. 일설에 의하면 그러는 동안 장제스는 배를 빌려 낚시를 즐겼다고 한다. 크리스마스 날 그는 '만일 내 야망을 계속 이어갈 수 있다면 새로운 과업과 역사가 오늘부터 시작돼야 할 것'이라고 기록했다.

　그의 말은 곧 현실화됐다. 그러나 그가 머리에 그리던 것과는 달랐다. 사실 장제스는 조직을 재정비, 재무장해 본토를 되찾을 준비를 하는 동안만 대만에 머물 것이라고 생각했다. 그러나 그것은 그가 르웨탄에서 낚시를 하며 품었던 환상일 뿐이었다. 수장을 잃은 그의 군대는 이미 붉은 군대에 맞설 의지가 없었다. 게다가 전쟁을 재개하는 것이 오히려 냉전을 부추길 거라는 두려움에 워싱턴도 그를 말렸다. 결국 장제스는 그 작은 섬에 머물면서 독재자로서 그의 새 나라를 25년 이상 통치하게 된다. 국민당은 과거엔 거의 가능성 없어 보이던 일을 드디어 시작할 수 있게 됐다. 상대적으로 평화롭게 정부를 운영하는 것 말이다.

　그들은 이 일을 상당히 잘해 냈다. 처음부터 경제가 최우선순위에 놓았다. 약 160만 명의 난민이 공산당을 피해 대만해협을 건넜다. 거기엔 수십 만의 국민당군도 포함돼 있었다. 모두 대만에 새로 정착해야 하는 상황이었다. 인플레이션이 발생하고 먹을 것은 모자랐다. 과거 경험에 비춰 볼 때 국민당 정부는 이런 규모의 문제를 해결하는 데 매우 서툴렀다. 장제스는 경제적 백그라운드가 거의 없었다. 그래서 중국 본토에 있을 때 자기 영향력 아래 있던 지역 경제를 거의 파탄 직전으로 몰고 갔던 것이다. 부하들의 극심한 부정부패, 그의 통치 하에서 가난한 백성들은 고통을 겪어야 했다. 그로 인해 수백만 명이 장제스에게서 등을 돌렸다. 대신 그들은 마오쩌둥이 이끄는 공산당의 이상주의적인 이데올로기를 추종하게 됐다. 그러면서 국민당 군대는 싸울 능력과 의욕을 잃어 버렸던 것이다. 이를 통해 장제스는 많은 것을 배웠다. 대만의 장제스는 박정희처럼 자신의 통치가 성공하느냐 마느냐는 결국 경제에 달렸음을 알았다. 그래서 그는 스스로를 경제정책 결정 과정에서 배제시켰다. 대신 이를 모두 기술관료 팀에 맡겼다.

이 전문 기술관료 중 대표적인 인물이 리궈딩이다. 스탠 시는 그를 '공상가'라고 평했다. 리궈딩은 1910년 중국 난징에서 태어났다. 아버지는 물담배를 만드는 사람이었다. 어렸을 때 민족주의의 영향을 받아 리궈딩은 물리학자가 되기로 결심한다. 서양과 비교해 중국이 약한 이유를 과학에서 뒤처졌기 때문이라고 생각한 것이다. 그는 1934년 장학금을 받고 영국 케임브리지 대에 진학한다. 그러나 3년 후 중일전쟁이 터졌다. 반일(反日)주의에 사로잡힌 그는 학업을 중단하고 집으로 돌아왔다. 전쟁 중에는 국민당군의 대공포 장비와 차량을 고치는 일에 종사했다. 그러다 제철소 간부가 됐으며 일본군이 항복한 뒤에는 상하이와 대만의 조선소 CEO가 된다. 국영기업에서 경영자로 일한 경력을 인정받아 기술관료로 발탁된 그는 1953년 대만 국민당 정부의 산업개발위원회(IDC, Industrial Development Commission)에 배속된다. IDC는 대만 경제의 근대화를 이끄는 책임을 맡은 기구였다. 이후 40년 동안 리궈딩은 마음이 맞는 관료들과 팀을 짜 다양한 직책에서 일했다. 실용적이면서도 다소 교활한 함정 전략을 쓰기도 하고, 새로운 것을 교묘히 받아들이면서 싱가포르의 리콴유가 그랬던 것처럼 대만 경제의 변화와 발전을 이끌었다. 그가 보여준 불굴의 강인함은 상당 부분 종교의 힘에서 나왔다. 신실한 기독교인인 그는 매일 성경을 읽었고 아내와 함께 매일 밤 무릎을 꿇고 오래도록 기도했다.

리궈딩은 경제학에 지식이 없다는 점에서 대만의 여느 정책 입안자와 크게 다를 바 없었다. 가끔 보면 대만의 경제팀은 장기 플랜이 전혀 없는 듯했다. "1950년대 초반까지 대만엔 포괄적 전략 같은 게 전혀 없었다"는 게 그의 말이다. 리콴유와 싱가포르 경제팀이 그랬듯 대만의 경제팀도 특정 경제이론에 지나치게 매달리는 것을 피했다. '이데올로기는 좋다. 그러나 좋다는 것 중 상당수가 결코 이룰 수 없는 도그마적인 종말에 의해 사라지거나 상처를 입고 말았다'는 게 리궈딩의 생각이었다.

그래도 그들이 따르고자 한 철학은 국민당 창건의 아버지 쑨원(孫文)이었다. 그는 1911년 중국의 마지막 왕조를 무너뜨리는 데 기여한 이들의 혁명적 영웅이었다. 아이러니컬하게도 공산당과 국민당 모두 그를 숭배했으며 서로 그의 진정한 계승자라고 주장했다. 쑨원은 자신의 사상을 3가지로 요약해 설파했다. 그중 하나가 '민생주의(民生主義)'인데 이는 번영을 위해 절제된 자본주의와 국가사회주의를 혼합한 형태로 정부는 충분한 음식과 의복, 살 곳을 보장해 국민을 가난으로부터 구해낼 책무가 있으며 그렇게 함으로써 국가도 발전할 수 있다는 것이다. 이처럼 학대 받는 이들을 보호하는 간섭 정부(interventionist government)의 컨셉트는 국민과 멀리 떨어져 무관심하다가 망한 중국 왕조의 기존 정부와는 출발점부터 확연히 달랐다. 리궈딩은 쑨원의 가르침이 "대만 건국의 기초가 됐을 뿐 아니라 정부에 목표를 하나 제시했다"고 말했다. 바로 '민생을 향상시키는 것'이었다.

국민당은 매우 신이 나서 그 일을 했다. 쑨원의 구상에서 가장 핵심이 되는 것은 시골의 가난한 농부들에게서 가난의 짐을 덜어 주는 것이다. 1949년에 접어들면서 정부는 토지개혁을 단행한다. 국민당은 공용지를 경작인들에게 팔았고 대지주가 갖고 있던 땅을 소작농들에게 분배했다. 그러자 자기 땅을 가진 농업인의 수가 급격히 늘었다. 이 개혁을 직접 추진한 대만의 부총통 전청(陳誠)은 훗날 "사회적 안정과 민생의 향상, 경제발전은 오직 토지개혁을 통해서만 가능했다"고 말했다.

전청의 이 말은 과장된 게 아니었다. 시골의 삶이 윤택해지자 제조업체의 생산품을 팔 수 있는 시장이 마련됐고 투자를 위한 자금도 조성됐다. 대만 경제발전의 다음 단계, 산업화로 나아갈 수 있는 발판이 마련된 것이다. 한국의 박정희처럼 전청과 그의 경제팀도 '산업화'와 '독립, 국력'을 같은 개념으로 봤다. 국민당이 느끼기에 산업화를 이뤄야만 공산화된 중국으로부터 대만을 지킬 수 있었던 것이다. 경제발전만이 한국을 북한으로부터 지킬 수 있다고 본 박정희의 생각과 같았다. 전청은 한술 더 떠 대만을 여러 면에서 중국 본토를 능가하는 '시범 지역'으로 만들려고 했다. 자신의 통치가 마오쩌둥보다 나음을 입증하고 싶었던 것이다.

쑨원의 지침은 여기서 또 한 번 대만이 갈 길을 제시했다. 가난한 나라는 정부가 주도해야 발전한다는 내용이다. 쑨원은 1924년 한 강연에서 "지금 중국에서 쓰고 있는 제품들은 생산에서 수송까지 다른 나라에 의존하고 있다"며 "이는 결국 우리의 경제적 권리와 이익이 줄줄 새고 있다는 의미"라고 말한 적이 있다. 그래서 "우리가 이런 권리와 이익을 회복하기 원한다면 하루 속히 산업을 일으키고 생산을 기계화하며 전국의 노동자들에게 일자리를 만들어 주는 데 국력을 모아야 한다"고 주장했다. 대만의 정책 팀은 이 조언을 가슴 깊이 새겼다. 바야흐로 대만 정부는 이후 40년 동안 산업을 직접 감독하고 지켜보며 간섭하게 된다.

처음에는 화학비료·시멘트·직물 등의 분야를 키우기 위해 관세 장벽을 높이 쌓는 전형적인 방식의 수입대체정책을 도입했다. 이런 정책은 1950년대까지는 어느 정도 먹혀들었으나 이후 효력을 잃었다. 대만처럼 내수시장이 작은 곳에선 규모가 큰 산업을 지탱할 수 없었기 때문이다. 게다가 국내 경제조차 과잉생산의 수렁에 빠지고 말았다. 국민당 정부를 더 힘들게 한 것은 경제가 여전히 미국의 원조에 기대고 있다는 사실이었다. 1951년에서 1965년 사이 미국은 대만에 40억 달러를 지원했다. 이는 이 나라 수입과 투자액의 40%에 달하는 돈이다. 1950년대 후반에 이르러서야 리궈딩과 그의 영민한 부하들은 대만의 진로를 다른 곳으로 틀었다. 바로 일본에 의해 유명세를 탄 수출주도형 성장 모델이었다. 미국은 대만의 이런 전환에 상당히 깊게 개입됐다. 1958년 미국 국무장관 존 포스터 덜레스(John Foster Dulles)는 대만을 방문해 국민당 정부와 협정을 맺는다. 앞으로 국민당은 중국 본토의 군사적 회복보다는 경제발전에 더 초점을 맞춘다는 내용이다. 대신 미국의 정책 입안자들은 시장친화적 개혁을 도입하는 것에 대해 지속적인 경제지원을 약속했다. 대만 경제가 좀더 개방적인 자세를 취해야 한다고 목소리 높여 주장한 사람 중 하나가 1959년 시작된 미국 상호안보사절단(Mutual Security Mission)의 중국 지부장을 맡은 웨슬리 해럴드슨(Wesley Haraldson)이다. 그는 전청이 군사비에 많은 돈을 쏟아부으면서도 민간투자를 제대로 이끌어내지 못한다고 공공연하게 비난했다. 대만의 정책 입안자, 즉 리궈딩과 그의 동지들은 해럴드슨의 공격에 질색했지만 결국엔 그 지적을 상당 부분 받아들였다. 1950년대가 시작되면서 정부는 폭 넓은 분야에서 수출지향적 개혁안을 내놓는다. 이에 따라 수출업자들에게 세제 혜택과 저리 대출을 해 주는 등 새로운 외환 시스템을 도입했다. 대만이 드디어 '아시아 모델'을 받아들임으로써 대만판 미러클로 한 걸음을 내디딘 것이다.

대만 정책 입안자들이 내놓은 혁신안 중에 가장 중요한 것은 수출자유지역(EPZ, the export-processing zone)이다. 이는 이 챕터에서 단연 돋보이는 부분이 된다. 정책 입안자들은 특정한 지역을 선정한 뒤 수출업자들의 편의를 위해 EPZ만을 관할하는 행정기관과 규정을 두고, 입주하는 기업에는 원자재의 무관세 수입, 효율적인 투자 유치 등 다양한 혜택을 주었다. 그 대신 생산품은 전량 수출해야 한다는 조건이었다. 내수시장에선 훨씬 더 강력한 규제로 단단한 보호벽을 제공했다. 이 지역과 외부 간 암거래를 막기 위해 장벽과 감시 타워, 경찰병력 등으로 수출자유지역을 꽁꽁 에워쌌다. 수출자유지역을 자유자본주의(liberal capitalism)의 시험대이자 국가주도형 경제체제에서 시행되는 진보적 정책의 용광로로 삼았던 것이다. 요즘은 수출자유지역이 아주 단순하고 당연한 것으로 여겨지지만 당시엔 매우 급진적인 개념이었다.

리궈딩은 "대만이 무역과 투자를 명목으로 외국인들에게 영토 일부를 내주려 한다는 우려의 목소리가 나왔다"고 회고했다. 수출자유지역 구상은 1956년 비교적 자율적인 대만 기술관료들에 의해 진작 나왔다. 그러나 남부 항구도시인 가오슝에 첫 번째 수출자유지역이 들어서기까지는 꼬박 10년이 걸렸다. 수출자유지역은 성황을 이뤄 설립 2년 만에 128개 기업이 공장설립 허가를 받았다. 정부의 기대치를 훨씬 초과하는 수치였다. 곧 이어 두 곳에 더 수출자유지역이 건설됐다.

수출자유지역은 제조업 분야에서 외국인투자를 늘리는 수단이었지만 초기 단계에는 다국적기업들이 대만의 전자산업을 일으키게 하는 것도 목표였다. 초기 입주자는 RCA와 제니스(Zenith), 필립스(Philips), 텍사스 인스트루먼트 등이었으며 1963년부터 1972년까지 대만의 수출은 9배로 늘어난다. 이로써 대만, 한국, 홍콩과 싱가포르는 속칭 아시아의 네 마리 호랑이로, 좀더 경제학적으로는 신흥공업경제지역 (NIEs, Newly industrialized economies)으로 불리게 된다.

1960년대 말에 리궈딩과 그의 동료들은 안테나를 움직였다. 대만이 진로를 바꿀 때가 됐다고 느낀 것이다. 임금이 점점 오르면서 직물업처럼 노동집약적 산업들이 경쟁력을 잃어 갔다. 기술관료들은 계속해서 높은 임금을 줄 수 있는, 더 복잡한 제조업으로 전환해야 한다고 느꼈다. 그러기 위해선 기술이 필요했다. 리궈딩과 그의 기술관료들은 대만에서 기술 산업을 키우는 데 모든 에너지를 쏟아 부었다. 이런 노력이 바로 정부와 기업 간에 '아시아 모델' 식 협력을 이뤘던 것이다. 리궈딩은 정부와 산업, 교육 시스템 간에 조율된 노력을 통해 과학과 기술이 자생적으로 번영하는 환경을 만들려 했다. 이를 통해 "첨단기술 기업은 물론, 사회 전체에 혜택을 주려 했다"는 것이다. 바로 이런 시점에 스탠 시가 대만의 작은 아파트에서 가게를 열었던 것이다.

오리알에서 얻은 컴퓨터 산업 교훈

스탠 시는 평화롭기만 하던 대만에서 상당히 시끌벅적한 업적을 이룬 인물이다. 그는 1944년 12월 18일 이 섬에서 가장 오래되고, 그러면서도 상대적으로 번영한 중서부 지역의 루강(鹿港)에서 태어났다. 당시 대만은 한국과 마찬가지로 일본의 식민지였다(이 섬의 주권은 일본이 세계 2차대전에서 패한 직후 중국에 돌려진다). 시의 아버지는 지역에서 존경받는 향 제조업자였다. 그러나 고열에 시달리다가 1947년 쓰러지더니 이듬해 세상을 뜨고 말았다. 그때 시의 나이 겨우 세 살이었다. 혹자에 따르면 아버지는 고열 탓에 반쯤 정신이 나간 상태에서도 아내에게 아들이 장래에 무엇이 되길 바라는지 물으며 "나는 내 아들이 사업가가 됐으면 좋겠다. 그것도 대만의 남쪽 끝에서 북쪽 끝까지 알려진 큰 사업가가 됐으면 좋겠다"고 말했다고 한다.

아슈(Ah-Shiu)라는 애칭으로 더 잘 알려진 시의 어머니는 혼자서 아들을 키워야 했다. 그녀는 문구부터 복권·수박씨·오리알까지 다양한 물건을 파는 작은 상점을 열었다. 시가 신발을 신고 다닌 기억이 없을 정도로 그의 집은 부유함과는 거리가 멀었지만 아슈는 언제나 루강의 어떤 아이들보다 더 많은 돈을 아들의 주머니에 넣어 줬다. 대부분 가정에선 용돈을 아이들 모두에게 나눠서 주기 마련이었지만 스탠 시는 "적은 액수(small pie)지만 100% 내가 가졌다"고 기억했다.

그는 그의 어머니에게 사업의 기초를 배웠다. 당시 상인들은 저울 눈금을 조작하는 일이 다반사였다. 그러나 아슈는 항상 정직하게 고객을 대했다. '사업을 할 때는 고객보다 더 많은 것을 알고 있기 마련이지만 항상 그들에게 정직해야 한다'는 게 시가 배운 것이었다. 또 그는 훗날 PC 사업가가 된 뒤에 활용한 몇 가지 팁을 그때 터득했다. 그것은 오리알이 주력 제품인 문구보다 마진은 작지만 가장 많은 이익을 냈다는 것이다. 썩고 깨지기 쉬운(perishable) 제품인 만큼 다량으로 팔려 판매 속도가 빨랐던 것이다. 스탠 시는 컴퓨터 기술 역시 본성적으로 썩고 깨지기 쉬운 속성이 있음을 간파했다. 그래서 매장에서나 소비자에게서나 신제품을 얻고자 하는 수요가 엄청난 속도로 발생했던 것이다.

스탠 시는 에이서를 설립하면서 어머니가 보여준 강인함을 마음에 새겼다. 창립 초기부터 그는 대만의 다른 기업인보다 큰 야망을 품었다. 그는 제품 디자인과 생산을 직접 통제하기를 원했다. 대다수의 기업인이 창장의 리카싱처럼 이름을 드러내지 않은 채 그저 미국 기업의 발주를 받아 제품을 생산만 하던 것과는 달랐다. 그러나 처음부터 무엇을 직접 생산을 할 만한 자본이 없었다. 그래서 에이서는 미국 반도체업체인 질로그(ZiLOG)의 대만 내 마이크로프로세서 판매업무를 시작했다. 1978년 초반 스탠 시는 시장을 조성하기 위해 먼저 트레이닝 센터를 세웠다. 그리고 기술자들을 모아 교통신호에서부터 각종 기계류에까지 마이크로프로세서를 어떻게 응용할 수 있는지에 대해 50시간씩 교육했다. 4년이 지나자 그의 트레이닝 센터에서 배출한 대만 내 수료생이 3000명에 이르렀다. 시의 연구 팀은 이 과정을 통해 제품 개발에 필요한 것들을 압축적으로 경험할 수 있었다. 스탠 시는 다른 대만 기업들이 이 기술을 상용화할 수 있게 에이서를 마이크로프로세서에 기반한 전자제품을 개발하는 연구개발(R&D) 조직으로 전환했다. 스탠 시는 "R&D 직원들은 한정된 자원을 가지고 밤낮없이 일했다"며

"십자 드라이버가 없을 땐 동전을 사용하고, 펜치가 고장 나면 이로 뽑을 정도였다"고 회고했다. 이 연구 팀은 금세 성과를 보였다. 그중 대표적인 게 대만에선 처음 개발된 컴퓨터용 CRT(음극선) 단말기다.

1980년까지 스탠 시는 이런 사업을 통해 그의 발명품을 시장에 내놓을 자본금을 확보할 수 있었다. 그 첫 번째 아이템이 Heavenly Dragon Chinese computer다. 스탠 시는 일반 컴퓨터에 에이서가 개발한 카드를 삽입, 중국어를 입력할 수 있게 했다. 당시까지만 해도 모든 컴퓨터는 기본적으로 영어로만 입력할 수 있어 컴퓨터를 사용하는 중국인들이 애를 먹고 있었다. 먼저 개발된 중국어 입력 시스템이 있었지만 이미 시중에 나와 있는 다른 소프트웨어에는 호환이 안 돼 널리 쓸 수 없었다. 어느 컴퓨터에나 쓸 수 있는 중국어 입력 시스템 개발에 가장 큰 문제점은 글자 자체가 너무 복잡하다는 것이었다. 메모리를 많이 차지해 비용을 줄일 수가 없었다. 시의 R&D 팀은 어느 컴퓨터 전문가의 도움으로 이 난관을 넘어설 수 있었다. 에이서의 제품은 영어로 된 소프트웨어를 그대로 구동하면서도 사용자들이 중국어로 입출력을 할 수 있게 했다. 중국어를 쓰는 이들이 방대한 소프트웨어에 접근할 수 있는 길을 처음으로 마련한 것이다.

그러나 스탠 시의 진짜 '한 방'은 이듬해에 터졌다. 그의 회사에서 직접 미니컴퓨터를 디자인하고 생산한 것이다. 마이크로프로페서(MicroProfessor)라고 불린 이 휴대용 장치는 간단한 게임은 물론 기본적인 문서작업까지 할 수 있었다. 후속 제품들은 그 유명한 애플 IIe와 직접 경쟁하기도 했다. 마이크로프로페서는 단숨에 인기를 끌며 다른 나라로도 팔려 나갔고, 이는 시의 첫 번째 해외판매 실적이 됐다. 이 제품은 '오락·교육용 컴퓨터'라는 타이틀로 판매되면서 대만 시장에 처음 선보인 컴퓨터가 됐다. 마이크로프로세서는 에이서의 광고대로 '7세에서 70세까지 누구나 사용할 수 있는' 컴퓨터가 됐다.

여기에 대만 정부의 지원이 매우 결정적인 역할을 한다. 어떻게 하면 대만의 기술 사업가들을 조금이라도 더 도울 수 있을지를 연구하던 리궈딩과 그의 기술관료들은 세계시장에서 경쟁할 기업인들의 요구를 들어주는 일에 역량을 집중했다. 리궈딩은 1978년 연설에서 "어떤 기술도 스스로를 지탱할 만큼의 시장성이 없다면 결코 살아남을 수 없다는 게 나의 믿음"이라고 말한 바 있다. 정부가 기여한 바 가운데 가장 중요한 것은 1973년에 설립한 공업기술연구원(ITRI, the Industrial Technology Research Institute)이다. 이 연구소의 강점은 단순한 학문적 두뇌집단(think tank)이 아니었다는 것이다. 기술자들이 머리를 맞대고 신기술을 수출 제품에 어떻게 적용할 것인지를 연구하는 곳이었다. 여기서 연구한 대부분의 기술은 특허를 받았다. 또 미국 기업으로부터 필요한 기술을 사들여 대만의 민간 분야에 뿌리기도 했다. 정부가 기여한 또 다른 부분은 리궈딩의 구상에 따라 1980년 문을 연 신주과학공업단지(Hsinchu Science-based Industrial Park)다. 수출자유지역(EPZ)보다 확장된 개념인 이곳에선 싼값에 부지를 제공하는 등의 재무적 인센티브를 주는 외에 '인큐베이터' 구실도 함으로써 기술기업을 육성했다. 정부는 실리콘 밸리(Silicon Vally)에서 그랬던 것처럼 여러 기술을 한 곳에 집중시켜 경영자와 기술자들이 서로에게 배우기를 기대했다.

리궈딩과는 별도로 당시 중요한 역할을 한 정책 입안자가 바로 1969년부터 1984년까지 경제부장과 행정원장을 지낸 쑨윈쉬안(孫運璿, Sun Yun-Suan)이다. 1940년대 중반, 기술자 출신인 그는 2차 세계대전 중 폭격을 맞아 무너진 대만 발전소를 단 3개월 만에 복구하면서 두각

| 도표 5-1 | 제조업에서 차지하는 각 분야의 비중 변화

연도	식품	직물	전자장비 · 가전
1951	29	15	0.6
1961	25	11	2
1971	11	12	10
1981	10	9	11
1991	8	7	16

출처: Jomo, K.S. 「Manufacturing Competitiveness in Asia」

대만의 기술관료와 기업인들은 더 고차원적 기술을 적용한 제품을 생산하는 데 성공했다.

을 나타내기 시작했다. 그는 녹색대학 학생들을 직원으로 채용하고 망가진 기계에서 부속품을 떼내 조립해 발전기를 만들었다. 이에 감동한 세계은행은 1960년대 중반 그에게 나이지리아의 한 전력회사를 맡기기도 했다. 그는 대만에서 공업기술연구원을 창설한 후 초창기 반도체 연구와 생산에 대한 투자를 유치했으며 "이 나라에서 뭔가 일을 되게 하는 사람은 모두가 내 사람"이라고 말할 정도로 친화력이 있었다. 막중한 책임을 진 쑨원쉬안이었지만 집에서는 조용한, 가족적인 남자였다. 그의 아들 조지프(Joseph)에 따르면 매일 밤 그는 집에 돌아와 가족과 TV 드라마를 봤다. 그리고 '뭔가 중요한 것을 생각하기 위해' 한 꾸러미의 서류를 들고 침실로 들어가곤 했다. 그는 일과 가정을 가능한 한 분리시키려고 노력했다. 저녁을 먹는 자리에서 경제정책에 관한 질문이 나오면 그는 정중하게 피해갔다. "내일 신문에서 보게 될 거다"라는 대답이 전부였다.

스탠 시는 쑨원쉬안과 리궈딩의 기술친화적 정책을 백분 활용했다. 신주과학공업단지가 들어서자마자 스탠 시는 그의 첫 공장을 이 단지에 설립했다. 이것 자체는 큰 일이 아니었다. 공단 관계자에 따르면 2층 연면적이 겨우 3600평방피트(약 101평, 약 335평방미터-옮긴이)인 공장이었기 때문이다. 장소가 좁아 책상들을 마치 생산 라인처럼 빽빽하게 배치할 수밖에 없었다. 스탠 시는 이런 공장에서 마이크로프로페서를 만들었다.

미래를 내다보는 안목과 신주과학공업단지의 전폭적인 도움 덕분에 스탠 시가 좁은 공장에서 지내는 기간은 그리 길지 않았다. 1982년 라스베이거스에서 열린 컴덱스(Comdex)에서 스탠 시는 에이서가 지금과는 전혀 다른 방향으로 가야 한다고 확신하게 됐다. 그 쇼에서 특별한, 특히 스탠 시의 관심을 끌었던 것은 컴팩(Compaq)이 선보인 최초의 IBM 호환 컴퓨터였다. 스탠 시가 보기에 이 컴퓨터는 산업 전체의 변환을 의미하는 것이었다. 당시 시장에선 왕랩(Wang Labs)부터 디지털 이쿱먼트(Digital Equipment), 휴렛팩커드(Hewlett-Packard)까지 다양한 업체가 어지럽게 경쟁하고 있었다. 그러나 어떤 시스템도 서로 호환이 되지 않았다. 에이서의 마이크로프로페서도 마찬가지였다. 스탠 시는 이런 상황이 오래가지 않을 거라고 직감했다. 컴퓨터가 보편화되면 산업 전체가 표준화 쪽으로 흘러가고 "따라서 컴퓨터의 호환성이 매우 중요해진다는 사실을 깨달았다"고 말했다. 스탠 시 역시 IBM 호환기종의 컴퓨터를 만들기로 결심한다.

이 결정은 제품 디자인을 스스로 한다는 그간의 회사 방침을 뒤엎는 것이었다. 그래서 그는 조심스럽게 일을 추진했다. 당시 마이크로프로페서의 새 버전이 개발 단계에 있었다. 그는 이를 중단하지는 않고 생산에 들어가되 동시에 IBM 호환 컴퓨터를 만들기로 했다. 그러나 그의 팀은 두 가지 일을 한꺼번에 수행하기에는 규모가 작았다.

IBM 호환 PC 제작을 미룰 수밖에 없는 상황이었다.

그는 비상조치를 취했다. IBM 호환 시스템 개발을 공업기술연구원 (ITRI)에 의뢰한 것이다. 37만 5000달러의 비용이 들어갔다. 공업기술 연구원은 1년 만에 시제품을 만든다. 이렇게 개발한 기술을 다른 업체 들도 공유해야 한다고 주장하는 등 정부의 간섭이 뒤따르긴 했지만 결국 에이서는 1983년 첫 번째 IBM 호환 PC를 시장에 내놓을 수 있 었다.

이 제품의 출시는 스탠 시를 컴퓨터 역사상 중요한 인물로 자리 잡 게 하는 신호탄이었다. 2년이 지난 뒤 에이서의 매출은 세 배 이상 뛰 어 1억 6500만 달러에 이른다. 그래도 스탠 시는 여전히 배가 고팠다. 1980년대 중반이 되자 에이서는 단지 IBM 호환 컴퓨터를 만드는 여러 업체 중 하나가 돼 버렸다. 이들은 모두 '복제품(clones)'이라고 불렸 다. 미국에서, 한국에서, 심지어 대만에서도 여러 업체가 제품을 찍어 냈다. 특히 대만을 비롯한 이 '복제업체'들은 IBM 디자인을 무단으로 사용하고 열악한 환경 속에서 노동력을 착취한다 하여 평판이 좋지 않 았다. 이런 이미지는 스탠 시를 불안하게 했다. 그는 "이런 상황을 바 꿔야 한다는 책임감을 느꼈다"고 말했다. 어떻게 해서든 에이서를 차 별화해야 했다.

가장 좋은 방법은 기술 면에서 다른 복제품을 앞서는 것이었다. 그 렇게 해야 에이서가 미국 같은 메이저 시장에서 제품을 팔 수 있으며, 다른 미국산 제품과 어깨를 나란히 할 수 있을 거라 생각했다. 1987년 스탠 시는 주변에서 중심으로 파고들려 했다. "대만의 비용구조를 활 용하면서도 국제적인 일류 제품과 서비스, 이미지를 제공할 수 있는 대만계 다국적기업으로 성장하는 게 우리의 바람이었다"는 게 그의 이야기다.

결국 스탠 시에게 기회가 왔다. 1984년 그는 미국의 새로운 컴퓨터 기술을 익히기 위해 100만 달러를 투자해, 실리콘 밸리에 선텍(Suntek)이라는 연구소를 낸다. 그리고 1년 뒤 대만에서 R&D 팀을 보내 인텔(Intel)이 개발한 좀더 발전된 칩, 386을 가지고 제품을 만드는 일에 착수한다. 386은 에이서를 포함한 당대의 그 어떤 PC보다도 훨씬 빠른 제품을 만들 수 있는 칩이었다. 대만으로 돌아온 연구원들은 각각의 칩을 가지고 386 컴퓨터를 위한 회로를 만드는 일에 들어간다.

1986년이 되자 스탠 시는 드디어 커다란 성과를 내게 된다. 에이서가 386 칩을 탑재한 PC 생산업체 중에서 세계 2위로 올라선 것이다. 그 앞에는 거인인 컴팩이 있을 뿐이었다. 에이서는 IBM까지 추월한 상태였다. 스탠 시는 이것이 가장 중요한 터닝 포인트라며 "기술에서 미국을 따라잡는 게 나의 변함없는 목표였다"고 말했다.

미국에서 에이서의 신제품에 대한 주문이 쏟아져 들어왔다. 사실 에이서로는 감당하기 어려운 물량이었다. 특히 미국 기업인 유니시스(Unisys)에서 대규모 주문이 들어왔다. 이를 소화하려면 생산능력을 확장해야 할 판이었다. 여기에 또 다시 리궈딩이 구원의 손길을 뻗친다. 리궈딩과 스탠 시는 에이서 창립 후 얼마 되지 않아 한 전자제품 박람회에서 만난 적이 있다. 그후 리궈딩은 스탠 시의 행보를 지켜보고 있었다. 유니시스의 주문을 받은 스탠 시는 리궈딩에게 도움을 청한다. 리궈딩은 곧 대만의 은행장들에게 전화를 걸어 스탠 시에게 자금을 대주라고 촉구한다. 별 이변 없이 대출이 승인돼 스탠 시는 새 공장을 짓고 유니시스는 주문한 PC 제품을 모두 받을 수 있었다. 이에 깊은 인상을 받은 유니시스는 오히려 에이서가 가지고 있는 386 PC 기술에 관한 라이선스 사용 계약을 맺는다. 미국 기업이 대만 기업과 이런 종류의 계약을 맺은 건 처음이었다.

스탠 시는 자신의 386 PC를 두고 "에이서가 IBM에 뒤진다는 인식을 깨뜨렸다"고 평가했다. 스탠 시와 그의 몇 안 되는 직원들이 좁디좁은 사무실에서 복작거린 지 불과 10년 만에 업계에서 가장 강력한 기업을 따라잡은 것이다. 대만 역시 기술 면에서 진정한 경쟁자임을 자부할 수 있게 됐다. 1988년에 이르자 에이서는 20초에 하나씩 PC를 만들어 냈다. 그중 절반은 에이서 자체 브랜드로, 나머지는 필립스·지멘스·캐논 등의 이름을 달고 팔렸다. 바야흐로 에이서는 '국보(國寶)'로, 스탠 시는 '대만의 스티브 잡스(Steve Jobs)'로 불리게 된다. 그러나 연구개발(R&D)에 계속 투자해 온 스탠 시는 지금보다 더 큰 업적을 이룰 것이라고 장담했다. 그는 1988년 「뉴욕타임스the New York Times」 인터뷰에서 "이것은 단지 시작일 뿐이다"라고 말했다.

대만의 기술관료들은 이 말에 동의했다. 리궈딩과 그의 동료들은 대만을 기술적으로 더 높은 단계에 올리고 싶었기 때문이다.

대만, 반도체 파운드리로 떠오르다

모리스 장(Morris Chang)은 실직 상태였다. 미국계 기술기업인 제너럴 인스트루먼트(General Instrument)의 최고운영책임자(COO)로 일하던 그는 1985년 사임했다. 회사의 우유부단한 경영에 실망했던 것이다. 경력이 화려해 갈 곳이 없진 않았다. 중국에서 태어난 그는 스탠퍼드에서 전기공학 박사 학위를 받았고 25년을 텍사스 인스트루먼트(Texas Instrument)에서 보냈다. 그중 6년은 반도체 사업부를 이끌었다. 그가 사임한 후 며칠 동안 그의 전화는 일자리를 제안하는 통화로 불이 났다.

그중 하나가 유독 관심을 끌었다. 공업기술연구원(ITRI) 이사회 의
장에게서 온 전화였다. 대만으로 건너와 공업기술연구원의 원장직을
맡지 않겠느냐는 내용이었다. 공업기술연구원이 최고 실력의 기술자
에게 러브콜을 보낸 것이 이례적인 일은 아니었다. 연구원과 대만 정
부는 중국계 과학자나 기술자를 끌어들이는 것을 장기적인 목표로 삼
고 있었다. 물론 그들의 기술과 지식을 대만에 가져오는 것을 포함해
서 말이다. 그러나 모리스 장은 당황했다. 한 번도 대만에서 살아 본
적이 없기 때문이었다. 1931년 중국 저장 성(浙江省)에서 태어난 그는
이곳 저곳 떠돌면서 일본군이나 국공내전에서 살아남을 수 있었다.
1949년엔 미국으로 이민을 갔다. 그가 대만 땅을 처음 밟은 것은 1968
년, 텍사스 인스트루먼트의 경영자로서 반도체 조립공장을 짓기 위해
서였다. 그러나 그때 방문에서 썩 좋은 인상을 받진 않았다. 당시 대
만은 마치 산간벽지 같은 느낌이었다. 게다가 공장 설립을 위해 만난
공무원들과 사사건건 부딪쳤다. 결국 투자는 중단됐다(이 투자는 싱가포
르의 찬찬복이 가로챈다). 나중에야 리궈딩이 이 투자에 개입해 텍사스 인
스트루먼트를 위한 부지를 제공하고 회사의 지적 재산권을 지킬 수
있는 장치도 마련했다. 텍사스 인스트루먼트는 1969년 이곳에 공장을
세웠다.

여전히 모리스 장은 공업기술연구원을 방문하기 위해 대만으로 가
야 하는지 주저했다. 리궈딩은 끈질기게 그를 설득했다. 첨단기술이야
말로 대만 경제를 계속 번영하게 하는 길이라고 강조했다. 그렇기 때
문에 대만이 그를 필요로 하고, 동포인 중국인들이 그를 필요로 한다
는 것이었다. "리궈딩은 나를 어떤 열정적인 사명감을 지닌 사람으로

생각했다"고 모리스 장은 회고했다. 결국 리궈딩은 설득에 성공했다. 그 해 8월 모리스 장은 36년간의 미국 생활을 접고 대만으로 떠났다.

그는 리궈딩이 그에게 예상치 못한, 복잡한 프로젝트를 맡길 때까지 거처도 정하지 못했다. 대만에 온 뒤 2주 정도가 지나서야 리궈딩은 그를 사무실로 불렀다. 그리고 미국 내 중국인이 세운 작은 반도체 디자인 업체 세 곳이 자금을 얻으려고 대만 정부에 접촉해 왔다고 알려줬다. 이들 기업을 지원하는 게 대만의 기술 발전을 가속화하는 데 도움이 될 것 같은데 어느 업체가 낫겠느냐고 물었다. 모리스 장이 보기에는 세 곳 모두 탐탁지 않았다. 사실 그런 계획 자체가 마음에 들지 않았기에 어떤 기업이 성공할지를 결정할 수가 없었다. 리궈딩은 이들 기업으로 하나의 회사를 만들어 운영한 뒤 나중에 다시 세 기업의 연구를 돕는 방안도 제안했다. 그는 모리스 장에게 "이 방안을 진지하게 검토하라"며 "이 회사를 어떤 방식으로 출범하고 싶은지 생각해 보라"고 했다. 모리스 장은 공업기술연구원 사무실로 돌아왔다. 몇 시간 뒤 전화가 울렸다. 리궈딩은 벌써 모리스 장이 행정원장(총리) 앞에서 계획을 설명할 스케줄을 잡은 것이다. 시간이 없었다.

그러나 무엇을? 모리스 장은 반도체 산업이 워낙 빨리 변해 대만이 기회를 잡을 수 있다고 생각했다. 반도체 개발 초창기에는 대규모 생산업체들이 직접 연구활동을 수행했다. 그러나 1980년대에 들어서는 소규모 업체들이 속속 등장하면서, 특히 실리콘 밸리를 중심으로 반도체의 디자인만 하고 생산설비는 갖추지 않는 기업이 많아졌다. '패블리스(fabless)'라고 불리는 이 회사들은 제품을 생산하려면 생산업체와 따로 계약을 맺어야 했다. 주로 일본 업체들이 대상이 됐는데 종종 양측 간에 불편한 관계가 만들어지기도 했다. 이런 생산업체들 역시 '패블리스' 기업들의 경쟁자였기 때문이다. 이들은 자기 회사가 보유한 기술의 유출을 우려했다. 모리스 장은 몇 날 밤을 지새우며 곰곰이 생각했다. 한 가지 생각이 그의 뇌리를 스쳤다. 반도체만 생산하는 회사를 만드는 건 어떨까. 스스로 디자인할 능력은 갖추지 않은 그런 회사 말이다. 그러면 디자인을 전담하는 '패블리스' 기업들은 자신의 기술을 경쟁자에게 노출하지 않고 마음 놓고 생산을 맡길 수 있을 것이었다. 결국 모리스 장이 구상하는 기업은 아웃소싱에 의해 먹고 살 수 있을 거란 계산이었다. 그는 행정원장 앞에서 이런 아이디어를 소개했다. 모리스 장은 그 프리젠테이션에 대해 "내 인생에서 가장 훌륭했다"고 기억했다. 정부는 이 구상을 수용했다.

모리스 장은 이듬해 내내 반도체 공장을 세우는 데 들어갈 2억 2000만 달러를 마련하는 일에 매달린다. 일단 정부가 절반을 대기로 했다. 모리스 장은 텍사스 인스트루먼트와 인텔을 찾아가 투자를 권했다. 그러나 두 회사 모두 고개를 저었다. 너무 리스크가 크다는 판단이었다. 그런 사업이 과연 안정적이겠는가, 기업들은 추가수요가 발생하는 등 이례적인 경우에만 모리스 장의 회사를 찾아가지 않겠느냐는 것이었다. 그래도 차츰 투자를 하려는 기업이 나타났고 마침내 필립스가 투자하기로 결정했다. 모리스 장은 지역 기업 20여 곳을 쥐어짜 나머지 자금을 마련했다.

1987년 마침내 모리스 장의 TSMC(Taiwan Semiconductor Manufacturing Company)가 문을 연다. 세계 최초의 독립 반도체 파운드리(foundry)였다. 모리스 장은 공업기술연구원(ITRI)에서 120명의 기술자와 연구원을 데려왔다. 그곳에서 반도체 파일럿 프로젝트를 진행하던 이들로 TSMC의 첫 번째 종업원이 된 것이다. 그는 인텔, 모토로라, 텍사스 인스트루먼트 등에서 계약을 따내기 위해 미국 내 인맥을 총동원한다(에 이서의 스탠 시도 그의 초창기 고객이었다). 모리스 장이 예상했던 대로 '패 블리스' 반도체 기업들이 대만으로 몰려 든다. 다시 한 번 대만의 미러 클이 맹렬한 속도를 유지할 수 있도록 정부가 박차를 가한 것이다.

국민당의 영토회복

스탠 시와 리궈딩, 쑨윈쉬안이 가져온 미러클은 대만 한 나라뿐 아 니라 기술산업 전반을 뛰어넘는 광범위한 결과를 낳았다. 대만해협 건 너 공산주의자들 역시 자신에게 등을 돌린 이 지역을 주시하고 있었 다. 그리고 미러클을 이루기 위해 일부 아이디어를 받아들이기도 했 다. 어떤 면에서 국민당은 결과적으로 본토를 수복한 셈이었다. 장제 스가 생각했던 방식은 아니었지만 말이다.

부자되는 것은
영광스러운 것

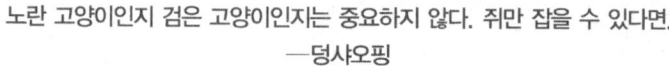

노란 고양이인지 검은 고양이인지는 중요하지 않다. 쥐만 잡을 수 있다면.
―덩샤오핑

덩샤오핑(鄧小平)은 뭔가 대담한 발언을 해야 했다. 1978년 말, 이미 74세나 된 그는 치열한 권력다툼에 휘말려 있었다. 중국 공산화의 아버지 마오쩌둥은 2년 전 사망했다. 죽기 전 마오쩌둥은 중국의 미래에 대해 전혀 다른 비전을 가진 두 파벌의 경쟁에 불을 붙여 둔 상태였다. 몇몇 간부는 여전히 전통적인 공산주의 교리에 초점을 맞춘 채 마오쩌둥의 가르침에 충성을 다하고 있었다. 반면 덩샤오핑과 그의 지지자들은 중국을 다른 방향으로 이끌려 했다. 정치에 집중하는 대신 거의 다 죽어가는 국가를 일으켜 세울 수 있는 쪽으로 말이다. 일본과 아시아의 호랑이들이 미러클을 경험하고 있는 동안 중국은 여전히 정치투쟁과 지역적 빈곤이라는 구덩이에 빠져 허우적거리는 상태였다. 세계의 다른 나라들에 비해서도 훨씬 뒤처져 있었다. 덩샤오핑은 뭔가 변화를 원했다.

그해 12월 변화를 이끌어낼 절호의 기회가 찾아왔다. 공산당 지도자들의 가장 중요한 모임인 11기 전국인민대표회의의 세 번째 총회가 열릴 예정이었다. 덩샤오핑은 이 행사를 이용해 그의 세를 결집하기로 마음먹었다. 그는 총회의 아젠다를 정하기 전에 회의장에서 연설을 하기로 예정돼 있었다. 그가 평생 동안 해 온 연설 중에 가장 중요한 것이 될 터였다.

그러나 덩샤오핑과 동료들은 마오쩌둥의 추종자들을 상대할 방법을 찾을 수 없었다. 덩샤오핑이 직접 쓴 연설문 초안은 이미 내부에서 한 차례 거부된 상태였다. '계급투쟁'에만 초점이 맞춰져 있어 개혁을 이끌어 내기에 무르다는 지적이었다. 그는 후야오방(胡耀邦)에게 글을 다시 써줄 사람을 찾으라고 했다. 덩샤오핑의 헌신적인 지지자 후야오방은 나중에 공산당 총서기를 지낸다.

12월 1일 후야오방은 공산당 사관학교 교수 루안밍(阮銘)을 군 막사에 있는 사무실로 부른다. 그리고 새 연설문 초안 작성을 부탁한다. 루안밍은 깜짝 놀랐다. 당에서 중간 정도의 서열밖에 안 되는 자신에게 그토록 중차대한 일을 맡기다니 당황할 수밖에 없었다. 그는 훗날 "아직도 믿을 수가 없다. 어떻게 내가 그 시점에 필요한, 그렇게 힘 있는 연설문을 썼는지"라고 털어놓았다. 루안밍은 오래 생각할 시간이 없었다. 이렇게 중요한 연설은 몇 달을 두고 만들어야 할 일, 그러나 그에겐 불과 며칠밖에 없었다.

루안밍은 덩샤오핑이 연설에서 어떤 이야기를 할 수 있을까를 생각했다. 마오쩌둥이 사망한 뒤 공산당 내부의 분위기는 마르크스주의, 민주주의, 경제정책, 개혁 등의 주장이 뒤섞여 극히 혼란스러운 상태였다. 루안밍에겐 중국이 어디로 향해야 하는지 1940년대 공산당에 입당한 직후부터 품어 온 생각이 있었다. 당시 10대였던 그는 장제스가 서투르게 통치하던 상하이에서 종종 공산당 모임에 나갔다. 그때 마오 쩌둥은 중국에 민주주의를 세워야 한다고 역설했다. 루안밍은 그가 말하는 민주주의를 링컨이나 루스벨트가 말한 것과 같은 개념으로 생각했다. 그래서 공산당에 가입했다. 그러나 그가 추구했던 성숙한 민주주의는 좀처럼 이뤄지지 않았다. 오히려 마오쩌둥이 통치하는 중국은 포악한 독재국가로 변하고 있었다. 그래도 루안밍은 더 자유로운 중국에 대한 희망을 버리지 않았다. 그렇다면 덩샤오핑도 같은 생각이었을까? 이 부분에 대해 루안밍은 '약간 혼란스러웠다' 고 기록했다. '덩샤오핑의 머릿속에 어떤 생각들이 이어지고 있는지 알 수 없기 때문' 이었다.

이튿날 모든 것이 명확해졌다. 덩샤오핑은 후야오방이 선정한 연설문 작성자 8명을 톈안먼 광장 옆에 있는 베이징 정부청사로 불렀다. 자신의 관점을 설명하기 위해서였다. 체구가 작은 덩샤오핑은 상당히 들떠 있었다. 덩샤오핑이 자신의 관점을 풀어 나가자 루안밍은 그가 중국 내 강경파의 횡포를 종식시키고 마오쩌둥의 혁명적 이데올로기에 도전하려 한다는 것을 읽을 수 있었다.

"아직 남아 있는 두려움 때문에 어느 누구도 선뜻 목소리 높여 말하지 못하고 있다. 그래서 제대로 된 생각도 내놓지 못하고 있다. 그러나 우리는 목소리를 내고 있지 않은 대중을 경계해야 한다." 덩샤오핑이 한 말이다. 그는 또 "경제를 일으켜 세우기 위해 우리는 민주적 선거, 민주적 운영, 민주적 감독체제를 갖춰야 한다"고 덧붙였다.

이에 감동한 루안밍과 다른 작성자들은 하루 만에 연설문 초안을 만들어 냈다. 루안밍은 폭넓은 정치적 개방에 관한 자신의 생각까지 첨가했다. 세 번의 퇴고를 거쳐 연설문이 완성됐다. 1978년 12월 13일 덩샤오핑은 당의 최고지도자들 앞에 섰다. 그리고 연설문을 낭독했다. 이제 더 이상 중국은 예전과 같은 나라가 아니었다.

덩샤오핑의 연설은 개혁을 촉구하는 호소였다. 그는 지금 중국에 필요한 건 정치, 이데올로기, 그리고 무엇보다 경제에 대한 새로운 관점이라고 말했다. 특히 공산당은 경제발전과 인민의 삶을 개선하는 데 초점을 맞춰야지 정치투쟁이나 이데올로기 논쟁에 쓸데없는 에너지를 낭비해선 안 된다고 강조했다. 중국을 산업화된 세계로 진입시킬 순간이 다다른 것이었다. 그는 또 "이제 용감하게 전진해 국가를 퇴보하게 하는 모든 요인을 제거하고 근대화된, 강력한 사회주의 국가를 건설하자"고 역설했다. 이런 목표를 이루기 위해선 "당의 최우선 과제가 우리의 정신을 해방시키고 이데올로기적 권위주의를 극복하며 국가에 도움이 될 수 있는 새로운 사고에 개방적이어야 한다"고 덧붙였다. "혁명을 일으키고 사회주의를 건설하기 위해선 과감하게 생각하고 새 길을 개척하며 새로운 아이디어를 내놓는 선구자들이 많이 필요하다"는 게 그의 결론이었다. "그렇지 않으면 우리는 이 나라에서 가난과 후진성을 결코 없앨 수 없으며, 벌써 앞서가고 있는 선진국들을 따라잡을 수 없을 것"이라는 이야기였다.

그는 자신의 논리를 정당화하기 위해 마오쩌둥의 어록을 교묘하게 인용하면서 마오이즘(Maoism)을 근본적으로 부숴야 한다고 주장했다. 그는 마오이스트(Maoist) 식 경제이론이 비참한 실패작이었다고 생각했다. 30년 동안 정부가 마오쩌둥의 경제 프로그램을 추구했지만 나라는 발전하지 못하고 줄곧 정체돼 있었다. 덩샤오핑은 연설에서 "우리는 경제를 수단으로 다루는 법을 배워야 한다"고 말했다. 정치적 구호만으로는 인민들에게 경제를 부흥시켜야겠다는 동기를 주지 못한다는 것이었다. 그들에게 필요한 것은 바로 구식이면서도 비공산주의적 자극제인 돈이었다. 덩샤오핑은 "물질적 이익을 추구하는 마음이 깔려 있을 때 혁명도 일어나는 법"이라며 "물질적 이익 없이 희생정신만을 강조하는 것은 이상론에 불과하다"고 말했다. 이와 함께 마오이스트의 지나친 평등주의 역시 잘못된 것이라고 공격했다. 사람들에게 더 많은 이익을 추구할 수 있도록 허용하면 더욱 더 경제발전에 박차를 가할 것이라고 주장했다. 그는 "더 열심히 일하고 사회에 더 많이 공헌한 지역, 기업, 노동자, 농부들은 그 대가로 더 많이 벌고, 다른 이보다 더 많은 이익을 누릴 수 있게 허용해야 한다"고 말했다. 그러면 "나라 경제가 발전하고 인민들도 상대적으로 짧은 시간에 번영할 것"이라고 강조했다. 또 기업가 정신을 북돋기 위해 그동안 국가가 주도하던 계획경제체제를 해체해야 한다고 주장했다. 그는 "만일 중국 내 수십만 기업과 수백만 생산조직의 인민들이 마음을 합쳐 일할 때 얻어질 부를 상상해 보라"고 했다.

덩샤오핑의 이날 연설은 미러클로 진입하는 몇 가지 중요한 전환점 중 하나가 됐다. 이 연설로 좌파의 목소리는 잠잠해지고 대회가 끝날 무렵 덩샤오핑은 중국의 새로운 지도자로 확실하게 자리 잡는다. 그 후 10년 동안 그는 마오쩌둥의 방식과는 상반되는, 폭넓은 분야의 개혁을 단행한다. 덩샤오핑은 자신의 새로운 시스템을 '중국식 사회주의'라고 명명했지만 많은 사람은 이를 '순혈 자본주의(purebred capitalism)'라고 인식했다. 덩샤오핑이 이끄는 새로운 중국은 1980년대 공산당의 슬로건인 이 말로 상징된다. '부자되는 것은 영광스러운 것이다(To Get Rich Is Glorious).'

마오쩌둥 체제에서 시장 체제로 전환하는 것은 전무후무한 일이었다. 덩샤오핑은 공산주의 정치와 경제 시스템 속에 재무 원칙을 세우고 자유시장의 창의적인 기운을 불어넣었다. 소비에트 체제의 어느 곳에서도 시도하지 못했던 일이다. 덩샤오핑의 정책은 중국을 세계경제에서 웅비하는 거인, 떠오르는 초강대국, 국제적인 영향력에서 미국과 어깨를 나란히 하는 경쟁국으로 탈바꿈시켰다. 이 모든 게 불과 20여 년 만에 이뤄진 일이다. 그의 개혁은 세계경제가 작동하는 원리를 근본적으로 바꾸었다. 중국을 PC부터 바비 인형까지 거의 모든 것의 생산기지로 만든 것이다. 이런 과정을 거치며 중국은 지난 세기의 그 어떤 신흥공업국보다 더, 미국을 포함한 산업화된 세계를 위협하는 존재가 돼 무역 주도권이나 자원 확보, 투자 등에서 글로벌 쟁탈전을 촉발시켰다. 덩샤오핑의 개혁은 중국 내에서도 드라마틱한 결과를 낳아 13억 중국인은 근대사에서 경험하지 못한 부와 기회를 목격했다. 중국의 부상은 미러클이 지구상에 가져온 가장 큰 변화였다.

미러클을 이끈 지도자들 가운데 덩샤오핑만큼 많은 사람의 삶에 영향을 끼친 사람은 없다. 그의 인내력과 정치적 천재성은 중국이 경제적 성과를 거두는 데 필수 불가결한 요소였다. 그러나 덩샤오핑은 겉으로는 개혁과는 가장 거리가 먼 사람처럼 보였다. 딸 마오마오는 그를 '내성적이고 말 수가 없는 사람'이라고 묘사했다. 덩샤오핑은 정규 교육을 거의 받지 못했고 스스로를 배운 사람이라고 생각지도 않았다. 한번은 마르크스의 자본론을 읽은 적도 없다고 자랑하듯 말했다. 심지어 권력의 정점에 이르렀을 때도 자신의 영향력을 애써 축소시켰으며 1980년에는 어느 기자에게 "나는 상당히 하찮은 인물"이라고 말했다. 그러나 사실은 폭넓은 경험과 행정적인 감각, 무서울 정도의 기억력을 가지고 있어 마오쩌둥이 '살아 있는 백과사전'이라고 부를 정도였다. 그는 다혈질이면서 입이 거칠고 자기 의견을 퉁명스럽게 내뱉기도 했다. 리콴유는 덩샤오핑을 두고 "5피트의 단신이지만 사람들 사이에선 거인이었다"고 표현했다.

덩샤오핑 역시 아시아 다른 국가의 부흥을 이룬 주역들과는 근본적으로 달랐다. 여러 면에서 그는 박정희나 리콴유가 적으로 삼았던 골칫거리 공산주의자로 보인다. 심지어 대만의 장제스는 국공내전 동안 전장에서 그와 맞붙기도 한다. 그러나 덩샤오핑은 여러 면에서 반공주의자들과 그다지 다르지 않았다. 그는 조국을 적합한 위치까지 끌어올리기로 결심한 민족주의자였다. 그리고 목표를 이루기 위해 박정희나 리콴유, 그리고 대만의 기술관료들과 마찬가지로 이데올로기는 잠시 접어둔 채, 문제를 해결하고 결과물을 낼 수 있는 정책들을 도입했다. '쥐만 잘 잡을 수 있다면 노란 고양이인지 검은 고양이인지는 중요하지 않다'는 게 그의 지론이었다. 이런 식으로 덩샤오핑은 공산주의와 사상적인 면에서 경합을 벌인다. 그의 투쟁이 어디까지나 체제 안에서 이뤄졌다는 점을 제외하면 미러클을 이룬 다른 지도자들과 비슷한 방식이었다. 덩샤오핑은 급진적인 공산주의자들이 비웃던 독트린과 중국의 적이라고 여기던 자본주의 정책들을 적극 밀어붙임으로써 그들과 한판 승부를 벌인다.

덩샤오핑이 도입한 정책은 다른 아시아 지도자들이 사용한 것과 크게 다르지 않은 것이었다. 그는 중국 경제를 세계시장과 연결시킴으로써 빠른 성장을 이뤄낼 수 있었다. 세계화의 힘에서 이익을 얻은 것이다. 홍콩이나 싱가포르가 그랬던 것처럼 아웃소싱과 오프쇼어링이라는 거대한 트렌드를 잘 활용했다. 특히 저비용의 생산지를 찾아 헤매

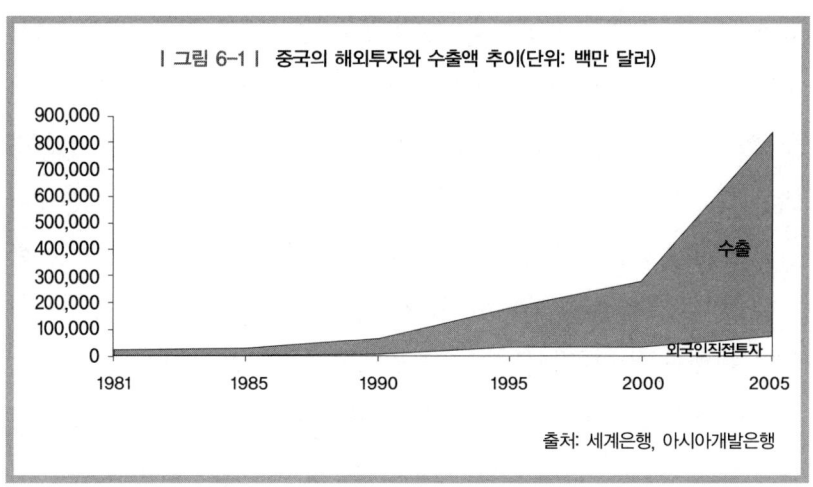

| 그림 6-1 | 중국의 해외투자와 수출액 추이(단위: 백만 달러)

수출

외국인직접투자

1981   1985   1990   1995   2000   2005

출처: 세계은행, 아시아개발은행

중국은 놀랄 만큼 짧은 기간에 해외투자와 수출로 이뤄지는 세계경제의 거대한 흐름에 합류했다.

던 완구, 직물 등 소비재 제조업체들에 중국의 값싼 노동력과 안정된 정치적 환경은 거부할 수 없는 유혹이었다.

이웃 국가들이 그랬듯 중국은 특히 미국을 대상으로 한 수출을 통해 미러클을 시작할 수 있었다.

그러나 중국의 사례는 그동안 초점을 맞추고 있던 '아시아 모델'의 미러클과는 조금 다른 양상을 보였다. 일본과 한국, 싱가포르, 대만의 경우 정부가 경제에 직접 개입해 성과를 이뤘다면 중국 같은 '후발주자'는 홍콩 방식을 도입함으로써 빠르게 성장할 수 있었던 것이다. 중국은 오히려 경제에서 정부의 영향력을 없앰으로써 미러클의 세계에 발을 디딜 수 있었다. 경제와 관련한 의사결정구조를 분산시켜 계획 입안자의 힘을 제한했으며 외국인투자의 문을 열고 자국의 경제적 미래를 국제무역과 연동시켰던 것이다. 그렇다고 중국의 발전이 아시아 모델과 전혀 연관이 없는 것은 아니었다. 덩샤오핑은 한국, 대만, 싱가포르가 그랬던 것처럼 새로운 시스템을 만든 것이 아니었다. 단지 제대로 작동하지 않던 국가주도형 경제체제를 시장기능에 기반한 체제로 바꿨을 뿐이다. 결국 중국의 사례는 미러클을 이루는 요소 가운데 어떤 것에 우선순위가 있는지를 잘 보여준다. 정부의 행동과 시장기능을 한데 엮었던 일본 통산성 스타일의 산업정책을 떠올려 보라. 중국을 비롯한 후발주자들의 성공사례는 정부와 거리를 두고 국제시장경제에서 세계화의 힘에 가까이 다가서는 게 미러클의 핵심 요소임을 말해 준다.

그렇다고 중국판 미러클이 모두 덩샤오핑의 덕이라고 결론짓는 것은 성급한 일이다. 물론 개혁에 대한 비전과 동력을 제공한 것은 사실이다. 그러나 그는 경제에 대해 명확한 지식이 없었으며 관련 정책을 혼자서 만든 것도 아니다. 심지어 경제학자 배리 노튼(Barry Naughton)은 덩샤오핑을 두고 "한 번도 독창적인 경제정책을 내놓은 적이 없으며 경제의 기능에 대해 어떤 특정한 관점도 제시하지 않았다"고 말했다. 개혁은 대개 지역이나 성 차원의 다른 당 간부가 제안하고 실행했다. 덩샤오핑의 수하 가운데 가장 영향력 있는 사람은 자오쯔양과 후야오방 두 명이었다. 1980년대 후반 당 총서기를 지낸 자오쯔양은 중국에서 가장 창의적이고 일관성 있는 경제관을 가진 이였다. 덩샤오핑 본인을 제외하고는 그 어떤 관료보다도 개혁을 이끄는 데 큰 영향력을 행사했다. 쓰촨 성 당위원회 제1서기를 지낼 당시 자오쯔양은 일찌감치 집단농장 해체와 국영기업 개혁 등을 제안했다. 그는 동료 중에서도 국제적인 교류가 활발한 사람이었다. 공산당 간부로서는 유일하게 부르주아 스포츠인 골프에 대한 애정을 공개적으로 이야기하기도 했다. 개혁을 진행하는 방식 역시 그의 골프 스타일을 닮아 항상 공격적으로 그린을 향해 샷을 날렸다. 저널리스트 해리슨 샐리스버리

(Harrison Salisbury)는 자오쯔양에 대해 "허튼소리를 하지 않는 실용주의자였으며 겉모습이나 말하는 투 모두 기업의 회장 같았다"고 평가했다.

후야오방은 표현의 자유와 정치개혁을 주장한 인물이다. 그는 떠오르는 대로 말하고 감정적으로 행동하는 것으로 유명했다. 한번은 "나는 강철이 아니라 열정과 살, 피로 된 인간"이라고 말한 적도 있다. 그가 한 말들은 종종 보수파의 공격을 받았는데 1984년에는 "중국인들도 이제는 젓가락을 쓰지 말고 한 그릇에서 같이 떠먹는 습관도 버려야 한다"고 제안해 반대파를 발칵 뒤집어 놓기도 했다. "나이프와 포크, 그릇 등을 더 많이 마련해 서양식으로 테이블에 둘러앉아 각자 자기 그릇에 음식을 덜어 먹을 수 있게 해야 한다"는 게 그의 주장이었다. "그렇게 하면 여러 가지 전염병을 피할 수 있을 것"이란 이야기였다. 중국의 최고위 지도자 가운데 후야오방만큼 마오쩌둥의 유산을 무시한 사람도 없을 것이다. 누군가 마오쩌둥의 사상 중 중국의 근대화를 위해 도움이 된 것이 무엇이냐고 물었다면 그는 아마도 "하나도 없다"고 답했을 것이다.

자오쯔양과 후야오방 등의 창의성과 전폭적인 지지에도 불구하고 덩샤오핑의 개혁은 순탄치 못했다. 어떨 때는 꽹장히 조급하고 과감하게 개혁을 밀어붙였지만, 때로는 변화를 중단시키면서까지 속도를 늦추기도 했다. 루안밍은 '덩샤오핑은 분명한 생각을 가지고 행동하기도 했지만 때로는 정신을 놓은 것처럼 보이기도 했다' 면서 '중국 개혁이라는 거대한 수레를 밀었다 당겼다 했다' 고 기록했다. 덩샤오핑이 일관적이지 못했던 이유에는 그의 개혁세력연합이 불안정했다는 것도 있다. 그가 공산당 안에서 변화를 원하는 다양한 계층의 지지자를 모앉을 때, 지지자 모두가 개혁의 방향에 동의한 것은 아니었다. 일부는 중국을 개방하면 부패하고 나쁜 영향력이 스며들어 공산주의 체제를 위협할 것이라고 우려했다. 어떤 이들은 덩샤오핑이 모든 공산주의자를 밀어넣을 함정을 파고 있다고까지 생각했다. 덩샤오핑도 1985년 "일부에는 중국이 자본주의로 선회하는 것 아니냐는 우려도 있다"며 "그들이 괜한 걱정을 하는 것이라고 말하지는 못하겠다"고 인정했다. 당 내 보수적인 세력을 마냥 무시할 수는 없었기에 정책을 두고 내부적으로 논쟁을 벌이고 권력다툼을 하느라 개혁의 속도가 늦춰지기도 했다. 그러나 개혁의 전체 과정을 보면 어떤 불변의 원칙이 있었다. 어떤 정책이든 덩샤오핑이 무게를 실어 주면 항상 이뤄졌던 것이다. 노튼은 덩샤오핑을 '경제개혁의 정치적 대부(godfather)'라고 칭했다.

덩샤오핑, 시장기능을 회복시키다

공산주의자인 덩샤오핑은 왜 마오이스트 독트린을 거부하고 중국을 국제적인 자본주의 경제로 이끌었을까. 이것이 미러클의 비밀을 풀어 줄 가장 중요한 질문 중 하나다.

이에 대한 해답을 누가 내놓든 간에 그 설명의 출발점은 중국이 비참한 상황에 놓여 있던 1970년대 말로 거슬러 올라간다. 마오쩌둥이 통치하던 중국의 계획경제 입안자들은 소련이 그랬던 것처럼 중공업을 발전시키려 했다. 그러나 일반 시민들에게 돌아가는 혜택은 거의 없었다. 1952년부터 1980년까지 산업과 농업의 산출량은 9배로 늘었지만 평균 개인소득은 두 배 증가하는 데 그쳤다. 소련과 마찬가지로 생필품은 항상 부족했고 지도자들에게는 경제가 위험에 처했다는 위기감이 퍼져 있었다. 인민의 복지를 화끈하게 개선할 무언가가 없다면 체제 자체가 위협받을 수 있는 상황이었다. 덩샤오핑이 느끼기에 개혁이 유일한 답이었다. 그리고 현재의 공산주의 정부를 유지할 수 있는 가장 확실한 길이었다. 덩샤오핑은 "우리는 제때에 개혁을 하지 못했다"며 "개혁을 지금 이루지 못한다면 우리 나라의 사회주의적 요소들은 모두 사라질 것"이라고 경고했다. 이런 면에서 그의 생각은 박정희나 리콴유, 장제스와 비슷했다. 경제성장을 불안정한 체제를 유지하는 주요 수단으로 삼았던 것이다.

덩샤오핑은 스스로를 보호하는 데도 개혁을 활용했다. 권력투쟁의 와중에 그가 취한 친개혁적 노선은 그를 화궈펑(華國鋒) 등 다른 경쟁자들과 차별화했다. 사실 화궈펑은 마오쩌둥 체제의 기수(旗手)로서 그의 뒤를 이을 것이라 점찍힌 상태였기에 화궈펑을 제치려면 뭔가 다른 길을 제시해야 했다. 그래서 덩샤오핑은 더 강하고 경제적으로 능력 있는 중국에 대한 비전을 제시하는 과감한 개혁 프로그램을 내놓았다. 화궈펑과 그의 든든한 동맹세력을 누르기 위해 중국의 나약한 경제 현실을 이용했던 것이다. 박정희와 장제스가 한국과 대만에서 독재체제를 수립하는 동안 덩샤오핑은 경제를 성장시키고 삶의 질을 개선하는 데 자신의 통치권을 활용했다. 정치학자 조지프 퓨스미스(Joseph Fewsmith)는 "덩샤오핑의 정통성은 순전히 '재화를 공급할 수 있는 능력'에 달려 있었다"고 평가했다. "정치적으로 그가 처해 있던 위치가 그로 하여금 선례를 깨부수고 높은 성장을 이루게 했다"는 것이다.

아시아 내 다른 지역의 미러클 역시 덩샤오핑을 자극했다. 1970년대 후반 여러 아시아 국가를 순방하면서 그는 중국이 얼마나 뒤처졌는지 깨달았다. 1978년 일본 자동차업체인 닛산을 다녀와서는 "오늘 나는 근대화가 어떤 것인지를 배웠다"고 말했다. 또 싱가포르에 가서는 국가가 외국 자본을 어떻게 쓸 수 있는지 깨달았다. 중국의 여타 지도자들 역시 이웃 국가의 급속한 발전을 보며 충격을 받았다. 한 선임 간부는 1978년 일본을 다녀온 뒤 작성한 보고서에 이렇게 기록했다.

'일요일, 우리는 도심으로 나갔다. 같은 스타일의 옷을 입은 여성이 한 명도 없었다. 우리를 안내하던 여성도 매일 다른 옷을 입었다."

덩샤오핑은 이런 격차를 참을 수 없었다. 그는 조국이 너무 나약해진 탓에 중국의 찬란한 문화유산까지 빛이 바래고 있다고 생각했다. 그는 1980년 잠비아의 케네스 카운다(Kenneth Kaunda) 대통령 앞에서 "우리 나라가 그저 가난하다고 말하는 것으론 충분하지 않다. 실제로 우리는 정말 가난하다"고 말한 바 있다. 그러면서 "이런 식으로 상황을 끌고 나가는 것은 우리 같은 대국을 유지하는 데 적합하지 않다"고 덧붙였다. 박정희나 리콴유, 장제스처럼 덩샤오핑도 나라를 부강하게 하지 않으면 청나라 말기에 그랬던 것처럼 공격적인 외세의 희생물로 전락할지 모른다고 염려했다. 1979년 일본 총리 오히라 마사요시(Ohira Masayoshi)를 만난 자리에서 그는 "후진성이 우리 나라를 취약한 희생자로 만들지 모른다"고 말했다. 따라서 덩샤오핑에게 중국의 경제를 확대하고 근대화하며 억압받는 대중의 삶을 향상시키는 일은 피할 수 없는 것이었다. 일본이 했던 '소득배가' 공약을 따라, 그 역시 20세기 말까지 산업과 농업 생산량을 4배로 늘리겠다는 후야오방의 1982년 목표안을 승인했다. 덩샤오핑은 이 목표를 이루기 위해선 현재의 경제 시스템을 땜질만 해서는 안 되며 "구조나 기구, 기술 등 중국 경제의 모든 면에서 중대한 개혁을 단행해야 한다"고 믿었기에 1979년 "중국을 근대화하려면 위대한 신(新)혁명이 필요하다"고 말했다.

덩샤오핑의 개혁을 바라보는 시각은 여러 갈래로 나뉜다. 그가 사회주의를 버리고 자본주의를 택했다는 주장도 있다. 그러나 이는 사실이 아니다. 루안밍의 증언에 따르면 덩샤오핑은 스스로를 마르크스의 철저한 신봉자라고 여겼다. "자신의 정책이 자본주의와는 전혀 다르다고 생각했다"는 것이다. 덩샤오핑은 중국의 사회주의 경제를 강화하기 위해 자본주의의 도구인 현대 기술, 전문적인 기업경영, 해외 무역 등을 사용했을 뿐이다. 1979년 덩샤오핑은 "우리가 원하는 것은 자본주의도 아니지만 사회주의 아래에서 가난하게 사는 것도 아니다"라고 말했다. 덩샤오핑은 자본주의적인 요소를 선별해 조심스럽게 수용한 사회주의 시스템이야말로 온전하게 자본주의만 받아들이는 것보다 더 좋은 결과를 낼 수 있다고 믿었다. 이런 식의 사회주의를 이룬 중국을 위해, 각 사회가 여러 단계를 거쳐 결국 공산주의에 이르게 된다는 마르크스의 이론에 부합하는 교과서적인 공산주의 이론에 이 부분을 추가해야 한다며 당시 중국은 공산주의 사회 단계에 막 발을 들여놓은 상태라고 주장했다. 그러나 워낙 경제가 발전하지 못한 상태였기 때문에 표준적인 막시스트의 교리와는 다른 방향을 취할 수밖에 없었다고 말했다. '능력에 따라 일하고 필요에 맞게 가져가는(from each according to his ability, to each according to his needs)' 것이 아니라 '일한 대로 가져가는(to each according to his work)' 원칙을 따르게 됐다는 것이다.

덩샤오핑의 경제 비전 가운데 가장 핵심이 되는 것은 시장기능이다. 그의 동료 중 다소 보수적인 인사들은 국가 주도의 공산주의 계획경제와 자유시장 자본주의 시스템이 상반된다고 생각했다. 그러나 덩샤오핑은 그 둘이 섞일 수 있다고 믿었다. 그는 "시장경제가 오직 자본주의 사회에서만 존재한다거나 세상엔 오직 '자본주의적' 시장경제만 있다고 믿는 것은 잘못"이라고 주장했다. "왜 사회주의 체제에서는 시장경제를 발전시킬 수 없다고 생각하는가. 시장경제를 발전시킨다는 게 꼭 자본주의를 따른다는 것을 의미하진 않는다"는 것이었다. 덩샤오핑은 뭔가 새로운 것, 자유시장과 공산주의 사상이 맞물린 그런 경제체제를 창조하려고 했다. 1982년 당에서 한 연설을 통해 "마르크스 사상의 보편적인 진실을 변치 않는 중국의 현실과 조화시켜야 한다"면서 "우리만의 방식을 천명하고 중국만의 특성을 살린 사회주의를 건설해야 한다"고 말했다. 그리고 그는 거대한 실험에 들어간다. 당시로는 미래를 장담할 수 없는 실험이었다.

중국, 세계경제를 뒤바꿀 채비를 마치다

덩샤오핑이 어느 순간 갑자기 개혁을 떠올린 건 아니다. 1970년대에 그가 발표한 정책 가운데 일부는 10여 년에 걸쳐 정리된 것이었다. 그 속에는 공산당에서 쌓은 60여 년의 경험이 녹아 있었다.

덩샤오핑은 1904년 8월 쓰촨 성 서쪽 끝의 바이펑이라는 마을에서 태어났다. 목조에 기와를 얹은 단순한 구조에, 집을 지키게 할 요량으로 거위를 기르던 그곳. 딸 마오마오는 '가난한 오지'라고 표현했지만 당시 중국의 여느 시골보다는 잘사는 편이었다. 소지주인 그의 아버지는 말년에는 소작을 주고 자신은 정부 관료로 일했다. 항상 먹을 게 풍족하고 잠자리가 편안했던 덩샤오핑은 공부에만 집중했기에 다른 이들보다 뛰어날 수 있었다. 대도시인 충칭에 살 때였다. 그의 아버지는 새 교육정책으로 프랑스에서 공부할 중국인 학생을 모집한다는 신문 광고를 보게 된다. 젊은 인재로 하여금 서양의 문물을 익히게 해 중국 근대화의 일꾼으로 삼겠다는 게 이 프로그램의 목적이었다. 그는 아들에게 참가하겠느냐고 물었다.

1920년 졸업을 한 덩샤오핑은 증기선을 타고 프랑스로 간다. 중산모에 날렵한 구두를 신고 마르세유 항에 도착한 그는 노르망디에 있는 학교에서 공부를 시작한다. 그러나 얼마 지나지 않아 그에게 장학금을 대던 기관의 돈줄이 끊겨 버린다. 덩샤오핑은 학교를 그만두고 일자리를 찾아야 했다. 그가 처음 취직한 곳은 슈네데르 에 시에(Schneider & cie)라는 프랑스 거대 철강회사의 압연 작업장이었다. 그곳에서 덩샤오핑은 뜨거운 강판과 철근을 집게로 뽑는 일을 한다. 작업장 온도는 화씨 100도(섭씨 38도)까지 오르기도 했다. 당시 16살로 위험하면서도 힘이 많이 드는 이런 일을 해낼 능력이 없던 그는 한 달 만에 일을 그만둔다. 마오마오의 기록을 보면 당시 덩샤오핑은 노동자 계급의 어려움을 직접 느꼈다. 자본가의 억압과 착취, 상급자의 모욕과 권력 남용, 노동자의 끔찍한 생활 등은 순진한 그에게 큰 충격을 줬다. 덩샤오핑은 이에 대해 "자본주의 사회의 해악을 처음으로 깨달았다"고 말했다.

이후 몇 년 동안 그는 기관차 화부, 주방 보조 등 여러 가지 일을 한다. 그중에는 고무공장에서 장화를 조립하는 일도 있었다. 훗날 개혁 과정에 수백만 중국인에게 제공하게 되는 단순 업무들이었다. 그렇게 일을 해도 학교로 돌아갈 수 있을 만큼 돈을 벌진 못했다. 그는 "버는 돈으로는 겨우 살아갈 정도라 공부는 생각도 못 했다"며 "따라서 '산업발전을 통해 나를 구해야겠다' 거나 '기술을 배워야겠다'는 등의 꿈은 무의미해졌다"고 말했다. 대신 넘치는 지적 호기심과 애국심은 그의 관심을 공산주의로 이끌어 중국인과 프랑스 공산주의자들이 주최하는 모임에 참석하기 시작한다. 당시 프랑스에 있던 몇몇 중국인은 나중에 중국 공산화 운동의 지도자가 된다. 그중 가장 유명한 이가 마오쩌둥이 통치하는 중국에서 가장 존경 받는 총리가 되는 저우언라이

(周恩來)다. 덩샤오핑은 1923년부터 중국 공산당 파리 지부에서 저우언라이를 보좌한다. 그러면서 둘은 가까워진다. 덩샤오핑은 "저우언라이를 형님처럼 생각했다"고 말했다. 덩샤오핑은 좁은 당 사무실에서 일했다. 저우언라이가 숙소로 쓰던 작은 호텔 방이었다. 그곳에서 덩샤오핑은 「홍등Red Light」이라는 당 회보의 편집과 인쇄를 돕는다. 이 일을 하면서 그는 '복사 박사(Doctor of Duplication)'란 별명을 얻었다. 덩샤오핑의 생활은 여전히 힘들었다. 돈이 부족해 때로는 빵이나 국수도 못 먹을 정도였고 크루아상에 우유를 먹는 것은 대단한 호사였다. 이런 고난을 겪으면서 혁명에 대한 그의 신념은 더욱 단단해져서 1924년 드디어 중국 공산당에 가입한다.

프랑스에서 보낸 시간은 그에게 지울 수 없는 흔적을 남겨 프랑스산 와인과 치즈, 커피, 크루아상을 즐기고 축구를 사랑하는 등 부르주아의 습관이라 할 만한 일들이 몸에 밴다. 물론 이런 경험 때문에 덩샤오핑은 중국의 경제개발과 국제관계에 대해 남다른 시각을 가질 수 있었다. 공산 정부에서 일하며 경력이 쌓일수록 이런 차이점은 더욱 두드러졌다.

모스크바에서 짧은 시간 공부를 마친 뒤 덩샤오핑은 1926년 중국으로 돌아온다. 그리고 공산당 역사 초창기의 모든 중요한 사건에 직접 참여한다. 그는 1930년대 중반 혹독했던 대정정(Long March)에서도 살아남는다. 대장정이란 세력이 약해진 공산당이 당시 우위에 있던 장제스의 국민당군을 피해 대륙 내부를 6000마일이나 행군한 사건이다. 덩샤오핑은 2차 세계대전 때는 일본군과, 국공내전 때는 국민당군과 싸웠다. 두 전쟁이 공산당의 승리로 끝난 뒤 덩샤오핑은 마오쩌둥의 좌파적 경제정책에 헌신하는 듯했다. 1950년대 초반 고향인 쓰촨 성 관료로 당의 토지개혁 사업을 적극적으로 이행한다. 심지어 자기 가족의 땅도 몰수한다. 그는 마오쩌둥의 1958년 '대약진운동(Great Leap Foeward)'도 지지했다. 마오이스트들의 전형적인 대중운동으로 농민들로 하여금 수확량을 두 배로 늘리고 소규모 제조업을 시작하도록 하는 게 목표였다. 철강을 만들 소규모 용광로 건설은 당시 이 운동의 상징이었다. 수십만 개의 용광로가 전국에 세워졌다. 지역마다 거대한 인민공사(commune)가 형성되고 일부에선 수천 명의 가족이 한 공사를 이루기도 했다.

운동은 거대한 재앙으로 끝났지만 덩샤오핑 개인에게는 중요한 전환점이 됐다. 집단화와 잘못된 농업정책, 미숙한 계획 등은 혼란만 초래하고 이로 인해 식량 생산은 급격하게 줄었다. 1961년 말 3000만 명에 달하는 인구가 기아로 사망했다. 1960년 위기를 인식한 마오쩌둥은 당시 당 총서기 덩샤오핑을 포함한 지도자들을 모아 이 문제를 직접 해결하도록 한다. 1961년 말 이들로 구성된 팀은 새로운 정책을 만든다. 상당 부분 대약진운동의 터무니 없는 조치들과는 상반되는 내용이었다. 인민공사의 힘을 확 줄이고 농부들에게 경작지 사유를 허용하며, 기업이나 공사의 획일적인 수익 배분을 없앴다.

대약진운동은 경제에 대한 덩샤오핑의 사고에 큰 영향을 끼쳤다. 1960년대 초반에 이르자 그는 이데올로기를 탈피하여 한층 실용적이 된다. 경제발전은 결코 정치적인 장려운동이나 이데올로기적 확신만으로는 이뤄질 수 없다는 사실을 깨달은 것이다. 1962년 7월 연설에선 "우리는 이미 너무 많은 '운동'을 하고 있으며, 어떤 일을 시작할 때면 또 새로운 '운동'을 만들어 낸다." 그럼에도 어느 것 하나 제대로 성공하지 못했다"고 비꼬았다. 따라서 덩샤오핑은 경제를 위해 그동안 전통적으로 해 오던 공산주의 방식을 잠시 접을 필요가 있다고 제안한다. "현재로선 한 발짝 뒤로 물러서지 않으면 산업도 농업도 진전시킬 수 없다"는 것이었다.

덩샤오핑의 노력은 1960년대 중반 중국 경제를 다시 일으켜 세우는 데 도움이 됐다. 그러나 동시에 그와 마오쩌둥 간에 균열도 만들었다. 1966년 마오쩌둥은 또 한 번 중국을 뒤흔드는 대중운동을 시작한다. 문화혁명(the Cultural Revolution)이었다. 마오쩌둥은 당시 당의 지도부가 공산주의 사회를 이루기 위해 빠르게 움직이지 못하고 있다고 생각했다. 그래서 중국의 젊은이들을 모아다가 홍위병(Resd Guards)을 조직해 사상이 의심스러운 교사, 지식인, 정부 관료 등 사회 지도층을 잡아들였다. 물론 당내에서 자신의 권위를 확고히 하는 데도 이 운동을 이용했다. 마오쩌둥이 생각하기에 그의 통제에서 벗어난 이들이 새로운 혁명의 첫 번째 타깃이었다.

덩샤오핑은 이 리스트의 첫머리에 오를 뻔했다. 집단농장 해체 등 대약진운동 이후 그가 세운 경제정책들 때문에 당내 급진주의자들의 공격 대상이 됐던 것이다. 마오쩌둥은 덩샤오핑이 독자적으로 정책을 세우는 것이 불만이었다. 그는 "덩샤오핑은 나에게 아무것도 상의하지 않는다"며 "죽은 선조처럼 취급받는 것은 싫다"는 말도 했다. 1966년 말 당대회에서 마오쩌둥은 덩샤오핑에게 '자아비판'을 요구한다. 엄청난 부담감 때문에 덩샤오핑은 저항을 포기한다. 당 앞에서 자신을 '프티 지식인(petty intellectual)'이라고 칭하며 '부르주아 식 사고방식을 가지고 있다'고 반성한다. 그러나 이런 고백은 오히려 상황을 악화시킨다. 1967년 홍위병은 그를 '자본주의의 앞잡이'로 규정하고 베이징에 있는 그의 집 앞에서 수차례 투쟁회의를 연다. 한번은 몰려온 학생들 앞에서 무릎이 꿇린 채 양팔을 뒤로 뻗는, 소위 '비행기 자세'를 취하기도 했다. 이후 덩샤오핑은 6년간 세간의 시선을 피해 잠적한다. 가족들은 그가 죽은 양 행동했다.

덩샤오핑은 국내에서 유배자 신세가 된다. 2년간 가택연금을 당한 뒤 1969년 덩샤오핑 부부는 비밀리에 베이징을 떠나 장시 성(江西省) 시골의 한 가옥으로 이송돼 근처 트랙터 수리센터에서 일을 한다. 그러나 그의 정치적 경력은 끝나지 않았다. 마오쩌둥은 문화혁명이 중국을 휘청거리게 만들었다는 사실을 곧 깨닫는다. 그러자 덩샤오핑 같은 행정 전문가가 필요해진다. 1973년 마오쩌둥은 덩샤오핑을 다시 베이징으로 불러들인다. 1975년에 이르러 덩샤오핑은 예전 권력을 모두 회복했으며 마오쩌둥의 차기 후계자 중 하나로 자리 잡게 된다.

그 와중에 덩샤오핑은 중국 경제를 다시 세우는 노력을 시작한다. 1975년 3월 그는 당서기들에게 "우리의 전반적인 관심사는 1980년까지 독립적이면서도 비교적 종합적인 산업·경제 시스템을 구축하는 것"이라며 "이번 세기까지 중국은 근대화된 농업, 산업, 국방, 과학·기술을 가진 강력한 사회주의 국가로 탈바꿈해야 한다"고 말했다. 그는 당이 정치에만 집착하느라 경제를 다루는 데는 게으르다고 비판하며 "일부 동지들이 생산을 늘릴 생각은 하지 않고 혁명만 일으키려 하고 있다는 이야기도 돈다"며 "이는 완전히 틀린 것"이라고 말했다.

그러나 덩샤오핑은 너무 앞서 갔다. 마오쩌둥은 다시 그의 열의에 의문을 품었고 급진주의자들은 그의 영향력이 커지는 것을 우려했다. 급진주의자들을 이끌던 마오쩌둥의 부인 장칭(江靑)은 덩샤오핑을 '반혁명의 오랜 제왕'이라고 부를 정도였다. 1976년 톈안먼 광장에서 대규모 시위가 발생하자 장칭과 그녀의 일파는 덩샤오핑에게 비난의 화살을 돌린다. 마오쩌둥은 당을 움직여 덩샤오핑을 현직에서 밀어내려한다. 그러나 이번엔 호락호락하지 않았다. 그는 광저우로 피신해 지역 지지자의 보호를 받는다. 이미 꽤 많은 나이를 먹은 덩샤오핑에게 이 몇 달은 매우 힘든 시간이었다. 광둥 지역을 떠도는 동안은 꽉 막히고 푹푹 찌는 범인 호송차 안에 몸을 숨기고 있어야 했다.

1976년 9월 마오쩌둥이 사망하자 덩샤오핑은 새로운 정치 인생을 맞는다. 화궈펑은 장칭과 그의 일당을 체포했고 당원들은 덩샤오핑의 복권을 요청했다. 1977년 8월 덩샤오핑은 정부의 3인자로 복귀한다. 몇 년 뒤 덩샤오핑은 능숙한 솜씨로 화궈펑을 제압하고 그의 심복들을 당과 정부 요직에 앉힌다. 1978년 말 드디어 덩샤오핑의 개혁연대는 중국과 세계경제를 바꿀 준비를 마친다.

농가 책임제, 중국 경제개혁에 불을 지피다

덩샤오핑이 베이징에서 세력을 되찾는 동안, 그와는 별도로 궁핍에 빠진 중국은 나름의 개혁 절차를 밟고 있었다. 1978년 겨울, 중부지역인 안후이 성(安徽省)의 당서기는 중국에서도 가장 가난한 페이시 현(肥西縣) 산난(山南) 인민공사를 찾았다. 굶주림에 지친 농부들은 그에게 각 농가들이 독립적으로 경작하던 '옛날 방식'으로 돌아갔으면 좋겠다고 말했다. 그들은 거인 같은 공사 안에서 병들고 지쳐 있었다. 정치적인 간섭만 계속될 뿐 삶의 질이 나아질 거란 희망은 보이지 않았다. 인민공사는 완전히 실패작이었다. 1980년에 진행된 한 연구 결과에서 중국 농민 4분의 1은 연간 수입이 33달러에 불과했다. 무언가 변화가 절실한 상황이었다.

그러나 일개 지방 관료 주제에 농부들의 요구를 어떻게 들어줘야 할지 알 수 없었다. 그 당서기는 아무런 대답도 하지 못했다. 그런데 농부들은 침묵을 암묵적인 승인으로 받아들였다. 그래서 그가 떠나자마자 공사를 해체하기 시작했다. 공사의 생산담당 지도자는 성인 농부들에게 땅을 조금씩 나눠 주며 개별적으로 경작하는 대신 수확의 일정량을 공동체에 내게 했다. 할당량 이상을 수확할 경우 이를 개인적으로 먹거나 내다 팔 수 있게 했다.

이런 생산방식을 '농가 책임제(household responsibility system)'라고 불렀다. 가족 영농의 세련된 표현인 셈이다. 이 시스템 속에서도 토지 소유권은 여전히 공산주의 정신에 따라 국가에 귀속돼 있었다. 그렇지만 농가 책임제는 농부들에게 상당한 정도의 자유를 허락했다. 무엇보다 중요한 것은 평등만을 강조하던 공사체제와 달리 일한 정도에 따라 더 많은 인센티브를 준다는 점이었다. 농부들이 각자에게 할당된 토지를 경작하면 국가는 일정 가격에 일정량의 작물을 사들이기로 이들과 개별적으로 합의하고, 일정량 이상의 수확물은 농부가 가질 수 있게 한 것이다. 당시 이 시스템은 많은 논란을 불러일으켰다. 마오쩌둥조차 이를 금지했다. 그래서 산난 주민들은 처벌을 받을까 봐 대외적으로 비밀에 부쳤다. 그러나 소문은 금세 퍼졌다. 몇 달 지나지 않아 지역 내 다른 인민공사도 이 시스템을 도입했다. 그리고 이웃 현까지 퍼졌다. 공산당의 공식적인 허가가 없다는 것을 알면서도 농민들은 위험을 감수했다. 이웃 펑양 현(鳳陽縣) 샤오강(Xiaogang) 생산조직에선 18명의 지도부 가족이 농가 책임제를 도입하기 전 서로 선서까지 했다. 이들 중 누군가 곤경에 처하면 다른 가족이 그 집의 아이를 18살이 될 때까지 키운다는 내용이었다. 이들은 선서 내용을 문서화하고 지장도 찍었다.

이 지역을 맡은 당서기 완리(萬里)는 중국 내에서도 가장 개방적이고 공격적으로 경제개혁을 추진한 인물이었다. 안후이 성의 용감한 농부들에게는 다행스러운 일이 아닐 수 없었다. 게다가 그는 덩샤오핑의 열렬한 지지자로 중국의 가난에 대한 관심이 커서 한번은 며칠 동안 베이징에서 쓰레기를 줍는 이와 함께 시간을 보내기도 했다. 가난한 이의 삶을 이해하기 위해서였다. 이런 사람이었기에 인민공사 시스템을 지지할 수 없었다. 인민공사를 '강제노동수용소'라고 비난하던 그는 인도주의적인 측면에서라도 재앙이 커지는 것을 막으려고 여러 가지 개혁을 시도했다. 1978년 안후이 성을 비롯한 중부지역에 극심한 가뭄이 든다. 완리에겐 곤경을 만회할 기회였다. 그동안 당 간부들은 그를 찾아가 안후이 성에 농가 책임제가 퍼지고 있다고 불평을 했다. 그러나 완리는 뒤에서 농민들을 지지하며 페이시의 농가 책임제를 승인한다. 벌집을 쑤신 셈이었다. 보수주의자들은 마오쩌둥의 유산인 사회주의 자체를 훼손하고 있다며 완리의 개혁을 격렬하게 반대한다.

1978년 12월 베이징은 농가 책임제를 금지한다. 안후이 성의 개혁을 반대하던 이들은 이듬해 3월 「런민르바오人民日報」 1면에 농가 책임제에 대해 경고하는 글을 싣는다. '열정을 식게 하고 생산을 방해해 농업 근대화에 역행할 것'이라는 내용이었다. 완리가 이야기했듯 투쟁은 매우 첨예했다. 그렇지만 그는 기죽지 않았다. 자신의 입지를 지키기 위해 덩샤오핑과 비슷한 전략을 썼다. 완리는 1979년 평양 현을 다녀온 뒤 "대중의 의욕을 불러일으킬 수 있는 방법이라면 무엇이든 허용하겠다"고 밝힌다. "어떤 방법이라도 생산을 늘리고 국가에 더 크게 이바지하며… 대중의 소득을 높이고 삶의 질을 개선하는 것이라면 좋은 수단"이라며 "개별적으로 농사를 짓도록 하는 게 사실 그다지 흥분할 만한 일은 아니다"라고 말했다. 고집스러운 도전정신 덕에 그는 안후이 농민들 사이에서 유명인사가 된다. 당시 이 지역에는 '쌀밥을 드시렵니까? 그렇다면 완리가 당신을 돕겠습니다' 라는 노래가 유행하기도 한다.

그러나 이런 일을 베이징의 승인 없이 해나가는 데는 한계가 있었다. 덩샤오핑은 완리의 생각에 동의했다. 안후이 식 개혁이 물질적 보상에 기반해 경제발전을 이루려는 그의 아이디어와 딱 맞아떨어졌기 때문이다. 그러나 조심스러웠다. 언제 폭발할지 모르는 민감한 이슈인데다가 노골적으로 완리를 지지하기엔 아직 자기 세력이 정치적 후폭풍을 견뎌낼 만큼 탄탄하지 못했기 때문이다. 하지만 완리의 노력을 막지는 않았다. 혼자 힘으로 정치적 실험을 하게 내버려둔다.

그러는 동안 완리는 중앙정부를 설득하기 위해 로비에 들어간다. 1979년 중반 안후이 성 관료 궈쑹이를 베이징에 보내 농가 책임제를 도입한 이후 단 1년 만에 수확량이 1.5배 늘었다는 자료를 관료들에게 보여준다. 그러나 안후이 식 개혁은 여전히 논란거리였다. 심지어 궈쑹이를 만나지도 않으려는 관료도 많았다. 곡절 끝에 리포트는 결국 후야오방에게 전달된다. 내용에 크게 감동한 후야오방은 개인적으로 완리의 개혁 실험을 승인하게 된다. 베이징에서 나온 첫 번째 승인이었다.

그러자 개혁에 대한 저항이 점차 누그러진다. 1980년 3월 완리는 덩샤오핑을 만나 개혁안을 힘주어 설명한다. 덩샤오핑은 그의 이야기를 반겼고 그를 부총리로 승진시킨다. 그리고 한 달 뒤 그에게 국가 농업정책 전반을 책임지게 한다. 마침내 그해 5월 덩샤오핑은 농가 책임제를 승인한다. 그는 당 지도자들 앞에서 안후이 성의 실험을 언급하며 "이 시스템은 굉장히 효율적이며 많은 것을 짧은 시간 안에 긍정적으로 변화시켰다"고 말한다. 한편 이 시스템이 사회주의 정신을 퇴색시킨다는 비판에 대해서도 반박한다. "일부 동지들은 이를 도입하면 집단경제체제에 부작용이 생긴다지만 근거 없는 걱정"이라고 말한다. 그는 농업이 강해져야 사회주의도 전진할 수 있다고 했다. "일단 생산이 늘어야 지방의 낮은 차원의 집산화(collectivization)가 높은 차원으로 발전하며 집단경제도 기반을 더 탄탄하게 쌓을 수 있다"고 주장한다. "핵심은 생산을 늘리는 것이며 그래야 집산화를 더 발전시킬 환경을 조성할 수 있다"는 이야기였다.

덩샤오핑의 지지를 받게 되자 중앙정부는 1982년 1월 농가 책임제를 허용하는 내용을 문서화한다. 이후 과정은 물 흐르듯 진행된다. 6개월이 지나자 전국 인민공사의 4분의 3이 농가 책임제를 받아들인다. 그리고 생산량도 급등한다. 덩샤오핑과 완리는 이후 몇 년 동안 마오쩌둥의 공사 체제를 해체하고 지역의 경제 수준을 향상시키는 일에 매진한다. 1983년 말 완리는 한 컨퍼런스에서 "농가 책임제는 단지 인민에게 풍족한 음식과 옷을 제공하는 문제를 해결하려는 실험이 아니었다"며 오히려 "농촌 경제 전체가 걸린 중요한 문제에 대한 개혁이었으며, 중국식 사회주의를 차별화했다는 점에서 헤아릴 수 없을 만큼 중대한 일이었다"고 밝혔다. 변신하는 중국의 시발점이 됐던 것이다.

국경 없는 생산을 이끈 특별경제구역

농촌 개혁이 대단한 사건이긴 했지만 중국이 갈 길은 아직 멀었다. 진정한 의미의 근대화를 빨리 이루기 위해 덩샤오핑에겐 두 가지 요소가 필요했다. 바로 돈과 기술이었다. 그러나 중국에는 둘 다 없었다.

인구가 1억이나 되는 덩샤오핑의 중국이 불과 200만 인구인 싱가포르와 같은 문제에 봉착했던 것이다. 덩샤오핑의 해법 역시 리콴유와 비슷했다. 글로벌 경제로 나아가 서양의 지식과 부를 이용하는 것이었다. 1978년 덩샤오핑은 "그동안 중국은 세계에 많은 것을 기여해 왔다"면서 "이제는 우리가 선진국으로부터 배울 차례"라고 말했다.

덩샤오핑은 은둔자 시절의 중국이 지난 수세기 동안 했던 것보다 더 많은 개방을 단행했다. 그는 중국을 가난에 사로잡히게 한 마오쩌둥의 외국인 공포증(xenophobia)을 비판했다. "과거에는 선진국의 발달한 과학·기술을 배우는 것은 '맹목적으로 외국 문물을 숭배하는 것'이라고 비난받았다"며 "이런 생각이 얼마나 멍청한 것인지 깨달아야 한다"고 말했다. 또 "문을 닫아 놓고는 중국이 발전할 수 없다"고 강조했다. 그가 생각하기에 이대로 고립된 채라면 중국은 영원히 산업화된 나라들을 따라잡을 수 없을 것 같았다.

"세상은 앞서 나가고 있다. 우리가 기술을 발전시키지 못한다면 우리는 선진국을 따라잡을 수 없을 것이다. 능가하기커녕 달팽이가 기어가는 속도로 뒤만 따르게 될 것이다." 덩샤오핑이 1978년 9월 열린 어느 당간부회의에서 한 말이다.

리콴유가 그랬던 것처럼 덩샤오핑 역시 자국의 기업들이 중국을 일으켜 세울 때까지 기다릴 수 없었다. 그는 리콴유와 같은 길을 택했다. 1970년대 중국의 상황을 볼 때, 이런 생각은 상당히 급진적이며 이단적이기까지 했다. 외국의 투자를 받으면 위험한 부르주아 사상은 물론 착취하는 자본가들까지 따라 들어오게 될 터였다. 덩샤오핑은 그런 위험조차 감수해야 한다고 봤다. 글로벌 자본이 중국에 투자하면 새로운 경영 방법이나 기술도 덩달아 들어와 중국을 더 경쟁력 있고 근대화된 국가로 만들어 줄 것이기 때문이었다.

외국인투자 면에서 덩샤오핑은 이웃 '호랑이들(the Tigers)'의 영향을 받았다. 1979년 싱가포르를 다녀온 뒤 그는 당 회의에서 "외국인투자가 이 작은 섬의 소득을 얼마나 높였는지, 정부 수입은 어떻게 늘렸는지, 나아가 전반적인 싱가포르 경제를 어떻게 부흥시켰는지"를 설명한다. 그는 간부들에게 "재정적으로나 경제적으로나 이 질문의 해답을 찾으려면 해외 자본을 전문적으로 활용하는 데 초점을 맞춰야 한다"고 말한다. 그리고 "이게 잘 되지 않는다면 매우 유감스러운 일이 될 것"이라고 덧붙인다. 그는 리콴유의 계획서에서 또 한 페이지를 뜯어 자신의 것으로 활용한다. 중국을 투자하기에 가장 매력적인 곳으로 만들어 다른 아시아 국가들과 함께 외국인투자 유치 경쟁에 뛰어든 것이다. 그는 "외국 기업들은 이익을 내기 위해 이곳에 투자하는 것"이라며 "우리는 다른 나라보다 중국에 투자할 경우 더 많은 이익을 낼 수 있다는 확신을 심어 줘야 한다"고 말했다.

자신의 정책을 성공으로 이끌려면 세계에서 가장 큰 경제권이자 첨단기술의 원천인 미국의 도움이 필요했다. 미국 시장에 진출하지 않거나 미국 기업의 돈을 끌어오지 않고선 중국의 부흥을 이룰 수 없었다. 1972년 리처드 닉슨(Richard Nixon) 대통령이 갑자기 중국을 방문한 이후 양국관계는 좋아지고 있었다. 덩샤오핑은 1979년 1월 미국과 관계를 정상화하고 그달 말에 미국을 방문한다. 아직도 냉전시대의 두려움을 느끼는 미국인들에게 중국의 이미지를 바꿔 주기 위해 텍사스에서 바비큐 립을 먹고 로데오 경기에도 참석한다. 조그만 체구의 그가 카우보이 모자를 쓰고 나오자 관중석에선 환호성이 터졌다. 「뉴스위크 Newseeek」는 '때때로 그는 공직 선거에 출마한 사람처럼 행동했다'

고 표현했다. 카터 정부 역시 그에게 깊은 인상을 주려 했다. 대통령은 덩샤오핑을 워싱턴의 케네디센터에서 열린 축제에 초청한다. 그 자리에선 존 덴버의 공연이 펼쳐졌으며 국립어린이합창단은 중국어로 노래를 했다. 다분히 덩샤오핑의 취향에 맞춰 할렘 글로버트로터스(Harlem Globertrotters)도 행사에 참석한다. 미국 방문의 하이라이트는 백악관 회동이었다. 카터를 만난 그는 아끼는 판다 담배를 피우면서 양국간 긴장을 완화하기 위해 민감한 주제들을 교묘하게 꺼내 든다. 카터가 중국인의 이민 금지 등 인권과 관련한 민감한 이슈로 압박을 가하자 그는 "중국 1억 인구 가운데 1000만 명을 당장 보낼 수도 있다"며 농담으로 맞받아치기도 한다(카터는 이 제안을 정중히 거절했다). 회담이 끝난 뒤 카터는 덩샤오핑을 배웅하면서 이 정상회담에 대해 "미국 역사상 가장 역사적인 사건 중 하나"라고 말했다.

덩샤오핑은 적절한 순간에 카터의 마음을 사로잡았다. 워싱턴의 몇몇 정책입안자들은 중국과 미국이 경제적으로 관계를 맺는 게 중·소(中蘇)관계를 멀어지게 하는 한편, 모스크바에 대항하는 미국의 국제적 노력에 도움이 될 것이라고 봤다. 1980년대 초반에 이르자 미국은 중국에 최혜국(most-favored-nation) 지위를 부여한다. 이 조치는 아주 중요한 전환점이 된다. 거대한 미국 시장에 우호적으로 접근할 수 있는 이런 사건이 없었다면 중국이 제아무리 노력을 해도 외국인투자를 끌어오거나 새로운 수출 분야를 개척할 수 없었을 것이기 때문이다. 덩샤오핑이 미국과 수교함으로써 중국은 일본이나 호랑이 국가들에서 찬란하게 꽃을 피웠던 수출주도형 성장 모델을 도입할 수 있었다.

어려운 건 다음 단계였다. 오랜 기간 자본주의 세계가 적대적으로 보던 공산국가 중국이 어떻게 외국 기업들의 투자를 받아 내는가 하는 문제였다. 이번에도 역시 그 해결책은 베이징의 만다린(mandarins, 관료)이 아닌 지방에서 제시됐다. 1978년 가을, 중국 교통부 장관 야 페이(Ye Fei)는 홍콩에서 중국상선항해(CMSN, the China Merchants' Steam Navigation Company)의 관리들을 만난다. CMSN는 홍콩에 베이스를 둔 중국 정부 소유의 회사였다. 홍콩에 오기 전 다녀온 해외출장에서 그는 '수출가공지역'에 대한 이야기를 들었다. 리궈딩이 대만에 만든 수출자유지역(EPZ)과 비슷한 개념이었다. 그는 이를 중국에 소개하는 한편, CMSN에는 이와 관련한 사업을 수행해 달라고 간청했다. CMSN은 광둥 성 내 산업지역에 선박 해체 공장을 세우는 방안을 구상하고 있었다. 중국의 싼 노동력을 이용해 선박을 해체한 뒤 여기서 나온 철강을 이제 막 성장하고 있는 홍콩에 팔아 외화를 버는 식이었다. 이 회사 대표는 폭 넓은 인맥을 자랑하는 전쟁 영웅 위안 겅(Yuan Geng)이었다. 그는 공산당 지도부의 제안을 받아들였다. 그리고 1979년 1월 베이징은 CMSN에 홍콩 건너편인 서커우(蛇口) 지역 개발을 승인했다. 근대 중국에서 특정 지역을 외국인투자의 잠재적 거점으로 유보해 둔 첫 번째 사례였다.

이른바 특별경제구역(SEZ, the special economic zone)을 건설토록 한 중국 정부의 이례적인 결정은 중국뿐 아니라 세계경제 전체를 변화시키는 첫 걸음이 됐다. CMSN 산업지역이 모습을 드러내자마자 덩샤오핑은 이와 관련한 이슈에 직접 뛰어든다. 1979년 4월 그는 두 명의 광둥 성 선임 서기를 만나 특별경제구역에 대한 아이디어를 보고받고는 즉각 수용했다. 그리고 "당장 부지를 개발하고 이곳을 특별구역으로 지정하라"고 지시하며 개발에 관련한 주요 책임을 이들의 어깨 위에 얹었다. 게다가 "중앙정부는 돈이 없으니 자네들이 스스로 일을 해내라"고 지시했다. 면담이 끝나자마자 국무원 부총리 구무(谷牧)가 이끄는 특별팀이 꾸려졌다. 이 팀은 중국 해안을 따라 특별경제구역에 적합한 부지 선정에 들어갔다. 이들의 연구에 기반해 1979년 7월 국무원은 네 곳의 특별경제구역 개발을 승인한다. 선전(深圳)과 주하이(珠海), 산토우(汕頭) 등 광둥 성 세 곳과 푸젠 성의 시아먼(廈門) 등이 선정된다.

특별경제구역은 대만의 수출자유지역과 비슷했다. 무역을 활성화하고 외국인투자를 촉진하기 위해 규제를 완화하고 세금 혜택을 줬다. 싱가포르와 대만이 서양 기업을 끌어들이려고 쓴 것과 똑같은 방식이었다. 특히 싱가포르 모델의 영향이 더 컸다. 리콴유의 경제수석이던 고겡시가 중국 특별경제구역의 자문역을 맡았다. 이 지역은 공산주의 국가인 중국이 드디어 세계경제에 편입했음을 알리는 신호탄이었다.

그러나 초창기엔 특별경제구역에 대한 실험이 제한적으로 진행됐다. 지역 내에선 외국 기업들이 상대적으로 쉽게 생산시설을 짓고 운영할 수 있었다. 그러나 지역을 벗어나면 여전히 공산주의가 지배하는 국가주도의 폐쇄경제 체제였다. 중국으로서는 해외무역을 육성하고 외국인 소유 기업을 유치함으로써 투자와 기술을 끌어들이면서도 나머지 대부분의 경제는 외부세력이 불러올지 모르는 혼란을 막아야 했다. 마치 완전히 다른 두 개의 중국이 붙어 있는 형국이었다.

그러나 이런 상황은 오래가지 않았다. 처음엔 이런 두 개의 중국 사이의 벽이 좀처럼 무너지지 않을 것 같았다. 그러나 덩샤오핑의 개혁이 진행되면서 특별경제구역 안에서 시행하는 제도들이 중국 경제 전반으로 퍼지기 시작한다. 예를 들어 중국에서 가장 먼저 성과급 연봉제와 자유로운 토지사용, 기업 경영에 대한 정부간섭 축소 등을 실시했던 선전의 제도들은 얼마 지나지 않아 중국 전역으로 퍼져 나간다. 이 특별구역들은 중국의 시장개혁을 이끄는 등대 구실을 했던 것이다. 아울러 이 나라에 미러클을 성공시키는 핵심 요소가 됐다.

입지를 보면 처음 선정된 특별경제구역 네 곳은 매우 현명한 선택이었다. 세 곳은 호랑이 국가들과 직접 연결되는 곳에 있었다. 선전은 막 떠오르는 홍콩과 맞닿아 있었고 시아먼과 산토우는 본토와 대만을 가르는 해협 앞에 자리 잡고 있었다(주하이의 경우 또다른 해외투자의 본거지인 포르투갈 령 마카오에 인접해 있었다). 타이밍 역시 예사롭지 않았다. 중국이 특별경제구역의 문을 연 것은 홍콩과 대만, 그리고 다른 호랑이 국가들이 심각한 압력을 받고 있을 때였다. 그들의 경제가 선진화하면서 임금과 비용이 덩달아 올라가고 있었던 것이다. 고비용 구조는 미러클의 불꽃을 댕긴 노동집약적 국가들의 경쟁력을 갉아먹고 있었다. 의류나 완구, 전자제품 조립 분야에서 특히 그랬다. 이들 나라의 기업들은 수익성을 유지하기 위해 비용을 절감할 길을 찾아나서야 했다. 바로 그때 중국이 특별경제구역을 제시했던 것이다. 중국 본토의 노동력은 호랑이 국가들에 비할 수 없이 싸서, 1980년대 중반을 기준으로 선전 지역 노동자의 평균 월급이 홍콩의 약 6분의 1에 불과했다. 중국 노동자 전체 평균으로 따지면 10분의 1도 안 됐다. 기업들은 특별경제구역으로 생산 기반을 옮기거나 추가 공장을 지었다. 싸고 무한한 중국 인력을 활용함으로써 다시 경쟁력을 키울 수 있었던 것이다. 특별경제구역의 유혹은 그야말로 뿌리칠 수 없는 것이었다.

완구업체인 카더 인더스트리얼을 세운 팅 일가 역시 같은 생각이었다. H.C. 팅의 아들 케네스는 1980년대 초반부터 실험적으로 중국에서 생산을 시작한다. 그는 광둥 성에 있는 한 공장에 카더 브랜드로 팔

플라스틱 오토바이 모형을 만들게 한다. 공장은 학교 주변에 있었는데 수업이 끝나면 교사들도 조립 라인에 앉아 일을 했다. 부가 수입을 얻기 위해서다. 1982년엔 서커우에 직접 공장을 세운다(서커우는 후에 선전 특별경제구역에 편입된다). 당시 중국에서 비즈니스를 한다는 것은 매우 힘들고 원시적인 일이었다. 카더의 경우 그 지역의 첫 번째 공장이었기에 논으로 둘러싸여 있었다. 팅은 홍콩의 전력선을 끌어 공장을 돌리고, 극초단파 이동통신 전화(microwave phone)로 홍콩 본사와 연락했다. 도로도 제대로 갖추지 못해 홍콩에서 공장까지 두 시간 동안 배를 타야 했다. 그런데도 팅은 특별경제구역을 택하지 않을 수 없었다. 홍콩의 생산비가 계속 급증하는 것을 생각하면 선택의 폭이 넓지 않았다.

다른 많은 이가 그랬듯 팅은 잘 버텼다. 1980년대 초반부터 수천 개의 공장이 들어서면서 점점 논이 없어졌고 특별경제구역은 중국의 수출 붐을 이끈다. 위기를 피하려는 성향이 짙은 미국이나 유럽계 기업보다 홍콩이나 대만의 제조업체들이 먼저 중국으로 뛰어들었다. 새롭게 산업화를 이룬 아시아 국가들의 자원을 끌어들임으로써 중국은 다른 미러클들을 계승해 자신만의 미러클을 이룰 수 있었다. 아시아가 스스로 발전하기 시작한 것이다.

특별경제구역의 출현은 글로벌 경제에 '국경 없는 생산(Borderless manufacturing)'이라는 새로운 개념을 만들어 냈다. 이는 전 세계 여러 나라에서 만든 부품을 한 곳으로 모아 조립하는 프로세스를 말한다. 이런 복잡한 시스템을 개척한 이들 중 하나가 홍콩 리 앤드 펑(Li & Fung)의 펑 일가다. 펑혼추의 아들인 빅터와 윌리엄은 1980년대 초반 생산공장을 홍콩에서 중국으로 옮기면서 새로운 문제에 직면했다. 중국의 기술이나 노동자의 수준이 너무 낮았던 것이다. 어떤 부품은 서양 고객의 요구에 맞출 수 없을 정도였다. 이 문제를 해결하기 위해 생산과정을 단계로 나누었다. 셔츠나 장난감의 디자인을 공장이 있는 선전으로 일단 보내 제품을 완성하면 다시 홍콩에서 받아 테스트와 포장을 한 뒤 미국으로 보내는 것이다. 해가 지나면서 인근 지역의 다른 나라에서도 이 프로세스를 채택한다. 부품은 한국이나 대만, 일본 등에서 생산 혹은 구매한 뒤 이를 중국으로 보내 최종 조립하는 것이다. 빅터는 "따로따로 해도 되는 일이니 세계 각지로 분산시킬 수도 있겠다고 생각했다"고 말했다. 이 방식은 소비재가 만들어지는 방식을 완전히 바꾸었다. 효율성은 높아지고 비용을 줄었으며 소비자들은 더 많은 제품을 싼값에 살 수 있게 됐다.

특별경제구역은 덩샤오핑의 중요한 업적이 된다. 그러나 구역 내의 사회변화 속도가 눈에 띄면서 개혁작업을 반대하던 공산당 지도자의 비난을 사기도 했다. 덩샤오핑을 지지하는 사람 중에서도 보수적인 일부 인사들은 여전히 외국인투자를 두려워했고 이것이 중국에 미칠 부정적인 영향을 우려했다. 특히 전윈(陳雲)은 "외국 자본가 역시 자본가"라며 당내 보수파 중에서도 가장 강력하게 반대했다. 반대론자들은 특별경제구역을 19세기 유럽 열강들에 굴욕적으로 허용했던 조차(租借, concession)에 비유하며 특별경제구역 역시 외국인투자에 매달리다가 결국 주권을 내주게 될 것이라고 경고했다. "선전이 사회주의 국가라는 표시가 오성홍기 말고는 아무것도 없다"고 불평하는 당 간부도 있었다.

덩샤오핑도 특별경제구역의 부작용이 걱정스러웠다. 경제 변화의 선두에 있는 만큼 정치적으로나 사회적으로는 더 조심스러웠다. 덩샤오핑은 1983년 10월 당 중앙회 모임에서 "우리 경제의 문을 세상을 향해 활짝 연 것은 잘한 일"이라면서도 "다만 부르주아에 물드는 것을 막기 위해 당 차원에서 강력히 투쟁해야 한다"고 말했다. 덩샤오핑이 비판의 목소리에 힘을 실어 주자 보수주의자들은 1983년 해외에서 유입되는 '정신적 오염'을 막자는 캠페인을 벌이기 시작한다. 이 운동은 당시 젊은 여성들 사이에 유행하던 미니스커트부터 산매점의 공격적인 판매 프로모션까지 거의 모든 것을 공격했다. 후야오방과 자오쯔양은 어찌할 바를 몰랐다. 그들은 덩샤오핑의 반대파들이 특별경제구역을 공격함으로써 경제개혁 전반을 함정에 빠뜨리려 한다는 것을 알았다. 1984년 초가 되자 덩샤오핑도 자신이 너무 많이 나갔다는 것을 깨닫는다. 아들 덩푸팡(鄧樸方)이 나서서 반오염 캠페인을 막지 않으면 개혁은 물거품이 될 수 있으며 덩샤오핑 자신의 입지도 약해질 것이라고 간언했다. 덩샤오핑은 재빨리 방향을 선회, 캠페인을 억압했다.

그리고 더 공격적으로 개혁을 추진했다. 1984년 1월과 2월에 그는 모든 특별경제구역을 방문한다. 또 베이징으로 돌아오는 길에 특별경제구역 정책에 정신적인 힘을 실어 주는 발언을 한다. 그는 당 중앙위원회에서 선전 지역의 생산성을 보고 얼마나 감동했는지 이야기한다. 그는 "그리 오래 걸리지 않고도 높은 빌딩을 뚝딱 세우고 노동자들도 며칠이면 한 층을 쌓아 올렸다"며 "그들의 효율성이 높은 것은 보상과 처벌에 대한 공정한 시스템 덕분"이라고 말했다. 그는 특별경제구역이 중국 근대화에 아주 중요한 역할을 하고 있다고 굳게 믿었다. "우리 정책의 기초로 이 구역들은 경제에 이익을 가져다 주고 노동자들을 훈련시킬 뿐 아니라 세계에서 우리 나라의 영향력을 더 크게 해준다"고까지 말했다. 그는 중국 내 다른 지역으로도 특별경제구역 정책을 확대할 것을 제안했다. 덩샤오핑은 "일단 어떤 지역이 우선 부유해지면 평등주의는 더 이상 힘을 내지 못할 것"이라며 "이것이 기본원칙"이라고 말했다. 그해 7월 상하이와 광저우 같은 대도시를 포함한 열네 곳의 연안 도시들이 외국인투자를 향해 문을 활짝 열었다. 이제 중국의 고립 시대는 막을 내린다.

수갑에서 풀려난 '주식회사 중국'

1984년 개혁주의자들의 입김은 더 거세졌다. 후야오방은 「런민르바오 人民日報」에 새로운 정책을 칭찬하는 기사가 가득한 것을 봤다. 문화혁명 시절의 옛 슬로건이 되살아나 이제는 오히려 시장개혁을 지지하는 문구로 쓰였다. '옛것을 과감히 타파하고 새것을 창조하라.' 다른 신문들도 비슷한 논조였다. 어떤 신문은 개혁의 목표에 대해 '인민을 부자로 만드는 것'이라고 논평했다. 이런 분위기를 타고 개혁주의자들은 의미있는 절차를 밟기 시작한다. 상당히 중요하지만 논란의 여지가 있는 기업 개혁이었다. 덩샤오핑은 중국 내 거대한 국영기업을 뜯어 고치는 작업에 착수했다. 비참할 정도로 낮은 중국 공장의 생산성에 분개한 그는 그 속에 프로페셔널한 마인드를 불어넣길 원했다. 1978년 3차 회의 연설을 통해 "현재 우리 경제는 인력과잉, 기관 간 기능 중첩, 복잡한 절차, 극도의 비효율 등으로 이름나 있다"고 꼬집었다. 또 "모든 것이 무의미한 정치논쟁에만 빠져 버리곤 한다"고 지적했다. 그는 이런 문제를 국가주도형 시스템이 관료들에게 동기부여를 해 주지 못하기 때문이라고 봤다. 그러니 노동자들도 더 나은 성과를 내려고 하지 않는다는 것이었다. 그는 "지금 전국의 기업과 기관들이 가진 가장 큰 문제점은 아무도 책임을 지지 않는다는 것"이라고 말했다. "논리적으로는 집단책임이란 개념이 존재하지만, 이는 결국 아무도 책임지지 않는다는 걸 의미한다"는 이야기였다.

덩샤오핑은 중앙계획 시스템이 잘못됐다는 결론에 이르렀다. 소련에서 그랬던 것처럼 계획입안자가 어느 공장에서 얼마나 생산할지를 일일이 결정하는 시스템은 틀렸다는 것이다. 중국 기업들은 대부분 당이 운영한다. 그러다 보니 책임을 지는 최고경영자에 의해서가 아니라 정치적 계산에 따라 운영된다. 성과에 대한 보상이 거의 없으니 경영진이 공장의 생산성을 올리기 위해 따로 노력할 필요가 없다. 이런 문제를 풀어 갈 해법은 국영기업의 의사결정권을 정부 관료에서 해당 기업 경영진으로 옮기는 것이다. 덩샤오핑은 3차 회의 연설에서 "경영 인력의 권한을 더 확대하고 개개인의 능력에 맞게 인력을 채용하고 업무를 맡겨야 한다"고 제안했다. 간단히 말해 중국 기업들을 더욱 독립적이고 전문적으로, 결국 자본주의 식으로 운영하길 바랐던 것이다.

기업 개혁에 대한 움직임은 지방에서 시작됐다. 특히 쓰촨 성의 당 서기를 맡은 자오쯔양은 이 부분에 적극적인 선구자였다. 그는 동유럽 공산국가의 사례에서 많은 영감을 받았다. 1977년 이 지역을 방문했을 때 그는 유고슬라비아 등의 국가에서 기업의 독립 경영이 이뤄지는 것을 보며 느끼는 바가 많았다. 이듬해 자오쯔양은 그의 성 안에 있는 국영기업에 더 많은 자율권을 주는 실험을 시작했다. 중국의 공산주의 시스템에서는 대부분의 기업이 회계 처리를 제대로 하지 않았다. 수입과 이익은 그대로 국가에 귀속되고 나중에 계획입안자에게 운영을 위한 기금 형태로 되돌려주는 식이었다. 자오쯔양은 여러 과정을 거쳐 기업이 재무관리를 전적으로 책임지게 했다. 이익을 정부에 갖다 바치지 않고, 경영진이 가지고 있으면서 국가에는 세금만 내도록 한 것이다. 이렇게 유보된 이익은 투자에 쓰거나 혁혁한 성과를 낸 직원들에게 인센티브로 줄 수 있게 했다. 그 결과는 실로 놀라웠다. 프로그램에 참여한 대부분의 기업에서 생산과 이익이 엄청나게 증가했다. 한편 같은 기간 중앙정부는 국영기업의 개혁을 실험하고 있었다. 경영 자율화에 대한 여러가지 실험이 전국 수천 개의 국영기업에서 전개되고 있었던 것이다.

그러나 자오쯔양과 덩샤오핑은 곧 벽에 부딪혔다. 중앙의 계획입안자들이 반대하고 나선 것이다. 자오쯔양은 중앙계획이라는 개념 자체를 없애 버리려 했다. 개혁주의자들은 계획경제의 비중을 줄여 나갈수록 국가는 더 부유해진다고 믿었다. 소비자의 수요와 생산비용을 무시하는 계획경제는 일부 필수품에 대한 생산 과잉이나 부족을 초래해 결국 희소한 자원을 낭비하는 결과만 낳게 된다는 주장이었다. 그러나 전원 같은 보수주의자들은 덩샤오핑의 기업 정책이 국가주도형 경제라는 공산주의 개념을 근본적으로 흔드는 것이라고 비판했다. 관료들역시 개혁에 저항했다. 어떤 형태든 공장 경영진이 권한을 얻는다는 것은 그동안 이를 주물러 왔던 정부와 당 간부가 영향력을 잃게 된다는 것이었기 때문이다. 1981년 중반 보수파들은 자오쯔양이 추진하는 기업개혁 실험을 중단시키기 위해 모든 수단을 동원했다.

그러나 관료사회의 이런 강경파들이 개혁을 영원히 막을 수는 없었다. 개혁은 이미 자생력을 가지고 성장하기 시작했다. 경제에서 점점 더 많은 분야가 사유화하거나 정부의 간섭에서 벗어나게 되자, 국가가 주도하던 분야도 계속 옛 시스템만 고집할 수 없게 됐다. 특히 특별경제구역이 점점 발전하면서 외국이 투자한 기업은 숫자나 영향력, 모든 면에서 점점 커졌다. 덩샤오핑이 개혁안을 통해 자영업을 육성하면서 중국인들이 개인적으로 운영하는 기업도 넘쳐났다. 민간기업은 중앙 정부의 계획에 따라 운영되는 국영기업보다 경쟁력이나 생산성 면에서 훨씬 뛰어났다. 반면 국가가 주도하는 분야는 점점 뒤처지게 됐다.

덩샤오핑이 보수주의자들의 경제정책 아이디어를 모두 거절하면서 개혁주의자들은 점점 입지를 넓혀 갔다. 그러다 1984년 10월 큰 사건이 터졌다. '경제체제 개혁에 관한 결정(the Decision on Reform of the Economic Structure)'을 명문화해 발표한 것이다. 기업 경영자들에게 생산, 마케팅, 가격책정뿐 아니라 잉여 이익의 사용, 직원의 채용과 해고까지 전례 없는 권한을 부여한다는 내용이었다. 이 문서는 중앙의 계획입안자들에겐 그야말로 직격탄이었다. 개혁은 기업 경영에 대한 정부의 간섭을 줄여 줄 뿐 아니라 계획과 통제의 횡포에서도 해방시켰다. 「월스트리트 저널」은 이 문서를 두고 '자유시장, 수요와 공급, 반(反)복지, 정부 간섭으로부터의 탈피 등 로널드 레이건의 대선 캠프에서나 나올 법한 레토릭으로 장식돼 있었다'고 보도했다. 중국 주식회사(Corporate China)는 드디어 정부라는 수갑에서 풀려났다. 날아오르거나 추락하거나 이제 스스로 갈 길을 가게 된 것이다. 이것이 바로 시장경제를 향한 덩샤오핑의 가장 큰 걸음이었다.

따로 가는 중국의 경제개혁과 정치개혁

경제개혁에 이어 덩샤오핑은 정치개혁에 나섰다. 덩샤오핑은 민주주의에 대해 계속 이야기를 했지만 루안밍이 바라는 것처럼 링컨 식 민주주의를 뜻한 건 아니었다. 덩샤오핑은 당에서 이에 대해 더 많이 토론하길 바랐다. 그러나 당 밖에서 대중까지 그러길 바란 것은 아니었다. 그는 당의 권위를 위험에 빠뜨리는 어떤 행동도 용납하지 않았다. 만약 개혁이 정치나 사회 영역에 너무 깊이 개입해 있었다면 그는 개혁을 탄압했을지도 모른다. 덩샤오핑은 중국에서의 개혁이 결국 공산주의 체제의 혼란스러운 붕괴로 마감한 소련식 개혁의 전철을 밟지나 않을까 걱정했다. 이 부분에서 또 한 번 덩샤오핑은 싱가포르의 리콴유와 비슷한 점을 보인다. 폐쇄된 정치 시스템을 가지고 개방된 경제를 이끌어 내려고 노력했다는 점이다.

공산주의 원칙의 신성함을 지키려는 덩샤오핑의 의도를 간파하지 못한 당 간부들은 그만큼 대가를 치러야 했다. 어떤 지위에 있든, 그와 얼마나 가깝든 상관없었다. 1987년 후야오방은 당 총서기 후보 자리에서 밀려났다. 보수파들이 그가 표현의 자유를 주장한다며 맹공을 퍼부었고, 1986년 말 일어난 학생 시위에 대한 책임을 물었기 때문이다. 자오쯔양 역시 1989년 6월 일어난 톈안먼 광장 대학살에 대한 책임을 지고 축출됐다. 덩샤오핑의 통치 기간에 일어난 가장 큰 사건이다.

이 극적인 사건은 1989년 4월 후야오방이 사망한 뒤 시작됐다. 그의 자유주의 사상을 신봉하던 학생들이 톈안먼 광장에 모여 꽃을 놓고 조의를 표했다. 그러다 학생들은 정부에 개혁을 요구하기 시작했다. 더 높은 수준의 표현의 자유, 더 민주적인 정부 활동, 부패 척결 등을 내세웠다. 5월 중순에 이르러선 100만 시민이 베이징 거리로 나와 행진을 했다. 학생들만이 아니었다. 노동자, 언론인 등 다양한 계층의 사람들이 섞여 있었다. 3000여 명의 학생이 광장에서 단식투쟁에 들어갔고 대중에게 상당한 공감을 샀다. 이 시위는 상당 부분 덩샤오핑 표 개혁의 산물이었다. 그러나 학생들 역시 민주주의에 대한 덩샤오핑의 이야기를 잘못 알아들은 것이었다. 갑작스러운 경기침체와 인플레이션이 발생해 1980년대에 벌어 놓은 것을 모두 잠식했다. 불안감은 더 커졌다.

5월 17일 아침, 덩샤오핑 집에서 열린 공산당 정치국 회의에서 이 문제가 불거져 나왔다. 그는 이 위기에 대한 견해를 밝혔다.

"물론 우리는 사회주의적 민주주의 건설을 바란다. 그러나 서둘러서는 이룰 수 없다. 그렇다고 그것을 서양식으로 이루는 건 원치 않는다." 덩샤오핑은 당 지도자들에게 이렇게 말했다. "만일 1억 인민이 다당제 선거에 뛰어든다면 극심한 혼란만 초래할 것"이라는 이야기였다. 덩샤오핑은 톈안먼 광장에서 벌어진 일들이 단순한 학생 시위가 아니라, 공산주의 체제를 전복하려는 시도라고 생각했다. 그는 "사실 우리의 적은 저 학생들이 아니라 의도를 숨기고 있는 다른 사람들"이라고 말했다. 그는 중국의 경제를 지키기 위해 다시 영을 세워야 한다고 믿었다. "우리가 지금 상황을 되돌리지 못한다면, 그들이 이를 따르도록 하지 못한다면 그동안 우리가 이룬 것은 모두 사라질 것"이라며 "그렇게 되면 중국은 역사적인 퇴보를 하게 되는 셈"이라고 말했다. 그리고 충격적인 결정을 내린다. 그는 이 상황에 대해 "오래 그리고 깊이" 생각했다며, 베이징에 군대를 불러 계엄령을 선포하는 게 낫겠다고 말했다. "혼란을 평정하는 것 역시 피할 수 없는 당의 의무"라는 이야기였다.

자오쯔양은 낙담했다. 그는 덩샤오핑에게 "이 계획은 수행하기 힘들다"고 말했다. 그날 오후 덩샤오핑 없이 재개된 회의에서 자오쯔양은 자신의 생각을 밝혔다. 그는 "계엄령을 선포하는 것은 사태를 진정시키고 이 문제를 해결하는 데 아무 도움이 되지 않을 것"이라며 "오히려 일을 더 복잡하게 만들고 대립각만 세우게 될 것"이라고 말했다. 엄하게 대처하면 오히려 당이 곤경에 빠질 것이라고 생각했다. 그는

"정치적인 큰 실수를 한 번 더 저지르면 그나마 남은 우리의 정통성을 잃게 될 것"이라고 경고했다. 그리고 회의 막바지에 사표를 제출하며 "나는 더 이상 업무를 할 수 없다"고 말했다.

그의 저항은 아무런 힘도 없었다. 다음날 덩샤오핑과 당의 다른 원로들은 계엄령 선포를 고집했다. 다시 회의가 열렸고 회의는 5월 19일 이른 아침까지 이어졌다. 그날 새벽 4시 자오쯔양이 톈안먼 광장에 나타났다. 눈에는 피곤이 가득한 채 감정적이면서도 지친 모습으로 학생들에게 확성기를 대고 말했다. "우리가 너무 늦게 왔다"고 입을 뗀 그는 학생들에게 단식을 중단하라고 부탁했다. 그리고 자신들이 일을 평화적으로 해결할 터이니 광장을 비워 달라며 "미래를 신중하게 생각하라고 말할 수밖에 없다"고 말했다.

이것이 당 총서기로서 자오쯔양의 마지막 공식 행동이었다. 이 소식을 들은 덩샤오핑은 격노해서 자오쯔양에게 직무정지 처분을 내렸다. 6월 4일 탱크와 군대가 몰려와 광장에서 시위대를 몰아냈다. 이 과정에 3000여 명이 목숨을 잃었다는 추정도 있지만 공식 집계로는 수백 명이 사망한 것으로 나타났다. 이 사건은 이후 덩샤오핑의 명성에 영원한 오점을 남겼다.

그달이 지나고 자오쯔양은 자신의 행동을 당 지도부 앞에서 변호하는 과정에 왜 덩샤오핑과 다른 결정을 내렸는지에 대해 명확히 밝혔다. 그는 경제개혁과 정치개혁이 별개일 수는 없으며 정치적 변화 없이 개방경제만 이루겠다는 덩샤오핑의 구상은 실패로 돌아갈 수밖에 없다고 믿었던 것이다. 자오쯔양은 "예전엔 나 자신을 '경제적으로는 개혁주의자지만 정치적으로는 보수주의자'라고 생각했다"면서 "그러나 몇 년 전부터 이 생각이 바뀌었다. 오히려 정치개혁이 우선"이라고 말했다. "이를 우선순위에 두지 않으면 경제 문제를 해결하기 힘들 뿐 아니라 각종 정치·사회적 문제가 더 불거져 나올 것"이라는 주장이었다. 그러나 이런 변론도 그를 구하지 못했다. 그는 가택연금을 당한 채 세간의 시선에서 사라져 16년 후 생을 마감한다.

그래도 경제개혁은 계속됐고 중국 경제는 한층 더 성장하고 강해졌다. 현재까지는 정치개혁과 경제개혁이 따로 놀 수 없다던 자오쯔양이 틀린 것으로 판명됐다. 중국은 별다른 정치개혁 없이도 시장경제의 부흥을 이끌어 내고 있으니 말이다. 그러나 과연 앞으로 중국이 계속 부강해지면서도 이런 상황이 지속될지는 미지수다. 이는 이 나라가 직면한 가장 큰 과제다.

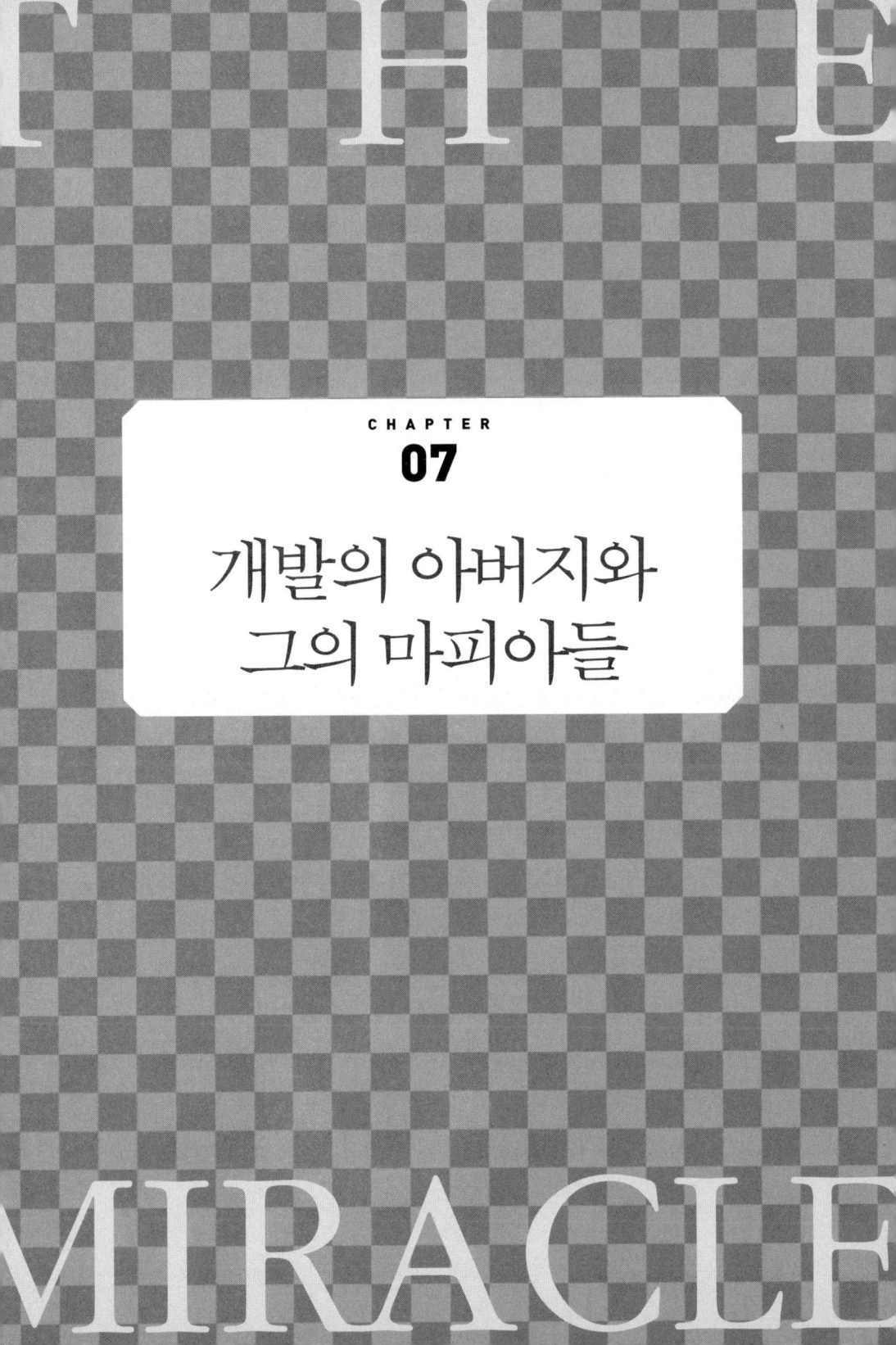

CHAPTER
07

개발의 아버지와
그의 마피아들

개발은 치열한 투쟁이다.
—수하르토

살해 협박이 계속됐다. 알리 와드하나는 최근 그의 개혁에 분노한 공무원들로부터 거의 매일 협박 편지를 받았다. 1주일 만에 거의 수백 통이 왔다. 개중에는 은근히 목숨을 협박하는 내용도 있었다. '나는 네가 언제 퇴근하는지 알고 있다.' '나는 네가 집에 가는 길을 알고 있다' 는 식이었다. 그래도 와드하나는 개의치 않았다. 무능하고 부패한 관료들에게 신경쓸 생각이 전혀 없었기 때문이다. 보디가드를 고용하거나 경찰에 경호를 요청하지도 않았다. 그는 "모든 것을 신에게 맡긴다"고만 말했다.

소동은 1985년 인도네시아의 관세청에 대한 개혁이 발단이었다. 경제 관료들은 관세청의 부패가 무역에 걸림돌이 된다고 봤다. 당시 경제조정장관인 와드하나는 경제 자유화와 수출 증대를 위한 개혁을 한창 진행하고 있었다. 경제조정장관은 경제정책 전반을 관장하는 부총리 격 자리다. 그런데 관세청이 문제였다. 당시 재무장관 라디우스 프라위로(Radius Prawiro)가 관세청을 '법 위에 군림하는 존재'라고 표현할 정도였다.

와드하나와 그의 팀은 과감하면서도 현명한 조치를 취했다. 관세청의 상당수를 폐쇄하고 차라리 스위스 기업에 위탁해 국내로 들어오는 상품에 대한 관세를 인도네시아가 아닌 현지 수출항에서 거둬들이도록 했다. 그렇게 해서 인도네시아 항구에서 자주 일어나던 관세 관련 분쟁과 노골적인 부당행위 등을 근절하려 했던 것이다. 자연히 관세청 직원들은 할 일이 없어졌고 불만이 터질 수밖에 없었다.

이 계획을 시행하려면 대통령 수하르토의 승인이 필요했다. 그는 이미 20년 가까이 대통령의 최고 경제자문역을 맡고 있었지만, 수수께끼 같은 수하르토가 새로운 정책에 어떤 반응을 보일지 도무지 짐작할 수가 없었다. 수하르토는 경제학과는 거리가 멀었다. 전직 장군으로 쿠데타를 일으켜 정권을 잡은 그였다. 그래서 종종 여러 자문역과 장관들이 제시하는 서로 다른 안을 두고 어느 것을 택해야 할지 몰라 애를 먹고는 했다. 수하르토는 자기가 바라는 것을 전달할 때도 모호하게 말했다. 직접 대면해 말하기보다는 조심스러운 힌트로 행동을 끌어내는 전통적인 자바 인 방식이었다. 그의 공식 일대기를 쓴 사람에 따르면 그의 미소는 '예스'라는 뜻도, '노'라는 뜻도, 심지어 '아마도'나 '결코'라는 의미도 될 수 있었다.

어쨌든 수하르토 역시 덩샤오핑이나 박정희, 그리고 미러클을 이끈 다른 지도자처럼 분산된 국토를 조율하고 정권의 정통성을 확보하기 위해 경제개발이 얼마나 중요한지 잘 알고 있었다. 수하르토는 '개발은 치열한 투쟁'이라고 기록했다. 또 "집에선 이를 생각하고, 사무실에선 이를 실행에 옮긴다"며 "휴식을 취하고 있을 때에도 항상 새로운 방식과 길을 구상한다"고 말했다. 수하르토는 다양한 분야를 공부한 경제부처의 와드하나와 그의 관료들이 현명한 조언을 해 준다고 믿었다. 이 그룹은 수하르토가 집권 중인 1966년에 조직되었다. 와드하나를 비롯한 핵심 멤버 대부분이 미국 버클리 대 출신이었기에 '버클리 마피아(the Berkeley Mafia)'라고 불렸다.

와드하나는 관세에 관한 새로운 정책을 설명하기 위해 수하르토를 찾아갔다. 수하르토는 그의 계획을 듣고 무릎을 쳤다. 그리고 한술 더 떠 무능한 국내 국세청 공무원들도 똑같은 방법으로 갈아치울 수 있지 않겠느냐고 물었다. 와드하나는 그럴 수는 없다고 정중하게 답했다.

수하르토의 비호 아래 와드하나는 관세청을 향해 칼을 휘둘렀다. 우선 관세청장의 목을 날렸다. 재무장관 라디우스가 그 자리를 겸했다. 두 달 뒤 스위스 기업이 들어왔고 관세청 직원 절반은 무기한 휴직 상태에 들어갔다. 그러자 협박 편지들이 쏟아지기 시작한 것이다.

이것은 '버클리 마피아'가 인도네시아의 미러클을 이루는 과정에 거둔 통쾌한 승리담 중 하나일 뿐이다. 수하르토와 버클리 마피아는 경제발전 과정에 엄청난 기록을 쏟아냈다. 1970년대 초반 인도네시아는 인구의 60%인 7000만 명 정도가 절대빈곤 상태에 있었다. 1990년에 이 수치는 전체 인구의 15%인 2700만으로 떨어진다. 1984년에는 인도네시아 역사상 처음으로 쌀 자급이 가능해진다. 수하르토는 이를 그가 이룬 여러 업적 가운데 가장 위대한 것 중 하나로 꼽으며 "모든 이가 힘을 합쳐 이뤄낸 결과"라고 말했다. 미러클을 이룬 여러 나라 가운데서도 인도네시아는 가장 성공하기 힘들 것 같은 나라였다. 그런 면에서 한국과 비슷한 상황이었다. 1960년대 중반, 라디우스가 파악하기로 인도네시아는 덩치가 큰 개발도상국 가운데 가장 산업화가 덜 된 나라였다. 인도네시아에는 현재 2억 3500만 명이 살고 있어 전 세계적으로 인구 4위의 국가다. 인종, 종교, 언어적으로 다양한 사람들이 넓은 지역에 퍼져 살고 있다. 이런 특성 탓에 인도네시아는 싱가포르나 대만, 한국처럼 통제가 잘되는 환경에서 개발하기가 불가능했다. 그런데도 태국, 말레이시아와 함께 2차 미러클을 이루는 선도국이 됐다. 이 나라의 대통령을 뽑는 총회에선 수하르토에게 '개발의 아버지(Father of Developent)' 라는 타이틀을 붙였다.

이런 성과를 내는 데는 '버클리 마피아' 가 가장 큰 몫을 한다. 이들 경제학자 그룹은 1960년대 중반부터 1980년대까지 국가의 경제 관련 요직에 포진한다. 몇 사람은 그 다음 10년도 수하르토 곁에 경제자문역으로 머문다. 기간과 연속성 면에서 놀라운 일이 아닐 수 없다. 이들 멤버의 사회적 백그라운드는 다양했지만 비슷한 교육을 받고 개인적으로 끈끈한 관계를 유지했기에 경제와 개발에 대한 통일된 관점을 유지할 수 있었다. 자유시장과 민영기업의 능력을 믿었으며 가난을 없애는 일에 초점을 맞췄다. 그리고 대만의 기술관료들처럼 정책을 만들고 바꾸는 일에 실용적이면서도 유연한 자세를 취했다. 버클리 동문이자 마피아의 핵심 멤버인 에밀 살림(Emil Salim)은 "지적인 면에서 우리는 같은 기후에서 자랐다"고 말했다.

마피아 멤버들은 후원자인 수하르토와는 여러 모로 달랐다. 그들은 도회적이면서 영어가 유창했고 외향적이며 능숙했다. 반면 가난한 농부의 아들인 대통령은 독재적이고 고전적이면서 말수가 적었다. 똑똑했지만 교육을 제대로 받진 못했다. 대통령이 된 뒤에도 그는 시골에서 살던 방식을 그대로 유지했다. 매일 아침 5시 30분 전에 일어난 그는 "농부나 군인에겐 일상적인 일"이라고 말했다. 그는 정향나무로 두른 인도네시아 특유의 크레텍 담배를 태우며 오후 시간을 보내는 걸 즐겼다. 때때로 옥수수 껍질을 말아 피우기도 했다. 가장 좋아하는 음식도 부인이 해 준, 코코넛 우유를 넣어 만든 시골식 채소요리였다. 싱가포르의 리콴유는 그를 "조심스럽고 신중하면서도 조용 조용 부드럽게 말하는, 상당히 과묵한 사람"이라고 묘사했다. 또 "미사여구로 자신을 내세우는 유형이 아니었다"고 기억했다. 그러나 "일단 마음에 정한 바가 있으면 이에 대한 반대를 용인하지 않는 거친 성격의 소유자"라고도 했다.

이처럼 구식인 장군과 능력 있는 버클리 박사들이 확고하고 끈끈한 관계가 됐다는 것은 언뜻 이해하기 힘든 일이다. 그러나 마피아들은 열린 마음을 가진 수하르토가 힘든, 어쩌면 대중이 싫어할지도 모르는 일을 기꺼이 결정할 수 있는 사람임을 알아챘다. 살림은 수하르토에 대해 "촌사람이며 제대로 교육 받지 못했다는 사실을 잘 아는 겸손한 사람"이었다며 "그러나 항상 적확한 질문을 던졌다"고 기억했다. 처음 버클리 마피아가 수하르토에게 조언할 당시, 그는 마치 학구열에 불타는 학생처럼 행동했고 회의 때면 노트와 볼펜을 손에 들고 나타났다. 와드하나는 "그는 우리가 말하는 모든 것을 받아적었다"며 "경제학이 무엇인지를 전부 이해하고 배우려 했다"고 기억했다. 수하르토와 마피아 사이에는 상호 존중과 그 이상의 개인적인 유대감이 깔려 있었다. 수하르토는 휴일이면 자바 해안의 몽키 아일랜드로 아이들과 놀러 가면서 마피아 멤버들을 불렀다. 살림은 "우리는 보스와 직원의 관계가 아니라 한가족 같았다"며 "친구로서 함께 전투를 치르면서 그는 우리를 의지하고 우리는 그를 의지하게 됐다"고 말했다.

버클리 마피아들이 비공식적인 자리에서 쓰던 말로 '촌장' 구실을 한 이가 위조요 니티사스트로(Widjojo Nitisastro)였다. 그는 그의 경력 대부분을 정부의 경제계획이사회에서 보냈다. 총명하고 겸손해서 아무 일에나 주제넘게 나서지 않았다. 와드하나의 표현에 따르면 그러면서도 정책입안자들 뒤에서 자신들의 경제학적 지식을 실제로 활용할 수 있도록 조정하던 '원동력'이었다. 위조요는 그들에게 "좋은 선생이 되는 것으론 충분하지 않다. 어떻게 하면 국민의 복지를 향상시키고 국가를 발전시킬 것인지 고민해야 한다"고 강조했다. 와드하나는 "우리가 상아탑에만 머무는 것을 그는 원치 않았다"고 말했다. 위조요가 끊임없는 인내심을 발휘해 수하르토와 그 어떤 기술관료보다도 긴밀한 관계를 유지하고 대통령에게 지대한 영향력을 끼친 것은 말할 것도 없다. 그는 또 신중한 전략가였다. 측근을 수하르토에게 보내 민감한 이슈들은 직접 이야기하도록 함으로써 각자가 대통령과 긴밀한 관계를 유지할 수 있게 했다. 살림은 자바 속담을 인용해 "위조요는 패배하지 않고 승리를 거둘 줄 아는 사부"라고 표현했다. 경제에 관한 위조요의 신념은 '친(親)시장'이었다. 다른 개발도상국의 경제학자들과 달리 그는 국가가 기업을 경영하는 것이 과연 효과적인지 의구심을 가졌으며 지역의 개발과 인류 복지, 즉 학교, 수도 시스템, 수하르토 정부가 넘칠 정도로 만들었던 시장 접근로 등에 초점을 맞췄다. 라디우스는 "그의 경력 전체를 통틀어 위조요는 항상 낮은 자세를 취했다"며 "그러나 인도네시아 경제발전의 창조자를 한 명 꼽으라면 그건 분명히 위조요다"라고 말했다.

위조요와 마피아들은 중국에서 덩샤오핑이 했던 것과 비슷한 역할을 했다. 둘 다 좌파의 입김과 결국 실패로 판명난 국가주도형 경제에서 벗어나 자신의 국민을 거대한 국제시장으로 인도했다. 중국이 그 랬던 것처럼 인도네시아도 '선도자(Early movers)'들의 경제 호황으로 부터 상당한 이익을 얻어 냈다. 일본, 한국, 대만, 홍콩 등의 기업들은 생산비용이 오르면서 초보적인 생산을 맡길 저비용 생산시설 일부를 중국의 특별경제구역으로 옮겼다. 그런 현상이 인도네시아에서도 일 어났다.

인도네시아의 미러클은 다른 아시아 국가들이 성공을 이룬 요인과 비슷한 점이 많다. 특히 중국, 홍콩, 싱가포르와 비슷하다. 인도네시아 는 다분히 수출주도형 성장과 외국인투자 덕분에 기록적인 성장을 이 룰 수 있었다. 그러나 인도네시아의 미러클은 아시아 어떤 나라의 미 러클보다 깨지기 쉬운 것으로 드러났다. 그 문제의 중심은 수하르토였 다. 다른 아시아 국가들이 미러클을 이룰 수 있었던 핵심 요소와는 동 떨어진 짓을 했던 것이다.

수하르토의 실수 중 하나는 정부 내에 정책에 대한 공감대를 형성 하지 못했다는 점이다. 이는 '선도국가'들의 성공에 매우 중요한 요소 였다. 마피아들은 수하르토가 통치하던 기간에는 개발과 관련해 오직 하나의 관점만 고집했다. 시장주도형이면서 해외시장에 초점을 맞추 는 것이었다. 다른 정책 그룹은 내부 시장에 좀더 신경쓰고 국가주도 형 전략도 채용해야 한다고 주장했다. 이들은 '민족주의자' 그룹으로 불렸다. 그런데 마피아들과 민족주의자들은 동시에 제3의 파벌과 치 열한 다툼을 벌였다. 그들은 '크로니(cronies, 정실)'라고 불리는 이들이 었다. 기업인들로 구성된 이 집단은 무역과 생산에 대한 독점권 등 자 신들만의 이익을 위해 대통령을 압박했다. 결국은 시장을 왜곡하고 인 도네시아의 경쟁력을 갉아먹으며 애써서 경제를 열어 놨던 마피아들의 노력에 역행했다. 살림은 "모두 수하르토의 관심을 끌기 위해 치열하게 싸웠다"며 "그야말로 아이디어 전쟁이었다"고 말했다. 때로는 마피아들이 수하르토의 신임을 얻어 국제시장으로 방향을 맞췄다가, 마피아들이 밀리게 되면 경제정책 전체가 방향을 틀곤 했다. 덩샤오핑과 달리 수하르토는 당파 간의 다툼 속에서 명확한 노선을 제시할 필요가 있을 때도 웬만해선 자신의 정치적 파워를 사용하지 않았다. 이런 갈등이 지속되자 마피아들은 항상 적들에게 포위돼 있다는 피해의식을 갖게 됐다. 또 국가의 미래를 위해 죽느냐 사느냐 하는 혈투를 벌이고 있다고 믿었다. 와드하나는 "당시 많은 사람이 우리에게서 등을 돌렸다"고 말했다.

이렇게 볼 때 인도네시아의 사례 역시 과연 권위주의적 지배가 빠른 발전을 위한 선결조건인지 다시 생각해 보게 한다. 물론 수하르토가 자신의 정치적 권력을 바탕으로 빠르고 분명한 결정을 내린 것은 사실이다. 한국의 박정희나 대만의 장제스가 그랬던 것처럼 말이다. 그러나 그 결정이 항상 옳았던 것은 아니다. 수하르토는 경제정책에 관해 뚜렷한 생각이 없었다. 그저 스모거스보드(smorgasbord, 여러 종류가 한 접시에 담겨 있는 바이킹식 음식)에서 맘에 드는 것을 골라 먹듯, 서로 경쟁하는 여러 정책 가운데서 택할 뿐이었다. 그렇지만 독재자였기에 그의 결정 없이는 정책이 수립될 수 없었다. 그 결과 때로는 성격이 전혀 다른 정책들이 한꺼번에 등장하기도 했다. 심지어 어느 정파에 대한 수하르토의 호불호 때문에 그간의 정책 방향이 원점으로 되돌려지는 경우도 있었다. 국가주도형 개발, 시장의 힘과 세계화에 대한 수용, 정계와 재계의 협력 등 아시아의 경제발전을 가져온 요소들이 이곳에선 서로 협력하기보다는 우위를 점하려고 치열하게 싸웠다. 더 심각한 것은 수하르토가 때로는 국가보다 자기 가족이나 친구들의 이해를 먼저 생각했다는 점이다. 이런 면에서 수하르토의 1인 통치는 전반적인 경제성장에 득(得)보다 실(失)로 작용했다.

수하르토, 신질서를 세우다

유년기의 수하르토를 보면 그렇게 막강한 권력과 책임을 지는 인물이 될 것 같지 않았다. 1921년 6월 8일, 자바 섬의 케무숙이라는 외딴 마을의 그다지 화목하지 않은 가정에 태어난 것으로 그의 인생 여정은 시작됐다. 수로 관련 공무원인 그의 아버지는 도박에 빠져 나이 어린 부인과 항상 다퉜다. 결국 둘은 이혼했다. 그는 새로 태어난 아들에게 자신의 희망을 담은 이름을 붙였다. 수하르토라는 이름은 '더 많은 재산(better wealth)'이란 뜻이다.

어머니는 건강이 좋지 않아 모유를 먹일 수가 없었다. 그래서 수하르토는 태어난 지 한 달째부터 대고모가 키웠다. 이후 몇 년간이 수하르토의 인생에서 가장 행복한 시간이었다. 그는 종종 대고모부를 따라 논에 갔다. 수하르토는 "대고모부는 어느 때는 나를 업고 일을 했고 내가 어느 정도 자란 후에는 쟁기를 줘 논을 갈게 했다"고 기억했다. 그에겐 "정말 재미있는 경험이었고 인생에서 가장 소중한 시간"이었다. "물소가 끄는 쟁기에 올라타 이리저리 방향을 바꾸기도 했다. 논에 뛰어들어 물장구를 치거나 진흙을 뒤집어쓰고 놀았다"고 말했다. 논바닥에서 뱀장어를 잡아 먹기도 했는데 그의 인생을 통틀어서 가장 맛있는 음식이었다. 그는 네 살이 될 때까지 한 번도 바지를 입지 못했다. 그러다 어머니가 그를 데리러 왔고 이후 전혀 다른 가족과 함께 유년기를 보낸다. 그는 대도시인 요기야카르타(Yogyakarta)에서 학교를 다녔다. 다른 가난한 학생들과 마찬가지로 맨발로 운동장을 뛰어다니며 놀았다.

1939년 중학교를 졸업한 뒤, 더 이상 학비를 댈 수 없어 은행에 취직한다. 그러나 얼마 일하지 않아 불행한 사건으로 그만두게 된다. 자전거를 타다가 직장 유니폼인 사롱(sarong, 자바 섬 전통의상)이 찢어졌는데, 돈이 없어 다시 살 수 없었던 것이다. 그는 '내 미래가 처참하게 느껴졌다'고 기록했다. 젊을 때 겪었던 박탈감은 추후 대통령이 된 뒤 그가 내린 경제정책에 큰 영향을 끼쳤다. 그는 "국민을 고난에서 구하겠다는 생각과 소망을 품게 된 것은 이런 경험 때문"이라며 "나는 그것이 무엇인지 잘 알고 있으며 그것을 헤쳐 왔다"고 말했다.

진로에 대한 선택의 여지가 거의 없던 그는 네덜란드 군대에 입대, 사관생도가 됐다. 여기서 공부를 하던 중 2차 세계대전이 터졌다. 일본이 네덜란드가 통치하던 아시아 여러 나라를 공격했고 네덜란드 군은 곧 항복해 버렸다. 다시 실업자가 된 그는 일본군이 조직한 국민군에 들어갔다. 그곳에서 수하르토는 상관인 일본인을 극도로 혐오하게 됐다(물론 그들로부터 월급을 받는 신분이었지만 말이다). 일본군 장교들은 현지에서 뽑힌 군인들을 혹독하게 대했다. 그는 "일본의 폭압은 결국 젊은 인도네시아 청년들 마음속에 '나라는 스스로 지켜야 한다'는 마음만 불타오르게 했다"고 기억했다.

수하르토는 오래지 않아 이를 행동에 옮길 수 있는 기회를 잡았다. 전설적인 지도자 수카르노(Sukarno)가 이끄는 인도네시아 독립운동 세력이 조직된 것이다. 가장 큰 목소리로 반식민운동을 펼친 신흥국 지도자 수카르노는 인도네시아 대중에게는 신화적인 존재였다. 그가 전국을 다닐 때면 수십만 군중이 '카르노 형제'를 외치며 잠시나마 그를 보려고 몰려나왔다. 일제가 패망하면서 이 독립운동 진영은 더 큰 힘을 가지게 됐다. 1945년 8월 17일, 일본이 항복을 선언한 이틀 뒤 수카르노는 자카르타의 자택 앞에 나왔다. 그리고 아주 단촐한 행사였지만 인도네시아 공화국의 독립을 선포하는 두 줄의 선언문을 낭독했다. 사실 수하르토는 이런 민족주의 운동에 전혀 개입하지 않았다. 그러나 수카르노의 선언을 듣고 그는 조국을 지키는 데 헌신하기로 맹세한다. 그는 군 장교들을 불러 모았다. 이들은 나중에 새로 결성되는 국민군에 편입된다. 인도네시아로선 그의 도움이 절실했다. 네덜란드가 수카르노의 독립 선언을 무시한 채, 영유권을 주장하며 쳐들왔기 때문이다. 1949년 12월까지 국민군과 네덜란드 군은 맞붙어 싸웠다. 결국 워싱턴의 압력을 받은 네덜란드가 한발 물러나 인도네시아의 독립을 인정하면서 전쟁은 일단락됐다. 수하르토는 1950년까지 이어진 분쟁 중에 혁혁한 공을 세우며 고속 승진을 했다. 1965년 마침내 그는 최고위 장군 중 한 명이 됐다.

어느 날 잠을 자던 수하르토는 불현듯 정치를 해야겠다고 생각한다. 수카르노 체제 하에서, 최근 세력을 넓히고 있는 공산당과 군대 간에 정치 권력을 둘러싼 경쟁이 계속되는 상황이었다. 그러던 1965년 9월 30일 밤, 기습작전이 벌어졌다. 좌파 성향의 젊은 장교들이 군대 최고위층을 은밀히 공격한 것이다. 자카르타의 군 통제권을 쥐고 있던 상관 6명이 처형됐다. 그날 새벽 4시 30분 TV 긴급뉴스를 통해 도심에서 울리는 총성을 들은 수하르토는 잠자리에서 벌떡 일어났다. 그리고 군복을 입고 지프에 올라 본부로 향했다. 수하르토는 '9월 30일 운동'임을 자처하던 반란세력의 지도부를 잘 알고 있었다. 그는 고위장교회의에서 "이들은 공산주의자로 국가 권력을 쥐려는 것이다. 우리가 맞서 싸우지 않는다면 무기력하게 죽음을 맞게 될 것"이라고 역설했다. 그리고 왕실 군대를 이끌고 국영 방송국을 탈환한 후 공군기지 근처에 있던 반란군 기지로 향했다. 이튿날 아침 수하르토는 수도를 탈환하고 '9월 30일 운동'은 자취를 감췄다. 실패로 끝난 이 쿠데타에서 공산당이 어떤 역할을 했는지 밝혀지지 않았지만, 군대와 군을 지지하는 시민들은 공산주의자들에게 마구 폭력을 휘둘렀다. 이후 몇 년 동안 좌파 인사 40만 명이 살육된 것으로 추정된다. 미국 중앙정보부(CIA)는 이를 두고 "20세기에 일어난 가장 끔찍한 대량 학살 중 하나"라고 했다. 수하르토는 나중에 "나의 최우선 의무는 공산주의자들을 파괴하는 것이며 어느 곳에서라도 그들의 저항을 분쇄하는 것"이라고 말했다.

공산주의 세력이 무너지자 수카르노의 영향력도 확 줄었다. 이윽고 대통령과 수하르토 간에 권력싸움이 시작됐다. 수하르토는 여전히 인기가 높은 현직 대통령을 조심스럽게 공략했다. 한 회의에서 수카르노는 수하르토에게 물었다.

"나에게 무슨 짓을 하려는 건가?"

수하르토가 공손히 대답했다.

"저는 단지 우리가 가장 존중하는 국민에게 제대로 경의를 표해야 한다고 배웠을 뿐입니다."

1966년 1월, 빠른 속도로 악화되는 경제 상황을 바로잡기 위해 수카르노는 기름값을 올리고 화폐 가치를 절하했다. 그러자 수카르노 체제의 근본적인 개혁을 바라는 대규모 학생 시위가 시작됐다. 그해 3월 11일 군부가 나서기로 결정했다. 학생들은 대통령궁을 포위했고, 수카르노는 슬리퍼를 신은 채 내각회의를 주재하고 있었다. 그때 그에게

쪽지가 전해졌다. 궁을 포위한 게 학생만이 아니라 군인들도 가세했다는 내용이었다. 패닉 상태에 빠져 회의를 중단한 수카르노는 헬기를 타고 자카르타 남부의 산악 도시 보고르(Bogor)에 있는 대통령 휴양지로 도망쳤다.

같은 날 세 명의 장군이 헬기를 타고 보고르로 가 수카르노를 만났다. 그들은 막 수하르토의 집에서 오는 길이었다. 이런 극적인 사건이 벌어지는 동안 수하르토는 독감에 걸려 집에서 쉬고 있었다. 그는 세 명의 장군을 보내 수카르노에게 안부를 전하며 "나를 믿어 준다면 이 상황을 직접 해결하겠다"는 의사를 밝혔다. 수카르노는 장군들에게 시위가 벌어질 때까지 내버려둔 수하르토를 비난했다. 그리고 상황이 어떻게 되겠느냐고 물었다. 잠시 침묵이 흐른 뒤, 일행 중 아미르 마흐무드 장군이 입을 뗐다. 수카르노가 양보해 수하르토와 함께 통치해야 한다는 것이었다. 이들은 수하르토에게 국가의 안보권을 일임한다는 내용의 명령서 초안을 작성했다. 이를 꼼꼼히 읽은 수카르노는 '알라의 이름으로'라고 말하며 명령서에 서명했다.

특별한 의식도 없이 이 서명만으로 수카르노의 시대는 막을 내렸다. 비록 공식적으로는 2년 더 대통령직을 유지했지만 실질적인 대통령 권한을 수하르토에게 모두 넘겼다. 수하르토 휘하의 정부는 스스로를 '신(新)질서(the New Order)'라고 불렀다.

버클리 경제학을 접목시킨 마피아

수하르토는 권력과 함께 거의 파산 지경인 경제도 물려받았다. 수카르노와 그의 좌파 지지자들은 나라를 사회주의로 이끄는 외에 국제 경제와도 거리를 두었다. 정부는 외국인투자자들의 자산 대부분을 국유화했으며 쌀이나 석유 같은 생필품에는 보조금을 지급했다. 또 국영기업 체제를 선호했는데 이런 과정에 엄청난 재정 적자가 쌓이기 시작했다. 그러자 외채 문제가 불거졌다. 처음엔 서양 국가에서 빚을 들여오다가 점차 사회주의 국가에 손을 벌리기 시작했다. 수카르노가 자본주의를 피했던 것은 뿌리 깊은 반식민 정서 때문이다. 유럽 열강들로부터 자유를 얻기 위해 치열하게 싸우던 국가들 입장에서 서양 주도의 자유시장 시스템에 편입된다는 것은 썩 내키지 않는 일이었던 것이다. 그러나 1965년에 이르자 인도네시아 경제는 벽에 부딪혔다. 인플레이션 율이 650%까지 치솟고 외환보유액은 바닥을 드러냈다. 중앙은행은 신용장에 대한 지급불능을 선언했다. 라디우스는 '인도네시아가 식민지의 구속에서 막 벗어났지만 여러 실정(失政)으로 인해 국가 자체는 오히려 수세기 전 식민지 이전 상태의 경제 수준으로 퇴보했다'고 기록했다.

이런 절체절명의 순간에 위조요와 그의 마피아들이 정책 입안을 주도하게 된다. 이들은 준비된 팀이었다. 1950년대 후반 버클리에 있던 인도네시아 인 그룹은 매주 모여 모국의 발전 전략을 논의했다. 예산 정책부터 물류 시스템까지 다양한 분야의 문헌을 읽으며 공부했다. 또 그들은 버클리에서 배운 고전경제학 이론을 바탕으로, 자유방임사상을 인도네시아 경제 현실에 접목시키려 했다. 그 결과물 중 하나가 '상부상조'를 뜻하는 '고통로용(gotong royong)'이다. 인도네시아 농촌 생활의 기초였던 고통로용은 필요한 것이 있을 때 시골 마을끼리 서로 돕는 것을 뜻한다. 이것이 인도네시아 경제정책을 만들어 가는 '자생적인' 사상적 기반이 됐다. 라디우스는 "사회적 책임을 지고 개개인의 복지를 위해 함께 나서되, 그러면서도 자유시장경제의 정신을 지킴으로써 인도네시아 경제정책의 '자생적' 사상 기반이 됐다"고 설명했다. 급속한 산업화를 이룬 일본, 한국, 그리고 다른 호랑이 국가들의 선례도 버클리 마피아들에게 영향을 줬다. 특히 성장을 이루기 위해 수출주도형 정책을 도입했던 것에 관심을 가졌다. 이들 이웃 국가의 정책을 액면 그대로 수용하기엔 인도네시아라는 나라가 너무 크고 또 가난했지만 말이다. 그래서인지 인도네시아가 미러클을 이룬 방식을 살펴보면 일본이나 한국보다는 오히려 중국이나 홍콩, 싱가포르와 더 비슷하다. 통산성 스타일의 산업정책이 아니라, 교역과 외국인투자가 성장의 주요 동력이었던 것이다.

수하르토가 집권하자마자 마피아들은 자신들의 이론을 실행에 옮기기 시작했다. 1960년대 초반 위조요, 살림, 와드하나를 비롯한 몇몇 마피아 멤버가 버클리에서 돌아오자 군에선 이들에게 장교학교의 경제학 강의를 맡겼다. 이곳에서 그들은 훗날 '신질서'의 주축이 되는 장군들과 친분을 쌓는다. 수하르토 역시 짧은 기간이지만 이들에게 배웠다. 당시만 해도 마피아들 대부분은 그를 잘 알지 못했다. 1966년 8월 반둥(Bandung)에서 신질서 회의가 열리면서 이들 관계가 크게 달라진다. 장군들은 마피아들을 불러 새로운 국가에 필요한 경제 아이디어를 물었고, 그들의 목표가 자신과 같다는 사실에 깊은 인상을 받은 수하르토는 마피아들을 경제정책 자문팀으로 삼고 조언을 구했다. 수하르토는 인도네시아 경제를 다시 일으켜 세우는 데 이를 백분 활용했다.

마피아들은 과거의 유산을 부숴 버릴 계획을 세웠다. 사회주의 · 국영기업 · 민족주의적 정책 등이 퇴출되고 대신 자유시장 · 외국인투자 등이 그 자리에 들어섰다. 그들의 첫째 과제는 인플레이션을 진정시키는 것이었다. 이를 위해선 정부 지출을 줄여야 하는데, 이를 줄이면 덩달아 수요가 감소해 경기가 침체에 빠질 염려가 있었다. 그것은 더 고통스러운 상황을 유발할 수도 있었다. 그들은 전반적인 경제성장을 유지할 수 있는, 아니 가속화할 수 있는 방안을 고안했다. 그것은 인플레이션과 싸우면서 동시에 일정 형태의 지출을 과감히 줄여 나가는 것이었다. 이를 위해 정부에서 나가는 돈은 틀어막는 대신 금융기관들로 하여금 새로운 성장동력이 될 수 있는 특정 산업군에 자금을 대주도록 했다. 중앙은행은 투자를 촉진하기 위해 상업은행에 시장 이자율 이하로 돈을 빌려 줬다. 라디우스의 설명에 따르면 이 정책의 목표는 "무(無)의 상태에서 새로운 구매력을 창출하는 것"이라고 했다. 이 정책에 대해 '정통이 아니라 급진적'이라는 비판도 뒤따랐다. 라디우스는 "어떤 사람들에겐 이 아이디어가 터무니없는 말로 들릴 수도 있었다"고 인정했다. 그러나 "경제 계획을 짜는 입장에서는, 성장 없는 안정은 올림픽 경기에서 4등을 하는 것과 같다"며 "메달도 없고 축하 퍼레이드도 없으며 단지 패배자일 뿐이다. 심지어 경제 팀을 비롯한 그 누구도 정책이 제대로 작동하고 있는지 알 수 없다"고 말했다.

마피아는 자신들의 계획을 수하르토에게 세일즈해야 했다. 일단 사회주의에서 벗어난다는 것에는 이견이 없었다. 그는 수카르노가 집권한 동안 나타난 무질서가 경제를 망쳤다고 비난했다. 수하르토는 '사회적으로나 경제적으로 내리막길을 걸은 것은 경제가 좋아지지 않았기 때문'이라고 기록했다. 그는 경제성장이라는 게 결국 신질서에 대한 충성심을 키우면서도 국가 자체를 부강하게 하는 길이라는 사실을 깨닫게 됐다. 그래서 "신질서는 경제발전을 항상 최우선순위에 둬야 하며 경제적인 진보가 있어야 넓은 의미에서 국가 재건도 가능한 일"

이라고 밝힌 바 있다. 박정희나 장제스, 리콴유가 그랬듯 수하르토가 숫자부터 어마어마한 자국민의 복지 향상에 힘썼던 것은 아마도 그가 그토록 증오하던 공산주의자들과의 싸움에서 유리한 고지에 오르기 위해서였을 것이다. 수하르토의 오랜 친구인 밥 하산(Bob Hasan)은 "그는 항상 공동체와 국민, 농촌에 관심을 뒀다"고 기억했다. "만약 사람들이 가난해진다면 공산주의에 기댈 것"이란 이유였다. 라디우스는 "신질서는 존재 이유를 인도네시아 경제 재건에 뒀다"며 "만약 이에 실패할 경우 신질서의 신뢰도와 지지기반을 모두 잃게 될 처지였다"고 말했다.

마피아가 제안한 몇몇 정책은 새로운 체제를 정치적으로 위험에 빠뜨릴 수도 있는 것이었다. 그중 가장 민감했던 게 소비재에 대한 보조금 지급을 중단하는 것이었다. 와드하나에 따르면 당시 정부는 석유값을 일정 수준으로 유지하느라 너무 많은 돈을 쏟아 붓고 있었다. 그래서 '석유가 얼음물보다 싸다'는 이야기가 나올 정도였다. 보조금을 중단하면 예산 운용에 숨통이 트일 것은 분명했지만, 대중의 분노를 살수도 있는 노릇이었다. 심지어 정치적 불안도 야기할 수 있었다. 그래도 마피아는 이를 강하게 주장했다. 와드하나의 증언에 따르면 마피아 팀은 수하르토에게 "이 일을 꼭 해야 한다. 그러지 않으면 경제가 돌이킬 수 없는 침체 상태에 빠질 것이다"라고 경고했다.

결국 수하르토는 마피아의 계획을 승인했다. 와드하나는 "경제 팀이 독자적으로 이런 일을 해낼 수는 없는 법"이라며 "이런 일에는 항상 정책을 뒷받침해 줄 강한 인물이 있어야 한다"고 말했다. 결국 인도네시아가 이런 유의 비인기 정책을 펼 수 있었던 것은 수하르토가 있었기 때문이다. 1966년 10월, 경제 안정화를 위한 첫 번째 조치가 취해졌다. 기술관료들은 이런 단호한 조치들을 외국인 채권자들에게 소개하며 부담스러운 채무구조를 개선하는 데 활용했다. 마피아들은 이들의 노력을 뒷받침하기 위해 1967년 새로운 투자 관련법을 내놨다. 이 법은 또 한 번 외국인투자자들의 환영을 받았다. 심지어 정부는 수카르노 시절 국유화했던 외국투자자들의 자산을 환원시켜 일부를 이들에게 되돌려주기도 했다.

이처럼 논쟁을 일으킬 법한 마피아의 정책들이 점점 성과를 거두기 시작했다. 1969년에 이르자 인플레이션은 10% 아래로 떨어졌다. 그러면서도 경제는 성장을 거듭했다. 1966년과 1970년 사이 국내총생산(GDP)은 매해 5.8%씩 튼튼한 성장세를 보였다. 와드하나는 이런 초창기 조치들을 '성공적인 경제정책의 시발점'이라고 불렀다. 수하르토와 그의 마피아들이 인도네시아를 미러클로 향하는 길 위에 올려 놓은 것이다.

하비비 vs. 마피아

다음 20여 년 동안 마피아들은 경제와 관련한 국가의 요직을 움켜쥐었다. 알리 와드하나는 1968년부터 1983년까지 재무장관으로, 이후 5년간은 경제조정관으로 일했다. 무역·산업·환경 부처의 요직은 물론, 중앙은행 수장과 경제계획 부처의 최고위직에도 마피아 멤버나 그들의 추종자들이 두루 포진했다. 마피아들은 수하르토와 신질서세력의 비호를 받는 듯한 상황이었다.

그렇다고 마피아가 경제정책에 관해 전권을 휘두른 건 아니었다. 그것은 수하르토가 움켜쥐고 있었다. 간혹 그는 마피아의 자유시장 노선에 반대하는 이들의 목소리에도 귀를 기울였다. 그중에서도 가장 큰 영향력을 가진 이가 민족주의 진영의 수장인 바차루딘 유수프 하비비(Bacharuddin Jusuf Habibie)였다. 하비비와 수하르토는 1950년 처음 만났다. 당시 수하르토는 동쪽에 있는 섬 술라웨시(Sulawesi)에서 반란군을 진압하는 부대에 속해 있었다. 하비비의 집은 수하르토의 부대가 주둔한 곳 건너편이었다. 하비비의 어머니는 원래 자바 섬 출신이라 종종 군사들을 불러 자바 어로 여러 가지 이야기를 들려주었다. 수하르토는 '하비비네 분위기가 우리로 하여금 진짜 고향에 와 있는 것처럼 느끼게 했다'고 기록했다. 당시 10대였던 하비비는 인도네시아에서 가장 뛰어난 엔지니어가 되는 게 꿈이었다. 그는 1955년 독일로 떠나 아헨 공대에 입학했다. 그리고 훗날 MBB(Messerschmitt-Bolkow-Blohm)로 합병된 독일계 항공기 제작회사에 들어갔다. 재주가 많은 하비비는 여기서 항공기 디자인 분야에서 중요한 업적을 세우고 부사장이 돼 기술 분야를 진두지휘한다. 그는 독일의 항공기 산업에 종사하면서 독일이 경제적 기적을 이루는 과정을 지켜봤다. 그리고 이 경험은 경제개발에 대한 하비비의 철학을 형성하는 데 기여했다. 인도네시아를 개발하는 데 성장과 기술을 접목시켰던 것이다.

두 사람은 하비비가 독일에 있을 때도 꾸준히 연락을 주고받았다. 1970년 수하르토가 독일을 방문했을 때 둘은 다시 만났다. 그때 대통령은 하비비에게 "국가와 국민에게 도움을 줄 수 있는 분야에서 경험과 지식을 넓히라"고 충고했다. 3년 뒤 수하르토는 하비비에게 서신을 보내 귀국할 시기가 됐다고 전했다. 그리고 한 달 뒤인 1974년 1월 하비비는 귀국한다. 수하르토는 그에게 "혁명을 일으킬 만한 계기가 없는 인도네시아인 만큼, 무엇이든 하고 싶은 대로 해보라"고 말했다.

하비비의 경제관은 마피아들과 정면으로 부딪쳤다. 위조요와 와드하나, 그리고 다른 동료들은 인도네시아를 세계경제에 편입시키고 세계화의 힘을 활용하고자 했고 하비비는 마피아의 전략에 산업정책과 관련된 내용이 부족하다고 생각했다. 마피아들의 구상에 따를 경우 인도네시아는 싼 노동력과 천혜적인 요소들 덕에 성장을 이룰 수 있을 터였다. 그러나 이런 성장방식은 금세 동력을 잃을 것이라고 생각했다. 인도네시아가 계속 성장하려면 첨단기술 산업을 육성하고 일본 통산성 방식대로 '승리자'를 선발해 전략산업을 키워야 한다고 주장했다. 그래야 인도네시아가 비교우위를 가질 수 있을 거란 생각이었다. 하비비는 국가의 역할을 확대해서라도 한국의 박정희가 성공시켰던 산업개발 방식을 인도네시아에서도 꽃피우고자 했다. 그는 민간분야에선 장기적 관점의 투자가 불가능하며 국가가 이를 선도해야 한다고 봤다. 일단 정부가 운영하는 기업에서 많은 기술자, 전문가들을 훈련시키면 이들이 각 분야로 진출해 첨단기술의 붐을 일으킬 것이라고 생각했다. 1993년 하비비는 이렇게 말했다.

"고부가가치의 첨단산업을 육성하는 것이 단숨에 빠른 성장을 가져다 주진 않는다. … 그러나 장기적으론 우리 경제가 국제적 노동기지 역할에서 벗어나게 해 국가적 이익이 차곡차곡 쌓이게 될 것이다."

그는 첨단산업을 인도네시아 경제의 기조로 바꾸기 위해 '아시아 모델'적인 요소들을 들여오려 했다.

하비비가 돌아오자 수하르토는 그를 국영 석유회사 페르타미나 (Pertamina)의 선진기술부문 수장으로 앉혔다. 1978년 막대한 해외부채로 페르타미나가 부도를 내고 마피아에 도움을 청했을 때, 수하르토는 하비비를 기술연구부 장관으로 임명한다. 그곳에서 하비비는 군수, 통신, 철강, 중장비 등 정부 소유의 국영기업 10곳을 세우고 직접 관리했다. 이 모든 기업은 정부 자금을 거의 무제한적으로 지원받았다. 그는 또 첨단기술산업계획위원회를 통솔했다. 마피아들이 이끄는 경제계획이사회와 경쟁관계에 있는 조직이었다. 하비비의 계획에 반대하던 위조요와 와드하나, 그리고 그 동료들은 이를 가로막기 위해 모든 영향력을 동원했다. 그들 생각에 이제 막 먹고 살기 시작한 나라에서 하비비가 좋아하는 첨단산업을 주력으로 삼는 것은 시기상조였다. 게다가 국가가 전면에 나서서 새로운 산업을 세운다는 것도 썩 탐탁지 않았다.

그러나 이미 귀를 막아 버린 수하르토에게는 마피아의 간언이 들리지 않았다. 하비비와 수하르토의 끈끈한 인연은 위조요 등 마피아와 대통령 간의 커넥션과 경쟁관계에 놓이기도 하고, 때로는 이를 능가하기도 했다. 수하르토의 기록에는 '하비비는 나를 아버지처럼 여긴다'는 내용도 있었다. 하비비는 자기 생각을 대통령에게 어떻게 세일즈해야 하는지 잘 알았다. 그는 항상 겸손한 자세를 취하면서도 기술적 전문성을 바탕으로 한 뛰어난 화술로 독재자를 매료시켰다. 수하르토는 하비비에 대해 '자신이 가장 잘 알고 있는 사람이라고 내세우지 않았다'며 '내게 무언가를 보고할 때면 나와 함께 몇 시간씩 보내곤 했는데, 이는 내가 중요하게 여기는 게 무엇인지, 내 생각은 어떤지 이해하기 위해서였다'고 기록했다.

하비비가 성공한 비결 가운데 가장 중요한 것은 거대 프로젝트에 대한 생각이 수하르토와 같았다는 점이다. 박정희처럼 수하르토 역시 중공업 분야에 큰 관심을 보였다. 아마 박정희와 마찬가지로 군 출신이었기에 철강산업을 키우는 것이 국방에 유리하다고 생각했을 것이다. 나아가 그는 산업화된 인도네시아는 곧 '평화로운 통일 인도네시아' 와 같은 개념이라고 믿었다. 수하르토는 '인도네시아는 반드시 하나의 국가라는 정체성을 가져야 한다' 며 '그러기 위해선 우리만의 전략산업을 육성해 외국 자원에 의존하는 것에서 탈피해야 한다' 고 기록한 바 있다. 개발과 관련해 수하르토는 점점 더 하비비의 관점에 기대게 됐다. 하비비의 계획에 비해 시장중심적인 성장과 소규모 민영기업 활동을 바탕으로 한 마피아의 철학은 매력적이지도, 오래 지속되지도 않을 것 같았다. 수하르토는 '역사를 보면 오직 과학과 기술이 지배할 때 국가가 전진할 수 있었다' 고 기록했다. '천연자원이 아무리 많아도 수준 높은 삶과 폭 넓은 복지 프로그램을 시행하기에는 부족하다' 는 이야기였다. 또 하비비 스타일의 산업개발 방식을 고려하게 된 이유는 "과학 · 기술 면에서 영원히 다른 나라에 의존해야 하는 신세가 될 수 있다는 문제점을 자각했기 때문"이라고 설명했다. 이에 대해 에밀 살림은 수하르토가 자신의 유산을 신경 쓰는 것이라고 평가했다. 팜유 농장보다는 군수 공장을 지어 좀더 웅장한 업적을 남기고 싶어 했다는 것이다. 그는 "지도자들은 항상 같은 일을 겪는다"며 "자신의 이름이 영원히 기억되길 바란다"고 말했다. 하비비의 계획은 이런 그의 욕심을 채워 주기에 딱 맞았던 셈이다.

하비비의 영향력이 얼마나 대단했는지를 보여주는 상징적인 사건이 있다. 인도네시아가 비행기를 개발하려 했던 것이다. 이 아이디어는 하비비가 독일에서 돌아온 뒤 수하르토와 면담을 할 때 나왔다. 하비비가 먼저 항공우주에 관한 자신의 전문성을 살려 항공기업을 시작해 보자고 제안했던 것이다. 수하르토는 이 계획을 그 자리에서 수락했다. 처음엔 페르타미나가 이 프로젝트를 후원했으나 부도가 난 뒤 새로운 국영기업 누르타니아 항공산업(Nurtania Aircraft Industry)이 넘겨

받았다. 하비비를 수장으로 1976년 설립된 누르타니아 항공산업은 훗날 IPTN으로 사명을 바꿨다. 하비비는 부품 제조 등 이 산업에 필요한 중간 단계를 모두 건너뛰고 완제품 조립에만 초점을 맞추었다. 처음에는 유럽 기업 세 곳에서 디자인한 비행기와 헬리콥터를 조립하는 라이선스를 확보했다(그중에는 그가 예전에 일하던 MBB도 포함됐다). 1979년 그는 한 스페인 기업과 항공기의 디자인, 개발, 생산을 함께 하기로 계약했다. 그리고 1983년 40석 규모의 CN-235라는 인도네시아 산(産) 비행기를 만들었다. IPTN의 생산 라인에서 나온 첫 제품이었다. 수하르토는 하비비의 비행기에 매료됐다. 그리고 1990년대 중반에는 IPTN이 4만 명의 직원을 둔 기업으로 클 것이라고 기대했다. 수하르토는 '과연 어떤 정부에서 이런 산업을 주도할 수 있겠는가. 아마 없을 것'이라며 막 성장하는 이 회사를 지원하기 위해 하비비의 비행기를 구매하는 것을 최우선 과제로 삼았다. 그는 '비록 완벽하지 못해도 우리가 만든 제품을 사주는 게 우리의 의무'라고 기록했다.

크로니 vs. 마피아

마피아들은 하비비와 일전을 벌이는 한편 '크로니(cronies)'들과도 싸워야 했다. 크로니는 이 나라에서 소수인 화교 출신 기업인으로 구성된 집단으로 수하르토와 친밀함을 이용해 어마어마한 제국을 건설하고 있었다. 수하르토는 그들에게 재정문제를 부탁할 정도였고, 가족 중에는 '크로니'의 사업에 직접 관여하는 사람도 있었다. 이로 인해 상당한 비효율이 생겼으며 이는 마피아들의 골칫거리였다. 심하게는 신질서 자체를 위협하는 존재였다.

크로니의 대표적 인물이 모하마드 밥 하산(Mohamad Bob Hasan)이었다. 중국인 가정에서 태어난 그는 어린 나이에 이슬람교로 개종한 뒤 한 고위 장성의 수양아들로 들어간다. 그 장군은 1950년대 중반 중부 자바 지역에서 수하르토의 상관으로 있던 인물이다. 하산은 이 기간에 사업하는 법을 배웠다고 기억했다. 당시 군대는 지역 경제의 상당 부분을 좌지우지했다. 하산은 자신이 있던 지역의 장교들이 벤처 기업을 창업해 운영하는 것을 도왔다. 수하르토와 하산은 밀수에 관여해 물의를 빚기도 했다. 싱가포르에 설탕을 보내는 대신 화학비료와 무기, 그리고 다른 군수품 등을 들여왔던 것이다. 그러면서 둘은 급속도로 친해졌다. 인도네시아 안에서 하산만큼 수하르토와 끈끈한 유대관계를 가진 사업가는 찾아보기 힘들 정도였다. 둘은 신질서가 통치하는 기간에도 일주일에 거의 두세 번은 만나 골프를 쳤다. 라파엘 퓨라 기자의 표현에 따르면 하산은 '다른 크로니들도 어려워하는 대통령 같은 크로니'였다.

하산이 부각된 것은 1972년 목재사업에 뛰어들 기회를 잡으면서다. 인도네시아 정부의 관료와 비행기를 타고 싱가포르로 가는 데 동승했던 조지아 퍼시픽(Georgia Pacific) 사장이 다가왔다. 미국계 회사인 조지아 퍼시픽은 인도네시아에서 산림개발권을 따내는 사업을 도와 줄 파트너를 구하던 중이었다. 그 사장은 하산과 동행한 정부 관료에게 추천해 줄 사람이 없느냐고 물었다. 그 관료는 바로 옆에 있던 하산을 가리켰다.

그길로 하산은 오리건 주 포틀랜드에 있는 조지아 퍼시픽 본사로 날아갔다. 그리고 최고경영자를 만났다. 그 자리에서 계약이 성사돼 하산은 조지아 퍼시픽 인도네시아 지사의 지분 10%를 가지며 돈은 나중에 배당 형태로 지급받기로 했다. 사실상 당장은 아무것도 받지 않은 상태에서 목재사업을 시작한 셈이었다. 이는 아주 작지만 인도네시아 경제와 신질서 체제 전체로 봐선 엄청난 의미가 있는 사건이었다.

이 합작회사는 인도네시아 보르네오 섬의 산림개발권을 따냈다. 하산에겐 이 사업과 관련해 원대한 계획이 있었다. 그는 인도네시아에 목재를 가공할 수 있는 업체가 없다는 사실에 실망하던 터였다. 벌목업체들이 원목을 싱가포르나 한국, 대만으로 보내면 그곳에서 베니어합판이나 다른 가공품으로 만드는 식이었다. 그는 인도네시아가 목재와 관련해 더 큰 부가가치를 얻을 기회를 놓치고 있다고 생각했다.

하산은 이 문제를 수하르토와 상의했다. 원목 수출을 제한하면 조지아 퍼시픽처럼 국내에서 목재를 가공하는 시설에 투자하는 업체들에 혜택이 돌아갈 것이라고 제안했다. 1970년대 후반에 접어들자 정부는 실제로 이 정책을 도입했다. 처음엔 원목 수출에 대한 관세를 높이고 1981년엔 목재 수출 자체를 금지했다. 이 조치는 목재 산업에 대한 투자에 큰 변화를 불러왔다. 1978년부터 1985년까지 베니어합판 생산능력이 8배로 늘었다. 그러는 동안 하산은 신설 회사에 투자하고 새로운 개발권을 따내면서 이익을 부풀렸다. 때로는 수하르토 일가와 협력관계를 맺기도 했다. 1983년 조지아 퍼시픽이 전략을 수정해 인도네시아에서 완전히 발을 뺐다. 하산은 본사가 가지고 있던 지분을 모두 인수했다. 그리고 그 비용 대신 앞으로 생산할 베니어합판의 선적을 조지아 퍼시픽 본사에만 맡기기로 했다. 이렇게 함으로써 이 거대한 회사의 경영권을 간단히 손에 쥐었던 것이다.

그러나 하산이 가진 부와 권력의 진짜 원천은 그가 통솔하던 목재사업 관련 협회였다. 약자인 압킨도(Apkindo)로 더 잘 알려진 인도네시아 목재합판생산자협회(Indonesian Wood Panel Producers Association)였다. 1980년대 초반 전 세계적인 경기침체를 맞으면서 베니어합판 가격이 떨어졌다. 그러자 인도네시아 합판 생산자들 사이에 경쟁이 붙었다. 하산과 정부 관계자들은 이러다 산업 자체를 해칠 수 있다고 판단했다. 1980년대 중반에 들어서자 정부는 일련의 정책을 통해 압킨도 회장인 하산에게 더 많은 권한을 줬다. 경쟁을 최소화하고 가격을 안정시킬 수 있도록 협회에 카르텔(cartel) 조직을 허용한 것이다. 하산은 위원회를 조직해 적정가격을 어떻게 매길지 연구했다. 그리고 베니어합판 생산자들을 불러 마케팅 이사회를 조직한 뒤 각각에 수출량을 할당했다. 이 시스템이 점점 엄격해지면서 하산과 압킨도는 어느 업체가 얼마만큼을 어느 시장에 내다 팔지까지 결정하는 권한을 가지게 됐다. 압킨도는 합판 가격을 경쟁자보다 항상 싸게 책정해 이들을 시장에서 몰아냈다. 그 결과 인도네시아는 글로벌 베니아합판 시장에서 독보적인 생산국으로 자리 잡게 됐다. 1980년 전 세계 물량의 7% 수준이던 인도네시아의 베니어합판 수출 물량은 1991년에 이르자 79%까지 훌쩍 뛰어올랐다. 하산은 또 인도네시아 산 합판을 수입하는 각국의 무역업자들에게 독점적으로 물건을 받을 수 있는 권리를 줌으로써 산업 전반에서 자신의 영향력을 탄탄하게 다졌다. 열대지역 베니어합판 수출 물량의 절반 이상이 하산의 손을 거쳐 갔다는 분석이 있을 정도였다. 하산과 압킨도를 세부적으로 연구한 크리스토퍼 바(Christopher Barr)는 하산이 인도네시아 합판 생산업자들과 글로벌 시장 사이에 교묘히 자리 잡았다고 지적했다. 그럼으로써 자신은 물론 수하르토 일가, 또 그에게 선을 댄 군부 이해관계자들의 이익을 철저히 보장해 줬다고 비판했다. 역사적으로 가장 이상한 조합 중 하나로 보이는 어느 골프 라운딩이 하산의 면모를 잘 보여준다. 이 라운딩에는 하산과 수하르토, 그리고 할리우드 액션 스타인 실베스터 스탤런이 참석했다. 나중에 하산은 람보에게 '내가 바로 정글의 왕(the King of the Jungle)'이라 말했다고 전했다.

그러나 정작 하산은 자신이 인도네시아 목재 산업을 좌지우지했다는 사실을 부인했다. 그는 압킨도는 카르텔이 아니었다고 주장했다. 그저 국내 수출업자들에게 일종의 가이드 구실만 했다는 것이다. 물론 인도네시아 베니어합판의 독점적인 마케팅 권한을 가지고 기업 연합체를 컨트롤했다는 사실도 부인했다. 또 그는 수하르토가 산림개발권 허가 과정에 전혀 개입하지 않았다고 말했다. "나는 그저 국내 산업을 발전시키고자 했을 뿐"이라는 게 하산의 변이었다.

목재 산업에서 하산의 영향력이 어떠했든지 간에, 하산 같은 기업인들과 수하르토의 관계는 신질서가 인기를 끌고 정통성을 인정받는데는 걸림돌이었다. 인도네시아 경제 전반을 보면, 아무리 작은 기업이라도 수하르토 정부와 긴밀한 관계만 있으면 거대한 기업으로 클 수 있었다. 이렇게 크로니들은 수하르토 체제 특유의 불투명성, 부패, 족벌주의 등의 상징이 됐다. 이런 하산과 동료 크로니들의 스토리는 미러클이 각 나라에서 어떻게 등장했는지 밝히는 중요한 단서가 된다. 특정 사업가나 기업에 대한 정부의 편애는 미러클이 보여주는 보편적인 현상이다. 특히 '아시아 모델'에서 그랬다. 일본 통산성은 특정 게이레쓰(keiretsu)를 편애했으며 박정희는 정주영에게 그랬다. 지역을 불문하고 이들 정부는 자신들이 우선순위를 둔 사업에 뛰어든 기업에 싼 이자의 자금과 각종 편의를 제공했다. 그렇다면 과연 수하르토는 무엇을 기준으로 크로니를 선택했을까? 또 다른 나라에서도 특정 기업인이 총애를 받았던 이유는 뭘까? 왜 어느 때는 정부·기업의 관계가 긍정적으로 평가되고, 다른 때는 부정적으로 인식되는 것일까?

국가의 지원을 받았던 다른 나라 기업인들과 인도네시아 크로니의 차이점은 이 나라의 국가발전에 매우 중요한 요소였다. 첫째, 크로니에게 주어진 특혜 중 가장 많은 부분을 차지한 것이 주요 품목의 교역, 판매, 생산에 대한 독점권이었다. 어떤 크로니는 이런 특권을 활용해 기업을 성공으로 이끌었다. 반면 독점권을 기업 성장이 아니라 그저 이윤을 남기는 기회로 활용한 크로니도 많다. 베니어합판 무역과 관련한 협회의 수장 자리를 꿰차고 있던 하산이 바로 그 예다. 이런 크로니는 오히려 비용을 증가시키고 경제의 비효율성을 높여 결과적으로 인도네시아의 경쟁력을 갉아먹었다. 둘째, 수하르토는 크로니로 하여금 국제적인 경쟁력을 갖추게 한다거나 경제를 더 나은 방향으로 이끌게 하는 것에는 관심이 없이 무조건 자신들의 경제적 영향력을 키우는 일에 몰두하게 했다. 박정희의 경우 산업화 프로그램에 부합하는 기업은 보호했지만, 동시에 정주영이나 다른 재벌들에게는 상당히 까다로운 기준을 제시했다. 만약 일정 수준까지 성과를 내지 못하면 박정희는 언제라도 그들에게 꽂았던 플러그를 뽑아 버렸다. '아시아 모델'의 성공을 가능케 한 필수 불가결한 요소는 바로 이런, 성과에 대한 정부의 고집이었다. 그러나 수하르토는 엄격한 원칙을 세우지 않았다.

그런데 이보다 더 중요한 인도네시아 크로니의 특징은 자신들의 집단에 수하르토 가족을 끼워 넣었다는 것이다. 신질서의 기간이 길어지면서 수하르토의 여섯 자식도 어른이 됐다. 그리고 이들 중 일부는 직접 사업을 하려 했고, 그 대부분이 정부 사업이나 국영기업과 연관된 일을 벌였다. 다른 크로니와 마찬가지로 수하르토의 가족도 특별 허가권이나 독점권, 정부 사업 수주권, 담합 등의 특혜를 누렸다. 또 여러 차례에 걸쳐 파트너들과 함께 대두박(soymeal) 생산이나 주석판 공급, 플라스틱 재료 수입 등을 직접 통제했다. 보험, 설탕, 합판, 유료 도로, 분유, 이유식, TV 방송, 식용유 등 여러 분야 회사의 지분도 가지고 있었다. 그중 가장 악명 높은 이가 수하르토의 막내아들 토미(Tommy)였다. 미국에서 학교를 중퇴한 뒤 1984년 형 시지트(Sigit)와 함께 험푸스(Humpuss)라는 회사를 차린 그는 국영 석유회사인 페르타미나로부터 황금알을 낳는 사업인 석유화학제품 판매권을 따냈다. 나중에 토미는 밥 하산과 팀을 이뤄 군대로부터 전세기 항공사를 인수한다. 이들은 이 나라에서 처음으로 개인 비행기를 소유하게 된다. 그러다 토미는 1990년 정향(丁香, clove) 산업을 장악하려고 회사를 차렸다가 물의를 빚고 사회에 큰 해악을 끼치게 된다. 인도네시아 인들에게 정향은 아주 중요한 작물이다. 국민적으로 사랑받던 크레텍(kretek) 담배의 주원료이기 때문이다. 그런데 토미는 이 회사를 통해 전국의 모든 정향을 사들인 뒤 담배 생산업체에 높은 가격에 공급할 계획을 세웠다. 자신과 파트너들의 주머니를 채우려는 속셈이었다. 토미는 일부 국내 매매상과 함께 정향 판매 독점권을 정부로부터 보장받았다. 그들은 정향 가격을 더 높게 해주겠다고 농가에 약속하며 마치 가난한 이들을 위해 대형 담배업체들에 맞서 싸우는 양 포장했다. 자금이 부족해지면 완고한 중앙은행에 자금을 융통해 주도록 압박하라고 아버지를 조르기도 했다.

이 계획은 처음부터 조짐이 좋지 않았다. 담배 생산업체들은 토미가 과도하게 값을 올린 정향을 사지 않고, 가지고 있던 재고로만 제품을 만들었다. 정향 값이 오르자 농부들은 정향을 더 많이 심었고 공급량이 급증했다. 1992년에 이르자 토미의 정향 사업은 실패였음이 드러났다. 재고가 넘치자 토미는 정향 구매를 중단했고, 농부들은 팔 곳도 없이 엄청난 수확량만 떠안게 됐다.

논란을 빚고서도 토미는 전혀 뉘우치는 기색이 없었다. 1992년 그는 「아시아 월스트리트 저널」인터뷰에서 "수하르토 일가여서 장관이나 정부 관계자들과 약속을 잡거나 사업에 대해 논의하기가 상대적으로 쉬웠다"고 고백했다. 그러나 그 정도 지위에 있는 사람이라면 세계 어느 곳에서도 '그럴 수 있는 일'이라며 "정부로부터 무엇을 강탈하거나 훔치지 않았는데 내가 왜 걱정하거나 당황해야 하느냐?"고 반문했다.

수하르토에 대해 풀리지 않는 의문점 중 하나는 자제들이 자신의 정치적 입지를 갉아먹으면서까지 경제적인 권한을 남용했는데 왜 내버려뒀는가 하는 것이다. 오히려 가끔은 장려할 정도였다. 수하르토 일대기를 쓴 엘슨(R.E. Elson)은 자신이 자바의 시골에서 가난한 유년을 보냈기에 아이들은 더 행복하고 부유하게 살기를 원했던 것이라고 설명했다. 어쩌면 자신의 정치적 권세가 아이들에게 어떤 영향을 주는지 깨닫지 못한 탓도 있다고 봤다. 수하르토는 가족들이 원하는 것에 대해 지나치게 관심이 많았다. 처음 대통령이 됐을 때 그는 관저인 메르데카 팰리스(Merdeka Palace)로 옮기지 않겠다고 했다. 자카르타 도심에 있는 원래 집에 머물면서 아이들이 더 자유롭게 살기를 바란다는 이유였다. 어쨌든 분명한 건 자식들이 잘못을 저지르는 이유를 크게 착각했거나 스스로 이를 충분히 덮을 수 있다고 생각했다는 것이다. 자서전에 보면 '내 자식들 중 누구도 오냐오냐 하며 키우지 않았다'며 오히려 '아이들은 항상 낮은 자세를 취하며 자기들이 대통령의 자제라고 느끼거나 행동하지 않았다'는 기록이 있다.

인도네시아, 크로니에게 발목 잡히다

마피아들은 다시 투쟁에 나섰다. 수하르토는 와드하나에게 아들이 추진 중인 호텔 개발 프로젝트를 위해 기간별 세금감면(tax holiday)을 승인해 달라고 요청했다. 그러나 와드하나의 대답은 'No'였다. 그는 "화를 내긴 했지만 수하르토도 어찌할 순 없었다"고 말했다. 오랜 관계 덕에 마피아들은 대통령에게 맞서는 것을 두려워하지 않았다. 에밀 살림은 기술관료들이 그룹을 지어 수하르토에게 가서 어떤 독점인 특별권한 때문에 경제가 받게 될 타격에 대해 설명하곤 했다고 기억했다. 수하르토는 이런 이야기를 잘 듣기는 했다. 그러나 "내 생각엔 그럴 필요가 있다"는 말을 되풀이하며 친구들을 내버려 뒀다.

이런 어려움 중에도 마피아들은 1980년대에 이르러 경제정책을 선도할 수 있는 기회를 잡았다. 경제가 다시 어려워진 것이다. 원인은 석유였다. 인도네시아는 동아시아에선 유일하게 석유수출국기구(OPEC, Organization of the Petroleum Exporting Countries) 멤버였다. 1970년대에 오일 붐이 일 때는 돈방석에 앉기도 했다. 라디우스의 기록에 따르면 인도네시아 인들은 석유를 '금이 쏟아지는 샘' 정도로 여겼다. 외화가 밀려들어 오자 이들은 경제의 인도네시아화(Indonesianization)를 시도한다. 먼저 정부가 나서서 해외 투자자들로 하여금 인도네시아에서 장사를 하려면 현지인과 합작회사를 꾸리게 했다. 또 특정 분야에는 해외기업들이 아예 발도 못 붙이게 하고 허가권, 비관세장벽, 금지조항 등을 복잡하게 얽어 무역을 제한했다. 이런 내부지향적인 정책은 기름값이 어느 정도 수준을 유지할 때는 별 문제를 일으키지 않았다. 그러나 1980년대 초반에 원유값이 급락하자 인도네시아는 또 다른 위기를 향해 치닫기 시작한다.

마피아들은 해결책 마련에 고심했다. 모든 것을 뒤바꿔 놓아야 했기에 논란의 여지도 많을 해결책이었다. 1960년대 후반, 그들은 자유시장을 향한 또 다른 개혁안을 내놓는다. 무역과 투자에 대한 규제 완화와 경제 분야에서의 정부 역할 축소 등이 주요 내용이었다. 마피아들은 국가가 더 이상 경제성장의 주요 동력이 될 수 없다는 것을 깨달았다고 라디우스는 기록했다. 이 정책의 목표는 석유 이외의 상품 수출을 장려하는 것이었다. 또 기름값이 떨어지기만 하면 외화가 술술 빠져나가는 상황을 타개하기 위해 외국인들이 투자하기 좋은 환경을 만들어야 한다고 강조했다. 이 계획은 이전의 어떤 정책보다 더 확실하게 인도네시아를 세계경제에 편입시킬 수 있었다.

이를 추진하기 위해 마피아들은 수하르토를 설득해야 했다. 1983년을 즈음해 수차례 그를 찾아가 자신들의 계획을 설명했다. 그리고 이를 도입하지 않았을 때 벌어질 사태에 대해 엄중히 경고했다.

"과거엔 대통령이 '아무 정책이나' 써 볼 수 있었습니다. 우리에게는 석유로 벌어들인 엄청난 수입이 있었기 때문입니다. 그러나 이젠 그럴 수 없습니다. 시행착오를 할 여유가 없어진 것입니다." 그리고 알리 와드하나는 그의 팀과 함께 수하르토에게 이렇게 덧붙였다. "이제는 자유롭게 작동할 수 있는 손을 시장에 줘야 합니다."

사실 이 제안은 수하르토에게 어려운 선택이었다. 마피아의 처방을 따르면 자신과 가까운 이들이 손해를 보게 되는 경우가 있기 때문이었다. 그러나 마피아는 계속 메시지를 전해왔다. 와드하나는 "현재 경제 상황이 얼마나 심각한지 수하르토는 잘 알고 있었다"며 "그래서 결정을 내리기까지 그리 오래 걸리진 않았다"고 기억했다. 결국 수하르토는 그 계획을 승인했다.

라디우스는 이를 '패러다임의 전환'이라고 표현했다. 1983년 인도네시아는 금융분야의 규제를 완화하고 은행과 자본시장을 강화했다. 그리고 1980년대 중반에는 무역, 투자 개혁과 관련한 대대적인 캠페인에 들어갔다. 수출업체들은 이제 원자재 독점적 판매권을 가지고 있던 수입업자를 거칠 필요가 없어졌다. 또 마피아는 몇몇 크로니를 상대로 싸워 승리를 거뒀다. 수하르토의 두 아들이 개입해 있던 플라스틱 수입 독점구조를 해체한 것이다. 국제자금 유치를 위한 조치로 마피아들은 수출업 등 국내 기업에서 외국인이 가질 수 있는 지분의 상한선을 끌어올렸다. 또 외국 기업에 세제상 특전을 줬으며 특별공제 혜택도 받을 수 있게 했다. 한편 특정 분야에 한해서는 외국인투자에 대한 제한수준을 높이기도 했다. 라디우스는 "이 규제완화 조치들은 혁명적이면서도 신비로운 후광을 발했다"고 말했다.

개혁작업은 경이롭게 진행됐다. 1985년부터 1996년까지 비(非)석유 분야 수출이 무려 650%나 증가하고 1996년 외국인투자는 10년 전에 비해 24배나 증가했다. 마피아의 자유시장적인 사고방식이 옳았음이 또 한 번 입증된 셈이다.

그러나 마피아들은 별로 치하를 받지 못했다. 이런 자유화 정책은 오히려 자신들의 '백조의 노래'(swan song, 마지막 작품)가 됐다. 1993년 새로 내각이 구성되면서 라디우스를 비롯한 기술관료들이 해임됐다. 오랫동안 차지했던 자리를 하비비 측 인사들에게 넘겨주고 말았다. 결국 민족주의자들과 크로니들이 우위를 점하게 된 것이다.

하비비의 영향력은 날로 커졌다. 1994년 11월에는 드디어 인도네시아 최초로 직접 디자인한 70인승 비행기, N-250을 내놓는다. 이 비행기는 반둥(Bandung)의 격납고에서 드라이아이스가 뿜어내는 안개를 헤

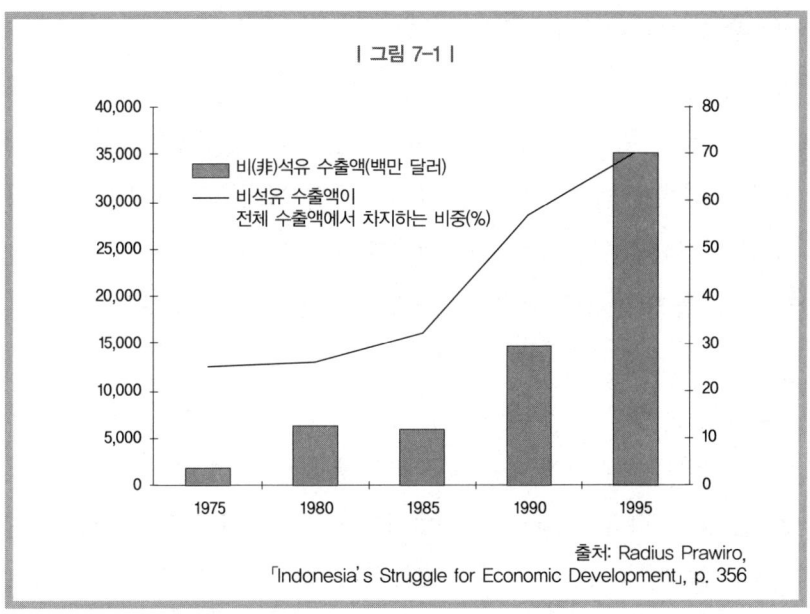

| 그림 7-1 |

출처: Radius Prawiro,
「Indonesia's Struggle for Economic Development」, p. 356

마피아들의 가장 큰 업적은 석유 수출에만 의존하던 인도네시아 경제구조를 전환했다는 점이다.

치며 모습을 드러냈다. 자랑스러운 마음에 수하르토는 비행기 앞에서 전통 도자기를 깨뜨리며 가톳코코(Gatotkoco)라고 명명했다. 자바 신화에 나오는, 하늘을 나는 전사의 이름을 딴 것이다. IPTN에 대한 하비비의 야망은 점점 커졌다. 미국에 비행기 공장을 건립할 계획을 세우고 20억 달러를 들여 130석 규모의 제트기를 개발하기로 했다.

수하르토는 크로니들을 대할 때 그랬듯, 하비비에게도 이익을 내라거나 최고 제품을 만들라고 요구하지 않았다. 투명하게 공개되진 않았지만 IPTN의 재정이 상당히 열악했던 것은 분명하다. 박정희가 자국의 재벌들에게 요구했던 것과 달리, 하비비의 회사는 외국과 경쟁하라는 압박을 받지 않았기 때문이다. 수출은 거의 없이 하비비는 내수에 의존했다. 특히 정부와 관련된 고객이 대부분이었다. 수하르토는 하비비에게 쏟아지는 비난도 막아 줬다. 1994년 재무장관이자 마피아의 계승자인 마리 무하마드(Mar'ie Muhammad)는 하비비의 비행기 회사에 대한 자금 지원을 제한하려 했다. 그러자 수하르토는 재조림산업에 책정돼 있던 예산을 이곳으로 돌려 버렸다. 1994년 하비비가 동독의 군함 제조업체를 인수키로 계약한 것을 두고 한 잡지에 비판 기사가 실리자 수하르토는 이를 폐간시켜 버렸다.

크로니들 역시 미친 듯이 날뛰었다. 1996년 정부는 토미에게 티모르(Timor)라는 국민차에 대한 개발권을 줬다. 이 선정작업에 가장 큰 경쟁자는 그의 형 밤방(Bambang)이었다. 하비비, 토미, 그리고 다른 크로니들의 움직임은 인도네시아 경제를 두 갈래로 나누었다. 하나는 마피아를 중심으로 글로벌 경제와 그 속의 원칙들, 경제정책에 대한 건전한 토대 등에 근거해 형성된 것이었다. 반면 다른 하나는 강력한 국가 개입, 사적인 커넥션, 수하르토 개인의 원칙에 집중하는 경제였다. 이 두 경제는 태생적으로 대립할 수밖에 없는 관계였다. 규제완화, 경쟁, 외국인투자 등 마피아들이 선호하던 요소들은 크로니의 특권과 국영기업의 보호주의에 부딪혀 사라졌다. 크로니들은 자신의 지위를 지키기 위해 수하르토를 압박함으로써 기술관료들의 개혁을 좌절시켰다. 이는 자기파괴적인 악순환이었으며 종국엔 큰 재앙이 되었다.

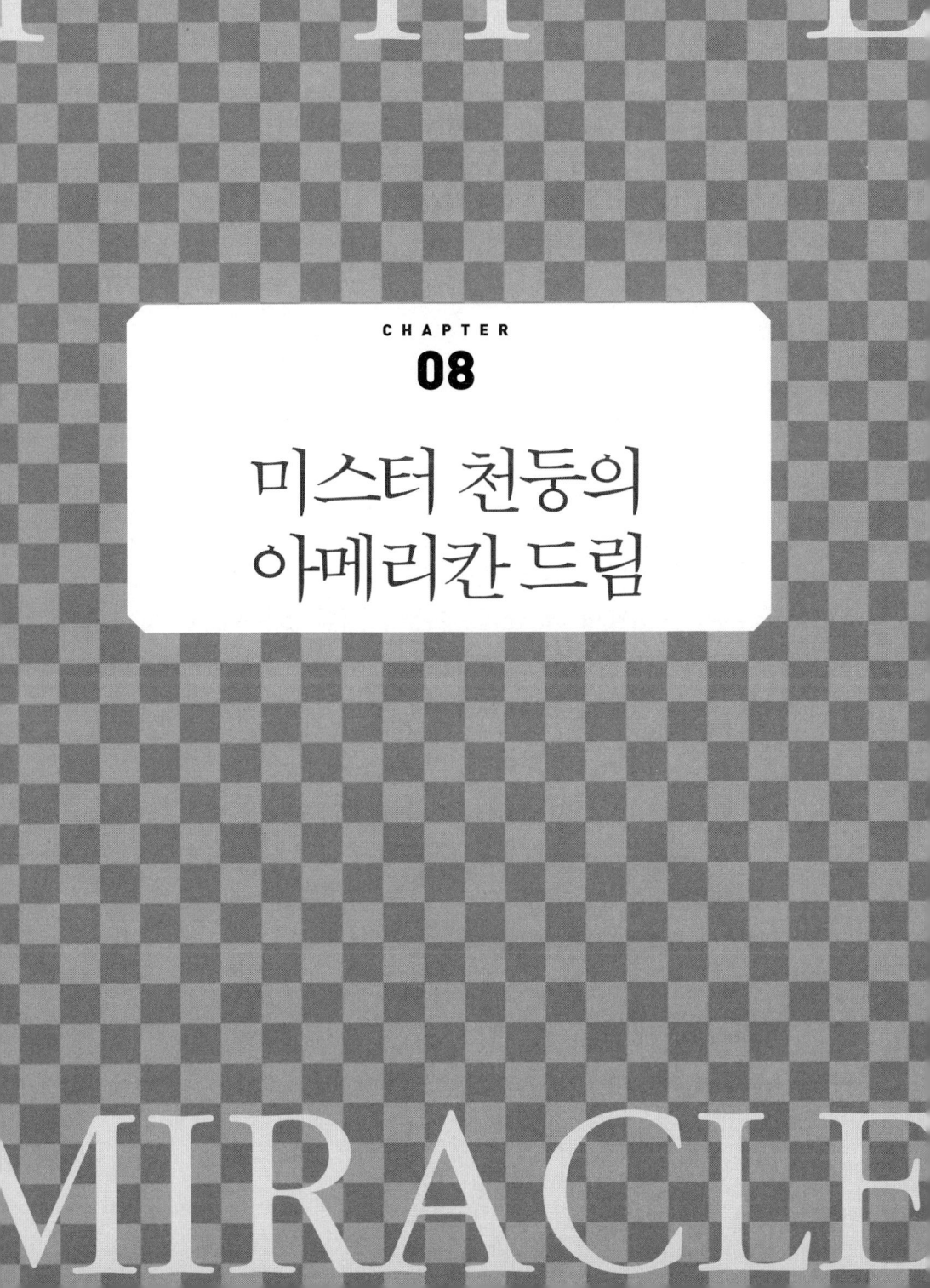

CHAPTER
08

미스터 천둥의
아메리칸 드림

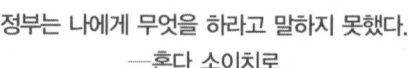

정부는 나에게 무엇을 하라고 말하지 못했다.
—혼다 소이치로

케이크 맛은 어떤가? 혼다 소이치로는 어리둥절한 경영진에게 물었다. 혼다는 자신의 이름을 딴 일본 자동차업체의 창업자다. 숙소인 디트로이트 리츠칼튼 호텔 스위트룸에 몇 분 일찍 도착한 혼다에게 케이크가 나왔다. 호텔 제빵사가 특별히 일본식 생선초밥 모양으로 만든 디저트였다. 혼다의 비서진은 갑자기 닥친 상황에 조금 당황했다. 그들은 1989년 10월 진행된 이번 미국 출장의 모든 일정을 꼼꼼하게 계획해 논 터였다. 두 종류의 혼다 자동차를 생산하는 오하이오 공장을 방문하는 것도 포함돼 있었다. 그런데 계획에 없던 케이크가 들어오니 놀랄 수밖에 없었던 것이다. 혼다는 케이크를 잘라 조금씩 맛을 봤다. 그러고는 경영진을 방으로 불러 맛보게 했다.

직원들이 케이크를 먹는 동안 그는 말을 이었다. "맛이 어떤가?" 계속해서 물었다. "어떤가?" 모두 케이크가 맛있다고 생각했다. 그러나 혼다가 왜 그토록 케이크에 집착하는지 알 수 없었다. 모두 혼란스러워하며 무슨 말을 할지 몰라 우두커니 서 있었다. 급기야 혼다는 의자에 앉아 소리쳤다.

"맛은 봤나? 그래 맛이 어떤가?" 그리고 말을 이었다.

"이 케이크는 맛의 균형을 잘 이루고 있네. 너무 달지도 않아. 이 스시 케이크를 만든 이는 나에 대해 많은 것을 생각했네. 내 나이가 몇인지, 그리고 일본인이라는 것까지 말이지. 나는 올해 여든두 살이네. 이가 좋지 않을 터이니 부드러운 케이크를 내놓은 것일세."

혼다의 말이 이어졌지만 경영진은 여전히 그가 무슨 말을 하려는 것인지 눈치 채지 못했다. 일본에선 전설 같은 존재에 선사시대 족장 같은 인물인 혼다는 경영진에 중요한 메시지를 전하고 있었다. 경쟁자를 무시하지 말라는 것이었다. 1989년 당시 혼다를 비롯한 일본의 메이저 자동차업체들은 미국의 빅3−제너럴모터스(GM), 포드, 크라이슬러−를 코너로 모는 상황이었다. 그러나 스시 케이크 제빵사가 보여준 것처럼, 혼다의 미국 매니저들도 다른 일본 기업들과 마찬가지로 시장의 요구에 귀를 더 기울여야 한다는 이야기였다. 그는 "당신들은 미국인들을 능가했다고 생각할 정도로 너무 건방지다"고 꾸짖었다. 그는 "이 케이크를 보라"며 "이 케이크를 만든 사람은 내 취향을 정확하게 알아냈다"고 말했다. 그리고 혼다 디트로이트 법인의 대표인 다나카 신(Tanaka Shin)를 시켜 당장 그 제빵사를 찾아오라고 했다. 이윽고 혼다에 비하면 단지 어린애 수준인, 불과 20대의 미국인 제빵사가 그의 방으로 들어왔다. 혼다는 더 감정에 북받쳤다. 그는 "절대 미국을 과소평가하지 마라"고 경고했다.

그저 이성을 잃은 노인네가 벌인 해프닝일까? 그해 이 회사의 세단

어코드(the Accord)는 미국에서 가장 많이 팔렸고 그 타이틀을 그 후로도 3년 내내 차지했다. 그리고 혼다는 일본인으로는 최초로 자동차 명예의 전당(the Automotive Hall of Fame)에 오르는 영광을 안게 된다(전당에 오르게 됐다는 소식에 감격한 혼다는 아내에게 "우리가 여기까지 올 거라곤 생각지 못했다"고 말했다). 혼다의 성공은 일본 자동차업계 전체가 미국에서 이룬 것의 일부에 지나지 않는다. 1980년대를 거치면서 이들의 시장 점유율은 꾸준히 증가, 1990년에는 28%를 기록했다. 그러는 동안 빅3는 품질과 가격에서 일본 업체들을 따라잡지 못했다. 두 나라는 전혀 다른 방향을 향하고 있었다. 1980년대에 일본 자동차업체들은 미국에 8개의 공장을 세웠다. 반면 GM과 크라이슬러는 1987년에서 1990년 사이 오히려 10곳의 공장 문을 닫았다. 혼다 소이치로는 그의 경영진이 스스로를 천하무적이라고 생각하고 있을 거라고 정확하게 진단했다. 다나카는 "당시 혼다의 미국 경영진 사이에 디트로이트는 한물 갔다는 분위가 퍼져 있었다"고 털어났다.

그런 분위기가 자동차 산업에만 있었던 것은 아니다. 글로벌 경제의 전반에 걸쳐 일본 기업들은 미국이나 유럽의 경쟁자들을 따라잡거나 이미 넘어선 것으로 보였다. 반도체에서 오토바이, 피아노까지 다양한 분야의 산업을 일본이 지배하기 시작했다. 일본 기업은 경쟁자들에 비해 분명하고도 중요한 장점을 가지고 있었다. 신제품을 더 빨리, 그리고 더 효율적으로 만들 줄 알았다. 특히 글로벌 시장에서 시장점유율이 높던 조선업의 경우, 일본 업체는 유럽 업체들에 비해 20~30% 더 싸게 선박을 만들었다. 일본 철강업체의 시설투자는 미국 업체보다 규모가 더 컸다. 1970년대 후반이 되자 전 세계 22곳의 현대식 대형 제철소 중 14곳을 일본이 소유하게 됐다. 반면 미국은 하나도 없었다. 일본 기업들은 소비자 트렌드를 파악해서 히트 상품을 만드는 데도 탁월했다. 이 시기는 그야말로 모리타 아키오가 만든 워크맨(Walkman)의 시대였다. 이 포터블 카세트 플레이어는 미국인들의 음악 청취 습관을 확 바꿨다. 한편 일본에선 글로벌 경제에서의 성공으로 자산가치가 엄청나게 폭등하고 있었다. 이는 역사적으로 가장 드라마틱한 사건 중 하나로 1989년 말에 이르자 시가총액 기준 전 세계 증시에서 일본이 차지하는 비중이 무려 42%에 이르렀다. 1980년까지만 해도 15%에 불과했는데 말이다. 덩달아 부동산 가격도 아찔할 정도로 뛰어 1990년 일본 땅값은 미국 전체의 4배나 됐다.

　일본의 경제 붐은 미국의 자신감 상실로 이어졌다. 일본에 비해 미국은 경제적 활력을 잃고 국가 차원의 목표의식조차 사라진 듯 주요 기업들은 기세가 꺾인 채 경쟁력을 잃어 갔다. 미국인들이 보기에 일본은 미국의 약점을 백분 활용하는 데 반해 미국 정부는 실업, 예산과 무역적자, 범죄율 증가, 교육수준 저하 등 산적한 경제·사회 문제들을 해결하지 못해 쩔쩔매는 상황이었다. 1987년 세계경제에서 미국의 위상을 가장 잘 보여주는 지표인 무역 적자규모가 1510억 달러에 이르렀는데 그중 40%가 대일 무역에서 발생한 것이었다. 이 수치는 미국 내 '디클라이니스트'(declininsts, 상황을 나쁘게 판단하는 사람들−옮긴이)들의 논쟁에 불을 지폈다. 미국이 급속히 약해지면서 일본같이 더 강한 에너지와 비전을 가진 나라들에 헤게모니를 넘겨주게 됐다는 것이었다. 이들 중 대표적 인물이 경제역사학자인 폴 케네디(Paul Kennedy)였다. 1987년 저서 『강대국의 흥망The Rise and Fall of the Great Powers』에서 케네디는 1980년대 미국은 상대적으로 경제력을 계속 잃었으며, 세계 질서에 기여하기 위해 자신의 능력에 부치는 '제국적 확장'을 하느라 무리하고 있다고 지적했다. 따라서 필연적으로 미국이 헤게모니를 쥐던 역사 속으로 사라질 것이라고 했다. 스페인과 대영제국이 그랬던 것처럼 말이다.

일부 전문가는 미국의 많은 문제에 대한 해답을 떠오르는 아시아에서 찾을 수 있다고 주장했다. 당시 일본은 마치 경제학의 법칙을 새로 쓰는 듯했다. 일본의 정부주도형 '아시아 모델'은 국제적으로 경쟁력 있는 경제를 만들어 내는 데 적합해 보였다. 외부 충격을 흡수하면서도 침체 산업에 대한 구조조정 같은 민감한 이슈는 잘 헤쳐나가는 한편 혼다를 위시한 주요 일본 기업들은 엄청나게 효율적인 생산방식을 개발해 미국의 경쟁자들이 도저히 따라잡을 수 없는 강점을 지니게 됐다. 몇몇은 미국이 다시 활력을 찾으려면 떠오르는 세력이 만들어 낸 사업방식이나 경제정책을 도입하는 수밖에 없다고 지적했다. 미국은 미국대로의 메이지 유신이 필요했다. 에즈라 보겔(Ezra Vogel)은 베스트셀러가 된 1979년 자신의 저서를 통해 이런 관점을 피력했다. 『일등 일본Japan as Number One』이라는 책 제목이 그가 말하고자 하는 바를 잘 나타낸다. 그는 '일본 기관들은 여러 분야에서 우리가 겪었던 문제들에 똑같이 맞닥뜨리고 있으며, 우리보다 더 잘 해결해 나아간다'고 썼다. 그러면서 '일본이 서양에서 배웠듯, 우리가 동양에서 무언가를 배우려는 열정을 갖지 말란 법이 없다'고 했다.

그러나 대다수 미국인에게 일본은 그저 자기 일자리와 자존심을 앗아가는 존재였다. 그들은 반일감정을 노골적으로 드러내며 보호주의적인 성향을 보이기도 한다. 1989년 7월 한 여론조사 결과, 미국인들은 소련의 군사력보다 일본 경제가 더 위협적이라고 느끼는 것으로 나타났다. 그 비중은 3대 1 정도였다. 서점과 신문 가판대에는 머지않아 미국이 일본의 경제 식민지가 될 거라는 예언이 넘쳤다. 저널리스트이자 경제학자인 로버트 케언스(Robert Kearns)는 '미국은 경제라는 자신의 몸뚱이에서 생명의 원동력이 되는 부위에 대한 통제력을 빠르게 잃고 있다'고 경고한 바 있다. 1992년 센세이션을 일으킨 그의 저서 『자이바쓰 아메리카Zaibatsu America』를 통해서였다. 그는 앞으로 생활수준이 점점 떨어지는 가운데 일본 기업에서 일하며 낯선 문화를 배우는 것이 미래 미국인들의 삶이 될 것이라며 '미국의 경제 주권이 위험에 처할 것'이라고 경고했다. 일본에 대한 두려움은 미국 대중문화에도 파고들었다. 1992년 소설가 마이클 크라이튼(Michael Crichton)은 『라이징 선Rising Sun』이란 소설을 썼다. LA의 한 강력한 일본 기업의 사무실에서 일어난 매춘부 살인사건을 다룬 미스터리 물로 나중에 영화로도 제작된 이 소설에는 자꾸 커지는 일본의 영향력을 불편한 시선으로 바라보는 미국인의 모습이 잘 담겼다. 등장인물의 대사에 이런 내용이 있다.

"미국에 있는 일본 기업들은 우리가 나이지리아에서 사업할 때와 같은 기분으로 일한다. 그들은 자신들이 야만인들에게 둘러싸여 있다고 생각한다."

일본의 부상은 미국인들에게 미러클이 세계경제의 구조를 어떻게 바꾸었는지 깨닫게 했다. 소련과 동유럽 공산권의 붕괴 이후 아시아 경제의 성장은 경제적으로나 정치적으로 글로벌한 힘의 질서에 영향을 끼치는 가장 중요한 요인이 됐다. 그런 면에서 순위를 매기면 일본은 단연 '넘버 원'이다. 세계무대에 가장 먼저 등장한 아시아 국가로 세계를 뒤바꾼 미러클을 가장 먼저 실현한 곳이기 때문이다. 그런데 이게 끝이 아니었다.

일본의 위협으로 가장 크게 타격을 받은, 특히 미국인들이 느끼기에 피해가 막심한 산업이 바로 자동차다. 그리고 미국에서 일본으로의 극적인 산업의 이동을 가장 잘 보여주는 주인공이 바로 혼다 소이치로다.

혼다, 통산성에 맞서다

여섯 살 난 혼다는 자동차에 푹 빠졌다. 지금은 하마마쓰 시의 일부로 편입된 그의 고향에서 포드 T모델이 달리는 것을 본 후부터다. 이게 그가 본 첫 번째 자동차였다. 그는 그 차를 따라 달렸다. "포드 차가 떠난 자리에는 항상 기름이 약간씩 떨어져 있었다"며 "그 기름 냄새를 맡는 것만으로도 좋았다"고 기억했다.

그런 혼다가 15살이 되던 해 자동차와 관련된 일을 할 기회를 얻었다. 가장 좋아하는 잡지 「월드 오브 휠World of Wheel」를 읽다가 자동차 수리센터인 아트 쇼카이(Art Shokai)에서 새 직원을 뽑는다는 광고를 본 것이다. 대장장이 출신으로 훗날 자전거상을 운영한 그의 아버지는 당장 아들을 도쿄로 데려갔다. 혼다는 그곳에서 견습 엔지니어가 된다. 처음 6개월은 사장의 아이를 돌보다가 차츰 엔진을 만질 수 있게 됐다. 이윽고 6년 후엔 하마마쓰에 아트 쇼카이 지점을 내기에 이른다.

시작은 초라했지만 이후 혼다는 지난 60년 동안 가장 성공한 자동차 사업가로 자리 잡는다. 사업에 관한 용맹함과 기술적인 천재성, 두려움 없는 기질 등으로 그는 '미스터 천둥(Mr. Thunder)'이라는 별명을 얻었다. 고집이 센 그는 거인들이 점령하고 있던 시장에 뛰어들어 앞뒤를 가리지 않고 큰소리를 뻥뻥치며 살았다. 젊을 때는 자동차 레이스를 즐기고 호화로운 파티도 열었으며 게이샤들을 끼고 놀기도 했다.

그의 방탕한 생활은 지금도 전설처럼 전해 온다. 1950년 혼다 본사를 찾아온 외국 사업가가 시끌벅적한 그의 파티에 참석했다가 지독하게 취한 적이 있다. 화장실에서 토하던 그는 그만 틀니를 재래식 변기에 빠뜨렸다. 이튿날 그 사건을 전해 들은 혼다는 소매를 걷고 직접 변기 밑으로 내려가 틀니를 꺼냈다. 그날 밤 그는 또 다른 요정에서 그 외국인을 접대하면서 그의 입에 틀니를 다시 끼워 줬다. 그러고는 방안을 뛰어다니며 춤을 추었다. 어찌 보면 구역질 나는 일화지만 혼다는 이를 교훈으로 삼았다. 이 사건을 이야기하며 그는 "최고위직에 있는 사람은 가장 더러운 일이라도 할 자세가 돼 있어야 한다"고 말했다.

그는 속을 알 수 없는 전형적인 일본 경영인들과는 거리가 멀었다. 혼다는 신랄하고 다소 불쾌하게 말했으며 때로는 위트가 넘쳤다. 나중에 혼다 자동차 미주법인장이 된 아미노 도시가타(Amino Toshikata)는 1974년 본사 계단에서 그를 만나 촌철살인의 유머 감각을 처음 겪었다. 혼다는 그때 막 해외여행을 떠나는 길이었다. 젊은 직원 아미노는 긴장해 말을 더듬으며 "가리시는 음식이 없으니 편한 여행이 되실 것"이라고 말을 건넸다. 혼다는 "고맙다"고 하면서도 "그렇다고 내 위장이 돼지 같다고 말하진 말게"라고 받아쳤다. 집에서도 그는 다른 일본인들과 달랐다. 그는 TV를 침대맡 천장에 달아 잠에서 깨면 굳이 일어나지 않아도 아침 뉴스를 볼 수 있게 했다. 리모컨이 없던 시절에 이미 전파상에서 부품을 사와 TV를 끄고 켜는 장치를 만들기도 했다. 그의 오랜 친구인 소니의 창업자 이부카 마사루는 "혼다의 삶은 사람들의 꿈이 실현될 수 있다는 것을 가르쳐 줬다"고 말했다.

혼다 스토리를 보면 일본에 미러클을 가져온 주요 원인이 정부 관료들의 노력이었다는 주장에 다시금 의문을 제기하게 된다. 소니도 정부의 직접적이고 강력한 지원을 받지 못했지만 혼다는 일본 관료들과 거의 적대적이었다. 그는 심지어 자동차 색깔 문제로도 싸웠다. 한때 교통성은 승용차에 붉은색이나 흰색을 칠하지 못하게 했다. 소방차처럼 특수 목적의 차에만 사용해야 한다는 이유였다. 그러나 혼다는 붉은색을 정말 좋아했다. 가끔은 일본 기업인들이 입던 검은 정장에 흰 셔츠 대신 붉은 셔츠를 받쳐 입을 정도였던 그는 이 정책에 분개했다. 신문 기고를 통해 '내가 아는 한 산업화된 국가 중에 색의 사용까지 지정하는 나라는 없다'고 비판하는 것을 시작으로 치열한 로비를 통해 결국 이 방침을 철회시켰다. 그리고 1962년 밝은 빨강을 칠한 그의 첫 번째 스포츠카가 세상에 나왔다. 통산성과의 관계도 다를 게 없었다. 혼다의 자동차 사업은 통산성의 지침을 어기기 일쑤였다. 혼다가 후에 "통산성이 없었다면 아마도 나는 더 큰 성공을 거두었을 것"이라고 말할 정도였다. "통산성은 자동차를 만들지 못했지만 나는 만들 수 있었다"고도 덧붙였다. 혼다의 사례만 놓고 일본이 거둔 미러클에 산업정책이 아무런 힘도 되지 못했다고 말할 수는 없다. 분명 혼다는 예외적인 경우였기 때문이다. 다만 통산성의 중요성이 과대포장됐을 수도 있다는 것을 보여주기는 한다. 결국 혼다의 스토리는 경제발전에 있어서 자본주의적인 경쟁과 개방경제의 힘이 '아시아 모델'의 근간이 됐던 산업정책보다 더 중요했다는 것에 대한 또 하나의 증거인 셈이다.

혼다는 일본의 전형적인 기업 문화들과도 대립했다. 대학 교육을 전혀 받지 않은 혼다는 학벌과 집안을 강조하던 기업 사회의 틀을 깼다. 그는 도요타라면 분명 퇴짜를 놨을 중위권, 2류대학 출신 기술자를 채용하는 것을 원칙으로 했다. 한번은 "티켓이 있으면 영화를 보는 거지 학위가 있다고 영화를 보는 게 아니다"라는 말도 했다. 일단 혼다에 들어가면, 일본의 여러 전문가들이 머리를 맞대고 차분히 회사를 이끌어 가는 분위기는 기대하기 힘들었다. 오히려 현대를 창업한 정주영에 버금가는 독재자를 상대해야 했다. 혼다 경영진이라면 누구나 수시로 모욕을 당했던, 가끔은 폭력적이기도 했던 기억이 있다. 선임 엔지니어 수기우라 히데오는 30여 명의 부하 직원 앞에서 두 번이나 혼다에게 얻어 맞은 기억을 떠올렸다. 제품을 검사하던 중 볼트가 3㎜ 정도 삐져나온 것을 발견했던 것이다. 사장인 구메 다다시(久米是志)는 혼다가 모자를 어떻게 썼는지를 보고 그의 기분을 점치곤 했다. 모자를 뒤로 젖혀 쓰면 기분이 좋은 것이고, 앞으로 푹 눌러 쓰면 심기가 불편한 것이었다. 구메는 "그가 모자를 앞으로 눌러 쓴 날은 모두가 주위에 있는 자나 렌치를 숨겼다"고 기억했다. 그는 "한 번 열을 받으면 주위에 있는 아무거나 집어 던졌기 때문"이라며 "아주 위험했다"고 말했다.

혼다의 공격성은 사업가로는 아주 유리한 기질이었다. 그는 2차 세계대전 후 우울한 분위기에 휩싸여 있던 1946년 그의 첫 자동차를 만들기 시작했다. 전국의 교통 시스템은 붕괴돼 있었고 연료도 부족했다. 따라서 지역 간에 이동하는 게 여간 불편한 일이 아니었다. 간편한 교통수단의 필요성을 느낀 혼다는 군사용 무전기에 사용하던 소형 엔진들을 모았다. 모두 고철로 버려진 것들이었다. 그는 이를 개조해 자전거에 달았다. 원시적인 형태의 오토바이를 만든 것이다. 연료로는 구하기 힘든 휘발유 대신 송진을 썼다. 그리고 연료통으로는 평소에 쓰던 물통을 달았다. 이 볼품 없는 장치는 거의 동력을 내지 못했다. 그런데도 500대나 팔렸다. 1948년 아버지에게서 받은 돈으로 혼다 모터 컴퍼니(Honda Motor Company)를 차린다. 아버지가 가지고 있던 임야 일부를 팔아 자금을 마련했다. 그러고는 제대로 된 오토바이 개발에 착수했다. 1949년 시제품이 나온 것을 본 어떤 이는 "이 기계가 완성되는 걸 보니 마치 꿈 같다"고 말했다. 혼다는 이 말에 영감을 받아 그의 오토바이에 '드림(Dream)'이라고 이름 붙였다.

1950년 다시 새로운 투자를 감행, 낡은 봉제기계 공장을 인수했다. 그리고 그곳을 오토바이 공장으로 개조해 '드림'을 본격적으로 생산했다. 그러나 기대했던 것만큼 인기를 끌진 못했다. 엔진이 너무 작은 게 문제였다. 그는 연구소로 돌아가 엔지니어들과 함께 드림에 달 강력한 엔진 개발에 들어갔다. 1951년 다시 제작한 오토바이의 성능을 시험했다. 테스트는 비가 쏟아지는 가운데 산악 지역에서 이뤄졌다. 뷰익 자동차를 타고 따라가며 테스트를 지켜보던 혼다는 희열을 느꼈다. 그는 "처음으로 누군가의 꽁무니를 쫓으면서도 행복하다는 기분이 들었다"고 말했다. 새로운 드림은 이렇게 혼다의 첫 히트작이 됐다.

소니의 모리타 아키오와 마찬가지로 혼다는 이제 막 자리 잡은 그의 회사를 세계 최고의 오토바이 업체로 키우는 작업에 착수했다. 1954년 그는 직원들 앞에서 선언했다. 혼다를 맨섬에서 열리는 투어리스트 트로피 레이스(Tourist Trophy Race)에 참가시키겠다는 것이었다. 이는 세계에서 가장 권위 있는 오토바이 경주대회 중 하나였다. 이 결정은 혼다에는 아주 중요한 전환점이 됐다. 일단 오토바이 분야에서 우승한 뒤 포뮬러 1도 거머쥐자는 목표는 기술개발에 중요한 동기부여가 됐다. 그는 직원들에게 "혼다 모터의 가장 큰 목표는 일본 제조업의 명예를 드높이는 것"이라고 말했다. 투어리스트 트로피 레이스에 참가하기 위해선 기술적으로 뛰어넘어야 할 벽이 있었다. 엔진의 성능을 세 배 더 올려야 했다. 혼다는 필요한 부품을 모으기 위해 유럽으로 떠났다. 돌아오는 길에 이것저것 구입한 것으로 여행가방이 가득 차 닫을 수가 없었다. 로마에서 일본으로 돌아오는 비행기를 타려는데 항공사 직원이 수하물 용량을 초과해 짐을 실을 수 없다고 했다. 그러자 혼다는 버럭 화를 냈다. "저기 있는 저 뚱뚱한 여자는 어떻게 된 거요?" 그는 "저 여자가 나보다 훨씬 더 무거워 보인다"며 따졌다. 혼다는 그날 무사히 가방을 실을 수 있었다.

1959년이 되자 혼다 모터는 세계에서 가장 큰 오토바이 생산업체가 됐다. 2년 뒤 그는 처음으로 투어리스트 트로피를 따냈다. 그러나 그 정도로는 만족할 수 없었다. 1960년대 초반, 혼다는 포드 T모델에서 맡았던 기름 냄새를 떠올렸다. 그리고 자동차 산업에 뛰어들기로 결심했다. 그런데 엄청난 강적을 만나게 된다. 바로 통산성이다. '괴물'이라고 불리던 사하시 시게루는 1961년 디트로이트의 빅3에 맞서 일본 자동차 산업의 힘을 키우기 위해 국내의 모든 업체를 크게 세 그룹으로 통합하는 방안을 내 놓은 상태였다. 그러니 새로운 사업자가 등장하는 게 반가울 리 없었다. 혼다는 언제나 그랬듯 통산성 지침을 거부했다. 그 결과 둘 사이에 엄청난 갈등이 시작됐다. 혼다는 "그때 사하시에게 불평을 마구 퍼부었다"고 말했다.

"나는 자동차 제조업을 시작할 권리가 있다. … 우리는 우리가 원하는 것을 할 자유가 있다. … 통산성이 우리를 합병시키고 싶다면 우리 주식을 매입해야 할 것이다. 그리고 그에 대해 주주총회에서 정식으로 설명해야 할 것이다. 어쨌든 우리는 민간기업이다. 정부가 우리더러 이래라 저래라 할 수 없다."

사하시는 꿈쩍도 안 했다. 혼다 역시 마찬가지였다. 1962년 1월 혼다는 R&D 팀에 명령을 내렸다. 전력을 다해 자동차를 만들라는 것이었다. 그는 사하시의 계획이 발효되기 전에 시장에 자동차를 내놓아야겠다고 생각했다. 자신들의 신규사업 진출을 기정사실화하겠다는 의도였다. 혼다는 혹독한 스케줄로 기술자들을 닦달했다. 그는 6월 5일 딜러들과 직원들을 모아 놓고 열기로 예정돼 있던 대규모 회의에서 신차를 공개하고 싶었다. 회의 전날 밤까지도 그의 팀은 두 가지 모델에 대한 마무리 작업에 매달려 있었다. 둘 모두 소형 스포츠카였다. 이튿날 혼다는 두 모델 중 하나인 S360을 직접 몰고 행사장에 나타났다. 이후 일본 자동차 산업을 재편하려던 사하시의 계획은 여론의 엄청난 반대에 부딪혀 결국 포기하기에 이른다. 미스터 천둥이 괴물을 이긴 것이다.

미국 시장 휩쓴 신개념 오토바이

혼다는 소니의 모리타와 상당히 유사하게 사업을 시작한 후 얼마 되지 않아 세계시장을 점령하겠다는 목표를 세웠다. 그는 1952년 직원들에게 보낸 뉴스레터를 통해 "일본에서만 팔아선 누구도 일본 내 넘버원이 될 수 없다"고 말했다. 혼다는 미국에 매료돼 있었다. 특히 헨리 포드(Henry Ford)는 그의 우상이었다. 그의 모든 생각 맨 앞에는 미국 진출이 있었다. 미국 진출에 성공하면 세계 어느 곳으로라도 갈 수 있을 것 같았다. 1959년 그는 아메리칸 혼다 모터 컴퍼니(American Honda Motor Company)를 설립한다.

이곳의 첫 번째 사장은 마케팅 부문 수장이던 가와시마 기하치로(Kawashima Kihachiro)였다. 그는 우선 LA에 침실이 하나인 80달러짜리 아파트를 임대했다. 그와 두 명의 보조 직원이 머물 집이었다. 그리고 도시 외곽에 오토바이를 쌓아둘 낡은 창고도 빌렸다. 초창기 실적은 좋지 않았다. 가와시마는 6개월간 오토바이를 200대밖에 팔지 못했다. 설상가상으로 엔진에서 기름이 새고 클러치 작동이 잘 안된다는 소비자 불만만 들었다. 일본과 달리 미국인들은 확 트인 도로에서 최고속도로 긴 시간 오토바이를 몰았다. 일본식 설계로는 이런 문제에 대응할 수 없었다. 가와시마는 "제대로 시작도 하기 전에 우리의 명성은 땅에 떨어졌다"고 말했다.

가와시마와 직원들은 회사를 살릴 만한 아이디어를 짜냈다. 그는 혼다 슈퍼컵(Supercub)에 주목했다. 경량이라 미국에선 팔리지 않을 거라 생각해 제쳐뒀던 모델이었다. 미국인들은 할리 데이비슨처럼 크고 파워풀한 오토바이를 선호할 거라고 생각했던 것이다. 그에 비해 슈퍼컵은 가와사키의 말마따나 '마초'가 아니었다. 그런데 주변에선 계속 슈퍼컵에 관심을 보였다. 그는 여기에 시장이 숨어 있다고 생각했다. 당시 오토바이라고 하면 기름때 낀 차고에서, 가죽옷을 입고 문신이 요란한 사람들이 타는 것이라고 생각했다. 이런 구매자들이 슈퍼컵을 살 리는 만무했다. 그러나 모두가 그런가? 가와시마는 '당신은 혼다를 타고 가장 좋은 사람을 만납니다(You Meet the Nicest People on a Honda)'라는 슬로건을 내걸고 새로운 마케팅을 시작했다. 광고를 통해 혼다를 탄 평범한 중산층을 보여주며 자전거 가게나 철물점, 대학가 서점 등을 중심으로 홍보에 나섰다. 이 전략은 새로운 고객층을 뚫었다. 슈퍼컵은 불티나게 팔리기 시작했고, 1964년에 이르자 혼다 모터는 미국 오토바이 시장의 약 50%를 점유하게 됐다.

오토바이 분야에서의 성과는 자동차 시장에서도 성공할 수 있다는 자신감을 심어 줬다. 1973년 혼다는 미국에 시빅(Civic)을 선보였다. 첫해 판매실적은 별 볼 일 없어 3만 2575대에 그쳤다. 그러나 얼마 지나지 않아 다른 자동차업체들에 타격을 주는 법이 제정되는 덕분에 미국 시장에서 혼다의 위상이 훌쩍 뛰어 오르게 된다. 1970년 환경에 대한 관심이 높아지면서 미국 정부는 청정공기 법안(the Clean Air Act)을 통과시킨다. 자동차 엔진의 배기 수준을 엄격하게 제한하는 내용이다. 새로운 기준은 1975년부터 적용키로 했다. 빅3는 그 기한까지는 절대 이처럼 엄격한 기준을 맞출 없다고 아우성쳤다. 그러나 혼다 소이치로는 "지금이야말로 혼다가 세계시장을 손에 쥘 절호의 기회"라고 생각했다.

"모든 자동차업체가 똑같은 문제에 직면해 있다. 모두 같은 출발선 상에 서 있는 셈이다. … 이런 기회는 드물다. 신기술 개발에 관한 한 우리는 절대 질 수 없다."

그가 혼다 기술자들에게 한 이야기다. 그는 이 문제를 풀어 갈 엔지니어들을 모아 팀을 구성했다. 그리고 연소기관에 온갖 종류의 실험을 해 봤다. 혼다 역시 그 실험 멤버였다.

1971년 혼다의 기술자들은 이를 해결할 최선의 방법은 연소실에서 휘발유와 산소가 섞이는 비율을 달리하는 것이라는 결론을 내린다. 산소를 더 많이 투입하는 '린(Lean)' 혼합 방식을 사용하면 배기량이 줄어 미국 정부의 기준에 맞출 수 있을 것 같았다. 그러나 문제가 하나 있었다. 그렇게 하면 연소 과정에 점화나 지속적인 작동이 어려워질 수도 있었다. 혼다의 연구팀은 별도의 연료로 따로 작동하는 보조 연소실을 엔진에 붙이는 것으로 이 문제를 해결했다. 이 보조 연소실에서는 산소 대비 휘발유의 비중을 높여 발화가 지속적으로 진행될 수 있게 했다. 이렇게 함으로써 주 연소실에는 아무 문제 없이 산소의 비중을 높인 연료를 흘러보낼 수 있었던 것이다. 이런 이중 연소실 방식은 휘발유 사용량을 확 줄였고 덩달아 매연 방출량도 떨어뜨렸다. 1972년 혼다는 이렇게 만든 시제품을 미국 환경보호국에 제출했다. 그리고 새 매연 기준을 거뜬히 통과했다. 빅3는 당황할 수밖에 없었다. 무엇보다 새 청정공기 법안은 실현 불가능한 내용이라고 반대했던 게 무색해진 데다, 보잘것없던 후발주자에게 뒤통수를 맞은 셈이었기 때문이다. 게다가 그것이 일본 업체였으니….

CVCC(Compound Vortex Controlled Combustion engine)라고 불리는 이 엔진은 새로운 기준이 됐다. 나중엔 포드가 이 기술을 사기도 했다. 혼다는 1975년 시빅(Civic) 차량에 CVCC 엔진을 탑재해 처음 선보였다. 이 엔진 특유의 효율적인 휘발유 배합 덕에 시빅은 다른 차에 비해 갤런당 몇 마일을 더 달릴 수 있었다. 이것은 2년 전 터진 오일 쇼크 때문에 당시까지 고생하고 있던 미국 소비자들에게는 대단한 매력이 됐다. 1976년 혼다는 미국에서 13만 대 이상 시빅을 팔았다. CVCC 엔진으로 혼다는 자동차 산업 역사에 선두로 나설 수 있었다. 자동차 전문기자 리처드 존슨(Richard Johnson)은 '어떤 것도 이와 똑같을 순 없을 것'이라고 극찬했다.

오하이오에서 온 러브콜

1976년 4월 어느 아침, 제임스 더크(James Duerk)는 「콜럼버스 시티즌 저널Columbus Citizen-Journal」에서 조그만 기사 하나를 보았다. 이름도 낯선 일본의 자동차 회사가 미국에 공장을 세우려 한다는 것이었다. 오하이오 주 개발과장인 그는 이런 기회를 호시탐탐 찾고 있었다. 일본의 투자를 받으면 오하이오 주에 새 일자리가 만들어질 것이 분명했기 때문이다. 그날 아침 그는 주지사 제임스 로즈(James Rhodes)

를 찾아갔다. 그리고 그에게 보고서를 올렸다.

"앞으로 몇 주 동안 일본 출장을 자주 가야 할지도 모르겠습니다."

그는 보고서를 "검토해 보라"며 이렇게 말했다. 보고서를 다 읽은 로즈는 "당장 내일 떠나자"고 말했다.

구체적으로 어느 업체가 투자를 검토하고 있는지도 알지 못한 채 로즈와 더크는 도요타, 닛산, 혼다 경영진을 무작정 찾아갔다. 그리고 오하이오에 공장을 세우라고 설득했다. 싱가포르의 찬친복이 썼던 방법이지만, 이번엔 미국이 일자리 창출과 소득증대를 위해 투자를 유치하러 아시아 국가를 찾아간 것이다.

어느 기업도 자신의 계획을 내놓고 말하진 않았지만 더크는 혼다가 「시티즌 저널」이 언급한 그 회사일 거라고 짐작했다. 혼다 경영진은 이미 1974년 미국에 생산시설을 짓겠다는 의중을 내비친 적이 있기 때문이었다. 당시 외부인들은 그 계획을 두고 혼다가 또다시 무모한 짓을 벌인다고 생각했다. 혼다가 시장에서 차지한 입지가 아직 작은 만큼 주 생산시설을 일본 밖에 짓는다는 것은 터무니없는 일로 보일 수밖에 없었다. 그러나 혼다 경영진은 다른 측면에서 상황을 보았다. 이 회사의 대미 수출 규모는 급속도로 커지고 있는 상태였다. 반면 일본 내의 생산능력은 제자리걸음이었다. 따라서 혼다 모터는 어디에라도 새로운 생산기지가 필요한 상황이었다. 그러니 그 장소로 미국이 가장 적합했던 것이다. 혼다는 자신들이 물건을 팔 나라에 공장을 지어야 기업을 고객과 밀착시킬 수 있다고 믿었다.

해가 넘어갔지만 오하이오 주 특사들에게 좋은 소식은 오지 않았다. 그러다 이듬해 1월 캘리포니아에 있는 혼다 부사장인 요시다 시게 (Yoshida Shige)가 콜럼버스로 건너가 시내의 한 호텔에서 비밀리에 로즈와 더크를 만났다. 요시다는 수천 개의 질문을 쏟아냈고 둘은 성실하게 답하느라 진땀을 뺐다. 나중에 혼다 모터에선 공장 부지를 물색할 팀을 보냈다. 그들 눈에 주가 운영하는 자동차 테스트 트랙 바로 옆 부지가 확 들어왔다. 세계에서 가장 좋은 테스트 트랙이라고 알려진 곳이었다. 거기에 오하이오 주정부는 주변 도로 개선과 기반시설 확충을 위해 무려 250만 달러를 지원하겠다고 했다. 혼다 모터는 메리스빌(Marysville) 외곽에 있는 땅 260에이커를 사들였다. 주정부와의 공식 협정은 1977년 10월 맺어졌다. 일본인들이 미국의 작은 도시로 진출한 것이다.

혼다 모터는 오토바이 공장을 시작으로 한 걸음씩 전진했다. 이 공장은 1979년 첫 생산에 들어갔다. 이 공장의 성과에 만족한 혼다는 1년 뒤 자동화 설비를 갖추는 데 추가로 2억 500만 달러를 투입했다. 1982년 이 생산 라인을 통해 시빅이 처음 모습을 드러냈다. 미국에서 생산된 첫 일본 자동차였다. 또 한 번 혼다의 공격적 경영이 빛을 보는 순간이었다. 1981년 워싱턴은 일본 정부에 일본산 승용차의 미국 수출을 제한하라고 압력을 가한다. 그러자 통산성은 각 제조업체에 할당량을 정해 준다. 모든 일본 자동차업체가 한참 커지는 미국 시장에서 정치적 입김 때문에 발목을 잡힌 것이다. 그러나 이미 미국에서 공장을 돌리던 혼다만 예외였다. 결국 얼마 지나지 않아 혼다의 경쟁자들은 모두 미국에 자신들의 공장을 지어야 했다.

그런데 여기에 한 가지 질문이 남는다. 일본인들이 자신만의 독특한 기업 문화를 가지고 어떻게 미국에 성공적으로 공장을 지을 수 있었느냐는 것이다. 빅3는 그 대답이 나오기까지 기다릴 수 없었다.

카이젠, 린, 저스트 인 타임

비밀이 최우선이었다. 1982년 3월, 당시 도요타의 사장이자 창업주의 일가인 도요타 에이지(豊田英二)는 로저 스미스(Roger Smith)와 만찬을 하기 위해 뉴욕으로 날아갔다. 로저 스미스는 당시 세계에서 가장 큰 자동차업체인 GM의 회장이었다. 이날 두 거인이 만나 논의한 주제는 장차 폭발적인 위력을 가질 수 있는 내용이었다.

더크의 일본 출장에서도 엿볼 수 있듯, 이 만찬은 힘의 균형이 미국에서 아시아로 넘어가고 있음을 보여주는 상징적인 사건이었다. 예전에는 미국과 아시아의 기업인이 만나는 자리라면 경험이 부족한 아시아 측이 업계를 선도하는 미국 측에서 기술이나 전문지식을 전수받는 경우가 대부분이었다. 도요타 에이지 역시 한때는 그런 위치였다. 1950년 자동차 산업의 경영 노하우를 배우기 위해 6주간 미시간 주 디어본(Dearborn)을 방문했던 그는 포드의 생산시설을 보고 입이 벌어졌다. 당시 포드는 생산 효율성의 모범적인 사례였다. 도요타는 "대부분의 시간을 그저 돌아다녔다"며 "일하는 사람들을 지켜보면서 온갖 질문을 던졌다"고 기억했다. 일본으로 돌아온 뒤 동료들로부터 가장 자주 받은 질문이 있다. 과연 언제쯤 도요타가 포드를 따라잡겠느냐는 것이었다. 도요타는 그다지 희망적인 대답을 해줄 수 없었다. 그는 '사실대로 말하면, 도저히 알 길이 없었다'고 나중에 기록했다. '엄청나게 앞서 있는 포드를 주제넘게 평가할 수 없었다'는 것이다. 당시 포드는 하루에 8000대가량의 자동차를 생산하고 있었다. 도요타는 하루 40대에 불과했는데 말이다.

그러나 서른두 해가 지난 뒤 스미스와 도요타가 한 식탁에 마주 앉아 있던 그 순간엔, 입장이 전혀 달라졌다. 이미 세계 3위의 자동차업체가 된 도요타는 혼다와 마찬가지로 미국 시장을 잠식하고 있었다. 하마처럼 기름을 먹어제끼는 모델들만 보유하고 있던 GM은 석유 파동 후 확 바뀐 소비자들의 요구를 만족시키지 못하고 있었다. 소비자들은 도요타의 코롤라(Corolla)나 혼다의 시빅처럼 작으면서도 성능이 좋은 차를 원하고 있었다. 그러나 GM은 소형차 분야에선 가격, 품질 모든 면에서 일본 업체들을 도저히 따라갈 수 없었다. 따라서 도요타가 스미스에게 얻을 것보다, 스미스가 도요타에게 얻을 게 더 많은 상황이었다.

식사를 하면서 도요타는 스미스가 괜찮은 사람이라고 생각했고 식사를 마칠 즈음에는 새로운 파트너십을 파악할 수 있었다. 스미스와 도요타는 자동차를 함께 만들기로 합의했다. 한동안 쓰지 않던 GM의 캘리포니아 주 퍼몬트(Fermont) 공장에서 도요타가 코롤라 급 자동차를 생산하면 GM이 시보레(Chevrolet) 영업망을 통해 판매키로 최종 합의한 것이다. 양측은 서로 원하는 것을 얻었다. 보호주의 움직임이 거세지는 가운데 도요타는 미국 내 생산기지가 필요했다. 그러나 혼다처럼 직접 공장을 세우기보다는 협력생산을 하는 게 덜 위험하다고 판단했다. 한편 GM으로서는 효율적이라고 소문난 도요타의 자동차 생산과정을 지켜볼 수 있었다. 스미스는 맹수의 습성을 알아내려고 호랑이 굴로 직접 들어간 셈이었다. 그는 그렇게 배운 비결을 세계 자동차 시장의 패권을 둘러싸고 일본인 스승과 벌일 한판 승부에 써먹을 요량이었다. 이렇게 세워진 합작회사가 뉴 유나이티드 모터 매뉴팩처링 주식회사(New United Motor Manufacturing Inc.)인데 흔히들 줄여서 뉴미(Nummi)라고 불렀다. 발음나는 대로 하면 'new-me(새로운 나)'였다.

GM이 배우고 싶어 하던 생산방식은 흔히 '도요타 생산 시스템

(Toyota Production System)', 일반적으로 '린(Lean)'으로 잘 알려진 시스템이다. 가장 먼저 도요타에서 완성했지만 혼다나 다른 일본 업체도 비슷한 방식을 채용하고 있었다. 도요타 에이지와 생산 분야의 대가 오노 다이이치(大野耐一)는 이 시스템 개발의 두 주역이었다. 도요타가 스미스와 함께 식사를 하게 된 데에는, 일본 자동차업체들이 미국을 앞지르는 데 혁혁한 공을 세운 린이 기여한 바 컸다.

획기적인 생산방식을 찾아내려는 도요타의 시도는 1950년대로 거슬러 올라간다. 당시 오노는 일본을 압도하는 미국의 생산력에 충격을 받았다. 그는 이런 격차가 벌어진 이유가, 미국인들에게 일본인이 도저히 따라잡을 수 없는 천부적인 능력이 있기 때문이라고는 도저히 생각할 수 없었다.

"미국인들이 물리적으로 우리보다 10배 이상의 노력을 기울이기 때문일까?"

오노는 따졌다.

"분명 일본인들은 무언가를 낭비할 것이다. 그 요소를 제거한다면 이렇게 개선된 부분만큼 생산성은 늘어날 것이다."

여기서부터 낭비, 일본어로는 무타(むだ, 無駄)를 제거하려는 그의 평생을 건 도전이 시작된 것이다. 오노는 "한칸 한칸 도요타 생산 시스템을 만들어 간 나의 노력은 미국을 따라잡으려면 낭비 요소를 제거할 수 있는 생산방식을 찾아야 한다는 동기에서 시작됐다"고 말했다.

이렇게 개발된 시스템은 사실 도요타가 포드에서 발견한 내용을 바탕으로 한 것이다. 두 사람은 포드의 생산방식을 그대로 일본에 들여오는 건 불가능하다는 사실을 깨달았다. 엄청난 규모의 대량생산을 기본으로 한 포드 시스템은 1950년대 일본처럼 내수시장이 작은 곳에는 부적절한 것이었다. 게다가 포드에 있던 선진 설비를 들여올 외화도 없었다. 도요타가 쓰는 장비들은 최고의 효율을 낼 수 있어야 했다. 이런 현실을 고려해 오노가 고안한 시스템은 놀라울 정도로 단순한 것이었다. 그렇지만 자동차 산업에 혁명을 불러 왔다.

여러 번의 시행착오를 거쳐 오노는 어떤 업무를 하는 데 소요되는 시간을 쪼갬으로써 장비를 더 효율적으로 사용하는 방안을 찾았다. 예를 들어 금속을 가공하는 단조(鍛造)라는 과정을 통해 자동차 조립에 쓰일 여러 종류의 부품을 찍어 낸다. 1950년대 미국의 자동차 공장에서도 이 작업에 꼬박 하루가 걸렸다. 오노는 다양한 종류의 부품을 찍어 내는 단조 장비가 수량이 부족해서 시간이 지체되는 것을 보고 있을 수만은 없었다. 그래서 단조 장비에 바퀴를 달아 이리저리 끌고 다닐 수 있게 했다. 1950년대 말에 이르자 도요타에서는 단 3분 만에 장비를 교체할 수 있게 됐다. 이런 아이디어는 다른 생산 라인에서도 반짝였다. 오노는 조립 라인의 전 직원을 팀으로 나누고 리더를 정해 각 팀에 배당된 업무를 끝까지 완결짓게 했다. 한 직원은 계속 한 가지 작업만 하는 미국과 달리, 도요타 직원들은 여러가지 일을 익혀야 했다. 또 근로자들이 품질을 관리하는 감독 노릇까지 해야 했다. 포드 공장에서처럼 감독을 따로 둬 불량품을 솎아내기보다는, 직원들이 직접 불량을 찾아내고 현장에서 문제를 고치게 했다. 모든 작업대에는 줄이 달려 누구라도 문제를 발견하면 이를 잡아당겨 전 생산 라인을 잠시 세울 수 있게 했다. 그러자 작업상 결함이 즉각 즉각 발견됐고, 이에 따라 품질은 눈에 띄게 개선됐다. 오노는 또 생산의 효율을 높이는 아이디어를 내라고 수시로 독려했다. 이 과정이 일명 가이젠(かいーぜん, 改善)으로 알려진 '지속적인 개선작업' 이다.

가장 대표적인 '낭비'가 재고였다. 대부분의 미국 공장은 조립에 필요한 부품들을 저장하느라 엄청난 비용을 치르고 있었다. 오노는 부품을 꼭 필요한 만큼만 공급받음으로써 이 비용을 줄였다. 공급업체에서 부품을 들여올 때만이 아니라 공장 내 조립 라인에서도 그랬다. 이것이 바로 '저스트 인 타임(just-in-time)' 생산방식이다. 오노는 "사업을 할 때 과잉생산만큼 끔찍한 낭비도 없다"면서 "이를 없애려면 혁명적인 집중력이 필요하다"고 말했다. 또 "산업사회에선 꼭 필요한 것을, 필요한 때에, 필요한 만큼만 공급받을 수 있는 용기를 키워야 한다"고 강조했다.

　이런 생산기술을 익히기 위해선 관리자, 근로자, 공급업체 모두 엄청난 규율과 꾸준함이 필요했다. 이 시스템에는 아무런 보호장치도 없기 때문이다. 부품이 부족할 때를 대비한 재고도 없고, 긴급 시 추가로 투입할 인력도 없으며, 생산한 자동차를 검사할 대규모 품질관리 전문팀도 없었다. 그러나 이 시스템은 노동 생산성을 끌어올렸다. 비용은 확 줄고 품질관리도 잘됐다. 1986년 빅3에 대비한 오노 식 생산방식의 우수성을 다룬 연구에서 GM의 프래밍햄(Framingham) 공장과 도요타의 다카오카(Takaoka) 공장을 비교한 적이 있다. 그 결과 GM 공장에서는 차 한 대를 만드는 데 31시간의 노동력이 필요했는데 도요타는 16시간의 노동력으로 충분했으며 불량률은 GM의 3분의 1에 그쳤다. GM 공장에선 2주치의 부품 재고를 쌓아 두었지만 도요타에는 두 시간 분량밖에 없었다. 오노는 미국을 그저 따라잡는 게 아니라, 빅3를 따돌리고 격차를 넓히는 방법까지 고안했던 것이다.

자동차 왕국 미국, '일본에 배우자'

그래도 여전히 핵심적인 질문은 남는다. 일본식 생산방식이 미국이란 토양에 이식될 수 있을까 하는 것이다. 혼다 경영진은 이미 이 복잡한 문제에 대한 해결책을 찾고 있었다. 두 문화를 접목시키는 작업을 맡은 이가 바로 이리마지리 소이치로(Soichiro Irimajiri)였다. 변덕스럽고 꾀 많은 엔지니어인 그를 미국 동료들은 간단히 '미스터 이리(Mr. Iri)'라고 불렀다. 이리마지리는 업무를 아주 신중하게 수행했다. 메리스빌에 파견돼 있는 동안 그는 일단 영어를 익히고 담배도 끊었다. 골프를 치고 조깅을 하며 맥도날드를 즐겨 먹었다. 그의 이런 마인드 덕에 혼다의 미국 진출이 더 안정적으로 진행될 수 있었으며, 일본식 생산방식을 미국에 뿌리내리게 하는 단초가 됐다. 일본 기자 사토 마사아키(Sato Masaaki)는 '혼다의 상징이 일본에서는 여전히 혼다 소이치로지만 미국에선 미스터 이리'라고 기록하기도 했다.

이리마지리는 일본의 명문 도쿄 대를 나온 최고 수준의 기술자였다. 항공학을 전공한 그는 혼다에서 비행기 제작에 관심을 가지고 있다는 이야기를 듣고 1963년 지원했다. 포뮬러 1에 참여할 엔진을 만드는 팀에 배치된 그는 불같은 성격의 혼다 소이치로와 수시로 부딪쳤다. 1965년 브리티시 그랑프리에서 패한 뒤, 여기에 쓰인 엔진이 일본으로 돌아왔다. 혼다는 이에 대한 검사를 직접 담당했다. 그러다 피스톤 부위에서 결함을 발견했다. 그는 누가 설계했는지 찾아내라고 지시했다. 그러자 이리마지리가 앞으로 나왔다. 그는 정확한 데이터에 근거해 이를 다시 설계할 수밖에 없었던 이유를 설명하려 했다. 그러나 혼다는 이리마지리의 설명에 오히려 불같이 화를 냈다.

"이 멍청아! 이래서 대학 졸업했다는 녀석들이 싫다니까. 항상 머리만 굴려요."

혼다는 이리마지리에게 피스톤과 관련해 함께 일한 동료들에게 사과하라고 말하고는 그가 사과하는 내내 그 옆에 서 있었다. 이런 일을 겪으며 겨우 살아남은 이리마지리는 CVCC를 개발하는 팀에 배속됐다. 그리고 1984년 메리스빌에 파견됐다.

이리마지리의 전임자는 이미 혼다에 도요타의 생산방식을 도입해 둔 상태였다. 근로자들은 일본에서처럼 팀으로 나뉘어 여러 분야의 트레이닝을 받고 있었다. 일부 훈련은 일본 공장에서 진행됐다. 사무실 내의 평등주의적인 분위기는 분명 일본식이었다. 교외의 특별 관저나 별도의 주차공간, 단독으로 사용할 수 있는 특별 거실 등 GM이나 다른 미국 업체의 경영진이 누리던 각종 혜택도 사라졌다. 경영진 대부분은 넓고 확 트인 사무실에서 다른 직원들과 똑같이 책상에 앉아 일했다. 이리마지리부터 말단 조립공까지 똑같은 유니폼을 입고 있었다. 혼다 모터 역시 '저스트 인 타임' 공급 시스템을 적용했다. 물론 쉽진 않았다. 처음엔 미국 본토에서 협력업체를 찾지 못해 대부분의 부품을 일본에서 실어 왔다. 혼다는 메리스빌 인근에 부품업체들과 합작회사를 세움으로써 부분적으로나마 이 문제를 해결했다. 그러나 혼다가 미국에서 생산을 하면서 맞닥뜨린 가장 큰 문제는 품질이었다. 당시 자동차업체 CEO들 사이에는 게으르고 변화를 싫어하는 미국의 노동자들이 빅3를 수렁에 몰아넣은 주범이라는 믿음이 넓게 퍼져 있었다. 이리마지리는 "모두가 디트로이트의 산업이 무너지는 것을 지켜봤다"면서 "그 결과 한 가지 큰 질문이 제기됐다"고 말했다. 바로 "우리가 이런 사람들을 데리고 고품질의 자동차를 생산할 수 있겠느냐"는 것이었다.

메리스빌에 도착한 이리마지리는 일본에서 들여온 '린' 방식이 이곳에선 작동하지 않을 거라고 생각했다. 혼다 용어로 '동료(associates)'라고 부르는 직원들은 일본 내 혼다 직원들과는 달리 독자적으로 어떤 일을 수행하거나 가이센(開戰)에 참여하지 않았다. 이리마지리는 "그저 일본인은 선생이고 미국인은 학생이었다"고 회고했다. 그는 "구조 자체를 바꿔야 했다. '동료'들은 자신의 경험과 지식에 기반해 혼자서 일할 수 있는 사람들이어야 했다"고 말했다.

이리마지리는 메리스빌에서 만드는 어코드(Accord) 세단의 계기반에서 나는 소음을 잡는 일에 이 프로세스를 적용했다. 보기보다 중요한 일이었다. 메리스빌에서 생산한 자동차가 일본 현지에서 만들어 수입한 차보다 품질이 나쁘다는 인식을 고객들이 가지면 안 되기 때문이었다. 그렇게 되면 주력 생산기지를 미국으로 옮기려는 혼다의 계획이 흔들릴 수 있었다. 이리마지리는 품질 데이터를 관련된 작업 팀들에 보냈다. 스스로 문제를 해결하라는 의미였다. 그러나 아무 성과가 없었다. 미국 직원들은 일본 본사의 직원들과 달리 스스로 문제를 해결하는 일에 익숙지 않았던 것이다. 이리마지리는 계기반 조립에 관련된 모든 '동료'에게 자기가 만든 부품 하나 하나에 자신의 사번을 표시하게 했다. 이 아이디어는 제대로 작동했다. 상당수 차량에서 이유를 알 수 없던 계기반의 소음이 싹 사라졌다. 이리마지리는 이 일을 통해 중요한 교훈을 얻었다. 상대적으로 더 개인주의자인 미국인 직원들에게는 일본과 달리 더 개인적인 동기가 필요하다는 것이다. 그는 가장 가치있는 혁신을 이룬 직원에게 포상을 했다. 그리고 공장을 돌아다니면서 운영 개선방안에 대해 근로자들과 논의했다. 이와 함께 이리마지리는 일본 관리자들 대신에 전직 변호사인 스콧 휘틀록을 채용해 공장

운영을 맡겼다.

그의 방법은 제대로 효과를 냈다. 1985년에 이르자 메리스빌 공장은 미국 자동차 공장의 모델이 됐다. 생산성 면에서도 원조인 일본 공장들과 어깨를 나란히 할 수 있었다. 메리스빌의 놀라운 효율성을 제대로 보여주는 사례가 1986년식 어코드 모델이다. 1985년식 어코드 모델을 만들어 내던 라인에서는 1985년식 생산을 끝내자마자 이와는 완전히 다른 1986년식 모델을 찍어 내기 시작했다. 빅3였다면 생산 라인을 비슷한 모델로 변경하는 데도 2~3개월은 걸릴 터였다. 메리스빌은 일본의 우수한 생산기술이 미국에 어떻게 접목될 수 있는지를 보여주는 교재가 됐다.

이리마지리는 관대하게도 이를 배우려고 찾아오는 방문자들에게 공장문을 활짝 열어 주었다. 가장 열성적인 학생이 크라이슬러였다. 이 회사는 주로 혼다의 생산방식을 연구했다. 이리마지리는 기꺼이 크라이슬러 연구원들을 만나 여러 가지를 가르쳤다. 그들이 만든 최종 보고서에 대한 피드백도 해 줬다. 그는 거리낌 없이 경쟁자들의 손을 잡아 주었다. "크라이슬러와는 근본적인 철학이 다르기 때문에 그들은 우리처럼 할 수 없을 것"이라고 이리마지리는 믿었다.

그의 말이 맞는 듯했다. '린' 생산방식의 우수성이 여러 모로 입증됐지만 빅3는 이 컨셉트를 자신의 공장에 적용하는 데 어려움을 겪었다. 과연 미국이 일본에 무엇을 배울 수 있을까 하는 질문이 제기됐다.

커지는 미국 내 반일주의

몇몇 미국인은 바로 여기에 미국의 미래가 걸렸다고 생각했다. 일본 경제의 비밀을 푸는 것이 전 미국적 현상이 됐다. 연구자들은 주식회사 일본의 이례적인 생산성에 숨은 비밀을 파헤치기 위해 그들의 경영방식과 생산 시스템을 죄다 뜯어 분석했다. 그 결과 미국 기업들은 근로자들을 대하는 것부터 폐쇄적인 사무실 구성, 수익성과 주주가치에만 초점을 맞추는 것까지 모두 틀렸다는 결론에 이르렀다. 그런데 이런 자기반성은 단지 CEO 사무실만이 아니라 사회 전체로 퍼져 나갔다. 일본의 급부상을 보면서 미국인들은 자신들이 지켜 온 가치와 문화, 국가적 이데올로기 등을 다시 생각하게 됐다. 예를 들어 리처드 태너 존슨(Richard Tanner Johnson)과 윌리엄 오우치(William Ouchi)는 1974년 「하버드 비즈니스 리뷰Harvard Business Review」에 쓴 글을 통해, 미국이 일본에 맞서지 못할 만큼 능력이 달리는 것은 이 나라의 역사적 배경 때문이라고 결론지었다. 서부개척시대의 유산인 미국의 개척정신은 자유를 중시하는 개인주의 문화를 만들어 냈다. 그런데 이는 현대 기업경영이라는 면에 있어서 집단적이고 협동을 중시하는 일본식 문화 앞에서 힘을 쓸 수 없었다는 것이다. 이 글은 '복잡한 조직 생활에서는 일본의 방식이 서양식 접근법보다 더 잘 맞을 수 있다'고 분석했다. '아마도 우리 마음속 깊은 곳에 자리 잡은 미국식 가치가 요즘 시대에는 적합하지 않은 것일 수 있다'고까지 했다.

일부 아시아 전문가들은 미국이 직면한 문제를 해결하기 위해 일본의 경제·정치·문화적 규범을 받아들여야 한다고 주장했다. 일본을 흠모하는 이들은 아시아에 있는 이 나라가 더 발전된 사회를 이뤘으며, 현대 세계에서 일어나는 많은 도전을 미국보다 더 잘 헤쳐나갈 수 있을 거라 믿었다. 그래서 따라갈 만한 가치가 있다고 봤다. 이런 관점을 가진 이 중에 대표적인 학자가 에즈라 보겔이었다. 그는 저서 『일등 일본Japan as Number One』을 통해 '1970년이 되자 그동안 우리가 효율적으로 작동했다고 믿던 기관들이 이젠 뭔가 부족하고 거의 임계점에 다다른 것처럼 보이기 시작했다'고 분석했다. 또 '경제적 변화는 가속되는데 미국 기관들은 이런 발전을 이끌거나 경쟁력 약화라는 문제에 효과적으로 대처할 만한 능력을 갖추지 못했다'고 덧붙였다. 한편 일본에 대해서는 '많은 문제들을 해결할 방안들을 잘 만들어 냈다'며 '반면 좀더 개인적이고 법률 중심적인 역사를 가진 미국은 해결책을 하나도 제시하지 못했다'고 지적했다.

보겔은 미국이 일본식 '아시아 모델'을 적용해야 한다고 주장했다. 일본이 경쟁력을 갖게 된 핵심 요인은 헌신적이면서도 수준 높은 기술을 가진 관료들 덕분이라고 믿었던 것이다. 그가 생각하기에 통산성 사람들은 거의 초능력자였다. 정실에 흔들리거나 그 어떤 부정부패도 없이 복잡한 문제에 대해 정확한 해결책을 제시하는 그들은 차원이 다른 인간들이었던 것이다. 보겔은 미국도 관료사회에 엘리트 부대를 육성할 것을 제안했다. 그러면 통산성 스타일의 산업정책을 도입할 때 전문인력들이 주도하여 미국 기업을 올바른 방향으로 이끌 거라는 이야기였다. 이와 함께 정계와 재계가 밀접한 관계를 맺고 있는 '아시아 모델'을 구현하려면 지금의 반독점 법안을 완화할 필요가 있다고도 했다. 보겔은 자유방임 경제로는 치열한 경쟁 속에 있는 현대 경제가 요구하는 바를 충족시키지 못한다고 봤다. 이는 '괴물' 사하시와 같은 생각이었다. 보겔은 "만약 미국이 전 세계적인 리더십을 유지하고 시민들에게 지금과 같은 생활수준을 보장해 주고 싶다면, 미국 정부는 더 이상 뒷짐만 지고 있을 순 없을 것"이라고 말했다.

일본을 그다지 좋아하지 않는 미국인들도 일본 방식을 받아들이는 것에 대해선 호의적이었다. 정부와 기업의 지도자들은 일본식 '아시아 모델'은 원래 공격적이고 불공정한 것이라고 봤다. 일본 정부가 주요 산업을 보조하고 외국 기업의 도전을 막아 줌으로써 일본 기업에 부당한 혜택을 줬다는 것이다. 미국 입장에선 똑같은 방식으로 대응하거나 그 결과를 그저 참아 내는 수밖에 없었다. 전직 무역협상가인 미국의 클라이드 프레스토비츠(Clyde Prestowitz)는 미국인의 경제적인 사고방식이 일본과 대결할 땐 오히려 불리한 요소라고 분석했다. 따라서 미국 정부는 경제를 국가 안보의 문제로 간주하고, 일본의 경제 도전을 소련의 핵 위협과 같은 시각에서 봐야 한다고 주장했다. 특히 자유시장만으로는 다른 규정을 가지고 덤비는 나라들의 도전을 막아 내지 못하며 '아시아 모델'을 받아들이지 않으면 미국의 글로벌 파워는 재앙적인 수준까지 떨어질 수 있다고 경고했다. 프레스토비츠는 1988년 남긴 글을 통해 '많은 미국인의 경제적·전략적 사고의 기초가 됐던, 쉽게 가정하기, 최면에 빠지기 등은 결국 미국의 쇠락에 엄청나게 기여했다'고 비꼬았다.

이런 관점을 또 강력히 주장한 이가 크라이슬러의 CEO 리 아이아코카(Lee Iacocca)다. 그는 혼다나 도요타 같은 개별기업이 아니라 일본 주식회사(Japan Inc.)와 경쟁하고 있다고 생각했다. 일본 기업들은 정부-기업-금융 간의 네트워크를 통해 크라이슬러가 미국에서는 도저히 얻지 못하는 혜택을 누리고 있다고 본 것이다. 그는 "지금 일본인에 맞서 우리가 전개하는 이 싸움은 우리의 미래를 결정지을 수 있는 아주 중요한 것"이라면서 "그런데 미국인들은 한쪽 팔을 뒤로 묶인 채 싸우고 있다"고 자조했다. 또 그는 "미국이 자유무역(free trade) 개념을 공정무역(fair trade)으로 바꾸고 일본식 보호주의와 산업정책을 들여오지 않는다면 우리는 승산 없는 게임을 하는 셈"이라고 말했다. 그러면서

"앞으로 몇 년 안에 우리 경제엔 드라이브 인 뱅크(drive-in bank, 자동차에 탄 채 일을 볼 수 있는 은행—옮긴이), 싸구려 식당, 전자오락실 정도밖에 남지 않을 것"이라고 경고했다. 아이아코카는 워싱턴이 아시아의 성장에 맞서 단호한 입장을 취해야 한다고 주장했다. 그는 '이제는 우리 정부가 방과 후 학생을 불러내 무슨 짓을 했는지 설명하라고 요구할 때'라고 기록했다.

워싱턴은 아이오코카의 조언에 귀를 기울이는 듯했다. 1960년대에 접어들자 일본과 무역분쟁이 일기 시작했다. 1980년대를 거치면서 양국 간 무역 불균형은 풍선처럼 부풀어 올랐다. 그러자 미국 산업계에선 보호주의적인 조치를 요구했다. 분노한 기업인들과 정부 관계자들은 일본 관료들이 말도 안 되는 품질 기준과 과도한 테스트 요건, 복잡한 규제 등을 내세워 미국 제품이 일본 시장에 발을 들여놓지 못하게 한다고 비난했다. 일본에선 무역규제를 완화하겠다고 거듭 약속했지만 대부분 무위로 돌아가거나 효과가 없었다. 사하시 유의 민족주의적 정서가 넓게 퍼져 있었기 때문이다. 두 나라는 미국산 쇠고기, 오렌지, 통신장비, 야구배트, 담배 등에 대한 일본의 수입제한을 놓고 티격태격했다. 가끔 일본 정부는 미국인들의 비난을 피하려고 이례적인 조치를 취하기도 했다. 1985년 일본의 나카소네 야스히로(中曾根康弘) 총리는 국영 TV에 출연해 모든 일본인에게 수입품을 100달러어치씩 사달라고 촉구했다. 시민들이 그의 말을 따라 준다면 다른 나라들이 행복할 것이라는 이유였다. 이것은 쇼였다. 대미(對美) 수출을 늘리기 위한 일본의 불평등한 조치들은 여전히 계속됐다. 결국 미국의 기업인 집단이 폭발했다. 1980년대 초반에는 일본 정부가 환율을 조종하고 있다는 믿음이 넓게 퍼져 있었다. 엔화 가치를 인위적으로 떨어뜨려 미국 시장에서 일본 수출품의 가격경쟁력을 높이려 한다는 것이었다.

　이에 대한 분노가 거세지자 친시장적 정권이던 로널드 레이건 행정부조차 보호주의로 돌아서게 됐다. 1987년 레이건 대통령은 반도체를 놓고 분쟁 중이던 몇몇 일본 전자업체에 벌금을 부과했다. 미국 정부는 이 일본 업체들이 미국 경쟁자들을 시장에서 몰아내기 위해 원가 이하의 가격에 반도체를 팔고 있다고 판단했다. 이 조치는 미·일관계를 얼어붙게 했다. 일본의 한 TV 프로그램 진행자는 이런 상황을 두고 '가이센 젠야(かい-せん ぜん-や, 開戰前夜)'라고 표현했다. '전쟁 직전'이라 뜻으로 일본이 진주만 공습을 앞두고 썼던 표현이었다.

　일본 측에서 바라본 관점은 미국과 달랐다. 일본인들이 보기에 무역이 불균형 상태가 되고 미국 산업이 힘을 잃은 것은 순전히 미국 탓이지 일본인들의 공격적인 성향 때문이 아니었다. 이에 대해 목소리를 가장 높인 사람이 소니의 모리타 아키오였다. 그의 생각에 문제는 미국 기업들이 자국민이나 세계 다른 소비자들이 사고 싶어 하는 물건을 만들지 못하는 데 있었다. "미국에는 일본인들이 사고 싶어 하는 게 거의 없는 반면, 일본에는 미국인들이 사고 싶어 하는 게 엄청 많다"는 게 그의 이야기였다.

　"미국 정치인들이 이 간단한 사실을 이해하지 못하는 데서 모든 문제가 발생했다. 우리가 물건을 너무 많이 판다는 것은 도저히 문제가 될 수 없는 사안이다. (무역) 불균형은 각자의 선호도에 따라 상업적 거래가 이뤄진 결과일 뿐이다."

　모리타의 논리는 반박하기 힘들다. 그러나 이미 패닉 상태에 빠진 미국에는 이런 이야기가 별로 영향을 주지 못했다. 모리타는 혼란의 소용돌이에 빠져 들었다.

소니 모리타, 논쟁의 중심에 서다

실망한 모리타 아키오는 녹차만 홀짝거렸다. 얼마 전인 1989년 8월, 소니의 8인 이사회는 할리우드의 영화제작사 컬럼비아 픽처스(Columbia Pictures)에 대한 인수협상을 포기했다. 상대방이 가격을 너무 높게 부른 데다 소니가 영화사를 운영해 본 경험이 없다는 사실을 상기했던 것이다. 그 결정으로 모리타는 상당히 낙담했다. 예전부터 콘텐츠가 경제에서 중요한 몫을 하게 될 것이라고 점친 그였다. 게다가 소니가 소비자 가전사업을 안정적으로 끌어가려면 엔터테인먼트 사업이 꼭 필요하다고 믿었기 때문이다. 회의 후 경영진과 가진 식사 자리에서 모리타는 찻잔을 테이블에 올려 놓으며 말했다.

"정말 안타깝다. 나는 항상 할리우드 영화사를 갖는 꿈을 꿔 왔는데 말이야."

이 말 한 마디에 소니는 갑자기 방향을 확 틀었다. 모리타는 소니 내부에서 거의 신과 같은 존재였기 때문이다. 그가 원하는 것은 반드시 가질 수 있었다. 바로 다음날 아침 컬럼비아 영화사 인수협상이 재개됐다. 이제 값은 문제가 아니었다.

1989년 9월, 34억 달러에 인수가 결정됐다. 미국인들에겐 핵폭탄 같은 소식이었다. 일본이 미국에 TV나 자동차를 파는 것과 가장 아끼던 기업을 인수하는 것은 전혀 다른 일이었던 것이다. 이 회사는 미국 경제를 이루는 필수 불가결한 요소일 뿐 아니라 미국 경제의 자부심 그 자체였던 것이다. 일본이 할리우드까지 사들이기 시작했다면 그 다음은 무엇일까? 과연 미국엔 무엇이 남게 될까? 무엇이 일본을 막을 수 있을까? 케네디 대통령의 특별고문이던 리처드 굿윈(Richard Goodwin)은 컬럼비아 건을 비롯한 외국인들의 미국 기업 투자에 대해

'미국 쇠퇴라는 대하소설의 일부'라고 목소리를 높였다. 그는 "1991년 우리가 진주만 피습 50주년을 맞는 동안 우리 '파트너들'은 우리의 '적들'이 무기를 가지고도 하지 못한 것을 돈으로 이루고 있다"고 말했다. 바로 "미국인들의 삶과 운명을 근본적으로 조정하는 것"이다. 굿윈은 미디어나 수송, 금융기관 등 경제나 정치 활동의 근간이 되는 산업만큼은 외국인의 인수를 금지해야 한다고 주장했다. 그는 "우리가 신속하게 움직이지 않는다면, 그리고 그저 무기력하게 서 있기로 마음을 정한다면 우리는 패배의 공범자가 되는 것"이라며 "이는 미국이라는 강력한 꿈의 패배"라고 말했다.

한 달이 채 지나지 않아 일본은 미국 경제에 또 한 번 충격을 안겨준다. 거대한 미쓰비시 그룹의 한 사업부가 그 유명한 록펠러 센터를 소유한 부동산 회사의 경영권을 사들인 것이다. 이는 단지 미국 부동산에 투자하려는 일본의 쇼핑 리스트 중 하나였지만 일본이 미국을 통째로 사들이고 있다는 두려움에 기름을 끼얹은 셈이었다. 록펠러 센터의 인수는 미국인들의 감정적인 부분을 건드렸다. 이곳에 있는 라디오 시티 뮤직홀(Radio City Music Hall)이나 뉴욕시 크리스마스 트리 등은 미국인들에겐 아이콘 같은 존재였기 때문이다. 결국 이 거래는 엄청난 분노와 저항을 불러왔다. 토크쇼 「데이비드 레터맨의 레이트 나이트 쇼 Late Night Show with David Letterman」에선 서류가방을 든 일본인 세 명이 아나운서 빌 웬델(Bill Wendell)에게 현찰을 한 움큼 쥐어준 뒤 레터맨의 뒤에 있는 뉴욕 도심 모형을 사 가는 식으로 이 상황을 풍자했다. 한 여성은 의도적으로 일본인들이 잘못 발음한 단어를 그대로 옮겨 적은 '로카페라에 오신 것을 환영합니다'라는 문구의 티셔츠를 크리스마스 연휴 때 관광객들에게 판매하기도 했다. 록펠러 센터에 있는 NBC 스튜디오에 「도너휴 쇼Donohue Show」를 보러 온 한 방청객은 「뉴욕타임스」 기자에게 이렇게 말했다.

"라디오 시티나 크리스마스 트리처럼 분명 신성한 것들이 있다. 과연 그들은 뭘 하려는 것인가? 분재라도 만들려는 것인가?"

이따금 이성적인 목소리도 나왔다. 「크리스천 사이언스 모니터Christian Science Monitor」는 '로켓이 기모노를 입겠는가?' 라는 제목의 사설을 통해 일본 비판론자들을 반박했다. 미국에 있는 자산 규모로 따지면 일본인이 보유한 것보다 유럽인이 가진 것이 훨씬 많은데 유럽에 대해선 한 번도 이런 적개적인 반응이 없었다는 것이다. 이 사설은 '오히려 미국인들은 일본의 경제적 침략에 대해 인종적인 이유로 목소리를 높이고 있는 것에 대해 경계해야 한다' 고 준엄하게 지적했다. 특히 미국인들은 이제 더이상 미국이 일극체제의 경제권력이 아닌 새로운 세계경제 환경에 적응해야 한다고 조언했다. 이 글을 쓴 논설위원은 '미국인들은 기업활동이나 금융의 세계화가 좋은 것이라고 생각한다' 며 '다만 이것이 전적으로 자신들의 게임일 때만 그렇다' 고 비꼬았다. 그는 '이제 신발은 다른 이의 발에 신겨졌다' 고 말했다. 도쿄에 있던 모리타 아키오 역시 미국인들의 반발에서 인종차별적인 분위기를 느꼈다. 외국인 기자들과 식사하는 자리에서 그는 호주 출신의 루퍼트 머독(Rupert Murdoch) 역시 또 다른 할리우드 스튜디오 20세기 폭스(20th Century-Fox)를 인수했지만 아무 반응도 없었다는 점을 언급했다.

미국의 오랜 친구인 모리타는 그동안 이런 이슈에서 중심을 잘 지키고 있었다. 그러나 컬럼비아 인수에 즈음해선 그 입지가 상당히 흔들렸다. 마치 '공격적인' 일본의 상징처럼 돼 버렸던 것이다. 앞서 1989년 모리타와 강경파 정치인인 이시하라 신타로(石原愼太郎)는 함께

『'노(No)'라고 말할 수 있는 일본인The Japan That Can Say 'No'』이란 책을 낸 적이 있다. 그 책에서 모리타는 미국 기업이 처한 문제점과 미·일관계의 문제점을 조목조목 짚었다. 그는 장기적인 사업의 방향보다는 단기 이익에만 집착하는 것을 미국 기업의 최대 약점으로 꼽았다. 그는 '오늘날의 미국은 무엇을 직접 생산해 실제적인 가치를 창출하기보다는 돈을 굴리고 이리저리 움직임으로써 돈을 벌려 한다'고 비판했다. '우리가 10년 앞을 내다보며 사업을 하는 대신 당신들은 2분 앞의 이익에만 집중하고 있다'고 직격탄을 날린 것이다. 그는 '그 결과 미국 경제는 알맹이가 사라졌다'고 말했다.

그해 9월 컬럼비아 인수협상이 마무리될 즈음, 비공식적으로 번역된 이 책이 미국에 소개되자 워싱턴이 발칵 뒤집혔다. 상황이 심각해지자 모리타는 이시하라와 거리를 두려고 했다. 그리고 책 내용 중 자신이 쓴 부분을 다음 판에서 삭제했다. 그러나 충격은 피할 수 없었다. 칼럼니스트 제임스 플래니건(James Flanigan)은 모리타의 발언이 워싱턴 정가의 일반 비판론자들에게 공격의 빌미를 제공할 것이라고 우려하며 반일(反日)정책으로 이어질 거라고 봤다. 플래니건은 "서로 반목하기보다는 협력하면서 신뢰를 쌓고 불신을 해소해야 할 상황에 벌어진 매우 불행한 사건"이라고 말했다. 그러면서 "이런 상황에 항상 해답을 제시해 주던 모리타 아키오가 슬프게도 오히려 이번엔 문제의 일부가 되어 있다"고 지적했다.

그러나 컬럼비아 인수 이후 몇 주가 지나자 일본과 미국의 운명은 극적으로 방향을 틀었다. 모리타는 스시 케이크를 두고 혼다 소이치로가 했던 말에 귀를 기울였어야 했다.

"당신들은 너무 건방져졌어!"

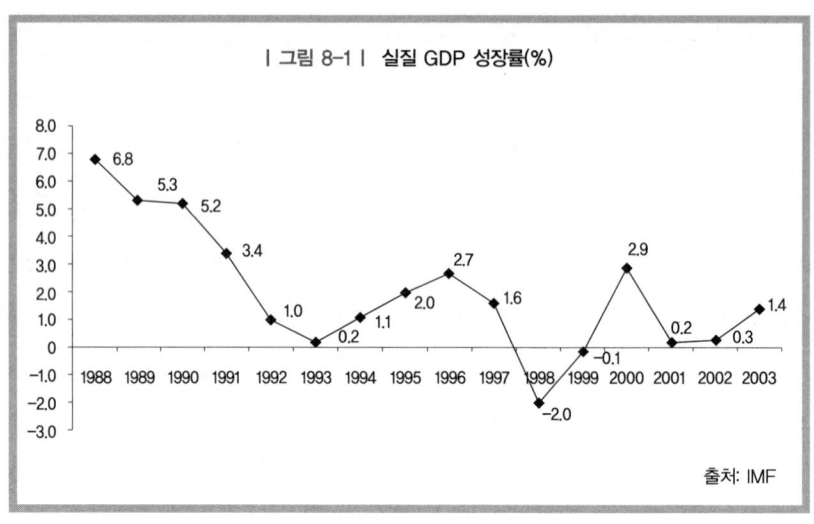

| 그림 8-1 | 실질 GDP 성장률(%)

일본의 잃어버린 10년

잃어버린 10년의 시작

1989년 크리스마스, 일본은행(Bank of Japan)은 기준 금리를 0.5% 포인트 인상했다. 평소 같았으면 이런 결정은 사전에 금융권에 알려졌을 일이었다. 그러나 이번에는 달랐다. 9개월이 지나자 닛케이(Nikkei) 지수가 거의 반토막 났다. 그리고 2001년에 이르자 시가 총액의 70%가 공중으로 사라졌다. 그다음은 부동산이었다. 1989년 말부터 2002년 사이 땅값이 80%나 떨어졌다. 일본의 성장이 빨랐던 것은 다분히 자산 가치의 인플레이션에 따른 것이었다. 1992년부터 2003년 사이 평균 경제성장률은 1% 미만에 그쳤다. 미러클은 '끼익' 소리를 내며 멈추는 듯했다. 이것이 바로 일본의 '잃어버린 10년(Lost Decade)'의 시작이었던 것이다.

무엇이 잘못된 것일까? 1980년대 격동기에 마치 세계경제를 정복하는 것이 운명인 양 일본은 미러클이 절대 끝나지 않을 것이라고 확신했다. 경제는 성장을 거듭하고 부동산과 주가는 계속 오를 것이라는 생각은 결국 비이성적인 거품을 만들었다. 또 일본은 천하무적이라는 확신이 자산의 가격을 끌어올리면서 경제를 위협하기 시작했다. 미러 클이 이제 통제불능이 된 것이다.

문제의 시발점은 부동산이었다. 복작거리는 이 작은 섬나라의 땅값은 1980년대를 지나면서 줄곧 상승세였다. 일부 은행은 부풀려진 가치를 담보 삼아 기업, 개인 할 것 없이 모든 부동산 소유자에게 점점 더 많은 자금을 빌려 줬다. 일부 자금은 신규 공장을 짓기도 했지만 다른 일부는 다시 땅을 사거나 주식에 투자됐다. 그러자 부동산 가격과 주가는 서로를 밀치며 점점 더 치솟았다. 비이성적인 상승세를 탄 것이다. 그러면서 일본 경제에 거품이 일었다.

그러는 동안, 한치의 오류도 저지를 것 같지 않던 일본 관료들은 불길에 기름을 끼얹는 듯한 정책들만 계속 내놨다. 1980년대 후반 내내 일본은행은 이자율을 낮게 유지했다. 그러자 은행은 계속 돈을 풀었고 자산 가격은 덩달아 치솟았다. 이런 저금리 정책은 엔화 가치를 염두에 둔 것이었다. 1985년, 미국의 무역수지 적자를 속히 해결해야 한다는 압박감에 시달리던 워싱턴은 일본을 비롯한 주요국 재무장관을 불러 달러의 평가절하에 합의한다. 이것이 바로 플라자 합의(Plaza Accord)다. 2년 뒤 엔화 가치는 달러의 두 배로 뛰었다. 그러자 일본 관료들이 초조해졌다. 강한 엔화가 수출주도형 경제에 타격을 입힐 것이기 때문이었다. 엔화 가치가 오르면 일본 제품도 상대적으로 가격이 뛰고, 그러면 국제시장에서 경쟁력을 잃을 수밖에 없었다. 관료들이 생각하기에 이에 대한 해결책은 수출 시장에서의 부진을 만회할 수 있게 내수 경기를 진작시키는 것이었다. 느슨한 통화정책을 취함으로써 계속 돈을 풀어 일본 제조업체들이 국내에서나 국외에서나 계속 확장을 할 수 있도록 했던 것이다.

그러나 이는 너무 위험한 게임이었다. 은행들은 채무자들의 상환 능력이 아니라 단지 인플레된 자산가치만을 보고 돈을 빌려 줬다. 거품이 꺼지는 날엔 금융시장 전체가 위기에 처할 수도 있는 상황이었다. 시간이 지나자 정부도 이런 버블을 우려하게 됐다. 그러나 이미 늦었다. 1989년 중앙은행은 자산 가격을 떨어뜨리기 위해 이자율을 높였다. 그 시발점이 '크리스마스 금리 인상'이었다. 그리고 그해에 금리를 세 차례 인상하면서 관료들은 자산 가격이 우려할 만한 수준까지 올랐다는 신호를 계속 보냈다. 지난 수십 년 동안 경제계 인사들은 이런 신호를 잘 이해했다. 그들은 이번에도 그랬다.

주식시장이 미끄러지면서 다른 모든 것이 뒤따라 무너졌다. 그동안 억지로 높은 가치를 매긴 지분을 자기자본에 끼워 넣었던 은행들은 스스로 살아남기 위해 대출을 축소하고 이미 나간 돈도 회수하기 시작했다. 그동안 능력에 넘치게 과도한 돈을 빌렸던 기업들은 갚을 길이 없었다. 갑자기 모두가 현금을 움켜쥐었다. 그러자 주가와 부동산 가격은 더 하락했다. 곳곳에서 파산이 시작됐다. 1990년대 후반이 되자 보험사와 기타 기관을 포함한 모든 금융권은 무려 6000억 달러의 부실 자산을 떠안았다. 위기가 10년이나 지속되면서 다급해진 일본은행은 1999년 기준 금리를 제로 수준으로 낮췄다. 은행들이 거의 공짜로 돈을 빌려갈 수 있게 한 셈이다. 그러나 이 역시 성장을 되살리는 데는 역부족이었다. 기업들이 이미 너무 많은 돈을 꿔서 너무 많은 설비를 해 놓은 상태였기 때문이다. 더 이상 돈을 빌릴 이유가 없었다.

1990년대 일본의 실패를 두고 경제학자들 사이에는 과연 무엇이 잘못된 것인지에 대해 격렬한 논쟁이 벌어졌다. 그리고 많은 사람이 '아시아 모델'에서 이유를 찾았다. 일본의 미러클을 가져왔다고 칭송받던 바로 그 기관과 정책들이 이제는 일본 붕괴의 원흉으로 비난받게 된 것이다. 일본 경제에 경쟁력을 실어 주는 것 같았던 국가의 역할이 오히려 문제의 원인으로 지목됐다. 보겔 같은 전문가들이 우월하다고 입을 모았던 시스템과 사회구조는 현대사회에 적용할 수 없는 후진적인 것으로 인식되기 시작했다. '아시아 모델'이 조롱과 비웃음의 대상이 된 것이다. 1999년 마이클 포터(Michael Porter)와 다케우치 히로타카(Takeuchi Hirotaka)는 "그동안 칭송받던 정부 모델은 틀린 것"이라며 "사실 이는 일본의 성공보다는 실패의 원인이 됐다"고 결론 내렸다. 경제학 역사에서 가장 갑작스러운 반전 중 하나였다.

경제학자나 애널리스트들은 '반짝성장'을 무시했다. 이것이 '아시아 모델'이 가진 약점이었다. 문제의 중심에는 통산성과 그들의 산업 정책이 있었다. 기업들은 정부의 특혜를 바라며 타깃 분야에 투자를 쏟아 부었고 이는 과잉생산을 초래했다. 어떻게 해서든 수출을 계속 늘려야 한다는 대명제 앞에서 기업 경영자들은 대량 생산을 하기 위해 투자 대비 수익률(return on investment)은 잠시 미뤄 뒀다. 그 결과 이익률은 떨어지고 기업들은 빚더미에 올라 앉게 됐다. 결국 정부 규제에서 발을 뺄 수 없게 된 것이다. 일본 경제가 성장하는 동안은 이런 문제들이 별로 부각되지 않았고 '아시아 모델'을 신봉하는 이들은 오히려 이를 미덕으로까지 봤다. 일본을 흠모하던 저널리스트 제임스 팔로(James Follows)는 "일본식 시스템은 어떤 궁극적인 목표에 초점을 맞추고 있다"고 말한 바 있다. "단지 '이익의 극대화'나 '주식 가치 제고'라는 식으로 엄격하게 재무적으로만 한정하는 그런 유의 목표가 아니다"라는 이야기였다.

그러나 이처럼 수익성이나 주주의 이익을 무시하는 행태 탓에 일본 기업들은 점점 더 위험하고 투기에 가까운 투자에 몰두하게 됐다. 이 것이 결국 거품 경제를 낳았던 것이다. 팔로의 말대로 일본은 '아시아 모델' 덕에 서양을 따라잡을 수 있었는지 모른다. 그러나 경제가 선진 화되고 더 복잡해짐에 따라 이 모델은 결함을 드러냈고 종국엔 위험 요인이 됐던 것이다. 중국에서 덩샤오핑이 겪었던 것과 마찬가지로, 정부의 간섭이 일본 경제의 인센티브 구조를 왜곡하고 기업들로 하여 금 경제 논리에 어긋나는 결정을 내리게 했다. 은행들은 자신의 건전 성을 지켜줄 엄격한 신용분석 없이 그저 정부의 허가나 과거부터 맺어 온 관계 등에 따라 돈을 마구 빌려 줬다. 주주나 은행들의 일상적인 요 구에서조차 자유로웠던 기업들은 제품을 마구 찍어냈고 필요 이상의 공장을 세웠다. 보겔이 그토록 칭찬하던 정 · 재계 간의 긴밀한 관계는 결국 국익을 도외시한 채 자신들의 이익을 지키는 데만 급급했던 것으 로 드러났다. 1990년대 초반엔 부정부패 스캔들이 줄줄이 터졌다. 이 것이 바로 끈끈한 관계의 실체였던 것이다. 보험회사는 고객들이 주식 시장에서 입은 손해를 덮어 줬고, 은행은 위조 담보로 쓰기 위해 수십 억 달러어치의 가짜 예금증서를 발행했다.

비판론자들은 이런 문제를 해결하기 위해 일본이 1980년대엔 고전 적인 것으로 간주됐던 미국식 방임적 자유시장 체제를 도입해야 한다 고 주장했다. 경제학자들이 강의실에서 누누이 강조했듯, 기업과 은행 은 본국에서 진정한 경쟁 상태에 노출돼야 한다는 것이다. 그들은 단 지 생산만 할 게 아니라 이익을 내야 했다. 빡빡하게 얽어 놓은 통제권 과 규제권을 가진 정부는 이제 사라져야 했다. 그래서 세계화를 향한 새시대가 요구하는 경제적 자유를 누릴 수 있어야 했다. 미국은 더 이상 일본으로부터 배울 필요가 없다. 오히려 일본이 미국으로부터 배워야 할 시기가 온 것이다.

그렇다고 해서 '아시아 모델'에 대한 사상적인 믿음까지 뿌리 뽑을 순 없었다. 관료나 은행가, 기업인들 모두 자신의 파워를 약하게 하거나 일본 주식회사에 의해 형성된 끈끈한 관계를 끊어 버릴 수 있는 기관 개혁을 마뜩지 않게 여겼다. 일본이 당시 얼마나 무기력했는지 보여주는 좋은 사례가 바로 '좀비(zombie)' 회사다. 이들 회사는 부채가 엄청났다. 당장이라도 파산할 상황이었지만 은행과 정부 간의 긴밀한 관계가 이 공장을 계속 작동시켰다. '아시아 모델'은 일본에는 알바트로스나 다름 없었다. '아시아 모델'의 지지자인 찰머스 존슨(Charlmers Johnson)도 그 상황을 보고는 참다 못해 말했다. 1997년 그는 "일본은 한동안 이런 구조적인 부패와 조폭이 이끄는 기업을 지키는 일을 계속해 왔다"면서 "누군가 능력 있는 사람을 찾는 듯한 시늉만 했다"고 비판했다.

일본은 침체 속으로 가라앉았다. 미국인들이 1980년대에 그랬듯, 1990년대의 일본인도 몇 년 전까지만 해도 절대적으로 믿었던 기관이나 사회의 역할을 의심하게 됐다. 그러자 안정성, 컨센서스, 단일민족성 등 일본 경제 성공의 비결로 여겨졌던 민족적 성향들이 표류하게 된다. 국제관계를 전공한 다마모토 마사루(Tamamoto Masaro) 교수는 2000년 "일본 주식회사가 문을 닫았다"고 선언했다.

아시아 모델은 실패다?

평소 일본 시스템의 우월성을 인정하지 않던 이들은 기쁨을 감출 수 없었다. 1977년 「월스트리트 저널」의 폴 기고트(Paul Gigot)는 "일본 정부의 실패는 관료들이 시장기능보다 더 월등한 성과를 낼 수 있다고 믿고 싶어 하는 이들에게 큰 충격이었다"고 밝혔다. 그는 "그동안 관료가 경제성장을 이끄는 일본식 모델이 과연 우월한가를 놓고 논쟁이 진행돼 왔다"면서 "결국 관료들이 패했다"고 말했다.

일본식 모델의 결함이 경제에 먹구름을 드리웠다는 것에 대해선 의심의 여지가 없다. 정부의 간섭에서 비롯된 경제적 약점도 분명히 있었기 때문이다. 그러나 그렇다고 해서 '잃어버린 10년'을 두고 꼭 '아시아 모델' 자체가 실패했다고 말할 수 있는 것일까? 여기서 최종적으로 정부 정책과 자유기업 간에 누가 진정 미러클을 이뤄냈는지에 대한 논쟁을 매듭지을 수 있는 것일까? 이에 대한 해답을 얻을 유일한 방법은 1950년의 일본으로 되돌아가는 것이다. 그때의 일본 경제에서 통산성의 산업정책을 빼버린 뒤 과연 어떤 일이 벌어질지 지켜보는 것이다. 그런데 이것이 불가능하기 때문에 '아시아 모델'의 지지자들은 정부 역할을 과장하고 민간기업의 역할은 축소해 버린다. 경제의 법칙을 다시 쓰기는 그렇게 어려운 일이다.

그러나 동시에 일본 경제의 어떤 부분은(아주 소수라 할지라도) 정부의 지도 하에 글로벌 강자가 됐음을 부인할 순 없다. 이는 일본 방식을 도입한 다른 아시아에서도 마찬가지다. 대만 전자산업의 경우 에이서의 창업자인 스탠 시, 반도체 부호 모리스 장 등의 이야기를 보면 개발도상국이 정부 지원 덕에 선진국 기술을 따라잡을 수 있었다는 사실이 드러난다. 이를 바탕으로 한 단계 더 나아간 생산도 가능했다.

그렇다면 세계 재패자에서 세계적 무능력자(basket case)로 전락해 버린 일본을 어떻게 설명할 것인가? 경제는 변하기 마련이다. 그리고 경제정책 역시 이에 발맞춰 변해야 한다. 아마도 미러클을 가져온 일본식 모델은 나라가 가난할 때나 부유해지려고 안간힘을 쓸 때는 제대로 작동했을 것이다. 그러나 일정 수준에 오른 뒤부터는 한 단계 더 나아가는 데 오히려 걸림돌이 됐던 것이다. 정부의 간섭과 '일본 주식회사' 간의 연계는 기업의 행동범위를 제한했다. 그런데도 이들은 이제 구식이 된 경제 철학을 계속 끌어안고 있었다. 정보 기술이나 서비스 등 미래 산업으로 옮겨가기보다는 1950년대의 '공장 짓고 무조건 수출(the build-factories-and export-at-all-costs)'이란 사고방식에서 헤어나지 못했다. 선진화된 일본 경제에선 더 이상 같은 효과를 낼 수 없는 전략이었는데도 말이다. '괴물' 사하시의 영향을 받은 통산성 관료들도 너무 오랫동안 권력에 심취해 있었다. 이에 대해서는 에즈라 보겔도 같은 생각이다. 그는 후속작인 『여전히 일본은 일등인가?Is Japan Still Number One?』라는 책을 통해 '일본이 따라잡는 위치에 있을 때는 이런 덕목과 그들이 만든 구조가 효과를 발휘했다'면서 '그러나 지금 따라잡히는 입장에선 새로운 단계의 세계화를 받아들여야 한다'고 말했다. 한편 '이런 구조들은 진작에 개선이 필요했지만, 일본인들은 이 작업을 너무 느리게 진행했다'고 지적했다.

미국인들에게 '잃어버린 10년'은 동양의 위협을 막아 주는 사건이었다. 도요타와 혼다 같은 특정 업체들은 발전을 거듭했지만, 전반적으로 볼 때 일본은 더 이상 전 세계 헤게모니를 향한 무자비한 존재가될 것 같진 않다. 1990년대를 지나며 경제와 기업 경영에 놀라운 성과를 거둔 나라는 오히려 미국이었다. 신경제 하에서 기업들이 성과를 내면서 호황이 시작된 것이다. 자동차나 반도체 등 많은 사람이 이미 끝났다고 생각했던 제조업 분야의 기업조차 화려하게 복귀했다.

이로써 미러클로 인한 위협이 한 발짝 물러서는 듯했다. 그러나 그 시간은 길지 않았다.

CHAPTER
09

푸른 터번을 한
사나이

전 세계가 크고 분명하게 듣게 하라. 인도가 이제 완전히 깨어났다.
—만모한 싱

1991년 7월, 인도의 재무부 장관으로 새로 임명된 만모한 싱은 이례적으로 경제 관련 부처의 모든 고위 공무원을 한데 불러 놓고 아주 중요한 메시지를 전했다. 그에게는 인도 경제에 대해 원대하면서도 다소 민감한 계획이 있었다. 앞에 모인 공무원들은 정부라는 거대한 장치를 좌지우지하면서, 원한다면 싱의 노력을 일거에 수포로 돌릴 수 있는 이들이었다. 그는 그런 일이 생기길 결코 원치 않았다.

트레이드 마크인 담청색 터번을 쓰고 싱은 특유의 부드럽고 차분한 목소리로 지금 인도 경제가 어떤 궁지에 몰려 있는지 상기시켰다. 인도는 독립 이후 최악의 경제위기를 맞고 있었다. 당시 인도의 외환보유액은 12억 달러에 불과했다. 부채를 상환하고 무역 대금을 지급하고 나면 겨우 2주 동안 버틸 수 있는 수준이었다. 산처럼 쌓여 있는 국가부채에 대해 디폴트(default)를 선언하는 게 불가피해 보였다.

싱은 도저히 이런 상황을 받아들일 수 없었다. 당시 그는 한 인터뷰에서 디폴트를 막는 것은 "인도의 명예와 관련된 문제"라고 말한 바 있다. 그는 위기에 대처할 수 있는 좀더 대담하고 장기적인 방안을 만들어 내기 위해 고심했다. 그가 생각하기에 인도는 단순히 단기 자금이 말라 붙었기 때문에 어려움을 겪는 게 아니었다. 위기의 씨앗은 경제구조 깊숙한 곳에 심어져 있었다. 인도는 너무 오랫동안 자국의 산업을 복잡한 규제의 덫에 가둬 놓음으로써 세계에서 고립돼 있었다. 그 결과 경제는 구식이 됐고 경쟁력을 잃어 버렸다. 그의 생각에 이 위기를 타개하려면 경제에 대한 방침부터 방향, 사상적 기반까지 모두를 근본적으로 뜯어고쳐야 할 것 같았다. 그러나 이는 상당히 어려운 도전이었다. 인도는 독립 이후 줄곧 국가주도형 중앙통제식 경제개발 전략을 사용해 왔기 때문이었다. 자신의 개혁을 실행하려면 싱은 이 나라 기존 정치세력들과 정면으로 맞서 수십 년간 지속돼 온 경제방향을 거스를 각오를 해야 했다.

공무원들 앞에 선 싱은 두려운 기색이 전혀 없었다. 오히려 인도를 지금의 재앙에서 구하려면 즉각적이고 과감한 행동이 필요하다고 촉구했다. 그는 "총리에게 더 크게 생각하라는 지시를 받았다"며 "세계는 인도가 변하고 있다는 것을 알아야 할 것"이라고 말했다. 그리고 무뚝뚝하게 자신의 입장을 밝혔다. 누구라도 자신의 개혁 프로그램이 불편하다면 앞으로 나와 이야기하라고 했다. 싱은 각각 새로운 임무를 맡겼다. 그리고 간단한 마지막 당부로 회의를 마쳤다.

"나는 당신들의 도움이 필요합니다."

이 회의는 푹푹 찌던 1991년 여름, 인도의 미래를 바꿔 놓을 여러 뜨거운 사건 중 하나였다. 싱은 인도를 금융위기에서 구해 낼 뿐 아니

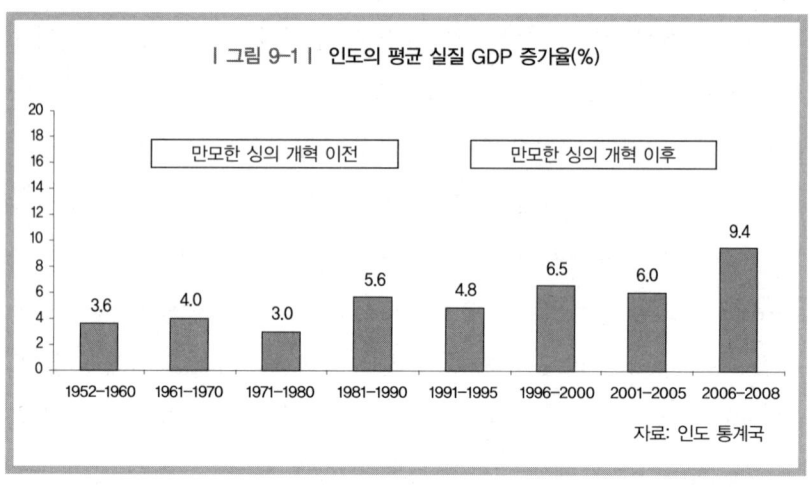

| 그림 9-1 | 인도의 평균 실질 GDP 증가율(%)

만모한 싱의 개혁 이전　　　　만모한 싱의 개혁 이후

3.6　4.0　3.0　5.6　4.8　6.5　6.0　9.4

1952-1960　1961-1970　1971-1980　1981-1990　1991-1995　1996-2000　2001-2005　2006-2008

자료: 인도 통계국

인도는 '라이선스 라즈' 체제 하에서 수십 년을 허비한 뒤 마침내 미러클의 대열에 합류할 수 있었다.

라 미러클의 궤도 위로 올려 놓겠다고 결심했다. 그리고 여러 혁명적인 경제개혁 프로그램을 시작했다. 중국의 덩샤오핑만큼이나 현대사에 가장 큰 영향을 끼쳤던 개혁 중 하나였다. 싱이 내놓은 프로그램은 덩샤오핑과 마찬가지로 인도를 고립주의에서 탈피시켜 세계화의 무대에 올리는 것이 골자였다. 그는 시장을 개방하고 민간기업을 자유롭게 풀어줬다. 외국인투자를 환영했으며 인도의 기업가 정신을 해방시켰다. 상공부 장관 카말 나스(Kamal Nath)는 이를 두고 "인도의 근대화는 1991년에 시작됐다"고까지 말했다.

　싱의 노력은 사실 한참 늦은 감이 있는 것이었다. 다른 아시아 국가들이 세계화의 대열에 합류하는 동안 인도는 혼자 빠져나와 거의 자급경제 체제에 매달리고 있었다. 급속히 성장하던 동아시아 국가들에 비하면 인도의 경제적 성과는 잘해야 중간 정도였다. 1950년대부터 1970년대까지 국내총생산(GDP)은 매해 3.5% 정도밖에 성장하지 않았다. 경제학자들은 이를 두고 '힌두 성장률(Hindu rate of growth)'이라고 불렀다. 일부 경제학자와 기업인들에게 인도는 권위적인 정부가 이뤄 놓은 급속한 경제성장을 민주주의가 제대로 감당하지 못하는 증거로 인식되기도 했다. 인도의 민주적 전통 탓에 정책 입안자들은 당장의 선거공약으로부터 거리를 둘 수 없었다는 것이다. 따라서 정부가 뜻을 모아 경제성장을 위한 높은 수준의 투자를 안정적으로 유지한다는 건 불가능한 일이었다. 인도인 학자 중 몇몇은 이런 관점을 가지고 있었다. 인도의 외교관이자 작가인 샤시 타루르(Shashi Tharoor)는 독재정권 하에서 성공을 거둔 동남아 국가들의 사례를 언급하며 "인도는 경제라는 말보다 정치라는 마차를 앞에 세운 꼴"이라고 비판했다.

인도의 최근 성공은 이런 잘못된 생각을 떨쳐내 버렸다. 아시아에서 진정 유일한 민주주의 국가인 인도가 미러클을 이뤘다는 것은 다분히 예외적인 상황이었다. 그럼에도 싱의 개혁이 이끌어 낸 이 나라의 경제성장은 동아시아의 어떤 독재체제가 이뤄 낸 성공과 비교해도 손색이 없다. 경제학자 자그디쉬 바그와티(Jagdish Bhagwati)는 "극동 국가들의 성공을 단순히 독재정치의 덕으로 돌리고, 인도의 (상대적인) 실패를 민주주의 탓으로 돌리는 것은 불합리한 추론(non sequitur)"이라고 말했다.※

한 국가의 정치 시스템을 공식에서 빼 놓고 보면, 왜 어떤 국가는

※ 어떤 독자는 '인도가 유일한 민주주의 국가'라는 표현에 동의하지 않을지도 모른다. 일본 역시 미군정 이후 자유롭고 공정한 선거방식을 채택해 온 게 사실이다. 그러나 고속성장을 하는 동안 오로지 자민당이 줄곧 정권을 잡았다. 야당인 민주당은 정책 결정에 거의 아무런 영향을 끼치지 못했다. 말레이시아 역시 상대적으로 개방된 선거제도를 가지고 있다. 그러나 그곳 역시 마하티르의 UMNO가 계속 정부와 정책을 지배했다. 반면 인도에선 인도 국민회의당이 독립 후 처음 32년 동안 정권을 잡았으나 흥미롭게도 이 나라의 고속성장을 가능케 한 개혁작업이 진행되는 동안 정치 세력은 오히려 여러 갈래로 나뉘었다. 그러면서 여당은 작은 정부로서 나라를 이끌게 됐고 심지어 완전히 힘을 잃기도 했다. 이것이 인도가 미러클에 합류하기 위해 제대로 된 정책들을 가져다 쓴 유일한 민주주의 국가라고 말하게 된 근거다.

성장하고 어떤 국가는 지체하는지 근본적인 이유가 도출된다. 미러클 전체의 이야기를 통해서 엿볼 수 있는 공통된 요소가 하나 있다. 바로 세계화의 힘이다. 모든 미러클 국가는 자유무역과 신기술을 백분 활용했다. 이것이 전 지구적으로 상품과 서비스를 수출할 수 있도록 해준 것이다. 이들은 이런 역사적인 변혁에 동참하기 위해 각자 다른 정책들을 끌어와 적절히 섞어 사용했다. 박정희식 강력한 정책집행부터 만모한 싱의 부드러운 시장개혁까지, 그리고 '괴물' 사하시의 다양한 국가간섭 정책부터 홍콩 기업인 리카싱의 핵심 자본주의 방식까지 다양했다. 그러나 어떤 경우라도 이들 국가의 급속한 성장은 글로벌 경제의 변화에 자기 자신을 잘 맞춘 덕분이었다. 국제시장의 힘은 한 국가의 자원이 합리적이면서도 효율적으로 분배될 수 있도록 일정한 원칙을 제시했다. 여기서 각국은 성장의 기회를 잡을 수 있었던 것이다. 만약 이를 따르지 않았다면 상상도 할 수 없는 그런 기회였다. 이렇게 볼때 권위적인 정부가 민주적인 정부보다 세계시장에 더 잘 접근할 수있다고 볼 이유는 전혀 없는 것이다.

그러나 민주주의에 한 가지 치명적인 약점이 있긴 했다. 인도의 사례가 보여줬듯 민주주의의 자유분방한 습성상 고속성장을 이루기 위한 정책을 마련하는 데 정치권의 한목소리를 이끌어내는 게 쉽지 않았던 것이다. 정치권의 한목소리는 다른 모든 나라에서 미러클을 이루는데 중요한 요소였다. 어떤 형태의 정부라도 말이다. 독재국가에선 '만장일치'가 강압에 의해, 혹은 정치적 진입장벽을 높임으로써 쉽게 이뤄질 수 있다. 그러나 싱은 민주국가인 인도에서 나라를 한 줄로 세우기 위해 폭동진압 경찰이나 정보기관을 둘 수 없었다. 대신에 그는 민주적 절차를 밟으면서 훨씬 더 고통스러운 과정을 견뎌야 했다. 장차 반대파가 될 수도 있는 세력에게 자신의 생각을 설득하기 위해 로비를 펼치기도 했다. 그는 가는 길마다 격렬한 반대에 부딪혔다. 비판적인 언론도 걸림돌이었다. 노동자·농민·기업인·관료를 비롯한 각종 이익단체도 거세게 저항했다. 심지어 싱은 때로는 자신이 속한 인도 국민의회당의 지지도 받지 못했다. 그 당은 그동안 인도의 국가주도형 경제 시스템을 이끌어 온 당이었다. 당원들은 싱이 이 나라의 기반이 된 이상을 배반하려 한다고 생각했다. 또 그의 개혁정책은 가난한 이들의 희생을 담보로 국가의 부와 외국인의 이해관계만 반영한 것이라는 비판도 나왔다. 의회는 지속적으로 싱의 개혁작업을 무산시키려 했다. 그에 대한 공개적인 비판도 계속됐다. 무엇보다 위협적이었던 것은, 싱과 그의 동료들이 다음 선거에서 패하면 단숨에 모든 힘을 잃어버릴 수 있다는 점이었다. 이 책에 등장한 그 누구도 접해 보지 못한 위협이었다. 그래서 싱은 미러클의 주인공인 어떤 정책 입안자들보다도 관련 인사들을 폭넓게 설득해야만 했다. 가끔은 교활하고 가끔은 인내심을 발휘하며 가끔은 타협도 해야 하는 일이었다.

따라서 인도가 미러클을 이뤄낸 과정은 아시아의 그 어떤 곳보다도 복잡했다. 인도의 개혁작업이 성공을 거두고 있는 것은 분명하지만, 국내외 기업인, 투자자들은 충분한 수준까지 가지 못하고 있다고 줄곧 불평했다. 1990년대 초반 싱이 처음 발의한 정책들은 몇 년이 지나도록 논의만 진행될 뿐 진전이 없었다. 방만한 국영기업의 민영화 작업이 대표적이었다. 이렇게 개혁안을 내놓는 족족 발목이 잡히니 기업인과 경제학자들은 인도의 민주주의 전통이 오히려 국가를 퇴보시키고 있다고 푸념했다. 싱은 이런 정치적 난관을 겪으면서도 민주주의의 힘을 옹호했다. 싱가포르의 리콴유가 '아시아적 가치'에 기반한 체제를 옹호하며 보여준 논리와 의지만큼이나 강하게 자신의 신념을 밀어붙였다. 그도 단기적인 측면에선 권위적인 정부가 더 효율적인 결정을 내릴 수 있다고 인정했다. 그러나 시간이 지나면 민주적 절차를 밟아 결정한 것이 더 강한 컨센서스를 형성하고, 이에 따라 더 안정적인 경제성장을 가져올 것이라고 믿었다.

"우리 경제가 단기적으로는 느리게 움직이는 것처럼 보일지 모른다. 그러나 여러 이유를 종합해 볼 때 이처럼 느리지만 꾸준히 가면 결국 레이스에서 승리할 것이라고 믿는다." 싱이 2004년에 한 말이다.

그러나 인도 민주주의는 바람 잘 날 없을 정도로 서로 대립각을 세우고 있던 터라 개혁가로서 싱의 명성은 상당히 퇴색해 있었다. 한편에서 싱은 수세기 동안 어떤 지도자도 이루지 못한 엄청난 번영과 경제적 기회를 가져온 국가적 영웅으로 추앙받았다. 이런 대중적인 존경에 힘입어 그는 2004년 차기 총리로 지목되기도 했다. 그러나 동시에 상당수 인도인들은 싱에게 실망을 금치 못했다. 더 많은 개혁을 바라던 이들은 싱이 자신이 가진 무소불위의 권위와 지적 능력을 100% 활용하지 않는다고 생각했다. 그래서 개혁을 더 폭넓게 확대하지 못하는 것이라고 믿었다. 실제로 몇몇 아젠다에서 개혁에 실패하자 대중은 그가 점점 약해지며 흔들리고 있다는 인식을 하게 됐다. 인도 잡지 「아웃룩Outlook」은 2004년 기사를 통해 싱을 '유순하면서도 겸손한 경제학자' '별 볼 일 없는 기술관료' '얼굴 없는 관료' 등으로 묘사했다. 그의 반대파는 다른 미러클 국가들의 리더들이 보여준 정열과 확신이 싱에게는 없다고 생각했다. 그래서 인도에 어떤 결실을 가져다 주겠다는 자신의 비전을 실행하는 것조차 방해하고 있다고 봤다. 극작가 구차란 다스(Gurcharan Das)는 싱을 두고 "굉장히 청렴한 사람이지만 열정적인 개혁가는 아니다"라고 결론 지었다. 이처럼 싱의 유약한 이미지 때문에 몇몇 인도인은 인도의 개혁을 이끌 더 강한 지도자를 원하게 됐다. 저널리스트 프렘 샹카 자(Prem Shankar Jha)는 "모두가 의심하고 우물쭈물하는 동안 덩샤오핑처럼 제대로 방향을 잡아 줄 인물이 인도엔 없다"며 개탄했다. 그래서 싱은 톈안먼 광장을 진압한 적도, 고문 경찰을 둔 적도 없으면서 박정희나 덩샤오핑 같은 다른 미러클의 주역들에게 쏟아진 만큼의 찬사를 받지도 못했다.

분명 싱은 강력한 개혁가 이미지를 표방하지 않았다. 그의 내각대신을 맡은 B.K. 차터베디(Chaturvedi)는 싱을 "내가 만나 본 이 중 가장 예의 바른 사람"이라고 말했다. 독실한 시크교도인 그는 아무리 바빠도 매일 아침 정해진 시간에 기도를 올렸다. 덩샤오핑이나 리콴유 식으로 허세를 부리지 않은 그는 자신을 낮춤으로써 만족하는 듯했다. 그는 경제정책을 논의하는 자리에서 "나는 숫자에 대한 감각이 없다"고 말하기도 했다. 인도의 경제회복 과정에 그가 맡은 역할에 대해서도 똑같이 겸손했다. 그는 2006년 찰리 로즈(Charlie Rose)와 인터뷰하며 자신을 '큰 의자에 앉아 있는 작은 인간'이라고 표현했다. 그러면서 "내가 무엇을 하든지 인도의 유구한 역사책 속에서 그저 각주로라도 남을 수 있으면 좋겠다"고 말했다.

그러나 역사학자들은 그저 각주로 남기엔 너무 많은 관심을 싱과 그의 개혁에 기울였다. 1991년부터 1996년까지 5년간 재무장관으로 재직하면서 싱은 자국 내 10억 동포들의 억눌려 있던 창조적 힘과 생산성을 해방시켰다. 그리고 열정적인 산업가들을 세계무대에 풀어 놨다. 이런 인도 기업인들은 리카싱과 스탠 시처럼 기술력을 갖춘 값싼 노동력이라는 비교우위를 바탕으로 세계적인 기업을 키워 냈다. 싱은 처음엔 "의심 많은 도마(Thomas, 예수의 부활을 믿지 못한 성경인물-옮긴이)들만 가득했다"고 기억했다. "칼을 갈며 내가 실패하기만을 바라는 사람이 많았지만 우리는 버텨 냈다"고 말했다. 그에게 동기부여가 됐던 것은 다른 미러클의 주역들이 품었던 생각과 비슷했다. 비참한 상태에 처한 동포들을 바라보며 느끼는 본능적인 두려움에 불굴의 민족주의적 감정이 뒤섞여 있었던 것이다. 싱은 인도의 초대 총리 자와할랄 네루(Jawaharlal Nehru)가 꿈꾸던 이상을 실현하고 싶었다. 바로 '모든 이의 눈에서 영원히 눈물을 닦아 주는 것'이었다. 싱은 인도 경제를 개혁해야겠다고 마음먹게 된 이유를 "가난이 없고, 빈곤과 무지, 질병에서 자유로운 새로운 인도를 만들고 싶었기 때문"이라고 설명했다. 이 목표를 이루는 길은 "인도를 세계경제에서 메이저 플레이어로 만드는 것"이라고 생각했다.

만모한 싱, 라이선스 라즈에 맞서다

싱은 결국 목표를 이뤘다. 인도의 출현은 중국이 세계무대에 등장했을 때만큼이나 흥분과 관심, 그리고 동시에 우려를 불러일으켰다. 인도는 미국과 유럽에서 현 경제질서를 뒤흔들 수 있는 또 하나의 세력으로 인식됐다. 미래에 대한 전망이 비슷하다는 이유로 인도와 중국은 경제학자나 기업인들 사이에서 한 묶음으로 '친디아(Chindia)'라고 불리기 시작했다.

중국과 인도는 여러 면에서 같은 성격을 지니고 있다. 일단 둘 다 세계적으로 인구가 많은 나라다. 둘의 인구를 합치면 무려 24억 명이나 되며 전 세계 인구의 3분의 1 수준이다. 두 나라의 역사 또한 유구하며, 가장 발전되고 영향력 있는 문명을 이룬 곳이다. 중국의 유교,

한자 문화, 건축 양식 등은 동아시아로 퍼져 여전히 그 모습을 간직하고 있다. 인도의 경우 종교적인 유산(힌두교와 불교)이 아프가니스탄부터 일본까지 넓게 퍼져 있다. 인도의 예술적 영향력은 동남아시아 국가 전반에서 발견된다. 캄보디아의 앙코르와트 사원이 대표적이다. 근대에 들어선 중국과 인도 모두 주변 국가들이 엄청난 경제개혁을 이루고 있는 동안 뒷짐만 지고 있었다. 그러다 위기를 맞고서야 지도자들이 자신들의 잘못된 개발 모델을 폐기하고 근본적인 개혁작업에 착수했다.

두 나라의 경제 자체는 구조적으로 매우 다른 모습이었지만, 둘 다 생명력을 잃게 된 원인은 비슷했다. 중국의 공산주의 시스템에선 기본적으로 민간기업들이 활동할 여지가 전혀 없었다. 국가가 소유하고 통제하는 기업이 거의 다였다. 인도는 유럽식의 '혼재된' 사회주의 성향의 시스템을 가져왔다. 미국에 비해 국가가 경제에 훨씬 큰 역할을 하면서 특히 에너지, 운송, 통신 등 주요 분야의 사업은 직접 장악했다. 물론 중국과 달리 인도에선 산업 무굴(mogul, 인도 무굴제국에서 비롯된 '거물'이란 뜻–옮긴이)들부터 농부들까지 민간 분야가 국가 생산의 대부분을 차지했다는 차이점도 있었다. 그러나 결국 두 시스템 모두 끔찍한 문제를 만들어 냈다. 둘 모두 창의성을 압살했고 한정된 자원을 잘못 사용했으며 가난을 고착시켰다.

실패의 원인 역시 똑같았다. 정부의 과도한 통제였다. 인도 정부는 '라이선스 라즈(the License Raj)'라고 불리는 엄청난 규제들을 통해 경제를 세밀한 부분까지 직접 통제했다. 이런 뒤죽박죽인 시스템 속에서, 민간인들은 사업을 하는 모든 과정마다 정부의 허가를 받아야 했다. 신규 사업에 투자를 하는 것부터 공장 증축, 신상품 개발, 장비 수입, 구조조정까지 모든 면에서 그랬다. 라이선스 라즈는 경제에 있어서 의사결정권을 기업 경영진이 아니라 관료들에게 넘겨 줬다. 그 결과는 소련식 중앙계획경제를 도입한 중국에서 벌어진 상황과 비슷했다. 회사 이사회에 정치적 간섭이 밀려들어 오면서 경쟁력 없는 기업들만 넘쳐 났다. 두 나라 모두 글로벌 자본주의 시스템을 불신했다. 그래서 무역과 해외투자 면에서 어마어마한 규제장벽을 쳐 자신들을 세계경제와 단절시켰다. 이는 결국 산업화된 국가들과 엄청난 기술격차를 낳았다.

성장과 개발이라는 면에서 이들 국가는 명백히 실패했다. 그러나 둘 다 변화를 거부하는 사상적 믿음이 강해 현상유지는 할 수 있었다. 인도의 경제 프로그램은 자와할랄 네루의 아이디어에 기반한 것이었다. 마하트마 간디(Mahatma Gandhi)와 함께 독립투쟁을 이끈 그는 정치적 투쟁 와중에 자신의 경제관을 형성했다. 1950년대 대부분 개발도상국의 지도자들이 그랬듯 네로 역시 서구의 식민주의는 국제 자본주의 산물이라고 생각했다. 이런 결론이 꼭 비합리적인 것은 아니었다. 영국이 인도를 점령한 게 18세기 후반이었는데, 당시 상업은 왕실에 의해서가 아니라 독점적인 기업에 좌지우지됐다. 그게 바로 영국 동인도회사였다. 이런 뼈아픈 역사 때문에 인도의 지도자들은 외국 기업과 국제무역, 심지어 어느 정도는 민간기업까지 불신하게 됐던 것이다. 영리를 추구한다는 것 역시 천박하면서도 위험한 것으로 간주됐다. 민간기업인들이 결과적으로 국익을 위해 일하는 것이라는 사실을 아무도 믿지 않았다. 따라서 국가는 이들을 교통정리함으로써 가난한 이들을 보호할 의무가 있었다. 이런 네루의 생각은 1950년대 국제적으로 소련의 힘이 커지면서 더 확고해졌다. 국가가 통제하는 소련의 시스템은 자본주의 없이도 빠른 산업화를 이루고 충분한 자급을 이루는 것처럼 보였다. 네루와 그 주변 경제학자들은 중국의 마오쩌둥처럼 정부의 중앙계획 방식이 경제적으로 더 나은 결과를 얻을 수 있다고 믿게 됐다. 자유시장경제 체제에서보다 국가 자원을 더 효율적으로 배분하고 빈곤층의 삶을 더 빠른 속도로 끌어올릴 수 있을 거라 생각했다. 네루는 오직 국가만이 빈곤을 없앨 수 있다고 믿었다. 네루는 본질적으로 반(反) 세계화를 기본으로 한 시스템을 구축했다. 사실 1950년대 개발 국가들 사이에선 이런 네루의 아이디어가 주류였다. 싱가포르의 리콴유, 한국의 박정희 등 미러클을 이끈 지도자들의 사상보다 더 설득력 있어 보였다. 수입대체, 수출에 대한 편견, 국가의 강력한 개입, 보호주의 등이 당시 인기 있는 개념이었다.

인도 정책입안자들은 이런 아이디어를 아주 극단적인 방향으로 현실화시켰다. 그것이 바로 '라이선스 라즈'다. 거대기업의 산업 독점을 막고 소규모 기업을 육성하며 국가의 균형발전을 위해서라도 통제가 불가피하다고 생각했다. 그러나 관료들은 이중 어느 하나도 성공시키지 못했다. 투자와 생산에 대한 지나친 제한은 큰 회사든 작은 회사든 모든 기업의 생산성을 떨어뜨렸다. 중공업 분야에 초점을 맞췄지만 일자리는 그다지 창출되지 않았다. 나라 안팎의 경쟁으로 보호받던 국내 기업들은 새로운 기술에 투자하거나 생산시설을 개선할 필요성을 느끼지 못했다. 중국 국영기업이 그랬던 것처럼 방만한 직원들이 모여 조악한 구식 제품만 만들어 냈다. 이런 인도의 경제를 잘 보여준 게 '앰배서더(Ambassador)'라고 불린 투박한 세단이다. 이 기름먹는 하마는 1948년 영국에서 디자인된 모델이 거의 바뀌지 않은 채 팔리고 있었다. 그래도 선택의 여지가 없는 소비자들은 몇 년씩 기다려서 이 차량을 구입해야 했다. 싱은 이 골동품 자동차를 "우리의 경제개발이 구식 모델에 집착했던 결과, 얼마나 많은 기회를 잃었는지 보여주는 척도"라고 말했다. 인도에서 사업을 할 때는 독창성이나 경영능력 등은 전혀 필요없었다. 그저 인도 정부의 움직임을 잘 파악하고 있다가 허가권을 쥔 관료들에게 잘 보이면 되는 일이었다. 그래서 종종 뇌물수수 사건도 일어났다. 싱은 이런 상황을 보고 "국가의 통제가 부패의 도구, 시간 지체의 도구, 불확실성의 도구가 됐다"며 "경제가 방향감각을 잃게 됐다"고 불만을 터뜨렸다.

사실 네루의 경제 시스템은 원래 그가 의도한 것과 전혀 다른 방향으로 흘러 갔다. 가난한 자들을 돕는 게 아니라, 라이선스 라즈를 통해 민간기업의 일자리 창출을 가로막음으로써 오히려 수억 명을 빈곤에 사로잡히게 했다. 1970년대에 이르면서 이런 경제 시스템이 제대로 작동하지 못하고 있다는 사실이 더 명백해졌다. 그러자 정부는 1980년대 중반 자유화 프로그램을 조금씩 도입하기 시작했다. 그러나 이런 노력은 얼마 가지 못했다. 이내 정치적인 반대에 부딪혔기 때문이다. 인도 경제는 점점 더 걷잡을 수 없는 상태로 빠져 들었다. 1990년에 이르러선 인구가 훨씬 적은 한국의 대(對) 선진국 제조업 수출량이 인도의 4배를 넘어서게 됐다. 바그와티는 "카프카적인 통제의 덫에 걸린 탓에 인도의 개발 모델은 어떤 것도 할 수 없는 방식임이 드러났다"고 불평했다.

비슷한 문제를 앞에 놓고 싱은 중국의 덩샤오핑과 비슷한 정책을 취했다. 인도 정부는 기업가 정신을 압살할 게 아니라 지원해야 한다고 믿었다. 그동안 정부의 통제는 인도 기업인, 근로자들의 창의성을 짓눌렀다. 따라서 이제 라이선스 라즈는 없어져야 할 것이었다. 2004

년 싱은 "민간기업에 더 많은 규제를 가해서는 공평함을 이룰 수 없다는 사실을 깨달았다"며 "장기적으로 볼 때 공평함과 빈곤퇴치는 경제성장이라는 틀 안에서 가능한 것이었다"고 말했다. 또 그는 "그런 의미에서, 부를 창출하는 이들은 모든 방법을 동원해서라도 격려해야 한다"고 했다. 싱은 자국의 문제점들은 국제경제에서 고립되면서 비롯됐다고 비판하며 무역과 투자의 문을 다시 여는 것만이 "우리 경제의 근대화 절차를 앞당기는 길"이라고 제시했다. 이는 결국 외국 기업에 대한 규제를 완화하는 정책을 도입하겠다는 의미였다. 네루가 살아 있었다면 경악을 금치 못할 일이었다. 덩샤오핑이나 다른 미러클의 리더들과 마찬가지로 싱은 인도의 미래가 글로벌 경제와 직결돼 있음을 간파했다. "인도 국민들은 우리 산업이 나라 안에서뿐 아니라 밖에서도 좋은 품질의 물건을 가지고 다국적기업들과 경쟁하기를 바란다"는 게 그의 이야기였다.

"인도는 할 수 있다. … 그러나 당신이 세계와 동떨어져 살 수 있다고 믿는다면 우리는 17, 18, 19세기 내내 해온 실수를 반복하게 될 것이다. 그동안 세계의 다른 국가들은 엄청난 산업혁명을 이뤘다. … 오늘날 또 실수를 저지른다면 역사는 우리를 용서하지 않을 것이다."

싱과 덩샤오핑

싱과 덩샤오핑 간에는 중요한 공통점이 또 있다. 둘 다 자신이 뒤집어엎은 시스템의 산물이라는 점이다. 싱은 1932년 9월 26일 펀자브 지방 북서지역에 있는 가(Gah)라는 가난한 마을에서 태어났다. 당시 이곳은 영국의 식민지인 인도에 속해 있었다. 1947년 영국에서 독립을 하게 되자 이 지역은 힌두교가 주류인 인도 측과 무슬림이 지배하는 파키스탄 측으로 쪼개졌다. 거의 1800만에 달하는 사람들이 살던 곳에서 쫓겨나 국경을 넘어야 했다. 어린 싱도 그중 하나였다. 지금은 파키스탄 영토가 된 페샤워(Peshawar) 지역에 살던 그는 1947년 6월 다른 시크교도들과 함께 인도로 건너갔다. 독립 두 달 전의 일이었다. 1948년, 말린 과일을 팔던 싱의 아버지도 인도로 왔다. 그리하여 가족 모두 인도 북부 암리차르(Amritsar)에 정착하게 됐다. 시크교의 중심지인 이곳은 숭배의 대상인 황금사원이 있는 곳이기도 했다.

싱은 어릴 때부터 경제학을 배우겠다고 다짐했다. 싱은 "생각 많은 15살 학생으로서 나는 처음부터 내 주위를 둘러싼 지독한 가난에 괴로워했다"고 설명했다. 그는 미누 마사니(Minoo Masani)라는 정치인이 쓴 저서 『우리 인도Our India』를 읽고 큰 감명을 받았다. 이는 어린이를 대상으로 풀어쓴 경제학 연구서로, 인도의 가난에 대해 사회주의에 가까운 처방을 내렸다. 이 책은 '인도가 어느 순간 극도로 가난한 국민들로 이뤄진 부유한 나라가 됐다' 고 기록했다고 싱은 기억했다. 싱은 학교에서도 두각을 나타내 영국의 옥스퍼드와 케임브리지 대학의 장학생이 됐다. 그곳에서 미래에 대한 어떤 징조처럼 '아담 스미스(Adam Smith) 상' 을 받기도 했다. 1970년대와 1980년대에는 인도 중앙은행 총재를 비롯한 정부의 요직을 거친다.

덩샤오핑과 마찬가지로 싱은 항상 정부의 경제정책을 믿지 못했다. 1964년 그는 저서 『인도의 수출동향과 자립적 성장에 대한 전망India's Export Trends and the Prospects for Self-Sustained Growth』에서 수출을 가로막는 인도의 정책이 결국 발전도 가로막을 것이라고 경고한 바 있다. 싱은 그 책에서 '인도에는 수출을 장려하는 것에 불만을 갖는 분위기가 팽배하다' 고 지적했다. 1971년 싱은 정부 자문역을 맡으며 막 총리로 당선된 인디라 간디(Indira Gandhi, 네루의 딸) 행정부를 위해 보고서를 하나 작성했다. '승리를 위해 해야 할 일(What to Do with Victory)'이라는 제목의 이 보고서는 라이선스 라즈가 성장을 가로막고 불평등을 심화시킬 것이라고 경고했다. 그러나 정작 자신이 관료로 있던 수십 년 동안 싱은 인도의 경제에 거의 손을 대지 않았다. 이 역시 덩샤오핑과 마찬가지였다. 싱 역시 "나는 그 시스템 속에서 살아왔다"며 "이 시스템을 예전에 내가 생각한 대로 바꾸는 데 성공하지 못했다"고 인정했다. 그는 자신의 생각을 현실화할 수 있을 만큼 정치적 파워가 없었기 때문이라고 변명했다. 1991년 싱은 "그동안 내 마음속에 있는 이야기를 자유롭게, 솔직하게 털어 놓았다"면서도 "그러나 공직자로 있는 동안엔 우리 당이 권력을 잡은 상황이 아니라면 정치적 주도권을 잡은 이의 말을 따를 수밖에 없었다"고 말했다.

수십 년 동안 경제적으로 보잘것없는 성과가 계속 이어지자 싱은 마침내 인도의 후진성에 대해 격분하게 된다. 덩샤오핑처럼 모국을 다른 아시아 국가와 비교한 그는 1987년 남남협력(the South Commission)의 사무총장을 맡기 위해 제네바로 떠났다. 빈곤국가들을 개발할 방안을 국제적으로 논의하기 위한 단체였다. 여행길에 그는 한국과 대만을 들러 초창기 미러클이 어떤 결과를 낳았는지 살폈다. 그러고는 인도가 얼마나 뒤처졌는지 깨달았다. 그는 이 여행을 통해 눈을 번쩍 뜨게 됐으며 "인도는 잠에서 깨어나야 한다는 메시지를 받았다"고 했다. 이런 깨달음을 얻었을 무렵, 소련이 붕괴됐다. 인도의 마지막 경제성장 모델이 사라진 것이다. 싱은 "소련의 붕괴는 명령 중심의 경제가 결코 우리가 생각했던 것만큼 안정적이지 않았다는 증거였다"고 말했다.

싱은 인도의 경제 시스템 전체를 뜯어고쳐야겠다고 생각했다. 지금 인도에 필요한 것은 다른 아시아 국가들이 추구한 정책이었다. 싱은 "동아시아 국가들은 글로벌 무역 시스템을 통해 기회를 얻었다"면서 "우리에게도 아직 그런 기회가 있다"고 말했다. 그래서 "인도 역시 같은 방식으로 이 기회들을 잘 활용하고, 우리의 운명이 무엇인지 깨달아야 한다"고 강조했다. 재무장관이 된 후에는 더 이상 개혁을 미룰 수 없다고 확신했다. 1991년 "나는 점진적인 변화를 선호한다. 그러나 세계를 둘러보고 시간은 더 이상 우리 편이 아님을 알았다"고 말했다. "앞으로 숨이 찰 정도로 뛰어가지 않으면 이 나라는 벼랑끝에 몰릴 수 있다"고 경고했다.

이후 극적으로 터져 나온, 기대하지 못한 극적인 사건들은 싱에게 또 다른 기회가 됐다.

나라시마 라오, 개혁의 선두에 서다

1991년 5월, 네루의 손자 라지브 간디(Rajiv Gandhi)는 그를 환영하기 위해 깔아 놓은 레드카펫 위에 서 있었다. 장소는 인도 남부 타밀 나두 (Tamil Nadu)의 스리페룸부두르(Sriperumbudur)라는 마을이었다. 그는 정권을 회복하려는 인도 국민의회당의 지지를 구하러 이곳을 찾은 것이었다. 짧은 일정이지만 그를 보기 위해 수만의 인파가 몰렸다. 경호가 허술한 가운데 화환을 든 여성들이 다가왔다. 그런데 그중 한 여성이 치마 속에 무언가를 숨기고 있었다. 바로 플라스틱 폭탄이었다. 다른 여성 지지자들과 똑같이 인사를 하려고 고개를 숙이는 순간 폭탄이 터졌고 파편이 간디의 몸통을 관통했다. 자살 폭탄 테러범의 머리도 12피트나 날아갔다.

이 테러는 스리랑카의 타밀 분리주의자들이 벌인 복수극이었다. 간디는 1980년대 총리로 재직할 때 스리랑카의 내전에 개입한 일이 있는데 이에 앙심을 품었던 것이다. 이 사건으로 전 인도가 충격에 빠졌다. 그러나 이렇게 정치적으로 영향력이 큰 가문의 일원이 테러를 당했는데도 인도의 민주화 의지는 꺾이지 않았고 선거는 그대로 진행됐다. 라지브 간디에 대한 추모 분위기로 국민의회당은 가장 많은 의석을 차지하게 된다. 그러나 팔팔한 리더를 잃은 의회당은 방향을 잃고 흔들렸다. 몇몇 지도자는 간디의 이탈리아계 아내 소니아(Sonia)를 내세우려 했다. 그러나 그녀가 난색을 표했다. 인도에 정치적 먹구름이 끼는 순간이었다. 국가의 경제는 날로 더 심각해졌다. 오직 엄청난 의지와 대중적인 리더십을 가진 지도자만이 이 난국을 헤쳐나갈 수 있는 상황이었다. 그러나 인도에는 그런 행운이 따르지 않을 것 같았다. 의회의 정치꾼들은 서로 타협해, 별로 위협적이지 않고 오랫동안 공무원을 해 온 P.V. 나라시마 라오(Narashima Rao)를 새 총리로 선출했다.

인도에 매우 중요한 순간인 이때 라오는 그다지 좋은 선택이 아니었다. 칠순을 불과 며칠 앞둔 그는 이미 넉 달 전에 정계에서 은퇴해 책을 쓰려고 준비 중이었다. 그는 14개국 언어를 구사할 정도로 똑똑했지만, 대중적 지지기반은 약했다. 가끔은 뚱하고 세상과 동떨어져 보이기도 했다. 1970년대부터 의원과 의회 의장을 해 오면서, 어쩌면 당시의 체제를 만드는 일에 싱보다 더 깊이 개입한 사람이었다. 그래서 사람들은 그가 옛 체제에 손을 댈 거라고 생각하지 않았다. 게다가 그는 우유부단한 인물로 인식돼 있었다("회의 때 커피를 마실지 홍차를 마실지조차 쉽게 결정하지 못한다"고 동료들은 그를 놀리기도 했다). 인도의 정치분석가들은 라오의 집무가 시작되는 날부터 그에 대해 심한 이야기들을 풀어놨다. 인도의 유력지 「인디아 투데이India Today」는 라오에 대해

"추진력과 비전, 야망에 의해서가 아니라 운명과 드라마, 행운 그리고 우연 등으로 중앙 무대에 올라온 사람"이라고 평했다. 덩달아 그의 행정부 역시 연약할 것만 같았다. 의회당이 다수당이긴 했지만 절대 다수는 아니었다. 「인디아 투데이」는 암담한 결론을 내렸다.

'아무도 기적을 기대할 수 없다.'

그러나 인도에는 기적이 꼭 필요했다. 겨우 7개월을 버틴 이전 정부는 바닥난 외환 문제를 해결하기 위해 긴급조치를 내렸다. 그해 1월 국제통화기금(IMF)과 협상해 18억 달러를 수혈받기로 한 것이다. 그러나 이는 문제를 근본적으로 해결하기에는 턱없이 모자랐다. 자금시장에 접근하기가 어려워지면서 일부 빌린 자금은 24시간마다 돌려막기를 할 지경이었다. 국가 디폴트 사태를 막기 위해 매일 20억 달러씩의 하루 만기 단기자금을 빌렸던 것이다. 상황이 이러니 라오는 시작부터 기가 죽었다. 6월 20일 취임선서를 하기 전날 밤, 그는 정부 경제자문역 디파크 나이야르(Deepak Nayyar)에게 위기에 관해 브리핑을 받았다. 나이야르는 있는 그대로 솔직하게 말했다. 상황이 절박해 이전 정부는 스위스계 은행 UBS(Union Bank of Switzerland)에서 2억 달러를 받기 위해 그동안 밀수업자들에게 압수한 20톤의 금을 팔아 치운 상태였다. 인도에서 금은 각별한 의미를 가진 자산이었다. 따라서 해외자금을 끌어오려고 금을 팔았다는 것은 충격적인 일이었다(그러나 라오 역시 얼마 지나지 않아 영란은행과 일본은행에서 4억 달러를 꾸기 위해 인도은행이 보유한 47톤의 금을 배에 실어 보낸다). 국가 부도를 막기 위해 인도의 외환 시스템과 정부 예산 분야의 대대적인 개혁이 절실한 상황이었다. 한숨만 나왔다. 라오는 나이야르에게 "이렇게까지 엉망인가? 이 일들을 꼭 해야 하는 것인가?"라고 물었다.

모두가 라오를 과소평가했다. 나이야르의 브리핑을 듣고 다음날 아침, 그는 이미 정신을 추스르고 담대하게 개혁을 말하기 시작했다. 국영 TV에 출연, "우리는 아주 어려운 결정을 내려야 한다"면서 "어느 것 하나도 녹록한 옵션은 없다"고 말하며 국가가 엄청난 변화를 계획하고 있음을 설명했다. 라오는 정치적으로 개혁을 주도하는 주축이 됐다. 전체 개혁작업을 총괄하면서 각 부처 장관들로 이뤄진 소규모 업무 팀과도 함께 일했다. 또 야당뿐 아니라 간혹 당내에서도 이들의 작업에 대한 비판이 나올 때면 자신이 나서 온몸으로 막았다. 어떤 면에서 라오가 개혁의 선두에 서 있었던 셈이다. 싱은 나중에 "(라오의) 적극적인 도움과 지지가 없었다면 나는 아무것도 할 수 없었을 것"이라고 말했다.

라오는 만모한 싱을 파트너로 택했다. 그는 재무장관이 자신의 개혁작업에 가장 핵심임을 알고 있었다. 그래서 정치인에게 이 자리를 맡겨선 안 된다고 생각했다. 그에겐 대만 기술관료 리궈딩이나 인도네시아 버클리 마피아인 알리 와드하나 같은 이가 필요했다. 어느 쪽에도 치우치지 않는 경제적 차르(czar)로서 어떤 정치적 커넥션이나 야심에 흔들리지 않고 어려운 정책들을 밀고 나갈 수 있는 그런 사람이 절실했던 것이다. 그러나 당시 인도의 상황이 너무 절망적이었기 때문에 싱의 친구들은 그에게 발을 담그지 말라고 조언했다. 그들은 6개월 안에 싱이 쫓겨날 것이라고 예상했다. 희생양으로 정부의 실수를 덮어쓸 거란 이야기였다. 그러나 싱은 자신의 의무라고 믿는 것을 피하는 사람이 아니었다. 훗날 장관직을 수락하던 순간에 관해 "두려움에 몸이 떨렸다"고 고백할 정도였지만 그는 "나 하나가 실패하는 건 문제가 아니다"면서 "인도만 잘된다면 누가 실패하건 무슨 상관이냐"

고 생각했다.

싱의 첫 번째 과제는 국가의 자본을 늘려 디폴트를 피하는 것이었다. 연방의 재정적자를 해소하기 위해 혹독한 예산감축이 불가피했다. 이는 IMF가 자금을 빌려 주면서 내건 조건이기도 했다. 그러나 싱은 이로 인한 후폭풍이 걱정됐다. 정부 지출을 확 줄여 버리면 그렇지 않아도 고전을 면치 못하고 있는 경기에 침체를 가속시켜 저소득층이 타격을 받을 수 있었기 때문이다. 그는 다른 길을 찾기로 했다. 그는 당시 한 인터뷰에서 "무엇보다도 우리는 가난한 이들에게 더 짐을 지우는 방안을 채택하면 안 된다"고 말했다. "우리에게 필요한 방안은 성장을 추구하면서도 인간적인 면을 잃지 않는 것"이라면서 "침체를 장기화해선 안 된다"고 했다. 결국 해답은 경제성장을 촉진시킬 개혁과 긴축정책을 함께 쓰는 것이었다. 그는 "전통적인 방식대로 허리띠를 죄고 죄고, 또 죌 수는 있다. 그러나 이 과정이 너무 오래 지속되면 고통만 커지고 실업률은 높아지기 마련"이라며 "믿을 만한 구조조정 프로그램을 통해 안정화를 이루면 그만큼 고통의 시간을 줄일 수 있을 것"이라고 전망했다. 그래서 싱은 지금의 경제위기가 오히려 그동안 오래도록 미뤄 온 개혁을 밀어붙일 수 있는 기회라고 생각했다. 이를 통해 나라를 고속성장의 궤도에 올려놓을 수 있을 거라 기대했다. 그는 취임 직후 브리핑을 통해 라오에게 이런 생각을 분명히 전했다. 그는 총리에게 "우리는 붕괴 직전에 있다. 그대로 붕괴해 버릴 가능성이 분명 크지만, 우리가 과감한 정책을 취한다면 그 방향을 돌릴 수도 있을 것"이라고 말했다. "이번 위기는 새로운 인도를 건설할 기회, 우리의 전임자들이 꼭 해야 한다고 생각했지만 한 번도 해 보지 못한 일을 실행에 옮길 기회가 될 수 있다"고 강조했다.

당시 싱은 정책에 대해 개략적인 아이디어밖에 없었다. 위기에 대한 응급처치로 급하게 시작한 개혁작업이었지만 시간이 지나면서 일관성을 띠게 됐다. 싱의 핵심 조력자로 상공부 장관을 지낸 팔라니아판 치담바람(Palaniappan Ghidambaram)은 개혁작업에 대해 "앉은 자리에서 단숨에 청사진을 쓱쓱 그린 게 아니었다"고 말했다. 그는 "몇 가지 개혁작업을 일단 진행한 뒤 다음 단계로 넘어갔다"면서 "청사진은 개혁작업이 이미 시작된 이후에 나왔다"고 했다. 위기에 대응하기 위해 만들어졌다는 속성 때문에 개혁작업을 제대로 진행하기가 쉽지 않았다. 싱은 훗날 "시간이 충분치 않아 개혁의 예상 효과를 충분히 검토하지 못했다"며 "이게 내 일을 더 복잡하게 만들었다"고 털어 놓았다.

7월 1일 싱의 대표적인 조치가 모습을 드러냈다. 그는 라오, 나이야르를 비롯, 중앙은행 총재 등 최고위 관계자들로 이뤄진 소그룹을 만났다. 싱은 인도 통화인 루피 화의 평가절하를 기대했다. 당시 환율은 정부가 좌지우지할 수 있었기 때문이다. 그러나 이는 상당히 민감한 이슈였다. 루피를 평가절하하면 원유 같은 원자재 수입 부담이 느는 등 특정 분야에서 국가 이익을 해칠 수 있는 일이었다. 무엇보다도 통화가치를 억지로 내리면 나라의 경쟁력 자체가 약해졌다는 신호가 될 수도 있는 노릇이었다. 그래도 싱은 확고했다. 그는 평가절하가 "인도 경제의 신뢰를 회복하기 위해 꼭 필요한 절차"라고 믿었다. 루피 화 가치를 낮게 유지해야 해외자금을 다시 국내로 끌어들일 수 있기 때문이었다. 수출 진작을 위해서도 꼭 필요한 일이었다. 게다가 이런 조치를 통해 해외투자자들에겐 인도가 이 문제를 정말 진지하게 다루고 있다는 메시지를 전달할 수도 있다고 봤다. 그 와중에 이 일을 어떻게 진행할 것인가를 두고 약간의 논쟁이 벌어졌다. 나이야르는 이 아이디어에 원칙적으로는 반대하지 않지만 다소 급진적이라고 지적했다. 그러나 결국엔 모두가 이 방안을 통과시켰다.

정치적인 면의 우려는 여전히 남아 있었다. 라오가 대통령 라마스와미 벤카타라만(Ramaswamy Venkataraman)에게 루피 화 평가절하 방침을 설명하자 그는 소수당인 라오의 정부가 의회의 동의도 얻지 않고 일을 추진한다며 불만을 터뜨렸다. 벤카타라만은 싱의 루피 화 절하 구상이 너무 과격하다고 생각했다. 싱은 물러서지 않고 라오에게 "즉시 이 조치를 취해야 한다"고 말했다. "만약 기다리기만 한다면 의회를 만났을 때 이 위기에 우리가 할 수 있는 일에 대해 아무 말도 할 수 없을 것이다"라는 이유였다. 싱은 지금 행동을 취하지 않을 경우 벌어질 심각한 결과를 조목조목 짚었다. 그리고 "결국은 해외부채에 대해 국가가 지급불능 상태임을 선언해야 할 것"이라고 말했다. 라오는 싱에게 OK 사인을 내렸다. 그러나 조심스럽게 추진하자고 했다. 루피 화의 가치를 당초 싱이 원하던 만큼 단번에 깎지 않고 두 단계에 걸쳐 절하하는 것이었다. 우선 7월 1일 9%를 내린 뒤 이틀 후 11%를 추가로 내렸다.

루피 화 절하는 앞으로 일어날 근본적인 변화의 맛보기일 뿐이었다. 7월 3일 두 번째 평가절하를 한 뒤 싱은 치담바람에게 그동안 정부가 인도 업체들에 주던 수출보조금을 없애겠다고 말했다. 루피 화 절하로 인도산 제품의 수출 가격이 상대적으로 싸져 더 이상 보조금이 필요없게 된 상황이었다. 게다가 국고가 말라붙은 마당에 고비용의 지원책을 유지한다는 것은 어불성설이었다. 이제는 사치스러운 예산을 감당할 수 있는 상황이 아니었다. 치담바람은 원칙적인 면에서 싱의 계획에 찬성하지만 정치적인 역풍이 문제라고 했다. 그는 싱에게 "이런 정책을 폐기하면서 내 임기를 시작하기가 참 부담스럽다"고 말했다. 치담바람은 이 문제를 상공부 차관인 몬텍 싱 알루왈리아(Montek Singh Ahluwalia)와 상의했다. 싱의 오랜 친구이자 세계은행 이코노미스트이기도 했던 알루왈리아 역시 개혁적인 공무원이었다. 그는 정치적으론 약점과 공무원 특유의 게으른 문화에 가로막혀 옴짝달싹 못하고 있던 상태였다. 1980년대부터 자유화를 주장하던 그는 1989년 라지브 간디 총리 시절에 이미 경제개혁의 필요성에 대한 영향력 있는 보고서를 작성했다. 간디는 그의 구상을 인정하면서도 다음 선거 때문에 서랍에 처박아 두고 있었다. 알루왈리아는 치담바람에게 수출보조금 제도를 무역 자유화와 관련한 좀더 집합적인 제도로 대체해야 한다고 주장했다. 보조금을 취소하는 대신 인도 산업에 무언가 다른 혜택을 줘야 한다는 것이었다. 치담바람이 듣기에 설득력 있는 아이디어였다. 싱처럼 그 역시도 이번 위기가 변화를 이끌어 낼 절호의 찬스라고 생각했다. 하버드에서 MBA를 받은 치담바람은 인도에서 기업법 관련 업무를 했다. 그러면서 라이선스 라즈의 폐해를 경험했다. 그는 "내 마음속에 무역통제라는 것은 사라져야 한다는 생각이 분명히 자리 잡고 있었다"고 말했다. 그래서 라이선스 라즈에 대해 "기업가 정신이나 기술을 가진 이들을 좌절시키는 제도"라고 표현했다.

그날이 지나 치담바람과 알루왈리아는 싱을 만나러 가서 자신들의 자유화 계획을 제안했고 싱은 그 자리에서 승인했다. 그러나 한 가지 문제가 있었다. 싱이 보조금 삭감 조치를 그날 저녁에 당장 발표하겠다고 나선 것이다. 루피 화의 가치를 확 떨어뜨린 마당에 비용이 많이 드는 제도를 잠시도 더 유지하고 싶지 않았던 것이다. 치담바람에겐 새로운 계획을 마무리할 시간이 단 몇 시간밖에 없었다.

그날 오후 내내 치담바람과 알루왈리아는 무역 분야에서 라이선스 라즈를 없애는 작업에 매달렸다. 그들은 불과 몇 시간 만에 수출입과 관련해 매년 받아야 하는 75개의 허가를 모두 없애 버렸다. 두 사람은 해체된 규정들을 대신할 새로운 규정이 필요하다고 느꼈다. 특히 경제 내에서 경화(hard currency)를 분배할 새로운 틀이 필요했다. 그런데 인도는 이미 외환이 바닥난 상태였기 때문에 이를 시장기능에만 맡기는 것은 상당히 조심스러웠다. 알루왈리아는 관계 장관 회의에 '수출입증서(exim scrip)'에 대한 아이디어를 냈다. 이 제도 하에서는 수출업자들이 벌어들인 외화 일부를 일종의 대체통화인 수출입증서로 보유하게 된다. 그러다가 물건을 수입할 때나, 수입을 위해 외화가 필요한 업체에 이 증서를 팔아 외화 대신 사용한다. 그렇게 되면 수입업자들은 더 이상 정부의 인허가를 받을 필요가 없다. 그저 시장에서 증서를 사면 되는 것이다. 이 개혁안이 성공을 거둘 경우 증서의 거래가 활발해지면서 인도 화폐의 시장가격도 자연스럽게 결정될 일이었다.

초저녁 무렵 치담바람과 알루왈리아는 초안 작성을 끝냈다. 새로운 개혁안에 만족한 싱은 즉시 서명을 했다. 싱과 치담바람, 알루왈리아는 라오의 승인을 받기 위해 그의 사무실로 향했다. 먼저 치담바람이 계획을 간략히 설명했다. 라오는 싱을 쳐다봤다. 그리고 "이 모든 계획에 당신도 찬성을 한 것이냐"고 물었다. 싱은 그렇다고 답했다. 그러자 라오는 한 치의 주저함도 없이 개혁안에 서명했다. 이것으로 라오, 싱, 치담바람, 알루왈리아는 라이선스 라즈 체제 하에 수십 년간 존재하던 규제를 없애 버렸다.

이후 더 많은 조치들이 더 빠른 속도로 진행됐다. 라오는 산업 분야에서 라이선스 라즈를 없애는 일을 도맡았다. 부총리 A.N. 바르마

(Varma)는 그의 오른팔이었다. 또 다른 개혁성향을 가진 공무원 바르마는 과거 산업부(the industry ministry)에서 일할 때 기업 규제를 없애는 일에 몰두했었다. 그러나 알루왈리아가 그랬던 것처럼 별로 성과가 없었다. 라오와 바르마는 폭넓은 산업 분야에서 인허가를 없애고 외국인 투자의 장벽을 낮추는 내용의 공격적인 개혁안을 마련했다. 싱은 이 계획을 성사시키기 위해 정부 안에서 로비를 펼쳤고 자기 부처 안의 반대 의견을 잠재우기 위해 노력했다. 드디어 7월 중순 라오가 국무회의에 이 법안을 상정하자 엄청난 논쟁이 벌어진다. 싱과 치담바람은 라오 편이었지만, 나머지 장관들은 라오가 네루의 유산을 너무 무시한다고 반박했다. 이 제안은 내각의 지지도 받지 못했다. 라오가 한발 물러서야 하는 상황이 됐다. 그는 치담바람에게 정치적으로 수용 가능하게끔 제안서 일부를 고치라고 시켰다.

치담바람은 진정 이 산업개혁의 드라마를 이루고 싶었다. 그래서 7월 24일 내놓은 정책 성명에서는 첫 머리에 네루의 이름을 거론했다. 그는 정부가 이 정책을 마련한 이유는 팬디트(Pandit, 인도에서 학식이 높은 사람에게 붙이는 존칭) 네루가 독립 전야에 국가를 위해 세운 목적과 목표를 진일보시키기 위한 것이라고 설명했다. 근대적 · 민주적 · 사회적이면서도 번영을 거듭하며 앞을 바라보는 인도를 건설하는 것, 스스로 의지할 수 있는 정책을 계속 따르는 것, 바로 그것이었다. 구호는 그랬지만 사실 라오의 계획은 네루의 경제정책 중 상당수를 뿌리째 뽑아버렸다. 새로운 정책은 "관료 규제라는 불필요한 거미줄에 갇혀 있는 인도의 산업과 경제를 해방시키는 것"이라고 강조했다. 기존 인허가 시스템은 18개 산업군을 제외하고 전 분야에서 사라졌다. 제외된 것은 국방이나 환경 등의 이유로 민감한 분야였다. 인도 내 대기업의 사업

확장을 가로막던 특별 규제들도 사라졌다. 해외투자자도 인도 현지법인의 대주주가 될 수 있게 됐다. 34개 산업군에선 투자에 대한 승인이 자동적으로 이뤄지게 했다. 카말 나스(Kamal Nath)는 이 문건을 두고 '혁명적'이라고까지 말했다. 수십 년 동안 경제 현실을 가로막던 라이선스 라즈는 이렇게 빠른 속도로 죽어 갔다.

같은 날 새로운 산업정책이 발표됐다. 싱은 의회에 참석, 그해 예산에 대해 이야기했다. 그는 정부 지출을 대폭 줄여 인도의 재정 안정성을 확보하겠다고 말했다. 그러면서 이를 위해 정치적으로 민감한 이슈인 비료에 대한 보조금을 삭감하겠다고 했다. 이 연설에는 예산안 발표 이외에 중요한 함의가 있었다. 새로운 인도를 만들기 위해 변화를 촉구하는 싱의 목소리가 담긴 것이다. 그는 의원들에게 "경제위기의 수준이 매우 날카롭고 깊다"면서 "지나간 독립 인도의 역사에서는 비슷한 일도 겪어 본 적이 없다"고 말했다. 또 "더 이상 허비할 시간이 없다"면서 인도가 한 발짝 더 나아가게 하기 위해 의원들이 극적인 변화를 만들어야 한다고 강조했다. 싱은 "가난과 무지, 질병에서 벗어나기 위해 대규모의 사회 · 경제적 개혁이 필요하다"고 말했다. 그리고 "이런 개혁은 고차원의 이상주의, 자기 희생과 헌신 등이 뒷받침할 때 이룰 수 있는 것들이다"고 덧붙였다. 또 "죽음 같은 경제위기가 정부에 더 강력한 행동을 요구하고 있다"며 "우리는 그런 역할을 수행할 준비가 완벽하게 돼 있다"고 말했다.

인도 경제계에 남아 있는 싱 총리의 유산

싱은 약속을 지켰다. 싱과 라오, 치담바람은 행정부 출범 첫달에 놀라운 속도로 근본적인 개혁을 진행했다. 싱과 나이야르는 종종 새벽 3

시에도 라오를 깨워 그때 딱 필요한 정책에 대해 승인을 받기도 했다. 제대로 밥 먹을 시간도 없어서 나이야르는 싱이 새 정책에 대해 설명하는 컨퍼런스룸 구석에서 샌드위치를 먹기도 했다. 개혁 초창기, 이런 싱의 노력에 비판보다는 칭찬이 쏟아졌다. 인도에서 가장 큰 기업 집단인 타타그룹을 이끌던 J.R.D. 타타(Tata)는 「타임스 오브 인디아 Times of India」와 인터뷰하며 이렇게 말했다.

"세상 사람들에게 이렇게 전하라. '아시아에 새로운 호랑이가 나타났다. 이제 막 우리에서 벗어났다'고 말이다."

그러나 반대세력은 여전히 굶주린 독수리 떼처럼 모여 들어 언제라도 싱을 공격할 준비를 하고 있었다. 반대파 정치인들은 싱이 IMF에 나라를 팔아먹었다고 비난했다. 1991년 7월 「인디아 투데이(India Today)」에 실린 카툰에선 싱을 큰 가마솥에 개혁이란 스튜를 끓이는 사악한 과학자로 묘사했다. 그 옆 식탁에는 IMF를 뜻하는 잘 차려입은 외국인이 만족스러운 표정으로 만찬을 기다리고, 그 뒤엔 헐벗은 농부들이 깨진 사발을 들고 부스러기라도 바라는 눈치로 쳐다보는 그림이었다. 공산당 소속 어느 의원은 "싱이 우리의 자립을 위한 정책을 팔아먹으려 한다"고 비난했다. 싱은 그의 입장과 계획을 설명하려고 반대파 지도부를 직접 찾아갔다. 그러나 시간을 버는 데는 도움이 되지 않았다.

싱의 첫 번째 테스트는 예산 관련 시정연설을 한 직후인 7월 말 치러졌다. 화학비료에 대한 지원금을 줄이고 이에 따라 비료 가격을 40% 인상하자 농촌 지역에서 엄청난 반발이 일었다. 반개혁주의자들은 이 일을 가지고 싱이 인도 빈곤층의 부담을 가중시킨다고 비난했다. 그러나 이런 비난은 잘못된 것이었다. 싱은 그 대신 농작물에 대한 정부 수매가를 높였으며 빈농 지역의 개발기금을 확충해 두었던 것이다. 그러나 이런 사실들로는 비난 여론을 잠재우기 어려웠다. 전국 곳곳에서 농민 시위가 벌어졌다. 남부지역인 안드라 프라데시(Andrah Pradeshi) 주에서는 농부들이 비료를 약탈하기 위해 운송 차량과 상점을 덮치는 사건이 벌어졌다. 이 와중에 경찰이 발포해 농민 두 명이 사망하기도 했다. 8월 4일 싱은 가격인상 조치에 대한 지지를 부탁하기 위해 국민의회당 의원들을 만났다. 그러나 그들은 싱을 공격했다. 그 중 한 명은 "싱이 정치를 이해하지 못하고 있다"며 "도대체 우리를 위해 그가 해줄 수 있는 게 뭐냐"고 반문했다.

갈등이 심해지자 라오는 해결책을 찾기 위해 당내 원로들을 불러모았다. 싱은 여전히 자신의 주장을 굽히지 않았다. 비료 지원금을 줄이는 것은 예산 건전성을 확보하려는 그의 계획에서 가장 중요한 부분이라는 것이었다. 그러나 당 원로들은 가격인상 조치를 뒤집지 않으면 당이 살아남을 수 없다고 생각했다. 결국 싱은 타협을 할 수밖에 없었다. 이튿날 그는 의회로 돌아가 비료 가격을 30%만 인상하겠다고 발표했다. 이는 앞으로 일어날 불길한 일의 전조였다.

그래도 이후 2년 동안은 개혁작업이 계속됐다. 무역 분야의 라이선스 라즈는 1992년 초 대부분 사라졌다. 정부가 직접 개입하는 분야도 점점 없어졌다. 항공, 통신, 발전 등 한때 국영기업 형태로만 존재하던 산업군도 민간투자자들에게 개방됐다. 관세도 축소됐다. 외국인투자자들은 증시에서 주식을 직접 살 수 있게 됐으며 인도 기업들의 상장지분을 통제하던 규정도 없어졌다. 이자율 역시 정부의 통제를 받지 않게 됐다. 다국적을 향한 인도의 변화를 보여주는 상징적 사건으로 코카콜라, 포드, 제너럴 일렉트릭(GE) 등 이름만 대면 알 만한 다국적

기업들이 즉시 인도 내 투자를 허가받았다. 또 일련의 조치들을 거치면서 루피 화의 변동환율제가 정착됐다(1994년에는 루피 화의 전면 환전이 허용된다). 인도에 외화가 밀려들면서 개혁의 동기가 됐던 경제위기는 역사 속으로 자취를 감췄다. 1994년 3월 인도의 외환보유액은 150억 달러 수준을 회복했다.

싱은 극심한 반대 속에서도 천재적인 전략을 통해 변화를 이끌어 냈다. 대중을 설득하기 위한 극적인 연설 같은 것은 없었지만 그는 취임 초기부터 자신이 추진하는 프로그램을 아주 세세한 부분까지 공개했다. 새로운 개혁안에 대해서 거의 매주 대중에게 설명하는 자리를 가졌다. 이런 조치 덕에 개혁을 일방적으로 밀어붙인다는 느낌을 감출 수 있었다. 또 반대파들은 개별 정책에 대해 반대할 만한 명분을 찾기 힘들게 했다. 그는 또 특정 이해관계자들이 좋아할 만한 정책과 그렇지 않은 정책을 한 개혁안에 적절히 담아 냄으로써 반대의 목소리가 커지는 것을 미연에 막았다. 그래도 싱이 인도의 정치적 현실에서 완전히 벗어날 수는 없었다. 1991년 발생한 위기가 사람들의 기억 속에서 사라지고 경제가 탄탄히 자리를 잡게 되면서, 정치라는 이슈가 다시 또 전면에 등장하게 됐다.

싱을 가장 심각하게 위협한 정적(政敵)은 힌두 회복주의자들로 구성된 바라티야 자나타 당(BJP, Bharatiya Janata Party)이었다. 라오 정부 출범 초기부터 BJP는 제1야당이었다. 이후 몇 년 동안 BJP는 싱의 개혁 작업에 딴죽을 걸면서 권력을 두고 국민의회당과 치열하게 맞서는 라이벌로 성장했다. BJP는 특히 외국인투자에 거부감을 보였다. 한국처럼 외국인들의 돈에 의지하지 않고 자국 내 자원을 활용하는 민족주의적 성장방식을 택해야 한다는 주장이었다. 아이러니컬하게도 마하트마 간디가 만들어 낸 스와데시(swadeshi, 자립)의 개념을 BJP가 끌어다가, 오히려 간디가 창설한 국민의회당을 공격한 것이다. BJP는 싱이 인도를 국제경제에 노출시킴으로써 스와데시를 흔들고 있다고 비난했다. BJP는 인도 정부가 고질적인 전력난을 해소하기 위해 설립을 서두르던 발전소 8곳에 초점을 맞춰 공격했다. 그중에서도 특히 마하라시트라(Maharashtra) 주에 건설 중이던 다브홀(Dabhol) 발전소에 관심이 집중됐다. 이곳은 미국계 전력회사인 엔론(Enron)이 들어와 있었다. BJP는 엔론이 인도 정부에서 자금을 짜내기 위해 비용을 부풀렸다고 주장했다. 사실 이를 뒷받침할 만한 증거는 없었지만 정치적으로 주목을 끌기에 충분했다. 결국 1995년 실시된 마하라시트라 주정부 선거에서 BJP와 연합세력이 승리한 뒤 이 프로젝트는 취소됐다. 그러면서 BJP는 싱의 개혁에 불만을 품은 일부 강력한 기업인들을 동맹군으로 끌어들였다. 당시 인도 기업인들은 라이선스 라즈를 철폐하는 조치를 대부분 환영했지만, 동시에 불공평한 대접을 받는다고 느꼈다. 외국 다국적기업에 빠른 속도로 문을 여는 반면, 규제가 까다로운 노동법규 개정 등 국내 경제에 긴요한 조치들은 상대적으로 등한시한다고 여겼던 것이다. 이런 상황이 오히려 인도 기업들의 경쟁을 가로막고 있다고 생각했다. 한편 국민의회당은 좌파 정당으로부터도 집중포화를 받고 있었다. 특히 활동이 활발하던 공산당에선 싱의 개혁이 국민의 일자리를 위협하고 빈곤층에 더 많은 부담을 지운다고 비난했다. 그야말로 코너에 몰린 셈이었다.

그래도 싱은 물러서지 않았다. 1996년 연설을 통해 그는 조국의 발전을 위해 힘을 합치자고 청하며 자신의 개혁 프로그램을 옹호했다. 그는 "의미 없는 파벌싸움과 카스트 간, 계급 간 분쟁에 우리의 에너지를 허비할 수는 없다"고 말했다. 그러면서 "경제의 후진성을 고착시켜 인도가 세계에서 올바른 위치를 차지하는 것을 방해하려는 세력이 스와데시를 오용하는 것을 더 이상 두고보지 않겠다"고 경고했다. 그러나 더 큰 문제점은 싱에 대한 공격이 라오 정부 밖에서만 오는 게 아니었다는 점이다. 국민의회당은 싱의 개혁이 가져온 정치적 결과에 점점 겁을 먹기 시작했다. 1994년 국민의회당이 줄곧 우위를 차지하던 주정부 선거에서 두 차례 연속 패배한 것이 전환점이 됐다. 국민의회당 지도부는 싱의 개혁을 비난하고 나섰다. 수적으로나 세력 면에서나 반대의 목소리가 커지면서 싱의 개혁도 탄력을 잃어 갔다.

1996년 그동안의 엄청난 경제적 성과에도 불구하고 라오 정부는 불명예스러운 마지막을 맞이하게 됐다. 국민의회당이 총선에서 패해 반대파 연합전선에 권력을 내준 것이다. 싱의 개혁 프로그램은 파벌싸움이나 경제와 무관한 이슈들에 함몰돼 있던 유권자들의 관심을 끌어내지 못했다. 게다가 유권자의 대다수를 차지하는 지방 빈곤층에게 개혁은 그저 남의 일이었다. 선거가 가까워지면서 인도의 경제성장률은 최고 수준을 기록했다. 그러나 그 영향이 하부 계층까지 전달되진 못했다. 라오는 은퇴한 뒤 집필 작업에 몰두할 뿐 다시는 정계로 복귀하지 않았고 싱은 야당이 된 뒤에도 계속 경제개혁을 주장했다.

2004년 국민의회당은 연립정부의 다수당으로 권력을 되찾았다. 이번에는 싱이 총리가 됐다. 인도 경제의 자유화 전도사로서 더 많은 개혁을 이룰 것이라는 기대감이 부풀었지만 걸림돌이 많았다. 자유화와 관련된 어떤 시도가 있기만 하면 연립정부 파트너인 공산당이 발목을 잡았던 것이다. 반복되는 상황에 진저리가 난 싱은 변화를 위한 투쟁의 의지를 잃은 채 자포자기하는 듯했다.

그래도 싱의 유산은 여전히 남아 있었다. 한때 나라를 팔아먹고, 가난한 자를 더 힘들게 하며 네루의 유산을 부정한다고 그를 손가락질하던 정치인들이 그의 아이디어를 속속 받아들였다. 비록 느리긴 해도, 뉴델리를 지배하는 정당이 어디든 간에 개혁은 계속되고 있었다. 더 이상 인도가 네루식 사회주의나 고립주의로 돌아가야 한다는 논의는 나오지 않는다. 라오, 싱 그리고 그의 동료들이 거둔 가장 중요한 업적은, 인도 내 모든 경제 담론의 초점을 '어떻게 하면 급속한 성장을 이룰 수 있는 정책을 마련할 것인가' 하는 쪽으로 맞추었다는 것이다. 수없이 갈등하고 후퇴를 거듭하면서도 싱은 발전에 적합한 정책 틀을 세우는 데 필요한 공감대를 형성하기 위해 노력했다. 싱은 인도에 미러클을 가져왔을 뿐 아니라 이를 향한 궤도에서 벗어나지 않도록 확실한 기반을 마련했던 것이다. 샤시 타루르는 이를 두고 "동인도회사가 깎아먹은 점수를 이제서야 만회했다"고 말하기도 했다.

아마도 싱은 정신없이 보낸 1991년 여름 그가 거둔 만큼의 영광을 다시는 경험하지 못할지도 모른다. 그러나 당시 그가 제시했던 비전은 아직도 남아 있다. 그는 1991년 7월 의회 연설에서 이렇게 말했다.

"언젠가 빅토르 위고(Victor Hugo)가 말했듯, 지구상의 어느 권력도 어떤 사상의 시대가 도래하는 것을 막을 수는 없었다. 나는 인도가 세계에서 주요 경제국으로 떠오를 것이라는 사실 역시 이런 사상 중 하나가 돼야 한다고 생각한다. 세계 모든 이에게 우렁차고 분명하게 말하자. 이제 인도가 완전히 깨어났다는 것을 말이다. 우리는 모두를 압도할 것이다. 우리는 극복할 것이다."

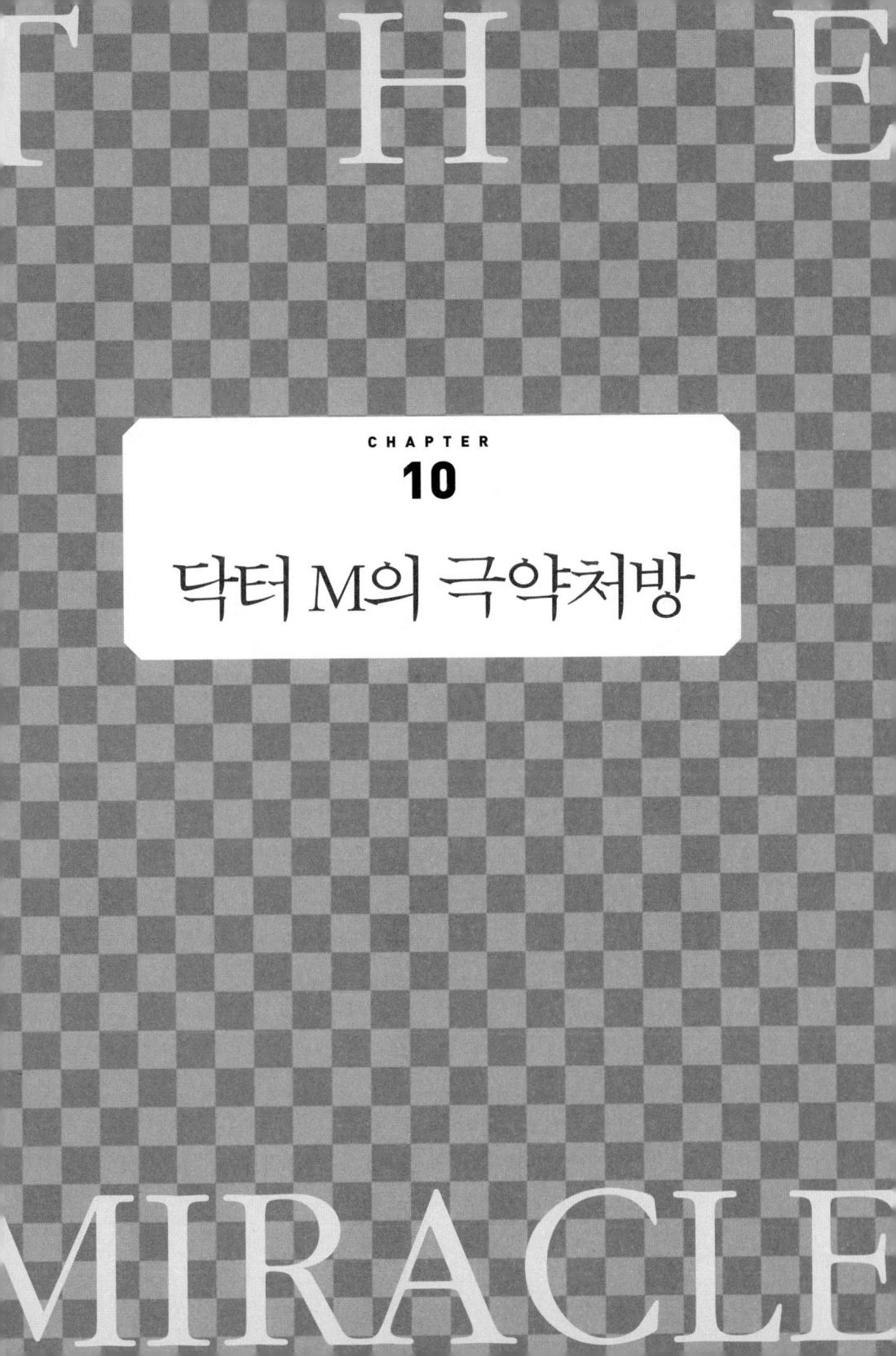

CHAPTER
10

닥터 M의 극약처방

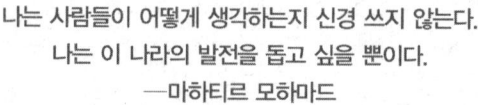

나는 사람들이 어떻게 생각하는지 신경 쓰지 않는다.
나는 이 나라의 발전을 돕고 싶을 뿐이다.
—마하티르 모하마드

마할릴 아리프(Mahaleel Ariff)는 신경이 곤두섰다. 말레이시아 자동차업체인 프로톤의 부회장 마할릴은 부임한 지 며칠 안 된 1996년 4월 마하티르 모하마드(Mahathir Mohamad) 총리의 호출을 받았다. 회사의 미래에 대해 브리핑을 해 보라는 것이었다. 줄곧 석유회사의 CEO만 맡았던 그는 자동차업계에선 신출내기라 프로톤의 운영방식을 익히느라 몰두하던 중이었다. 최근 며칠간은 스트레스가 이만저만이 아니었다. 이 회사의 상황이 그다지 긍정적이지 않다는 것을 발견했기 때문이다. 프로톤이 살아남을 수 있을지부터 의문이었다.

그러나 그것은 마하티르가 듣고 싶은 내용이 아니었다. 프로톤은 그의 자식이나 다름없었다. 근대화, 산업화된 말레이시아의 상징으로 그가 직접 만들고 키워 낸 기업이었던 것이다. 그동안 프로톤은 외국기업과의 경쟁을 최소화해 주는 관세장벽 등 정부의 지원 덕분에 살아남을 수 있었다. 완고한 성격의 전직 의사로 말레이시아 역사상 가장 강력한 정치적 파워를 쥔 마하티르는 동남아시아의 이 작은 나라를 더 발전시키고 싶었다. 그런 그에게 패배주의는 용납될 일이 아니었다.

마할릴은 어렵지만 마하티르에게 진실을 말해야겠다고 생각했다. 일단 마음을 진정시킨 뒤 마하티르의 집무실로 들어갔다. 그리고 용기를 끌어모아 브리핑을 시작했다. 그는 프로톤이 독자적으로 생산할 수 있는 회사가 아니라는 게 문제라고 지적했다. 프로톤은 1985년부터 자신의 브랜드를 달고 자동차를 만들었지만 대부분의 부품을 비롯해 기술, 디자인까지 일본 파트너인 미쓰비시에 의존하고 있었다. 마할릴은 이런 상황은 오래 지속될 수 있는 것이 아니라고 봤다. 마할릴은 그의 예상을 말했다.

"지금처럼 한다면 분명 죽을 것입니다. 그렇지만 프로톤만의 제품, 프로톤만의 기술을 창조할 수 있다면 기회를 가질 수 있을 것입니다. 그러나 매우 어려운 일입니다."

마하티르는 45분의 프리젠테이션 동안 조용히 앉아 듣기만 했다. 마할릴은 최악을 대비해 긴장의 끈을 놓지 않았다. 발표가 끝나자 마하티르가 그에게 물었다.

"그렇다면 자네는 어떤 방법을 추천하겠는가?"

"두 번째입니다." 마할릴이 대답했다. 프로톤을 자신의 차를 생산할 수 있는 기업으로 만들고 싶었기 때문이다. 그러자 마하티르가 즉각 진격 명령을 내렸다. 2000년까지 프로톤이 100% 설계한 차를 생산하라는 것이었다.

마할릴은 말문이 막혔다. 사실 지금의 프로톤은 기술 면에서나 노하우 면에서나 자동차를 만드는 데 필요한 수준의 20%밖에 되지 않았다. 이런 상황에 3년 반이라는 시한을 지키는 것은 거의 불가능한 일이었다.

"각하." 그가 말했다. "우리가 이 일을 어떻게 시작해야 할지조차 모른다는 것을 알고 계십니까?"

마하티르는 아무 말도 하지 않고 그저 쓴웃음만 지었다.

마할릴의 말대로 이후 3년은 그야말로 '악몽'이었다. 마할릴과 기술자들은 마하티르가 제시한 목표를 달성하기 위해 치열하게 매달렸다. 1996년엔 영국의 로터스(Lotus)를 인수하여 자동차 생산에 매우 중요한 연료주입 기술을 익혔다. 마하티르는 막후의 CEO처럼 행동했다. 이 회사의 재무보고서를 끊임없이 들여다봤고 공장을 수시로 방문하여 새로운 브리핑을 들었다. 마할릴은 매일 저녁 렉서스(Lexus)의 장인정신과 수소연료 자동차의 가능성까지 거의 모든 사안에 대해 마하티르에게 보고했다. 결국 마하티르는 자신이 원하던 것을 손에 넣었다. 2000년, 드디어 프로톤이 첫 번째 순수 말레이시아산(産) 자동차 와자(Waja) 세단을 출시한 것이다.

여기서 마하티르가 마할릴에게 압박을 가하는 장면을 어디선가 본 듯할 것이다. 마하티르는 22년 동안 말레이시아의 총리를 지내면서 박정희가 한국에서 했던 것과 비슷한 방식으로 이 열대 국가를 통치했다. 악에 받친 민족주의자 마하티르는 박정희만큼 필사적으로 조국 말레이시아를 농업국에서 산업국으로 바꾸는 일에 매달렸다. 그는 여러 방면에서 같은 전술을 사용했다. 말레이시아를 무대로 한 마하티르의 스토리는 미러클의 후발주자가 선발주자의 정책을 따라함으로써 어떤 성과를 거둘 수 있었는지 잘 보여준다. 마하티르는 대놓고 일본과 한국의 정책을 적용하려 했다고 이야기했다. 심지어 일본이 '잃어버린 10년'에 접어들었을 때도 '아시아 모델'의 영향력은 아시아 대륙을 관통하고 있었다. 실제로 마하티르는 일본처럼 기업과 정부가 긴밀한 관계를 유지하는 시스템을 만들겠다면서 '말레이시아 주식회사'라는 표현을 쓰기도 했다. 마하티르는 "정부와 민간 영역을 한데 묶고, 말레이시아를 하나의 기업으로 인식하게 하는 것, 그래서 그 성공을 위해 모두가 일하는 곳으로 만드는 것"이 그의 목표라고 설명한 바 있다.

아직까지 아시아의 어느 나라에서 '아시아 모델'을 적극적으로 도입했을 때 결과가 의심스러운 적은 없었다. 통산성의 사하시, 한국의 박정희, 대만의 리궈딩처럼 마하티르도 말레이시아 경제를 저급 제품이나 원자재 수출 위주에서 첨단산업 중심으로 바꾸는 목표를 세웠다. 박정희와 마찬가지로 마하티르 역시 제철소와 자동차 공장을 짓고 싶었다. 또 세계 첨단기술의 중심지로 도약하겠다는 생각으로 수도인 쿠알라룸푸르 인근에 멀티미디어 슈퍼 코리도(Multimedia Super Corridor)를 건설했다. 길이 31마일(50km)의 이 지역에 최고 수준의 정보 인프라를 구축, 신생기업을 유치함으로써 동남아 정글의 실리콘 밸리로 만들겠다는 구상이었다. 마하티르가 만든 '아시아 모델'의 중심에는 항상 마하티르 자신이 있었다. 박정희처럼 경제를 위해 중요하다고 생각하는 프로젝트를 직접 진행하고 후원했던 것이다. 그러면서 지독할 정도로 자세히 그 추진과정을 검토했다. 시사주간지 「타임Time」은 이런 그를 '마스터 플래너(Master Planner)'라고 표현했다.

그러나 성과를 냈던 박정희와는 달리, 마하티르가 추진한 것들은 그가 바란 만큼 세계적인 경쟁자로 성장하지 못했다. 말레이시아에는 포스코가 없었고, 프로톤 역시 현대만큼 성공하지 못했다. 무엇이 잘못됐을까? 문제는 마하티르의 프로젝트가 일본 통산성이 지정하는 전략산업이나 박정희의 재벌 중심 기업들보다 훨씬 더 국가의 역할을 강조했다는 것이다. 그래서 '아시아 모델'을 제대로 작동하게 한 중요한 원칙이 빠져 버렸다. 이런 면에서 마하티르 사단은 인도네시아의 하비비와 비슷한 실수를 저질렀다. 그렇긴 해도 마하티르의 사례는 경제발전을 이야기할 때 중요한 교훈 하나를 제공한다. 미러클 이야기에서 가장 핵심이 됐던 요소 중 하나는 각 나라의 지도자가 경제성장을 최우선순위에 뒀다는 점이다. 그리고 엄청난 실용주의와 유연성을 바탕으로 그때 그때 필요한 정책을 주저없이 채택함으로써 그 성장을 이뤄냈다는 점이다. 이런 면에선 마하티르 역시 같은 생각이었다. 그러나 성장을 추구하는 과정에 그에겐 매우 중요한 동기가 하나 더 있었다. 다문화 사회인 말레이시아에서 말레이 민족의 우위를 유지하는 것이었다. 마하티르는 현대사회에서 사회공학과 관련해 가장 위대한 실험에 참여한 인물이다. 말레이 족은 이 나라에서 가장 인구가 많은 동시에 가장 가난한 민족이다. 대부분의 기업이 소수의 화교집단에 의해 운영되고 있었기 때문이다. 마하티르를 비롯한 말레이시아의 지도자들은 경제 분야에서 말레이 족의 역할을 확대함으로써 이런 상황을 '바로 잡을 수 있는' 모든 종류의 정책을 도입했다. 이런 시도에는 경제성장이 필수였다. 그런데 이런 성장의 결과물이 어느 한 사회 집단으로만 쏠리는 게 눈에 보였다. 마하티르는 다른 미러클의 지도자와 달리 단순한 민족주의자가 아니었다. 그는 동시에 말레이 운동가이기도 했다. 그래서 간혹 자신이 속한 집단의 이익을 먼저 추구하느라 말레이시아 경제 전체의 근대화에 반하는 결정을 내리기도 했다.

마하티르는 실패했지만 어쨌든 말레이시아는 미러클을 경험했다.

그리고 마하티르가 이 미러클의 아버지라는 사실에도 의문을 제기하는 이가 없다. 그러나 이는 결코 그가 내놓았던 명백한 편애 정책이나 '짝퉁' 아시아 모델 정책, 말레이 족 우선 정책 덕분이 아니었다. 그다지 알려지진 않았지만 민간기업을 늘리고 외국인투자를 장려한 그의 숨은 노력 덕분에 급속한 성장이 가능했던 것이다. 그가 말레이 운동에 상당히 헌신한 것은 사실이지만, 그동안 말레이 족의 이익을 위해 만들었던 각종 규제를 없애고 정부 정책의 방향을 바꾼 것도 모두 마하티르의 과감한 결정이었다. 말레이시아의 이야기는 미러클을 이루기 위해 세계화라는 힘이 어떻게 정부 권력을 승부수로 삼을 수 있는지 잘 보여주는 또 다른 사례다.

마하티르가 서양이 주도하는 자유무역 시스템에 기꺼이 참여한 것은 이례적인 일이었다. 그는 종종 그 시스템 자체를 비판했기 때문이다. 성미가 불같으면서도 위트가 넘치는 그는 '아시아의 대변인'으로 불리기도 했다. 그는 개도국을 위해 옳다고 생각하는 것에 대해선 두려움 없이 말을 쏟아 냈다. 그가 보기에 글로벌 경제라는 것은 신흥국가들에 손해를 끼치기 위해 조직된 체제였기 때문이다. 그는 세계화에 대해 "서양 국가들이 세계경제에 대한 자신들의 통제를 쉽게 하려는 시도"라고 주장했다. 2003년에 한 발언에선 유럽인들을 천성적인 전쟁광이며 대학살을 저지른 사람들이라고 표현한 바 있다. "전쟁을 일으키기 위해, 그래서 어린이, 노인, 병자 그리고 누구라도 죽이기 위해 어떤 논리라도 지어낼 준비가 돼 있는 사람들"이란 이야기였다. 그래서 말레이시아는 믿지 못할 그 괴물들 앞에서 안심할 수 없다고 강조했다. 그는 "다음 10년 우리는 직·간접적으로 우리를 다시 식민화 하려고 애쓰는 유럽인들을 보게 될 것"이라고 경고했다. "국토가 직접 공격받지 않는다 해도 정신이나 문화, 종교 등 다른 분야가 공격의 대상이 될 것"이란 주장이었다. 또 그는 유대인에 대한 독한 발언으로도 악명이 높았다. 그는 유대인을 '괴물들' '괴벨스 박사의 학생들'이라고 묘사했다. 2003년 한 이슬람 대회의 연설에서 그는 "유대인들이 대리인을 써서 이 세계를 지배하고 있다"며 "다른 사람을 매수해 자신들을 위해 싸우거나 죽게 한다"고 말했다. 또 "그들은 사회주의와 공산주의, 인권, 민주주의 등의 개념을 모두 만들었을 뿐 아니라 모두 흥행에 성공시켰다"며 "이는 자신들에 대한 박해를 부당한 것으로 보이게 함으로써 다른 이들과 동등한 권리를 누리기 위해서였다"고 말했다.

마하티르가 말하는 것을 들어 보면 상당히 급진적인 이슬람 지도자인 것 같지만 실제로는 그렇지 않았다. 이것이 마하티르를 이야기할 때 아주 중요한 대목이다. 아시아라는 범주, 그리고 경제학이라는 학문을 뛰어넘는 내용을 담고 있기 때문이다. 마하티르가 만든 말레이시아는 이슬람 세계에서도 독특한 나라였다. 무슬림이 이끄는데도 활기찬 경제와 국제적인 안목을 지니고 있다는 점에서 그랬다. 간혹 서양 국가들에 화를 내고 미국의 외교정책을 비판했어도, 마하티르는 서구 경제가 품고 있는 이상을 기꺼이 받아들였다. 그는 싱가포르의 리콴유가 그랬듯 미국계 다국적기업들이 말레이시아에 진출하는 것을 환영했다. 또 자유무역을 지지하고 미국 기업들의 오프쇼어링 생산에 참여함으로써 국부를 증진시켰다. 마하티르는 국제정치에 대한 자신의 관점과 국가 개발의 필요성을 항상 별개로 생각했다. 이것이 바로 말레이시아를 세계에서 가장 근대화한 무슬림 경제국으로 만든 요인이다. 물론 마하티르의 말레이시아도 완벽한 국가는 아니다. 무슬림인 말레이 인, 그리고 중국인, 인도인들 사이의 갈등도 여전하다. 그러나 다른 이슬람 국가들과 비교할 때 말레이시아는 안정성, 근대성, 국제화의 면에서 등대 같은 존재라고 할 수 있다. 종교 간 갈등과 이슬람의 테러 위협이 남아 있는 오늘날 더 많은 무슬림 리더들이 마하티르를 따른다면, 그래서 서양이 이들을 대하는 태도가 달라진다면, 세계는 어떤 모습일지 상상하는 것도 재미있는 일이다.

그렇다고 말레이시아에서 마하티르의 인기가 대단하다고 말하는 것은 아니다. 사실 그는 국외에서만큼이나 국내에서도 불화를 일으키는 존재다. 지지자들 사이에서는 '닥터 M'으로 불리며 존경받는다. 산산조각 난 나라를 번영으로 이끌기 위해 강한 리더십을 발휘한 근대화된 말레이시아의 설립자라는 평가를 받는다. 그러나 반대자들에게는 자기중심적인 독재자다. 그의 정부 역시 정실주의와 부패에 빠져 있다고 비난한다. 마하티르는 자신의 장기 계획을 밝히면서 "사람들이 나를 기억할 수도 있고, 못 할 수도 있지만, 나는 그들이 어떻게 생각하든 마음 쓰지 않는다"고 말했다. 다만 "하기로 마음먹었던 바를 할 수 있는가 하는 것에는 마음이 쓰인다"며 "나는 조국의 발전을 돕고 싶을 뿐"이라고 말했다.

마하티르, 말레이 민족주의 운동 선봉에 서다

마하티르는 '유년 시절 나와 가족들은 오늘날 소위 슬럼(slum, 빈민가)이라고 부르는 곳에서 살았다'고 기록했다. 그는 1925년 12월 20일, 말레이시아 북부 지방인 케다(Kedah) 주의 알로르 세타르(Alor Setar)라는 마을에서 태어났다. 그의 가족은 마을 남쪽, 차양을 내려 겨우 방을 구분한 통나무집에서 가난하게 살았다. 그는 밤이면 열대야와 모기의 공격에 시달리며 8남매와 함께 잠을 자야 했다. 아버지 모하마드 이스

칸다르(Mohamad Iskandar)는 교사 출신으로 나중에 정부 감사역을 지냈다. 마하티르는 아버지에 대해 "우리 남매들을 매우 보수적이고 규율 잡힌 아이로 키웠다"고 기억했다. 특히 자식들 교육에 열성적인 그는 마하티르에게 수학 등 여러 과목을 직접 가르쳤다. 그러고는 마을에 단 하나 있는 영국인 학교로 보냈다. 이슬람교 역시 유년 시절 그의 삶에 중요한 부분이었다. 마하티르는 "가족들은 비록 열성적인 신자는 아니지만 이슬람적인 믿음을 가슴 속 깊이 간직하고 있었다"고 말했다. 종교교육을 받은 그의 어머니는 마하티르에게 코란을 가르치기도 했다.

어린 나이였지만 마하티르는 자신의 나라가 무언가 심각하게 잘못됐다는 것을 알았다. 당시 말라야(Malaya)라고 불리던 이 나라는 대영제국의 식민지였다. 골프 코스와 사설 클럽이 있는 영국인 거주지역은 알로르 세타르에서도 외딴 곳에 있었는데 영국인들은 지역 주민들과는 좀처럼 접촉하지 않았다. 마하티르는 말라야 내 소민족 간의 불균형에도 화가 났다. 어린 마하티르는 화교들이 알로르 세타르 지역의 경제를 쥐고 있으면서 토착 말레이 족보다 훨씬 부유하다는 사실을 알게 됐다. 당시 말레이 족은 주로 단순한 쌀 농사에 종사하고 있었다. 마하티르는 "말레이 족이 중국인에 비해 훨씬 뒤처져 있었다"면서 "이건 옳지 않다고 생각했다"고 기억했다.

"한 나라의 국민이라면 적어도 같은 수준의 발전을 이뤄야 한다. 내 나라에서 내가 그다지 존중받지 못하고 있다는 사실에 모욕감을 느꼈다. 무언가 해야 한다고 느꼈다. 그래서 나는 민족주의자가 됐다."

그럼에도 당시 마하티르를 비롯한 대부분의 말레이 인은 과연 운명을 바꿀 수 있을지 자신이 없었다. 마하티르는 "심지어 우리에겐 독립해 살 만한 능력도 없다는 게 전반적인 생각이었다"고 말했다. "오직 유럽인들만이 우리 나라를 이끌 수 있으며 우리는 그들의 우월성을 인정해야 한다고 느꼈다"는 것이다. 그러나 싱가포르의 리콴유처럼 그도 2차 세계대전을 거치면서 이런 생각을 바꾸게 된다. 일본이 말레이 반도에서 영국군을 쫓아내는 것을 목격하면서부터다. 마하티르는 "퇴각하는 영국군이 다리를 폭파해 버리면 낙오한 영국 병사들은 일본군 손에 죽었다"고 기억했다. 일본의 승리를 보면서 "유럽인들이 태생적으로 우월한 것은 아님을 깨달았다"고 했다. "그들도 질 수 있으며, 그들 역시 아시아 민족 앞에 무릎 꿇을 수 있다는 것을 알았다"며 "이를 통해 우리도 진정 원한다면 일본인처럼 될 수도 있고, 스스로 나라를 통치할 수도 있으며 유럽인과 동등한 위치에서 경쟁할 수 있다는 믿음이 퍼져 나갔다"고 말했다.

비록 일본의 식민통치는 혹독했지만, 그 기간이 마하티르에겐 상대적으로 평화로운 시기였다. 다니던 영국인 학교가 문을 닫은 뒤, 그는 시장에서 바나나 행상을 시작했다. 그러나 교육열 높은 아버지는 그를 가만두지 않고 일본인 학교로 보냈다. 많은 말레이 인들이 그랬듯 마하티르 역시 일본이 패한 후 영국인이 돌아오는 것을 반겼다. 더 쉽게 번영의 길로 들어갈 수 있는 기회라고 생각했던 것이다. 그러나 실상을 그렇지 않았다. 영국은 말레이 반도에 흩어진 술탄의 영토들과 보르네오 섬을 통합하려는 계획을 가지고 있었다. '말레이 연합(Malayan Union)'이란 이름의 자치국을 만들고자 했던 것이다. 이 계획은 엄청난 반발을 일으켰다. 말레이의 정치 지도자들은 영국이 소수 민족인 중국, 인도인들에게 완전한 시민권을 주는 것을 반대했다. 연합은 결국 말레이 반도에 대한 영국의 통제권을 강화하려는 책략이라고 여겼던 것이다.

　마하티르 역시 이 계획에 분개했다. 다시 문을 연 영국인 학교에 돌아간 그는 연합 반대 운동을 펼치는 모임에 합류했다. 솜씨 좋은 동료가 감자를 깎아 활자를 만든 뒤 먹물로 포스터를 찍었다. 그들은 자전거를 타고 이 마을 저 마을 다니며 다른 학교에서도 시위대를 모집했다. 그리고 마을 주민들에겐 영국이 추진하는 연합 계획의 위험성을 알렸다. 얌전함과는 거리가 먼 마하티르는 "항상 지도자였으며 급우들도 내가 이끄는 계획을 자연스럽게 받아들였다"고 기억했다. 1946년 그는 통합말레이기구(UMNO, United Malays National Organization)에 가입했다. 훗날 이 나라의 주요 정당이 되는 단체다. UMNO는 말레이 연합 반대운동을 이끌었다. 결국 반대 여론이 너무 거세자 영국은 당초 계획을 폐기하고 대신 느슨한 형태의 연방체제를 제안했다.

　UMNO의 승리 후 마하티르는 정치적 활동을 잠시 중단했다. 1947년 그는 장학금을 받고 싱가포르의 한 의과대학에 진학했다. 많이 배워 두면 경력에 도움이 될 거라 생각했기 때문이다. 그는 "자격증이 없었다면 믿을 만한 리더가 되기 힘들었을 것"이라고 설명했다. 1953년 의대를 졸업한 뒤 고국으로 돌아가 정부 소속 의사가 됐다.

　그러는 동안 말레이 반도에선 독립운동이 치열했다. UMNO가 주도하는 3당 연립세력은 영국과 협상, 1957년 8월 31일 말레이 반도의 독립을 이끌어냈다. 마하티르는 공무원으로 정치활동이 금지돼 있던 터라 이 과정에는 특별한 역할을 하지 못했다. 그러나 독립 직전에 그는 정부 일을 그만뒀다. 그리고 알로르 세타르에 마하 클리닉(MAHA Clinic)이라는 병원을 열고 자신의 정치적 기지로 삼았다. 몇 번의 소소한 수술과 왕진으로 그 지역 말레이 족 농민들과 가까워진 그는 1964

년 선거에 출마, 말레이 농민의 지지를 토대로 의회에 입성했다.

말레이 운동을 표방하며 명성을 얻은 그는 아이로니컬하게도 자신의 경력을 한꺼번에 말아먹을 뻔한 사건 덕에 오히려 정치적 위상을 빨리 구축할 수 있었다. 1969년 총선에서 그는 의원직을 잃었다. 지나치게 친말레이적인 성향 탓에 중국 유권자들이 등을 돌렸던 것이다. 게다가 UMNO와 그 수장인 말레이시아 총리 툰쿠 압둘 라흐만(Tunku Abdul Rahman)에 대한 지지가 전반적으로 하락한 것도 패배의 원인이었다. 독립만 하면 복지도 좋아지고 세력도 커질 것이라 기대했던 말레이 인들은 독립 이후 개발이 너무 느리자 실망했고 그 실망감은 부유한 중국인들에 대한 분노로 이어졌다. 두 민족 간에 높아지던 긴장은 결국 5월 쿠알라룸푸르에서 터지고 말았다. 무장한 중국인과 말레이 족 폭도들이 이틀간 맞붙어 도시를 불태우고 약탈하며 싸움을 벌였다. 폭동을 진압하기 위해 군대가 출동했고 정부는 계엄령을 선포했다. 이로 인해 177명이 사망했다는 발표가 나왔지만 사람들은 그 이상이 될 것이라고 말했다.

이 인종 간 폭동이 마하티르에겐 실낱 같은 마지막 희망이었다. 그는 툰쿠에 대한 반란세력을 이끌며 "총리가 동포 말레이 인을 외면한 채 소수인 중국인들에게 영합하고 있다"고 비난했다. 그는 강력한 어조로 툰쿠의 사임을 촉구하는 서한을 보냈다. 그러나 곧 반격이 들어왔다. 툰쿠는 그를 UMNO에서 축출했다. 마하티르는 '조국의 정치판에서 추방된 셈이었다' 고 기록했다. 그러나 후회하지 않았다. 정치권을 떠난 그는 자신의 철학이 담긴 인기 저서 『말레이 딜레마The Malay Dilemma』를 썼다. 이 책은 1970년 싱가포르에서 출간됐다. 논쟁적인 내용 탓에 말레이시아에선 출판이 금지됐다가 11년 후 마하티르가 총리가 된 뒤에야 소개될 수 있었다. 이 범상치 않은 책은 영국 제국주의자들과 탐욕스러운 중국 이민들이 온순하면서도 운이 나쁜 말레이 인들을 어떻게 착취했는지에 대해 풀어 나갔다. 그는 또 말레이 인들은 다른 그룹과 경쟁하기에는 생래적으로 불리한 구석이 있다고 주장했다. 과도한 근친결혼과 구태의연한 결혼 관습 때문에 나쁜 유전자를 생산해 왔다는 것이다. 그는 말레이 인의 명예를 회복하고 다수민족이라는 지위에 걸맞은 경제적 권리를 되찾으려면 '혁명'이 필요하다고 강조했다. 이를 위한 처방으로 국가개발 프로젝트를 통해 말레이 인들에게 일자리를 제공하고 신기술을 가르쳐야 한다고 제시했다. 또 '위성도시'를 건설해 말레이 인들을 도시로 이주시키는 한편, 말레이 상인들을 중국 상인들로부터 보호하는 법안도 만들어야 한다고 주장했다. 심지어 상점에서 물건 값을 깎는 것조차 금해야 한다고 주장했다. 그래야 아직 경험이 부족한 말레이 상인들이 약삭빠른 중국 상인들과 제대로 경쟁할 수 있다고 생각한 것이다. 한편 말레이 인들에게는 스스로 문화를 바꿈으로써 자립 노력에 동참하라고 촉구했다. "구습을 부수고 새로운 사상과 가치로 이를 대체하기 위해 조심스럽게 노력해야 한다"며 "말레이 사회에 완전하면서도 급진적인 변화를 이끌어내기 위해 모든 과정이 빠르게 계획, 집행되야 한다"고 강조했다.

　1970년대 초반, 마하티르는 또 한 번 정치적인 행운을 만난다. 툰쿠는 1969년 일어난 폭동과 마하티르의 반역을 극복하지 못하고 결국 1970년 총리에서 밀려난다. 그러는 동안 마하티르는 저서 『말레이 딜레마』와 툰쿠에 대한 항명 덕분에 오히려 입지가 튼튼해졌다. 그는 말레이 민족주의의 상징이 됐다. 그러자 UMNO가 1972년 그를 불러들였다. 여기서부터 그의 승승장구가 시작된다. 1974년 의회 재입성에 성공한 그는 교육부 장관으로 임명됐다가 3년 후 통상장관을 지내고 1981년엔 급기야 이 나라의 총리로 선택된다.

새로운 말레이 인을 만들어라

국가의 가장 높은 자리에 오른 마하티르는 너무나 깊이 배어서 마치 신성한 이데올로기처럼 인식돼 있던 경제정책을 물려받는다. 바로 신경제정책(NEC, New Economic Policy)이다. 이는 가난한 말레이 족과 부유한 화교 사이의 소득 불균형을 바로잡기 위한 정책이었다. 전국적으로 시행된 대규모 차별철폐조치(affirmative action)였던 셈이다. 이 정책은 1969년 인종 폭동이 일어났을 때 말레이 족의 분노가 상당 부분 가난에서 비롯됐다고 판단한 정부가 고안한 것이다. 1970년 말레이 족과 다른 토착 민족(말레이 어로 부미푸트라bumiputera라고 불렸다)의 한 달 가계 소득은 중국인들의 절반에도 못 미쳤다. 이들이 가진 기업의 지분은 전체의 2.4%에 불과했으며 나머지는 모두 중국과 인도의 이민자들, 그리고 외국 기업들이 가지고 있었다.

신경제정책은 1971년 공식적으로 발효됐다. 이 정책 하에서 정부는 말레이 족의 입지를 끌어올리는 정책을 다각도로 전개했다. 정부 관련 일자리에 이들을 우선 배치하거나 신생 벤처 설립, 기업공개(IPO) 시 지분의 30%를 말레이 족이 갖게 하는 규정을 만들었다. 이런 정책은 결국 경제에 대한 정부의 간섭을 강화했다. 이 규정에 따라 말레이 인이 어떤 기업의 지분을 살 때 충분한 현금이 없으면 외상으로 주식을 매입할 수 있게 정부가 보증도 섰다. 또 중앙정부와 지방정부 합동으로 기업공사를 만들어 말레이 인들에게만 일자리를 주는 기업도 설립했다. 그러나 신경제정책도 말레이시아 내 여타 소수민족의 자산을 몰수하거나 국유화하지는 않았다. 다만 모든 민족 공동체가 더 나은 삶을 살 수 있도록 경제를 일으키는 데 주안점을 두었다. 그럼으로써 정부는 국가 내 여러 민족 사이의 경제적 관계를 재정립하려 했던 것이다. "이는 모든 국민의 수준을 끌어올리려는 것이지, 끌어내리려는 게 아니었다"고 마하티르는 설명했다.

마하티르는 신경제정책을 만드는 데는 관여하지 않았다. 마하티르가 정치판에서 축출돼 있는 동안 UMNO가 마련한 것이었다. 그럼에도 이 정책은 『말레이 딜레마』에 밝힌 마하티르의 사상과 상당히 비슷했다. 정치판에 돌아온 마하티르는 신경제정책을 지지하며 "말레이시아를 다양한 민족이 참여해 번영을 이루는 세계에서 몇 안 되는 국가로 만들 수 있는 정책"이라며 치켜세우기도 했다. 그러나 마음 한편에는 이 정책의 문제점에 대한 걱정도 있었다. 신경제정책이 자칫 말레이 인들로 하여금 정부 지원에 너무 의존하게 만들 수 있었기 때문이다. 마하티르는 "신경제정책을 '원하는 것은 무조건 얻을 수 있고 쉽게 부자로 만들어 주는 만능장치'로 생각하는 말레이 인이 많다"며 불만을 터뜨리기도 했다. 그는 말레이 인이 경제적으로 성공하려면 신경제정책만으로는 부족하다고 결론 내렸다. 그는 "경제 분야에서 부미푸트라의 취약성을 극복하는 비결은 정부의 지원이 아니라 그들 자신의 경쟁력을 키우는 것"이라고 믿었다. 그는 말레이 인에 대해 "돈이나 사업에 대한 열의가 별로 없으며 순진하기까지 한 사람들"이라고 평가했다. 따라서 "새로운 기술이나 학습법, 새로운 가치 등을 포함한 문화적 개조가 필요하다"고 말했다. 그의 목표는 '말레이유 바루(Malayu Baru)', 즉 신(新)말레이 인을 만드는 것이었다. 그의 표현대로 "세련되면서도 규율 있고, 믿을 만하며, 효율적인, 그래서 누구의 도움 없이도 경쟁할 수 있고 모든 도전에 맞서 싸우는" 그런 민족 말이다.

마하티르는 신말레이 인의 롤 모델이 국내에는 없다고 봤다. 따를 만한 모델을 나라 밖에서 찾아야 했다. 그는 이미 미러클을 경험한 다른 아시아 경제권에서 해답을 찾았다. 한국이나 대만, 특히 일본이 대상이었다. 경제적으로 활기를 띠며 떠오르는 동아시아는 서양보다 훨씬 따르기 쉬운 상대였다. 마하티르가 총리가 된 1970년대 서양 국가들은 석유파동과 스태그플레이션의 악몽에서 깨어나려고 한창 노력하는 중이었다. 그는 '서양 국가들은 이미 성장동력을 잃은 듯했다' 고 기록했다. 따라서 "우리가 해외의 성공사례를 따라야 한다면 롤 모델을 더 이상 유럽이나 미국이 아닌, 바로 우리 이웃에서 찾아야 한다는 것은 당연한 귀결이었다"고 말했다. 마하티르는 특히 일본을 동경했다. 2차 세계대전 당시 처음 느낀 이 감정은 일본 경제가 세계적으로 성장함에 따라 더 확고해졌다. 그는 일본인들의 품질에 대한 집착, 자립에 대한 의지, 그리고 무엇보다 부지런함에 감동했다. 그는 취임하자마자 '동방정책(Look East Policy)'을 세웠다. 말레이시아에 잘 맞을 것 같은 일본 경제의 면면을 따라하자는 취지였다. 이는 말레이시아 인들에게 헌신적인 노동 습관과 자기희생 정신을 심어 주려는 캠페인성 정책이었다. 마하티르는 이런 정신이 일본과 한국에 미러클을 가져온 원동력이라고 생각했다. 그는 "말레이시아 인들도 일본인들처럼 열심히 일하게 되길 바란다"고 말한 바 있다. 그렇게 되면 "말레이시아 노동자들이 국가 경제를 안정적인 성장과 발전의 궤도에 올려 놓을 것"이라고 했다. 또 그는 말레이시아 기업에는 경영자·노동자 간에 긴밀한 관계를 유지하는 한편, 어떤 일을 결정할 때 되도록이면 모두의 동의를 얻는 방식을 취하라고 권고했다. 일본 기업의 경영방식을 따르라는 것이었다.

마하티르는 특히 정부가 성장을 이끄는 '아시아 모델' 중에서 일본과 한국을 더 화끈하게 카피했다. 통산성의 사하시처럼 마하티르는 정부 개입 없이는 서양을 따라잡을 도리가 없다고 믿었다. 말레이시아 경제를 자동차 산업처럼 고부가가치의 중공업 위주로 재편하기 위해서라도 정부의 지원이나 감독은 불가피했다. 마하티르는 "산업화된 국가들은 모두 경쟁우위(competitve advantage)에 있다"며 "자본, 국력, 시장, 기술 등 모든 것을 갖추었다"고 했다. 그러면서 "우리에겐 무엇이 있는가? 아무것도 없다"고 자조했다.

마하티르는 상당 부분이 자신의 권력에 집중돼 있는 '아시아 모델'을 내놨다. 박정희처럼 거의 단독으로 중공업화 프로그램을 추진한 것이다. 이를 위해 전면에 내세운 것은 그가 통상장관 시절 설립한 국영 투자회사 하이콤(HICOM, Heavy Industries Corporation of Malaysia)이었다. 모든 작업을 직접 통제하기 위해 그는 하이콤에 대한 감독권을 총리실 산하로 옮겼다. 하이콤의 프로젝트 상당수는 일본 기업과 합작 형태였다. 예를 들어 일본제철(Nippon Steel)과 자동차업체 프로톤이 철강회사인 페르와자(Perwaja)를 세우는 식이었다.

마하티르가 말레이시아 산 자동차를 생산해야겠다는 생각을 품게 된 것은 1960년대 일본을 방문한 후다. 그는 거리에 깔려 있는 도요타와 닛산 자동차를 보고 충격을 받았다. 창의력이 풍부한 그는 이런 산업 하나가 유발하는 여러 경제효과가 말레이시아에서도 나타나는 장면을 상상했다. 기술의 전문성, 경영기법 교육, 마케팅 노하우 등 다양했다. 마하티르는 "차 만드는 법만 배운다면 우리 경제가 한 단계 도약해 선진국을 따라잡게 될 것"이라고 말했다. 결국 그는 총리가 된 뒤 자신의 꿈을 현실로 만들었다. 몇몇 민간기업인들이 초기 사업자로 거론됐지만 탈락했다. 마하티르는 말레이시아에는 이런 일을 스스로 할 수 있을 만한 배짱이 있는 기업인이 아직은 없다고 판단했다. 그는 국가가 직접 사업을 주도해야 한다고 생각, 자신이 이 프로젝트를 책임지기로 결정했다.

처음엔 사업 파트너로 일본의 다이하쓰(Daihatsu)를 염두에 뒀으나 곧 철회했다. 이후 그는 거대 게이레쓰인 미쓰비시의 경영진을 만났다. 그리고 자신의 국민차 생산 프로젝트에 참여할 것을 제안했다. 그는 이 계획에 참여하는 것이 직접 수입해 마케팅을 펼치는 것보다 말레이시아 시장에서 점유율을 높이는 데 훨씬 도움이 될 것이라고 설득했다. 결국 1983년 미쓰비시의 계열사 두 곳이 하이콤과 함께 프로톤을 설립했다. 마하티르는 자신이 계속 개입해야 이 프로젝트를 성공시킬 수 있다고 봤다. "계속해서 중량감 있게 아이디어를 밀고 나가야 한다. 만약 별로 중요하지 않은 관료가 나선다면 어느 업체도 이를 심각하게 받아들이지 않을 것"이라고 생각한 것이다. 그는 "나는 총리이기 때문에 필요한 사람에게 바로 접근할 수 있을 것"이라고 말했다.

그러나 말레이시아에는 프로톤에 대한 마하티르의 열정에 공감하는 사람이 별로 없었다. 오히려 국민차 프로젝트에 대한 비난 여론만 거셌다. 게다가 명품산업 육성 같은, 그가 내세운 다른 산업 프로그램도 딱히 이익을 내거나 경쟁력을 갖출 것 같지 않았다. 1980년 당시 인구가 1400만밖에 안 된 말레이시아의 내수시장에서 자동차 제조업체를 유지하는 것은 불가능하다는 지적이 나왔다. 회사를 계속 운영하려면 보조금 지급, 관세 혜택 등의 정부 지원이 필요할 텐데 그러면 세금을 더 걷어야 하고 그러느니 차라리 외국에서 수입하는 게 낫다는 결론도 나왔다. 그는 내각 안에서도 반대에 부딪혔다. 넘버 2인 무사 히탐(Musa Hitam) 부총리는 마하티르에게 "나중에 당신도 어떻게 할지 모르는 상황이 발생한다면, 일본인들이 장악해 버릴 위험이 있다"고 주의를 줬다.

그래도 마하티르는 모든 비판을 물리쳤다. 그는 프로톤 같은 선진 기업을 보유하지 못하는 한 말레이시아 경제는 독립할 수 없다고 굳게 믿었다. 마하티르는 "직접 생산하는 것보다 사는 게 더 싸다는 이야기는 지겹게 들었다"며 "이 역시 선진국들의 프로파간다일 뿐"이라고 일축했다. 그는 중공업을 단지 돈벌이 수단으로만 보지 않았다. 프로톤이 말레이시아 경제에서 파생해 낼 신기술과 노하우는 얼마의 비용이 추가로 들어도 감수할 만한 것이라고 판단했다. 그는 "외제 차를 수입하는 게 물론 더 싸게 먹힐 수 있다. 그러나 더 비싸게 먹히더라도 자동차를 직접 생산해 볼 필요는 있다"고 말했다. 마하티르는 또 프로톤이 NEP를 한 걸음 전진시킴으로써 '말레이유 바루(새로운 말레이 인 양성)'라는 그의 목표를 실현시킬 수 있을 거라 믿었다. 이를 통해 신기술을 습득하려는 말레이 인들의 갈망을 채우고, 또 그들에게 꼭 필요한 전문 경영능력을 키워 줄 거라 생각했다.

1985년 바야흐로 프로톤의 첫 작품 사가(Saga)가 출시됐다. 그러나 마하티르가 꿈꾸던 말레이시아 산 자동차와는 거리가 멀었다. 그저 미쓰비시 모델 중 하나를 모방한 것일 뿐이었다. 그래도 마하티르는 이 순간이 자랑스러웠다. 생산 라인을 빠져나온 첫 제품은 그에게 헌정됐다. 마하티르는 "마치 어떤 속박에서 해방된 듯한 느낌이었다"고 기억했다. 그는 "이 차는, 드디어 우리가 종착점에 왔다는 것, 그리고 우리가 약속한 것은 할 수 있다는 것을 보여줬다"고 말했다.

신경제정책 철폐, 미러클의 시작

마하티르의 노력에도 1980년대 중반 말레이시아 경제는 심각한 장벽에 부딪혔다. 심지어 1985년에는 1%의 마이너스 성장을 기록했다. 말레이시아 경제는 여전히 팜 유나 고무 등의 수출에 의지하고 있었는데, 이들 원자재의 국제가격이 급락했던 것이다. 1985년 말레이시아의 수출액은 당초 정부가 예상했던 것의 40% 수준에 그쳤다. 이에 마하티르는 서양 국가들이 개발도상국에 피해를 떠넘기려고 가격을 조작한 탓이라고 통렬하게 비난했다. 이에 앞서 1980년 연설에선 국제 거래소에서 전개되는 상품거래를 '더러운 게임'이라고 표현했다.

그러나 정치적으로는 이렇게 말하면서도 마하티르 자신은 경제에 중대한 개혁이 필요하다는 것을 알고 있었다. 아무도 예상치 못했던, 그의 실용주의적인 면모가 엿보이는 대목이다. 마하티르는 자신의 성향에서 벗어나 과감하게 경제 자유화 조치를 취하기 시작했다.

이런 노력을 기울이는 그에게는 다임 자이누딘(Daim Zainuddin)이란 파트너가 있었다. 기업인 출신으로 다소 괴팍한 다임은 1984년 재무장관이 됐다. 다임과 마하티르는 같은 동네에서 자랐지만 어린 시절엔 서로를 알지 못했다. 그러다 1947년 마하티르가 싱가포르로 유학을 떠날 때, 마하티르와 친한 그의 형과 함께 다임이 배웅을 나오면서 처음 만났다. 그런 뒤 다임은 영국으로 가 법학을 공부하고, 말레이시아로 돌아와 변호사가 됐다. 그는 부동산 개발사업을 하며 큰돈을 벌었다. 그러나 무미건조한 생활에 싫증이 나서 그만뒀다. 다임은 1970년대 후반부터 마하티르와 친해졌다. 다임이 미국 UC버클리 대에서 도시계획

분야를 공부할 때였다. 그는 마하티르에게 편지를 보내 정치와 경제정책에 관한 자신의 생각을 말했다. 이런 일들을 통해 1980년대 중반 둘은 아주 가까운 사이가 됐다. 다임은 경제에 관한 한 마하티르의 가장 가까운 조력자였다. 그러면서 둘은 거의 매일 만났다. 매력적이면서도 붙임성 있는 다임은 해외 귀빈을 만날 때도 샌들에 하와이언 셔츠를 입고 나타나는 것으로 유명했다.

두 친구의 첫 번째 표적은 국영기업을 줄이는 것이었다. 1980년대 중반까지 국영기업이 엄청나게 증가, 800여 개에 이르렀다. 대다수가 돈만 날리고 있어 국가재정에 골칫거리였다. 마하티르는 원래 신경제정책에 영향을 받아 태어난 공기업들에 우호적이었지만, 이들이 계속 쌓고 있는 막대한 손실에는 진저리가 났다. 그는 방침을 바꿔 민간기업이 경제를 주도하게 했다. 마하티르는 "총리가 되기 전엔 정부가 기업을 직접 운영하면 세금과 이익을 한꺼번에 얻을 수 있을 거라 생각했다"고 말했다. 그러나 "실상은 너무도 달라 아무런 이익도 내지 못했다"며 "이런 구상은 완전히 틀린 것이었다"고 털어놨다. 1984년 마하티르와 다임은 국영기업들과 국가가 진행 중이던 프로젝트들을 매각하는 작업에 착수했다. 민간기업인에게 직접 팔거나 주식시장을 통해 거래했다. 1990년대 중반 말레이시아에서 가장 큰 항만과 통신 시스템을 포함한 주요 국영기업 상당수가 민간인에게 넘어갔다. 그러면서 대부분의 실적이 개선됐다.

그러나 민영화 프로그램은 별 인기를 끌지 못했다. 마하티르가 건전한 경제원칙에 기반한 정책과 별로 그렇지 못한 사회 아젠다를 한데 섞는 바람에 문제가 생겼다. 매각된 정부 자산 대부분이 말레이 인 손에 넘어갔던 것이다. 그는 말레이 인 기업 엘리트를 만들겠다는 꿈을 끝내 버리지 못했다. 다만 직접 만들기보다 육성하는 쪽으로 방향을 튼 것이다. 결국 자신의 민족을 번영시키겠다는 끝없는 열망 탓에 민영화 노력은 정실주의라는 늪에 빠지고 말았다. 국가 자산은 상대적으로 소규모 기업가나 경영인들에게 매각됐다. 가끔은 일반에는 공개되지도 않은 채 의혹 속에서 매각되기도 했다. 또 기업인들 스스로가 정부에 매각을 요청하기도 했다. 재무부 장관인 다임에게 이 모든 작업을 책임지게 했다. 물론 매각은 내각의 승인이 필요했기 때문에 최종적으로는 마하티르가 고개를 끄덕여야 이뤄질 수 있었다. 비평가들은 결과적으로 마하티르 체제와 끈을 대고 있던 회사와 기업인들이 인수 계약을 독식했다고 비난했다. 마하티르와 다임은 계약 과정에 부정은 없었다고 반박했다. 정실주의처럼 보일 수도 있겠지만 정상적인 절차를 거친 평가에 따른 것이었다는 이야기다. 일단 프로젝트 자체가 거대하고 사업은 복잡한데 이를 제대로 감당할 만한 기업은 별로 없었다. 마하티르는 "프로젝트를 맡길 사람을 선별할 수밖에 없었다"며 "능력 있는 사람을 골라야 했다"고 말했다. 따라서 "그런 사람을 찾아내면 바로 그 사람이 정실이 될 수밖에 없었던 것"이라고 설명했다.

이와 같은 과정을 통해 총애를 받게 된 기업인 중에 가장 유명하고 논란이 됐던 이가 시가를 물어뜯는 모습으로 잘 알려진 할림 사드(Halim Saad)다. 한때 별로 투명하지 않은 회계사였던 할림은 다임의 수하로 1980년대에 UMNO와 관련돼 회사를 이끌었다. 그러다 1987년 정치권의 압력으로 UMNO가 자산을 분할하게 됐다. 그러자 할림은 여러 번의 거래과정을 통해 민간투자자로서 이들 중 상당수를 인수했다. 그중 가장 탁월한 선택이 기술업체인 유나이티드 엔지니어스(United Engineers)인데 바로 1985년 전국을 가로지르는 고속도로 건설의 주 사업권을 따낸 업체였다. 할림은 UMNO에서 가져온 기업 몇 개를 더 붙여 레농(Renong)이란 그룹을 창설했다. 이후 싱가포르까지 연결되는 도로 건설 등 굵직한 사업을 따내고 추가로 다른 기업을 흡수, 합병하면서 덩치를 키웠다. 1995년이 되자 레농은 쿠알라룸푸르 증시에서 10번째로 큰 기업으로 성장했다.

이처럼 민영화 작업은 공분을 사고 있었지만 정작 마하티르의 과감한 정책은 이제 시작이었다. 말레이시아 경제의 심각한 불안요소는 투자가 부족하다는 점이었다. 마하티르가 국내외 투자자들에게 이곳에 베팅할 길을 제공하기 전에는 말레이시아의 경제가 도약할 것 같지 않았다. 그런데 정작 돈은 엉뚱한 방향으로 흘러 갔다. 부유한 화교들이 자금을 국내 신생기업에 투자하지 않고 국외로 빼돌렸던 것이다.

이런 흐름을 바꾸는 데는 신경제정책이 오히려 걸림돌이 됐다. 부미푸트라가 일정 지분을 갖도록 의무화한 규정이 다른 투자자들에겐 불리하게 작용했던 것이다. 이들은 더 우호적인 환경을 찾아 아시아의 다른 나라로 떠났다. 미국의 어떤 다국적기업이 자신이 100% 지분을 소유할 수 있는 국가를 놔두고 굳이 말레이시아로 가 지분 30%를 현지인에게 넘겨 주겠냐는 것이다. 결국 마하티르는 이 제도가 몇몇 말레이 인의 배만 채울 뿐, 외국인들의 투자로 창출될 수 있는 일자리를 오히려 사라지게 하고 있다는 걸 깨달았다.

마하티르와 다임은 1986년 이 문제에 매달렸다. 그리고 단호하면서도 정치적으로는 매우 위험한 결정을 내리기에 이른다. 신경제정책의 일부를 날려 버린 것이다. 마하티르는 이런 조치가 가져올 결과를 알고 있었다. 그는 "이 결정 때문에 자리에서 쫓겨나진 않을 거라는 확신이 있어야 했다"고 말했다. "어려운 결정이었지만 현실적인 문제였기에 그렇게 했다"고 기억했다. 당시 마하티르는 경기 하강의 원인을 신경제정책 탓으로 돌리지 않으려고 조심했다. 그는 "신경제정책은 일시적인 정지 상태일 뿐"이라고 말했다. 내각은 이 개혁안을 승인했다. 다임은 "경제를 개선하지 못하면 우리 모두가 무너질 상황이었다"며 "우리는 용감해야 했다"고 말했다.

마하티르는 1986년 9월 뉴욕 월도프 아스토리아에서 미국 주요 기업인들과 점심을 함께 하는 자리에서 새 정책을 발표했다. 개혁안에는 특정 외국인투자에 대해 부미푸트라에 지분 30%를 의무적으로 주는 규정이 없었다(이때는 한시적인 철폐라고 이야기했으나 이후에도 이 규정은 적용된 적이 없다). 마하티르는 그 자리에 모인 기업인들 앞에서 "우리의 목표를 이루기 위해 말레이시아는 우방들, 특히 동양뿐 아니라 서양의 선진국에 있는 분들의 도움이 필요하다"고 말했다. 이에 대한 반응은 놀라웠다. 이후 10년 동안 말레이시아는 380억 달러의 해외투자를 유치했다. 마하티르의 자유화 조치가 나오기 10년 전에 비해 무려 5배나 증가한 수치다. 마하티르는 이데올로기를 잠시 접고 싱가포르 리콴유 식의 합리주의를 받아들임으로써 경제성장의 속도를 끌어올렸다. 신경제정책을 뜯어고치기로 한 마하티르의 결정이 이 나라의 미러클을 가능케 한 것이다.

막 내리는 '아시아 모델'의 시대

마하티르가 무시했는지도 모르지만 그의 경제관을 비난하는 이가 없었다. 내각이 마하티르의 결정을 승인할 때도 공개토론 한 번 없이 회의가 진행됐다. 심지어 그와 아주 가까운 장관이라도 감히 마하티르의 생각에 공개적으로 이의를 제기할 수 없었다. 다임조차 총리에게

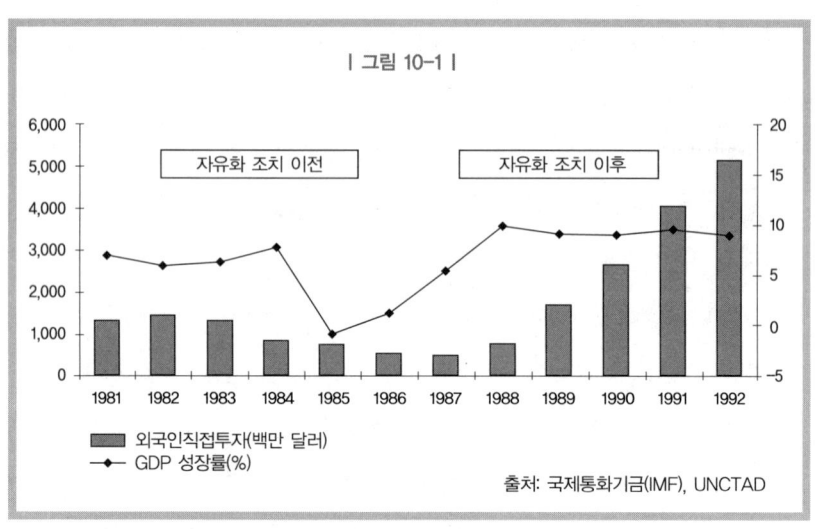

| 그림 10-1 |

자유화 조치 이전

자유화 조치 이후

외국인직접투자(백만 달러)

GDP 성장률(%)

출처: 국제통화기금(IMF), UNCTAD

신경제정책에 대한 마하티르의 개혁은 막대한 외국인투자를 끌어오고 경제를 성장시켰다.

무언가 말할 때면 아주 조심스럽게, 그리고 조용히 다가갔다. 다임은 "대부분의 동료들은 그와 논쟁을 하지 못했다. 결국엔 모두 겁을 먹었다"고 말했다. "만약 마하티르에게 동의하지 않으면 옷을 벗어야 했다"는 것이다.

이런 허구적 합의(False consensus, 자기 생각이 상당히 합리적이며 다른 이도 자신과 똑같이 생각하고 행동할 것이라고 여기는 상태-옮긴이) 속에서 그에 대한 적개심도 커져 갔다. 1987년 마하티르의 리더십은 엄청난 도전에 직면한다. 그의 경제정책이 비판을 받은 것이다. UMNO 총회의 한 회의에서 통상장관 라잘레이 함자(Razaleigh Hamzah)가 당대표 자리를 놓고 마하티르와 맞붙었다. 마하티르의 반대파들은 그의 자유화 조치가 신경제정책의 정신에 어긋난다고 비판했다. 그리고 프로톤 같은 불필요한 프로젝트에 돈만 쏟아붓고 있다고 지적했다. 정부에서 나와 마하티르의 반대파에 합류한 무사 히탐(Musa Hitam)은 "돈은 잘못 쓰이고, 권력은 남용되고 있다"고 비난하며 "이제 잘못을 자백하고 새 장을 열어야 한다"고 말했다.

마하티르는 기록을 들이대며 자신을 변호했다. 내각회의 속기록까지 공개하며, 심지어 정적을 포함한 모든 장관이 승인했던 정책이라고 주장한 것이다. 결국 마하티르는 당대표 경선에서 라잘레이를 누르고 승리할 수 있었다. 그러나 불과 1.5%의 표차였다. 사실상 이는 그에 대한 질책이나 다름없었다. 그러나 마하티르는 그렇게 받아들이지 않았다. 비록 당에서 도전을 받긴 했지만 그는 여전히 총리였다. 곧 반대파 장관들을 내각에서 내쫓았다. 이 권력싸움에서 패한(그러나 나중에 마하티르의 후계자가 되는) 압둘라 바다위(Abdulah Badawi)는 "마하티르는 정부를 기업처럼 운영했다"고 말했다. "최대주주가 마음대로 하는" 식이라는 것이다. 사실상 이것은 그의 정치생명을 위협한 마지막 사건이었다. 이후 10년 동안은 아무 일도 일어나지 않았다.

그러나 무사와 그의 동료들이 제기했던 비판은 여전히 유효했다. 마하티르가 그토록 아끼던 중공업 프로젝트는 그가 기대했던 만큼의 실적을 내지 못했다. 서투른 경영 탓에 줄곧 손실만 내고 있었다. 1988년 마하티르는 눈덩이처럼 불어난 프로톤의 손실에 질려 버렸다. 결국 말레이 족 출신 CEO를 해임하고 그 자리를 미쓰비시의 일본인 경영자에게 맡겼다. 그보다 더 나빴던 곳이 철강 조인트 벤처인 페르와자였다. 1982년 세워진 페르와자 제철소는 상업적으로 검증되지 않은 일본의 신기술을 들여와 세운 것이다. 그러나 그것이 재앙이라는 것은 금세 드러났다. 철강을 생산하는 비용이 수입하는 비용보다 훨씬 더 많이 들었던 것이다. 상황을 돌이키기 위해 경영진을 전면 교체했지만 더 나빠지기만 했다. 1996년 정부는 페르와자의 부도를 선언했다. 누적된 손실이 12억 달러에 이르고 부채는 28억 달러나 됐다. 마하티르조차 페르와자는 실패였다고 고백했다. 마하티르는 박정희의 산업화 과정을 따르긴 했지만 결코 그의 성공까지 닮진 못했다.

그러나 마하티르는 이에 개의치 않고 다음 거대 프로젝트 추진에 들어갔다. 1991년 정부는 38억 달러를 들여 화려한 국제공항을 짓기로 결정한다. 1993년엔 보르네오 섬에 동남아 최대 규모의 댐을 짓는 프로젝트도 재개했다. 이어 1995년에는 쿠알라룸푸르에서 16마일(25km) 떨어진 푸트라자야(Putrajaya)라는 위성도시에 중앙정부 청사를 건설하기 시작했다. 1990년대 중반 국영 석유회사인 페트로나스(Petronas)는 쿠알라룸푸르 도심에 새로운 사옥을 지을 계획이었다. 마하티르는 지나가는 말로 "세계에서 가장 높은 건물로 지으면 어떻겠느냐"고 제안했다. '그런 건물을 세우면 발전하는 국가의 상징이 될 것'이란 생각이었다. 그 결과물이 바로 1996년부터 2003년까지 세계에서 가장 높은 건물이던 페트로나스 트윈 타워다. 이 건물은 단지 자국의 위상을 보이려는 마하티르의 열정을 만족시키기 위한 기념품이었을 뿐이다. 마하티르는 "키가 작은 사람이 여러 사람에게 말하려면 비누상자 위에 올라가야 한다"면서 "이 건물이 바로 우리에겐 그 비누상자"라고 말했다.

그러나 내부에서 우려하는 목소리가 또 불거졌다. 1991년 재무장관이 된 안와르 이브라힘(Anwar Ibrahim)은 마하티르가 국가 예산을 탕진할까 봐 걱정했다. 그는 단독으로 마하티르를 찾아가 계획을 수정하라고 설득했다. 안와르는 "이 프로젝트를 단계적으로 하면 어떻겠습니까"하고 물었다. "좀 뒤로 미루면 어떻겠습니까"라고도 물었다. 그러나 두려웠던 안와르는 이번에도 그와 직접 부딪치지 못했다. 나중에 그는 "그때 그런 식으로 접근하는 게 아니었다"면서 "내가 아는 그는 그런 식으로 말하면 받아들일 사람이 아니었다"고 말했다.

마하티르가 알아채지 못하는 사이에, 그리고 아무도 모르는 가운데 '아시아 모델'의 시대는 서서히 막을 내렸다. 일본의 '잃어버린 10년'으로 인한 여파가 밀려오면서 아시아 모델은 심상치 않은 시험대 위에 오르게 됐다. 이 모델을 적용했던 모든 국가, 그리고 이에 대한 열렬한 지지자 중 하나였던 마하티르 모하마드도 이를 피해갈 수 없었다.

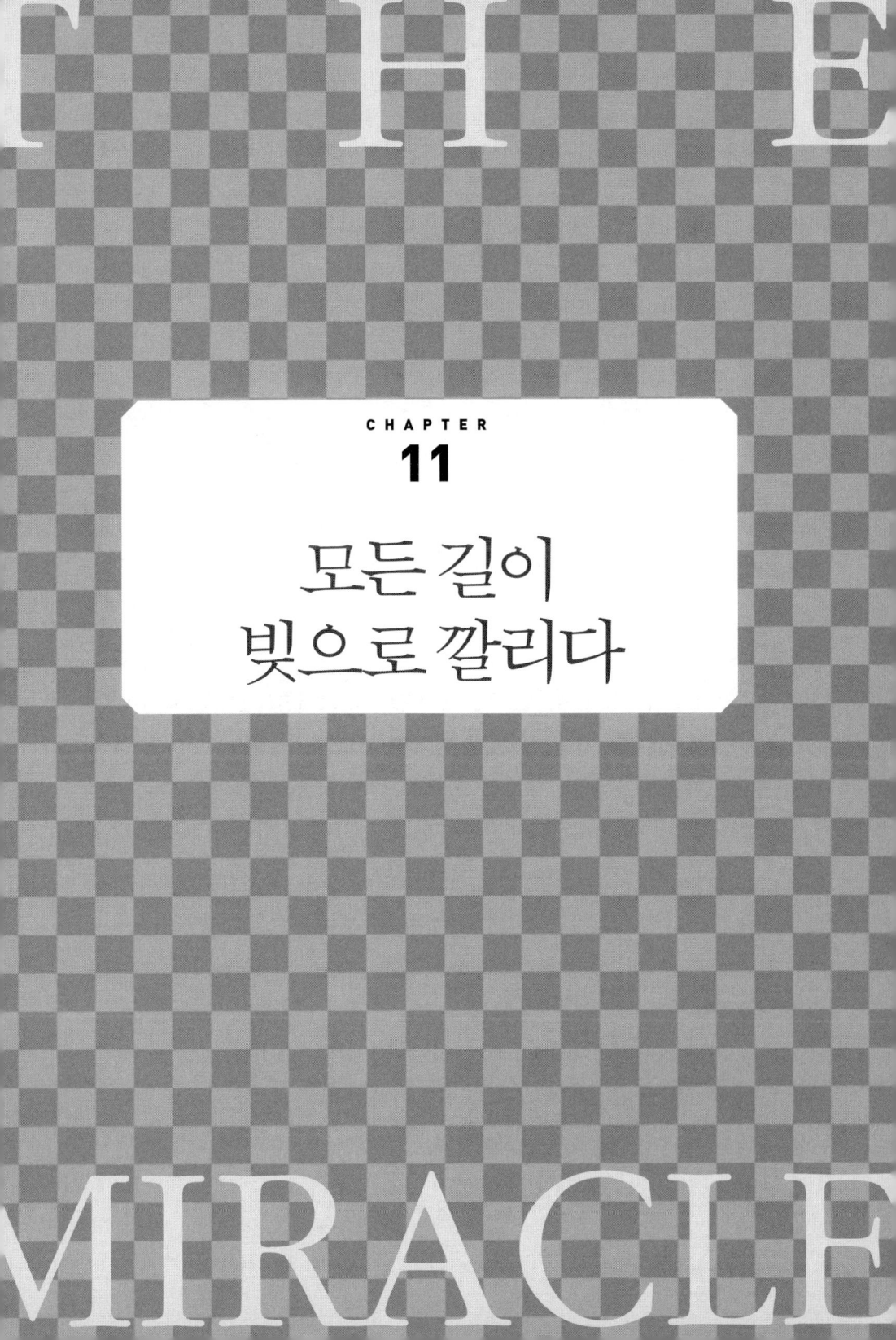

CHAPTER
11

모든 길이
빚으로 깔리다

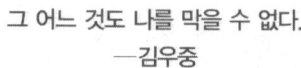

그 어느 것도 나를 막을 수 없다.
—김우중

　김우중에겐 선택의 여지가 없었다. 1998년 12월, 한국의 거대 그룹 대우의 창업자이자 회장인 그는 당시 대통령 김대중을 만나기 위해 긴급히 베트남 하노이로 날아갔다. 한국은 1987년 대규모 가두시위를 통해 권위주의 정부에서 대통령 선거권을 얻어 냄으로써 마침내 민주화를 이뤘다. 2차례 대선에서 고배를 마셨던 김대중은 1997년 한국의 대통령이 됐다. 그는 1970년대를 지내며 박정희에게 줄곧 맞섰던 인물이다. 김우중이 하노이에 도착했을 때 김대중은 베트남을 공식방문 중이었다. 대통령의 귀국을 기다리고만 있을 수 없을 만큼 대우는 심각한 상태에 처해 있었다. 이 나라에서 가장 잘나가던 재벌 중 하나인 대우는 파산 직전이었다. 김우중은 부채를 갚기에 급급했다. 외환위기가 터진 와중에 그는 서울에서 뇌동맥류로 쓰러졌다. 하노이에 오기 불과 한 달 전 응급수술을 받은 상태였다.

아직 회복이 덜 됐지만 그는 대우호텔에서 대통령과 함께 아침 식사를 했다. 이 호텔은 대우가 베트남에 투자한 여러 업체 중 하나였다. 김우중은 현재 대우의 재정 상태가 얼마나 위험한지 설명했다. 그리고 공적자금을 투입해 달라고 부탁했다. 대우에 자금을 빌려 주기로 약속한 국책은행들이 돈을 내놓지 않는다는 것이었다. 이 돈만 손에 들어오면 대우는 살아날 수 있다고 했다.

예전 같으면, 그러니까 박정희가 경제를 이끌던 때 같으면 이런 호소에 정부는 기꺼이 돈줄을 풀었을 것이다. 결과적으로 대우는 산업을 일으키고 수출을 늘림으로써 국가의 최우선 과업을 수행할 것이기 때문이다. 모두 박정희가 어떤 대가를 치러서라도 지원하려 했던 목표였다. 그러나 대우의 기적 같은 급부상을 가능케 했던 박정희의 '한국 주식회사(Korea Inc.)'도 이제는 예전처럼 기능하지 못했다. 김우중은 그 사실을 받아들일 수 없었다. 정부와 기업인의 끈끈한 관계로 이어진 '아시아 모델'은 지금 근본적인 개혁이 진행 중이었다.

이런 변화를 가져온 계기는 아시아 외환위기였다. 지역 전체로 번진 이 경제위기는 아시아가 2차 세계대전 이후 겪은 최악의 재난이었다. 대륙을 가로지르며 아시아의 호랑이들은 차례로 국가부도 사태를 맞았다. 외환보유액은 바닥났고 화폐가치는 뚝뚝 떨어졌으며 경제는 마이너스 성장으로 돌아섰다. 수백 개의 기업과 은행이 문을 닫았다. 과거 대우 같은 재벌들은 이렇게 어려운 시기에도 금융권의 지원을 받을 수 있었다. '아시아 모델'이 원활히 작동하면서 어떤 경우에도 기업집단을 보호해 줬기 때문이다.

그러나 일본의 '잃어버린 10년'처럼 아시아 외환위기는 이런 모델을 무력화했다. 그것도 엄청난 속도로 진행됐다. 한국은행은 엉망이 돼 버린 대차대조표를 제대로 맞추기 위해 필사적이었다. 국내 은행들은 대우에 새로운 자금을 대주기커녕, 오히려 빌려 줬던 돈을 회수하려 했다. 정치적 환경도 급속하게 변하고 있었다. 김대중은 '아시아 모델'의 경제개발에 메스를 대야 한다고 생각했다. 좀더 개방하고, 분산시키며, 시장중심으로 바꿔야 한다고 믿었다. 외환위기 때문에 대통령에게는 선택의 여지가 없었다. '한국 주식회사'는 이제 영원히 사라져야 했다.

하노이의 아침 미팅에서 대통령은 대우의 공적자금 요청을 거절했다. 대신 무뚝뚝한 교훈만 던졌다. 대우가 재난을 피하고 싶다면 스스로 개혁해야 한다는 것이었다. 그는 김우중에게 "회사를 좀더 간소하고 평범하게 만들 필요가 있다"고 말했다.

대통령의 방침은 사실상 대우에 대한 사망선고나 다름없었다. 8개월 후 대우는 채권단에 넘어갔고 그 후 갈기갈기 해체됐다. 750억 달러의 빚과 크고 작은 부채만 남긴 채. 대우의 붕괴는 세계에서 가장 큰 기업실패 사례로 남게 됐다. 김우중은 불명예스럽게 해외로 도피했다.

대우가 쓰러지자 한국 경제는 엄청난 타격을 받았다. 그동안 대우 같은 재벌들은 어떤 신성한 존재로 간주됐으며, 한국인들은 급속한 경제성장을 가능케 한 동력이라는 데 이의를 달지 않았다. 그러나 대우의 비참한 종말은 불과 몇 달 전만 해도 상상할 수 없던 의문을 낳았다. 미러클은 과연 끝난 것일까? 한때 천하무적인 것 같던 호랑이들과 그 안의 공격적인 기업들이 갑자기 종이 호랑이가 된 것 같았다. 「뉴욕타임스」는 '아시아의 미러클, 이젠 미라지(mirage, 신기루)처럼 보여'라는 제목의 기사를 내보내기도 했다. 지난 30년 동안 쌓아 올린 소득과 산업이 일거에 날아가 버렸다. 나라에서 자랑스럽게 내세우던 기업들이 모두 사라질 위기에 처했다. 가난이 다시 찾아올 수 있다는 불안감이 엄습했다. 그러면서 사회불안과 정치적 갈등이 덩달아 불거졌다. 위기에 무릎을 꿇은 한국, 말레이시아, 인도네시아, 대만 등 아시아 국가들은 일본의 '잃어버린 10년'을 답습할 것만 같았다.

외환위기는 '아시아 모델'이 사실 별 효과가 없음을 입증하는 것 같았다. 상당수가 비로소 알게 됐지만 아시아는 결국 아주 새롭고 우월한 자본주의를 창조해 낸 게 아니었다.

"아시아 외환위기는 이 지역의 성공이 아시아적 가치에 뿌리를 둔 독특한 자본주의 시스템 덕분에 가능했다는 믿음을 깨고 말았다. 경기 침체나 서양 경제권이 겪어야 했던 여타 문제에 면역력이 있는 시스템이라는 그런 믿음이었다." 홍콩 Y.C. 리처드 웡(Richard Wong) 교수의 이야기다.

많은 경제학자가 위기의 원인으로 '아시아 모델'을 지목했다. 일본의 '잃어버린 10년'에 대한 원인을 찾을 때와 비슷했다. 아시아 정책 입안자들은 더 이상 꿈꾸는 자들이 아니었다. 차라리 허풍쟁이 약장수, 위조품 판매상이라고 불릴 정도로 위험한 존재가 됐다. 경제학자 폴 크루그먼(Paul Krugman)은 "아시아 경제가 좋은 뉴스만 전할 때 사람들은 경제 입안자들 자신이 무슨 일을 하고 있는지 알 거라 생각했다"면서 "그러나 이제 진실이 드러났다. 그들은 쥐뿔도 몰랐다"고 말했다.

외환위기는 두말 할 나위 없이 미러클이 겪은 최대의 위기였다. 그러나 일단 혼란이 진정되고 난 뒤, 이 위기는 아무도 예상치 못한 결과를 낳았다. 위기는 결코 미러클을 끝내지 못했다. 오히려 미러클의 미래를 보장할 수 있게 아시아 국가들의 정책을 바꾸었다. 김우중의 몰락이 미러클의 종말은 아니었던 것이다. 오히려 더 새롭고 잠재적으로 더 탄탄한 단계로 올라서는 계기가 됐다.

어떻게 이런 일이 생겼는지 이해하려면 1997년 중반으로 다시 시간여행을 떠나야 한다. 저 멀리 대륙을 건너 동남아시아로 가 보자. 사방으로 포위된 태국 중앙은행의 한 회의실에선 위기가 시작되고 있었다.

도미노처럼 무너진 아시아 외환시장

위기는 태국 정부가 자국 통화인 바트 화의 변동환율제를 결정하면서 촉발됐다. 태국은 그동안 바트 화 환율을 미국 달러를 포함한 외환 바스킷에 연동해 왔다. 그러나 최근 몇 달 동안 외환 트레이더들은 이 바스킷 통화가 오래가지 못할 거라 점쳤다. 달러가 다른 통화에 비해 계속 강세를 보였기 때문이다. 여기에 연동해 바트 화 가치까지 오르니 태국의 수출품은 이웃 국가들에 비해 비싸지게 됐다. 그러자 태국의 경상수지가 적자를 보였다. 즉 수출로 벌어들이는 돈보다 수입, 혹은 다른 거래 탓에 밖으로 나가는 돈이 더 많아진 것이다. 설상가상으로 태국 기업과 은행들은 상당 부분 해외에서 자금을 들여온 상태였다. 국가 부채도 눈덩이처럼 불었다. 국제 외환 딜러들은 이런 복합적인 요소들이 결국은 바트 화의 평가절하를 가져올 거라 예상했다. 이런 전망이 나오자 시장에선 바트 화에 대한 공매도※가 속속 이어졌다. 이는 바트 화의 가치를 더 갉아먹었고 태국 정부는 이제 통화연동제를 포기해야 한다는 압력을 받게 됐다.

태국 중앙은행은 쏟아지는 공격을 필사적으로 막았다. 보유하고 있

※ 한 나라의 통화에 대해 공매도를 하면 그 통화가치가 떨어질 때 이익을 낼 수 있다. 따라서 한 투자자가 공매도를 한다는 것은 해당 통화의 마이너스 신호로 볼 수 있다.

던 주요 외화를 내다 팔면서까지 바트 화 가치를 지키려고 안간힘을 썼다. 그해 6월까지 태국은 가지고 있던 외화 300억 달러를 모두 소진했다. 거의 파산 직전에 놓이고 나서야 태국은 링 위에 수건을 던졌다. 1997년 7월 2일 태국 정부는 통화연동제를 포기한다고 선언했고 그날 바트 화는 16% 이상 폭락했다.

당시 많은 전문가는 이 조치가 태국이 안고 있던 문제점을 해결할 거라 믿었다. 미국 재무장관 로버트 루빈(Robert Rubin)은 워싱턴에서 "태국이 이 혼란을 극복한 뒤에는 건강하게 성장할 것"이라고 말했다. 그는 1994년 멕시코 페소 화 붕괴를 직접 겪은 경제위기 분야의 전문가였다. 그러나 이번엔 달랐다. 루빈 같은 이들이 품었던 아시아에 대한 전망은 지나치게 장밋빛이었다. 그들은 단지 투자자들이 이 지역에 대한 자신감을 잃은 것뿐이기 때문에 태국의 문제는 이웃 국가로 분산되면서 해결될 거라 믿었다.

그러나 이런 낙관은 틀린 것으로 드러났다. 외환 트레이더들은 이번엔 말레이시아 링깃을 공격했다. 이 역시 바트 화처럼 달러에 연동돼 있었던 것이다. 이내 링깃의 가치도 폭락했다. 불안감에 사로잡힌 해외투자자와 외국 은행들은 다른 지역들도 태국과 마찬가지로 불균형과 과다한 부채 문제를 안고 있다는 사실을 깨달았다. 그러자 수십억 달러씩 돈을 빼내기 시작했다. 인도네시아 루피아 화가 폭락했고 그해 10월 바이러스는 한국까지 퍼졌다. 금융권에선 이런 현상을 '전염(contagion)'이라고 불렀다. 치명적인 인플루엔자처럼 위기는 국경을 넘어 전염됐던 것이다.

마하티르, 조지 소로스를 비난하다

쿠알라룸푸르에 있던 마하티르 모하마드는 거의 넋이 나갔다. 증시
는 곤두박질치고 통화가치도 가라앉았으며 국가에서 내로라할 기업
중 몇몇은 거의 파산 직전에 이르렀다. 총리로 집권한 지 16년이 지나
면서 그는 근대화되고 산업화된 말레이시아가 이제 거의 눈앞에 왔다
고 생각하던 참이었다. 그런데 한 차례 경고도 없이 그간의 노력이 물
거품이 될 위기에 처한 것이다. 그는 나중에 '무슨 일이 벌어지고 있는
지 아무도 모르는 듯했다'고 기록했다.

마하티르는 결론을 내렸다. 탐욕스럽고 사악한 환율조작 세력이 위
기의 배후에 있다는 것이었다. 마하티르는 그들을 '악당(rogues)'이라
고 불렀다. 그는 "그러모은 거대한 자금을 바탕으로 환율을 조작하는
이들은 말레이시아의 강점을 이해하는 것 따위에는 관심이 없다"며
"그저 감염의 그림자 뒤에 숨어 자기 이익만 취하고 있다"고 비판했
다. 특히 마하티르는 미국 금융과 민주주의의 대변인이나 다름없는 조
지 소로스(George Soros)를 심하게 비난했다. 그가 일부러 아시아 각국
을 외환위기로 밀어넣었다는 것이었다. 마하티르는 "마약 제조자나 상
인은 자신의 행위로 말미암아 한 국가가 파괴될 수 있다는 점에서 범
죄자"라며 "가난한 국가들의 경제를 붕괴시킨 이들 역시 마찬가지"라
고 분개했다.

"우리는 국가를 일으켜 세우는 데 많은 시간을 할애했고 우리 국민
에게 더 나은 삶을 주기 위해, 더 많은 소득을 쥐어 주기 위해 노력했
다. 그러나 이 사람은 단 며칠 만에 우리가 이뤄 놓은 모든 것을 파멸
시켜 버렸다."

마하티르와 소로스는 1997년 9월 홍콩에서 열린 세계은행(World

Bank), 국제통화기금(IMF) 연례회의에서 마주쳤다. 화가 잔뜩 나 독을 품은 마하티르는 발언 시간에 세계적인 금융 엘리트의 면전에서 신랄한 비판을 퍼부었다. 그는 "과거의 '근린궁핍화'(beggar-thy-neighbor, 이웃 나라 거지 만들기 – 옮긴이) 본능이 횡행하고 있는 듯하다. 이것이 여전히 부자 나라 그룹의 행동원칙인 것 같다"고 공격했다. 또 "그들은 다른 이들을 착취해야만 부를 얻을 수 있다고 생각한다"고 덧붙였다. 결국 이번 위기는 자신들의 지배권을 위협하는 수준에 이른 아시아 경제를 거꾸러뜨리기 위해 서양 국가들이 저지른 음모라는 주장이었다.

이튿날 소로스가 연단에 올라 반격에 나섰다. 그는 말레이시아의 문제가 이런 과격한 음모론 탓이 아니라 마하티르 자신이 세운 잘못된 정책 때문이라고 반박했다. "마하티르 박사는 오히려 조국에 해가 되는 존재"라며 "그가 자신의 실책을 감추기 위해 나를 희생양으로 끌어들이고 있다"고 말했다. 「뉴욕타임스」는 당시 상황에 대해 '마하티르와 소로스는 먼지 바람이 부는 거리에서 마주친 총잡이들 같았다'고 묘사했다. 그러나 이런 설전의 이면에는 매우 근본적인 질문이 자리잡고 있었다. '누가 이 위기의 진짜 원인인가' 라는 것이다.

소로스는 당시 서양 자본가들과 IMF, 글로벌 금융기관들 사이에 넓게 퍼져 있던 인식을 소개했다. 이번 위기는 잘못된 정책의 산물이었다는 것이다. 아시아 각국은 감당할 수 없을 만큼의 대규모 프로젝트를 진행했다. 그리고 정부와 관계가 좋다는 이유로 경쟁력이 약한 기업들을 지원했다. 그러면서 이런 과정을 통해 너무 많은 국가 부채를 졌다는 이야기였다. 결국 호랑이들은 시장기능에 지나치게 개입하는 실수를 저질렀다고 주장했다. 그러므로 그들의 실패는 '아시아 모델'의 자연적인 결과물이라고 결론 내렸다. 따라서 자유시장이 자리를 잡고 경제의 경찰 역할을 할 때 위기는 진정될 수 있다고 봤다. 잘못된 정책을 바로잡고 약한 기업과 은행을 퇴출시키게 되면 국제시장의 질서가 알아서 아시아 경제를 깨끗이 청소하고 건전성을 회복시킬 것이라고 조언했다. 이런 주장은 서양이 오랫동안 지켜 온 시장기능의 신성성에 대한 믿음을 반영하는 것이었다.

마하티르를 비롯한 다른 아시아 지도자들은 정반대의 믿음을 가지고 있었다. 위기가 닥치기 전까지 아시아 경제는 탄탄대로를 달리고 있었다. 그런데 외국의 변덕스러운 투자자들이 그동안의 지원과 자금을 빼가면서 재앙이 시작된 것이다. 비록 호랑이 경제권들이 조금 모자라고 그 안의 기업들도 서툰 면이 있었지만, 재앙이 닥치기 불과 몇 달 전만 해도 아주 건전한 투자처로 인식되던 곳이었다. 결국 바뀐 것은 아시아의 경제상황이 아니라 아시아에 대한 국제금융가의 생각이었을 뿐이란 이야기였다. 따라서 비난의 화살은 세계의 뱅커와 투자자들의 비이성적인 행동에 맞춰져야 한다고 주장했다.

사실 위기와 관련한 사람 모두를 비난의 대상으로 삼아도 충분하지 않을 것이다. 아시아의 정책입안자나 국제 금융기관 중 누구도 미러클이 전 지역적인 재난으로 치닫는 것을 조금이라도 막아 줄 과속방지턱 노릇조차 못 했기 때문이다. 이런 실수를 초래한 근본적인 원인은 일본의 경우과 같았다. 지나친 낙관주의였다. 미러클은 그 자체가 기적이었기 때문에 투자자나 경영진, 정부 관계자들까지도 이것이 끝날 수 있다고 생각하지 않았다. 어떤 프로젝트나 어떤 투자라도, 심지어 그것이 아주 기괴한 것이라 해도 모든 것이 확실한 베팅 같았다. 로버트 루빈이 추후 기록한 바에 따르면, 이처럼 신흥국을 향한 거대한 자본의 물결은 '투자자들이 어떤 사상에 사로잡혀 규율조차 잊어 버렸을 때 발생하는 과잉투기에 대한 교과서적 사례'였다.

사실 1990년 중반 호랑이 경제권은 투자자들이 생각한 만큼 그렇게 위험한 투자처는 아니었다. 마하티르의 강력한 항변에도 불구하고 이들 경제권의 불균형 문제가 불거지면서 과연 외부 충격을 감당할 수 있을지 의문이 제기됐다. 문제의 핵심은 금융 섹터였다. 아시아 은행들은 해외에서 너무 많은 빚을 앞다퉈 끌어들였다. 정부가 나중에 이를 갚을 만큼의 외환을 보유할 틈도 없었다. 특히 인도네시아 같은 경우엔 외환보유액 대비 부채 비율을 줄곧 높은 수준으로 유지해 왔다. 그러면서 이들 정부는 이렇게 끌어온 자금을 국내 기업인들에게 풀어 결과적으로 경쟁력이 떨어지고 경제성도 없는 기업들을 만드는 데 써 버렸다. 태국의 경우 투기적인 부동산 개발에 돈을 쏟아 부었다. 한국은 제조업 생산능력을 늘리는 데 너무 많이 투자했다. 이런 투자가 이익을 내는 데 하나둘 실패하기 시작하면서 기업인들은 빌린 돈을 갚을 수 없게 됐다. 그러면서 부실자산 규모도 위험 수준으로 올랐다. 이런 위태위태한 금융 분야들은 외부충격을 막아낼 만한 안전장치가 전혀 없는 상황이었다.

이들 호랑이의 약점은 상당 부분 '아시아 모델'의 유산이었다. 일본에서도 그랬듯 정부와 기업인 간의 유착, 재무적인 분배에서 정부의 개입 등은 비생산적인 투자와 주체할 수 없는 수준의 부채만 늘렸다. 1990년대를 거치면서 '아시아 모델'에 일부 수정이 가해지기도 했다. 자유화 조치를 통해 정부의 통제를 완화했던 것이다. 그러나 일본에서 그랬듯 집행과 보상을 바탕으로 하는 모델의 기본 골격은 유지됐다. 은행들은 그저 예전부터 해온 대로 정치적 판단에 의해 정부와 긴밀한 관계에 있는 기업들에 자금을 대줬다. 상환능력 같은 것은 따지지도 않았다. 기업인들은 정부 고위층이 좋아할 만한 산업 분야의 투자를 늘리는 데 집중했다. 수익성이 있는지 없는지는 중요하지 않았다. 결국에는 이런 것들이 아시아의 기업을 병들게 했다. 예를 들어 한국의 경우 1997년 30대 재벌 기업의 평균 자기자본 대비 부채비율은 무려 300%를 넘어섰다. 반면 같은 시기 미국 기업들은 100% 안팎의 수준을 유지하고 있었다. 그러는 동안 이 기업들의 이익률도 현저하게 줄어들었다. 한국의 30대 기업 가운데 13곳이 1997년 순손실을 기록했다. 그중 몇몇은 한국에 위기가 닥치기도 전에 파산했다. '아시아 모델'은 그 자체가 문제는 아니었다. 다만 아시아의 정책입안자들이 변하는 환경에 잘 적응하지 못한 게 문제였다. 아시아가 가난할 때는 잘 먹혀 들었지만 일단 경제가 성장한 뒤에는 더 이상 긍정적인 효과를 낼 수 없었던 것이다. 이런 상황에 시장에 대한 국가의 개입은 도움이 되는 게 아니라 오히려 발전을 가로막는 결과만 낳았다.

한편 '아시아 모델'의 결함이 어땠거나 간에, 국제 금융세력 역시 여전히 비판에서 자유로울 수는 없다. 탱고를 추려면 두 명이 필요하다. 이번의 금융위기엔 당사자가 둘이라고 말할 수 있다. 만일 아시아 은행과 기업들이 지나치게 많은 돈을 해외에서 꿔 왔다면, 분명 이를 빌려 준 이가 있을 것이기 때문이다. 고결한 척하며 아시아 정책을 꾸짖던 외국 뱅커와 투자자들이 결국 위기 직전의 아시아 국가에 수십억 달러의 돈을 대줬던 것이다. 그러다 위기가 닥치자 이들 외국 금융기관은 환상적인 속도로 이 돈을 회수했다. 1996년 한국, 태국, 인도네시아, 말레이시아, 필리핀 등 외환위기의 타격을 가장 크게 받은 국가들에 유입된 해외자금은 930억 달러나 됐다. 그러다 1997년이 되자 120억 달러가 유출됐고, 1050억 달러가 빠져 나갈 준비를 하고 있었다. 이는 위 5개국 국내총생산(GDP)의 무려 11%나 되는 액수였다. 이런 매머드급의 엄청난 자금이동은 이 지역 전체를 뒤흔들었다. 그러면서 위기는 당초보다 더 심각해졌다. 경제학자 스티븐 레이델렛(Steven Radelet)과 제프리 삭스(Jeffrey Sachs)는 이런 혼란을 초래한 데는 해외투자자나 은행들이 작지 않은 역할을 했다고 말했다. 더 중요한 요인은 아니었더라도 아시아 각국의 정책이나 사업 관행 등도 못지않게 위기를 악화시키는 데 기여했다는 것이다. 그들은 논문에서 '(아시아 경제의) 불균형 문제가 이 정도의 금융위기를 초래할 만큼 심각한 것은 아니었다'고 밝혔다. 다만 '이 위기는 국제 자본시장에 어떤 결함이 있는지, 또 갑작스러운 반전에 대한 시장의 신뢰가 얼마나 부족한지를 입증해 준 사건'이라고 분석했다.

국제 금융세력을 향해 심한 비난을 했을지라도, 아시아 국가들은 위기에서 벗어나기 위해 이들에게 다시 손을 벌릴 수밖에 없었다. 위기에 빠졌던 국가들은 속속 IMF에 구제자금을 신청했다. 1997년 8월 태국이 170억 달러, 그해 10월에 인도네시아가 430억 달러를 받았다. 그 대가로 이들 정부는 자국 경제정책에 대한 통제권을 포기했다. 그리고 IMF가 제시한 여러 고통스러운 조치들을 수행해야 했다. IMF 소속 이코노미스트들은 이런 조치를 통해 이들이 경제의 신뢰를 회복시키고 위기를 제거할 수 있을 것이라 믿었다. 금리를 높이고 정부 예산을 줄이며 문제가 된 은행들을 퇴출시키는 내용이 여기 포함됐다. 한때 지혜롭고 천재적이며 성공의 주인공으로 추앙받던 아시아의 정책대가들이 이젠 IMF에 서류를 제출하는 신세로 전락했다.

IMF에 정면으로 맞선 마하티르

그러나 마하티르 모하마드는 여기에 동참하지 않았다. 말레이시아 경제는 계속 가라앉고 있었지만 그는 더 완고해졌다. 1997년 10월, 그는 다시 한 번 즐겨 써먹던 주제를 꺼내 들었다. 바로 유대인이었다. 그는 "유대인들이 어떤 의도를 가지고 있는 것 같다"고 말레이시아 주민들 앞에서 말했다. "유대인들은 팔레스타인 인들의 모든 것을 빼앗았지만, 말레이시아에선 그럴 수 없으니 대신 링깃의 가치를 떨어뜨린 것"이란 주장이었다. 그러나 이런 장광설은 투자자들의 감정을 개선시키는 데 전혀 도움이 되지 않았다. 마하티르가 입을 열 때마다 터져 나온 별로 재미있지 않은 농담들은 링깃의 가치를 더 떨어뜨리기만 했다. 여전히 마하티르는 IMF 구제금융을 거부했다. "우리 경제를 이끌어 갈 권리를 IMF에 넘겨주지 않겠다"는 이유였다. 그는 자신이 하는 행동이 "말레이시아를 모두가 기피하는 부랑자 국가로 만든다"는 사실을 알고 있었다. 그러나 동아시아가 외국 독재자들 앞에 무릎을 꿇는다면 21세기는 결코 아시아의 시대가 될 수 없을 거라 생각했다.

마하티르의 완고함이 꼭 그의 오만함 때문은 아니었다. 그는 진심으로 IMF 프로그램의 효용에 대해 염려하고 있었다. 재무장관 안와르 이브라힘은 링깃 화 가치를 끌어올리기 위해 IMF가 추진하는 것과 비슷한 정책을 이미 적용해 본 적이 있다. 금리를 올리고 신용을 제한하며 금융권의 회계기준을 엄격하게 하는 것 말이다. 안와르는 심지어 마하티르가 그렇게 좋아하던 초대형 프로젝트들도 중단시켜 봤다. 그러나 1998년 초에 이르자 마하티르는 이런 정책들이 오히려 상황을 악화시켰다고 믿게 됐다. 그는 이들을 '가상의 IMF 프로그램'이라고 불렀다. 금리를 높이고 신용을 축소시켰더니 민간 분야가 거의 목졸려

죽을 지경에 이르렀다. 게다가 소비마저 줄면서 성장도 일어나지 않았다. 마하티르는 '이런 정책들의 정반합 결과를 지켜본 결과, 그렇지 않아도 외환위기 때문에 어려움을 겪던 은행과 기업들에 더 큰 고통만 주고 말았다'고 기록했다. '말레이시아 경제가 더 깊은 침체의 골로 빠지고 있다'는 판단이었다.

마하티르와 안와르는 정책방향을 두고 맞붙었다. 안와르는 위기를 끝내기 위해선 자신이 택한 방향이 맞다고 계속 주장했다. 마하티르는 안와르의 혹독한 조치에도 불구하고 주식·외환시장이 좀처럼 살아날 기미를 보이지 않는다고 반박했다. 그는 말레이시아 기업과 은행들이 받는 스트레스를 덜어 주기 위해서라도, 신용을 완화하고 소비를 진작시키려 했다. 그러는 동시에 마하티르는 국제 금융계로부터 IMF의 조치를 따르라는 압력도 받고 있었다. 워싱턴 관료와 국제 뱅커들은 IMF의 전문성에 대한 믿음 같은 것을 가지고 있었다. 따라서 마하티르처럼 IMF를 공개적으로 비판하는 것은 투자자들의 신뢰를 거스르는 대표적인 행위였던 것이다.

그러나 IMF가 실제 기금을 운용하는 모습을 보며 이 기관의 전지전능함에 대한 믿음이 상당 부분 흔들리기 시작했다. 어떤 면에선 오히려 마하티르가 한 말이 맞을 수도 있다는 생각이 들기도 했다. 경제가 가라앉으면서 IMF는 그렇지 않아도 질식 직전에 있던 민간 분야를 더 졸라맸다. 이는 위기와 이로 인해 시작된 경기침체를 실제보다 더 악화시켰던 것이다. IMF 프로그램에 따라 의무적으로 받아들인 천문학적인 고금리와 각종 수요감축 방안 등은 그렇지 않아도 빚에 허덕이던 기업들의 매출마저 감소시켰다. 팔팔하던 기업들조차 재무적으로 벼랑끝에 몰리게 됐다.

어쩌다 IMF가 이렇게 잘못된 진단을 내리게 됐을까? 바로 '제도적 관성(Institutional Inertia)' 때문이었다. IMF는 이론적으로 조치를 만들어 놓았을 뿐, 실제 문제를 겪는 아시아 경제에는 시범 적용도 해보지 않은 채 전체적으로 실행에 옮겼다. IMF가 강제했던 몇몇 조치는 심지어 위기의 원인과 아무 상관이 없어서 도저히 문제를 풀어낼 수 없는 것들이었다. 예를 들어 수입 관련 규제를 풀고 국내 독점구조를 해체하는 것 등이 그랬다. IMF는 잘못된 처방을 내렸던 셈이다. 아시아 경제의 구조적 문제에 너무 집착한 나머지, IMF는 투자자들의 신뢰마저 잃었다. 이들의 정책이 당초 계획과 달리 제대로 작동하지 않는다는 증거가 속속 나오는데도 IMF는 원래의 방침을 고수했다. 외환위기 동안 세계은행의 수석 이코노미스트를 맡았던 조지프 스티클리츠(Joseph Stiglitz)는 "IMF는 해결사가 아니라, 오히려 이들 국가가 안고 있는 문제점 중 하나가 돼 버렸다"고 회고했다.

아무튼 1997년 마하티르는 고립 상태였다. 말레이시아를 위기에서 빠져나오게 하기 위해 혼자서 방안을 찾는 중이었다. 그는 의외의 국가에서 그 해답을 찾아냈다. 바로 중국이다. 이 거대한 공산주의 국가는 이번 위기에도 꿈쩍하지 않았다. 마하티르는 이 나라의 경제구조에 말레이시아나 태국, 인도네시아에는 없는 무언가 있다고 생각했다. 자본이동과 외환거래에 대한 엄격한 통제였다. 이것이 정말 해답이 될 수 있을까? 그는 이에 대해 확답하기엔 외환시장에 대한 지식이 턱없이 부족하다고 느꼈다. 그는 "돈이 해외로 빠져 나간다는 것을 사람들이 작은 가방에 돈을 담아 가지고 가는 것이라고 생각했다"고 털어놨다. 그는 1997년 10월 아르헨티나를 공식 방문할 때 비행기에 말레이시아 중앙은행 관계자를 동승하게 했다. 글로벌 외환시장에 대한 강의를 듣기 위해서였다. 그는 그제야 투기꾼들의 거래가 해외 기관과 국내 은행들 사이에 장부상으로만 기록되는 것임을 알았다. 그렇다면 정부가 나서서 투기꾼들을 통제하는 것은 불가능한 일이었다. 다만 말레이시아 은행이 외환거래에 개입하는 것을 막음으로써 투기꾼들을 무력화시킬 수는 있었다. 마하티르는 자본통제가 필요하다는 결론을 내리게 됐다.

그는 이런 생각을 정책 팀에 전했다. 그러나 모두가 반대했다. 안와르와 다임도 그랬다. 다임은 자문역으로 다시 정부에 들어온 뒤 내각에서 특무장관직을 맡고 있었다. 그는 "왜 그런 정책을 도입하면 안 되는지 40가지 이유를 들겠다"며 만류했다. 그들은 국가 성장을 위해 꼭 필요한 외국인투자자들이 도망가는 것이 두려웠다. 분명 나라 경제가 완전히 무너지는 것을 막을 기회가 남아 있었다. 자유금융 체제가 절대선처럼 여겨지던 그때에 자본을 통제하겠다는 마하티르의 생각은 이단이나 다름없었다.

그러나 마하티르는 고집했다. 다임은 "그가 상당히 확고한 상태였다"고 기억했다. 6개월 동안 경제 팀은 자본통제와 관련해 격론을 벌였다. 다임은 점차 마하티르 쪽으로 기울게 됐다. 그동안 취한 모든 조치가 위기를 해소하는 데 실패했기 때문이다. 다임은 "결국 다른 방안이 없었다"며 "우리는 모든 것을 해 봤다"고 말했다.

1998년 9월 1일 마하티르는 결단을 내렸다. 해외의 링깃 화 거래를 전면 중단했다. 링깃 화를 가진 외국인들은 국내로 들어와 거래를 해야 했다. 국외의 링깃 화는 무용지물이었다. 통제 자체가 지나치게 엄격하진 않았다. 투자로 얻은 이익을 본국에 보내거나 자산을 매각하려는 투자자들은 여전히 돈을 가지고 나갈 수 있었다. 이런 방침의 일환으로 환율은 달러당 3.8링깃에 맞춰졌다. 외환위기 전의 3분의 1 수준이었다.

마하티르의 결정은 국내외적인 공분을 샀다. 이 아이디어를 한사코 거부하던 중앙은행 총재는 결국 사임했다. 말레이시아는 국제적인 왕따가 됐다. 「월스트리트 저널」은 자본통제 정책을 두고 '거대한 계산 착오'라는 제목을 붙였다. 그리고 '말레이시아가 암흑 속에서 헤매는 불행한 시기로 접어들 것으로 보인다'고 경고했다.

이 조치에 가장 강력하게 반대한 세력은 재무장관 안와르 이브라힘이었다. 마하티르와 안와르는 경제위기를 헤쳐 나갈 정책방향을 두고 줄곧 부딪쳤다. 이런 갈등은 둘 사이 감정의 골을 더 깊게 했다. 안와르는 1980년대 중반부터 마하티르의 총애를 받았다. 총리가 나이들면서 특별한 일이 없는 한 그가 마하티르의 후계자가 될 거란 분위기가 지배적이었다. 그럼에도 안와르는 그의 멘토와 전혀 다른 성향이었다. 국제적인 감각을 가진 지식인 안와르는 강력한 통치를 자랑하던 마하티르에 비해 좀더 민주적인 인물로 인식돼 있었다. 게다가 서양에 대해서도 다소 유연하게 생각했다. 그럼에도 둘은 여전히 끈끈한 관계를 유지하고 있었다. 1997년 중반 총리가 두 달간 안식휴가를 떠날 때도 안와르에게 정무를 맡길 정도였다. 위기가 닥칠 즈음, 완와르는 이 나라에서 가장 영향력 있는 정치인이 돼 있었다. 물론 마하티르를 제외하고 말이다.

그러나 위기가 심각해지면서 두 사람 간에 주도권을 둘러싼 다툼이 자주 일어났다. 안와르는 결국 마하티르와 결별하게 된다. 그는 뒷날 그 이유를 기업 구제금융 문제 때문이었다고 말했다. 가장 타격을 많이 입은 기업에는 할림 사드(Halim Sadd)의 레농처럼 한때 마하티르의 정치적 비호를 받으며 이익을 취한 곳들이 포함돼 있었다. 마하티르와 안와르는 이들 기업의 처리 문제를 놓고 의견이 엇갈렸다. 안와르는 이들 기업과 경영자들은 실패에 따른 벌을 받아야 하며 문을 닫도록 내버려 둬야 한다고 주장했다. 그러나 마하티르는 말레이시아 기업이 재난을 맞게 된 것은 스스로 저지른 일이 아니므로, 살아남을 있게 정부가 도와 줘야 한다고 맞섰다. '살아남을 수 있는 기업을 살 수 있도록 도와야 한다'는 게 그의 생각이었다. 1997년 말, 그에 대한 비판의 목소리가 높아지는 중에도 마하티르는 친구들을 구제하기 위해 여러 금융거래를 추진한다. 그중 논란을 일으킨 것이 1998년 마하티르의 아들이 운영하다 빚더미에 올라선 선박회사를 한 국영기업이 사들인 일이었다. 안와르는 "그러자 상황이 걷잡을 수 없이 돌아갔다"고 기억했다 (당시 마하티르는 정부 승인 과정에 아무 특혜가 없었다고 말했다. 그리고 정부 지원을 받은 기업들로부터 개인적으로 한푼도 받지 않았다고 덧붙였다).

외환위기가 말레이시아 경제를 갉아먹는 동안, 여론은 점차 마하티르에게서 등을 돌렸다. 이것이 안와르에겐 기회였다. 그와 그의 지지자들은 위기에서 벗어나는 데는 좀더 건전한 경제정책이 필요하다고 생각했다. 물론 말레이시아에는 부패척결과 인권신장 같은 정치적인 개혁도 필요했다. 마하티르는 이 위기를 극복하지 못하면 자신의 길고 긴 정치생명도 끝장이란 사실을 잘 알고 있었다. 그는 "나는 외줄을 타고 있는 상태였다"고 기억했다.

1998년 6월 공설운동장에서 열린 UMNO 총회에서 두 사람은 일전을 벌였다. 회의 첫날, 안와르의 지지자가 화려한 언변으로 당내의 부패를 비난했다. 마하티르에 대한 노골적인 공격이었다. 그러나 마하티르 진영도 준비하고 있었다. UMNO 대표단은 『안와르가 총리가 되면

안 되는 50가지 이유」라는 책자를 받았다. 이 책에는 그가 가족의 남성 운전기사와 부적절한 관계를 갖는 등 성적으로 문제가 있다는 내용까지 들어 있었다. 결국 안와르의 반란은 실패로 돌아갔다. 이 회의에서 살아남은 마하티르는 다시 UMNO를 주도하게 됐다.

그러나 문제는 그것이 아니었다. 그해 9월 2일 자본 통제를 발표한 바로 다음날 안와르는 마하티르가 자신에게 사임하거나 쫓겨나거나 둘 중 하나를 택하게 했다고 말했다. 안와르는 어느 것도 받아들이지 않았다. 그는 마하티르에게 "당신은 여러 면에서 시대에 뒤떨어진 사람"이라고 말했다. 결국 마하티르는 안와르를 내각에서 쫓아냈다. 그러나 이 사건으로 '레포르마시(reformasi)의 투사'라는 이미지가 더해지면서 오히려 안와르의 인지도가 높아졌다. 레포르마시는 정치·사회의 민주화를 뜻하는 말레이시아 어다. 쿠알라룸푸르 시내에서 마하티르에 반대하는 가두시위가 벌어졌다. 9월 20일 안와르는 8만 군중 앞에 나와 마하티르의 사임을 요구했다. 그날 밤 경찰이 안와르의 집으로 가서 헬기들이 머리 위를 시끄럽게 날고 있는 동안 그를 납치해 갔다. 안와르는 이후 수갑이 채워지고 눈이 가려진 채 기절할 때까지 얻어맞았다고 주장했다. 9일이 지난 뒤 안와르는 눈에 시퍼렇게 멍이 든 채 법정에 나타났다. 그에게는 권력남용, 남색 등의 혐의가 씌워져 있었다. 그는 두 혐의 모두 부인했다. 그러나 재판에는 별 영향을 끼치지 못했다. 결국 두 혐의 모두에 유죄 판결이 내려졌고 15년 징역형에 처해졌다.

결국 마하티르의 이단적인 정책이 옳았음이 입증됐다. 그가 고안한 자본통제는 외환붕괴 사태를 막았고 경제는 다시 살아나기 시작했다. 폴 크루그먼은 이에 대해 "당신이 마하티르에 대해 어떻게 생각하든

객관적인 사실은 말레이시아가 경제적 배교자(背敎者)란 비난에서 벗어났다는 것"이라고 말했다. 또 "과연 그런 배교행위가 필요했는지 의문을 제기할 순 있지만, 그것이 재앙이었다고 말할 수는 없다"면서 "오히려 재앙이 올 거라 예언했던 이들이 정치나 사상에 사로잡혀 자신들의 판단이 흐려졌다는 사실을 숨길 수 없을 것"이라고 지적했다. 심지어 IMF조차도 이런 조치가 현명했음을 인정했다. 자본통제가 취해진 지 1년 후 IMF는 '자본통제 체제는 많은 연구자가 처음 생각했던 것보다 더 많은 긍정적인 효과를 낳았다' 는 내용을 발표했다.

외환위기에 막 내린 인도네시아 신질서

인도네시아에서 수하르토 역시 자신의 정치적 생명을 걸고 싸우는 중이었다. 1997년 10월 말, 인도네시아 루피아는 불과 4개월 만에 가치가 3분의 1이나 떨어졌다. 경제에 대한 신뢰는 계속 곤두박질쳤다. 수하르토는 마피아들의 얼굴만 쳐다보고 있었다. 그는 마피아의 오랜 수장 위조요 니티사스트로에게 IMF 협상을 맡겼다. 그리고 개혁작업을 추진하도록 했다. 그해 10월 31일 구제 패키지에 대한 합의가 이뤄졌다. 예산을 삭감하고 무역을 자유화하며 일부 독점구조를 해체하고 부실 은행을 청산하라는 등 수하르토에겐 끔찍한 개혁안들이 포함돼 있었다. 위조요는 그동안 많은 위기에서 인도네시아를 구했다. 수하르토의 신질서(New Order)를 향상시키기 위해서였다. 그러나 이번엔 달랐다. 그는 자신의 보스를 정치적으로 회생 불가능한 지경에 몰아넣었다. 만약 수하르토가 IMF의 개혁안을 받아들일 경우, 수하르토 체제의 기반이 됐던 온정적인 네트워크가 공중분해될 위기였기 때문이다. 게다가 그의 가족이나 크로니들이 사업을 통해 누려 온 이익도 끝장날

게 분명했다. 반면에 결정을 질질 끌게 될 경우 경제의 신뢰를 회복하는 일은 요원해질 터였다. 그러면 위기는 더 심각해지고 신질서조차 무력화될 처지였던 것이다. 모든 것을 자신의 전유물로 만든 통치방식이 결국 그의 발목을 잡게 됐다. 결국 그는 아무도 만족하지 않을, 중도의 방안을 택했다. 자신에게 가까운 이들을 지켜 주면서 개혁을 이야기하는 것이었다. 그중 가장 황당한 케이스가 아들 밤방(Banbang)이 운영하다 말아먹은 뱅크 안드로메다(Bank Andromeda)의 문을 닫게 하는 대신, 그에게 다른 은행을 인수시킨 것이다. 밤방은 사무실 간판만 바꿔 단 채 다른 이름으로 영업을 재개했다.

이처럼 IMF의 개혁안을 기만한 대가는 컸다. 1월 8일 IMF가 수하르토에 대한 징계 차원에서 자금 지원을 끊어 버릴 거란 우려가 돌면서 루피아의 가치는 26%나 떨어졌다. 그날 미국 대통령 빌 클린턴(Bill Clinton)은 수하르토를 불러 IMF에 협조할 것을 촉구했다. 그 자리에서 밤방의 은행에 대한 술책도 콕 찝어 언급했다. 수하르토는 클린턴의 조언을 귓등으로 흘려들었다. 그리고 오히려 외국 투기꾼들이 루피아화를 폭락시키고 있다고 큰소리쳤다. 그렇지만 경제에 대한 압력이 거세지면서 1월 15일 결국 수하르토는 더 엄격한 개혁을 요구하는 IMF의 협정서에 서명할 수밖에 없었다. IMF는 수하르토의 아들 토미의 정향(clove) 독점과 밥 하산의 베니어합판 카르텔 등을 모두 해체하고 하비비의 항공사에 대한 국가 보조금 지급을 중단할 것을 명문화하도록 했다.

경제위기가 더 심각해지는 가운데, 1998년 3월 선거인단은 수하르토를 다시 대통령으로 선출했다. 7번째 임기였다. 그는 불안정한 입지를 망각한 듯한 내각 구성을 단행했다. 그 안엔 독특한 사업철학을 가진 딸과, 가장 친한 크로니인 밥 하산도 포함돼 있었다. 밥 하산에겐 통상장관직을 맡겼다. 수하르토는 지난 20년 동안 하산에게 장관직을 맡으라고 졸랐다. 그러나 하산은 줄곧 이를 고사했다. "나는 당신의 크로니여서 장관이 되는 것이 옳지 않다"는 이유였다. 그러나 그해 3월 하산은 마음을 바꿨다. "그가 정말 내 도움을 필요로 한다고 느꼈다. 그래서 친구로서 옆에 있어 줘야겠다고 생각했다"고 말했다.

그러나 이는 재앙을 불러오는 결정이었다. 하산을 임명한 것은 국내외적으로 들끓던 비판 여론에 기름을 끼얹었다. 수하르토는 결국 내각을 해체했다. 신질서에 맞서는 대규모 시위가 자카르타 시내 곳곳에서 벌어졌다. 이 시위를 이끈 건 대학생들이었다. 1966년 수하르토의 집권을 가능케 했던 것도 이 학생 그룹이었다. 이제 그들은 수하르토를 향해 분노를 표출하며 사임을 요구했다. 이 시위는 폭력으로 얼룩졌다. 5월 12일 자카르타 트리삭티 대(Trisakti University)에서 경찰이 시위대에 발포해 학생 6명이 사망했다. 이틀 후 시위대의 분노는 소수의 화교들에게 옮겨갔다. 신질서 체제에서 부와 권력을 누려 온 이들에 대한 불만의 표출이었다. 시위대는 자카르타의 차이나타운을 습격해 물건을 약탈하고 불을 질렀다. 「뉴욕타임스」의 마크 랜들러(Mark Landler) 기자는 당시 차이나타운에 대해 '마치 폭탄 맞은 것처럼 파편이 길 한편에 쌓여 있고 불타오르는 자동차, 트럭, 오토바이들이 주도로에 널브러져 있었다'고 보도했다.

이런 대혼란을 겪으며 수하르토는 자신의 시대가 끝나 감을 직감했다. 그러나 그는 빠르게 행동으로 옮기진 않았다. 5월 19일 그는 9명의 이슬람 지도자를 만났다. 그리고 새 선거를 실시해 단계적으로 권력을 이양하는 방안을 내놨다. 그러나 그들의 대답은 단호했다. "진정한 개혁은 당신이 물러나는 것"이라고 했다. 이튿날 부통령 하비비는 매일 저녁 열리는 회의에 참석하기 위해 수하르토의 집을 찾아갔다. 수하르토는 큰 종이를 펼쳐 놓고 다음 내각을 구성할 인물을 고르고 있었다. 둘은 이를 두고 논쟁을 벌였다. 여기서 수하르토는 폭탄발언을 했다. 새 내각을 발표한 뒤 자신은 물러나겠다는 것이었다. 집을 나서는 하비비에게 수하르토는 포옹하며 말했다.

"이제 시간이 얼마 남지 않았다."

하비비는 돌아오면서 그를 위해 기도했다.

시간은 둘이 생각했던 것보다 훨씬 더 부족했다. 그날 하루에도 수하르토에 대한 압력은 한계점을 넘어설 정도로 커졌다. 의회에선 수하르토가 이틀 안에 사임하지 않으면 탄핵하겠다는 경고가 나왔다. 군 참모총장도 수하르토의 사임을 원하는 장성들을 불러 모았다. 수하르토 체제가 무너지기 시작했다.

1998년 5월 21일 마침내 신질서는 매우 간소하고 차분한 의식 속에서 막을 내렸다. 금색 공무원 핀을 달고 나온 수하르토는 안경을 쓰고 준비해 온 원고를 읽었다. 30년 통치를 끝내고 대통령직에서 물러나겠다는 내용이었다. 그는 "내가 저지른 실수에 대해 사과한다"면서 "인도네시아가 앞으로 영원하길 바란다"고 말했다. 그리고 모여 있던 관료와 기자들 앞에서 짧게 인사한 뒤 자리를 떠났다. 밥 하산이 그에게 왜 사임을 결정하게 됐는지 물었다. 그는 이 불안정한 나라에서 더 많은 폭력이 일어날 게 두려웠다고 답했다. "학생들이 다치는 것보다 내가 다치는 게 낫다"는 이야기였다.

얼마 지나지 않아 수하르토의 오랜 경제자문역이던 에밀 살림(Emil Salim)이 전직 대통령의 집을 찾았다. 수하르토는 환멸을 느끼고 있었다. 그는 엄청난 경제적 성과를 냈음에도 이처럼 비참하게 무너질 수밖에 없었던 것에 대해 당혹스러워했다.

"우리가 무얼 잘못한 걸까?" 그가 살림에게 물었다.

현명한 경제학자는 답을 알고 있었다. 수하르토가 너무 오랫동안 권력을 붙잡고 있었기 때문이었다. 그러나 그는 오랜 친구에게 그 말을 해 주지 못했다. 대신 짧막하게 답했다.

"시대가 바뀌었습니다."

세계를 긴장시킨 한국의 금융위기

이와 달리, 한국은 글로벌 금융질서에 가장 큰 위협이었다. 한국은 단지 위기에 처한 아시아의 가장 큰 경제권만은 아니었기 때문이다. 국제 자본시장이나 제조업 시스템에서 세계경제와 복잡하게 얽혀 있었다. 미 재무장관 로버트 루빈은 한국 정부가 IMF에 도움을 청한 1997년 11월 말, 상황의 심각성을 깨달았다. IMF는 한국은행이 자국 내 상업은행의 빚을 갚아 주기 위해 거의 300억 달러에 달하는 외환을 태웠다는 사실을 알게 됐다. 루빈은 '이는 세계경제가 심각한 위기의 시대로 접어들 수 있다는 것을 알려 주는 소식이었다'고 기록했다.

그는 워싱턴이 행동에 나서야 한다고 결정했다. 1997년 추수감사절을 지내며 루빈은 빌 클린턴 대통령, 샌디 버거(Sandy Berger) 백악관 국가안보좌관, 그리고 연방준비제도은행의 관계자들과 수시로 모여 대응방안을 논의했다. 매들린 올브라이트(Madelein Albright) 국무장관은 칠면조에 버터를 바르며 대화에 참여했다. 루빈은 한국에 대한 투자자들의 신뢰 하락이 다른 아시아 지역을 비롯해 러시아나 동유럽, 그리고 개발도상국 전체로 퍼질 수 있다고 우려했다. 따라서 IMF 구제

자금 외에도 미국이 각종 기금을 모아 한국을 도와야 한다고 말했다. 그러나 이것만으로는 문제를 해결하기에 부족하다고 했다. 이런 구제 작업의 대가로 한국 정부에 더 강력한 개혁을 요구해야 한다고 주장했다. 며칠 동안 계속 회의를 하면서 루빈의 생각은 확고해졌다. 한국은 정부가 직접 상업은행의 대출을 지시하는 관행을 끝내야 하며 자국 경제를 더 많은 경쟁에 노출시키고 외국인투자자들에게 문을 열어야 한다고 생각했다. 다시 말해 루빈은 한국의 '아시아 모델'을 해체하는 것을 목표로 했던 것이다.

과연 한국 정부가 이를 받아들일 것인가? 그해 12월 3일 한국은 IMF로부터 580억 달러의 구제금융을 받기로 서명했다. IMF 역사상 최대 규모였다. 그리고 마지못해서였지만 한국 정부는 루빈이 요구한 정책을 대부분 받아들이기로 했다. 그러나 대만에서 그랬듯 이 프로그램은 위기를 진정시키는 데 별 도움이 되지 못했다. 며칠 괜찮은가 싶더니 원화 가치는 다시 곤두박질치기 시작했다. 거의 10억 달러의 외환이 매일같이 한국을 빠져나갔다.

문제의 상당 부분은 정치적 불확실성이었다. 그 즈음 대선이 예정돼 있었기 때문에 IMF와 서명을 한 행정부는 좀 있으면 자리를 비우게 될 상황이었다. 당선이 유력한 후보 김대중은 신뢰를 주는 데 별 도움이 안 됐다. 그는 마하티르와 비슷한 발언을 쏟아냈다. 그 결과 원화 역시 링깃처럼 흔들리기 시작했다. 12월 초 김대중은 유권자들에게 "IMF의 치욕을 극복하겠다"고 말했다. 만약 당선이 되면 '우리의 경제 자주권을 되찾기 위해 IMF와 재협상을 하겠다'는 것도 공약으로 내걸었다. 국제 금융기관들은 이 말에 전율했다. 그러나 한국 유권자들은 12월 18일 그에게 표를 던졌다. 한국에선 민주주의가 여전히 새로운 것이었다. 그리고 국가가 위기를 맞고 있는데도 자유선거가 실시됐다는 것은 이 나라에 민주주의적 이상이 얼마나 빠르게 자리 잡고 있는지 보여주는 사건이었다. 또 김대중에게 그의 승리는 30년에 걸친 희생과 투쟁의 마지막을 장식하는 것이었다. 그러나 그에 대한 보상은 조국이 한국전쟁 이후 가장 어려운 상태에 청와대에 입성하는 것이었다. 그는 "이런 내 운명이 안타까웠다"고 말했다.

그의 당선 이후 한국의 경제상황은 더 나빠졌다. 원화 가치는 또 한 단계 떨어졌다. 150억 달러 외채에 대한 상환시점이 12월 말로 다가오면서 한국이 채무불이행이나 모라토리엄을 선언할 가능성이 현실로 다가왔다. 김대중은 "한국이 파산할 수 있다"고 국민에게 경고했다. 그러나 마하티르와 달리 권력을 잡은 그는 자신이 대선 기간 내놓은 공약 때문에 위기가 심화됐다는 것을 알아차렸다. 그리고 IMF에 대한 자신의 견해를 바꿨다. 대선 이후 빌 클린턴 대통령한테 축하전화를 받았다. 그는 이 기회를 계기로 한국의 경제를 개혁하려 했다. 김대중은 그에게 IMF와 긴밀히 협조하겠다며 "필요한 것이라면 어떤 조치라도 취할 터이니 걱정하지 말라"고 클린턴에게 말했다.

그래도 워싱턴의 걱정은 점점 더 깊어졌다. 루빈은 한국에 아주 근본적인 조치가 필요하다는 결론을 내렸다. 그는 좀더 극적인 처방의 얼개를 짰다. 일단 IMF와 미국, 그리고 다른 국가들이 한국의 신뢰를 회복시키기 위한 자금을 마련하는 동안, 민간 은행들은 채무불이행을 피하기 위해 계속 자금을 돌려막으라는 것이었다. 이와 같이 복잡한 조치가 꼭 성공한다는 보장은 없었다. 한국의 채권단이 직접 세계 곳곳을 돌아다니며 각국 은행과 정부에 루빈의 계획에 참여해 달라고 설득한다는 것은 엄청난 일이었기 때문이다. 그에 대한 보상으로 루빈은 한국이 더 고통스럽고 근본적인 개혁을 약속해야 한다고 주장했다. 비록 취임식을 두 달이나 앞두고 있었지만 김대중에게 미리 서약을 받겠다는 뜻이었다. 정권이 교체된 뒤 이전 행정부와 맺은 협약이 휴지가 되는 것을 우려해서였다.

루빈은 재무부 관료 데이비스 립턴(David Lipton)을 서울에 파견했다. 대통령 당선자에게 워싱턴의 계획에 따르겠다는 말을 듣기 위해서였다.

현명한 김대중은 립턴이 그를 시험하려고 방한했다는 걸 알았다. 김대중은 "만약 내 정책들이 희망적으로 들린다면 미국이 한국을 지원하고 도와 줄 것이며, 그렇지 않으면 한국을 떠나 파산하게 내버려 둘 것"이란 사실을 알고 있었다. 그는 한국 경제를 외국 기업에 개방하고 강성 노조들을 설득해 대기업 구조조정을 시행토록 하겠다고 립턴에게 약속했다. 그는 무엇보다도 박정희나 일본 통산성 경제 시스템의 유산인 정부, 기업, 금융 간의 유착고리를 끊겠다고 장담했다. 김대중은 "정치인과 기업인 간의 결탁관계를 끊어 버릴 것이며 앞으로 부패 행위도 사라질 것"이라고 립턴에게 말했다. 한 마디로 '아시아 모델'을 해체하겠다는 뜻이었다. 립턴은 회의장을 나가면서 김대중이 진정 루빈이 원하는 계획을 이행할 의지가 있다고 생각했다.

김대중이 자신의 안을 받아들임에 따라, 루빈은 이제 한국에 약속한 자금을 마련하기 위해 다른 정부 설득에 나서야 했다. 재무부 차관 래리 서머스(Larry Summers)는 전화통을 붙잡고 한국에 대한 지원을 요청하기 위해 유럽과 일본의 담당자들에게 로비를 펼쳤다. 루빈은 "휴일에 휴식을 취하던 전 세계 재무장관과 중앙은행 총재들을 한꺼번에 귀찮게 만들었다는 진기한 기록을 세웠다"고 회고했다. 이런 노력은 결실을 거뒀다. 크리스마스 이브에 IMF와 미국, 그리고 12개 국가들은 이듬해 1월 초까지 한국에 빌려 줄 100억 달러를 마련하겠다고 발표했다. 김대중은 이를 '크리스마스 선물' 이라고 불렀다.

이 패키지의 마지막 부분은 상당히 까다로운 것이었다. 수십억 달러에 이르는 한국의 외채를 해결하기 위해 미국의 연방준비은행과 루빈의 재무부가 주도하는 대규모 국제적 노력이 펼쳐진 상황이었다. 이는 모두 한국에 돈을 빌려 줬던 세계 주요 은행이 다 함께 자금상환을 연장해 주도록 하기 위한 조치였다. 루빈은 래리 서머스 사무실의 회의실 테이블에 앉아 겨울 휴가 중인 미국 은행의 CEO들과 접촉했다. 그리고 채무상환 유예 조치에 참여해 줄 것을 요청했다. 뉴욕 연준 의장 윌리엄 맥도너휴(William McDonough)도 사무실에 각 은행장을 불러 모았다. 그리고 이런 유예협정을 맺는 게 결국 은행의 재무적 상황과 주주 이익을 위해 도움이 될 거라고 설득했다. 이는 매우 민감한 작업이었다. 루빈과 맥도너휴가 권한을 남용하는 것처럼 보이면 안 되는 일이었다. 루빈은 '절대 선을 넘지 않으면서도 각 은행의 이해관계에 맞춰 설득해야 했다' 고 나중에 기록했다.

결국 루빈의 계획은 잘 먹혀들었다. 한국 외환시장과 주식시장은 안정을 되찾기 시작했다. 국제 은행권은 1월, 한국이 지고 있던 240억 달러 규모의 채무구조조정에 대해 합의했다. 그리고 한국은 나중에 이 빚을 모두 갚았다. 결국 한국 경제에서 최악의 순간은 지나간 셈이었다.

'세계는 넓고 할 일은 많다'

김대중이 한국을 구하기 위해 싸우는 동안, 대우의 김우중은 아무런 일도 벌어지지 않은 것처럼 행동했다. 1998년 1월 1일 그는 사보를 통해 미래 비전을 설명했다. '대우는 확장정책을 통해 이 위기를 극복해 낼 것'이라며 '침체의 시기를 두려워한다면 미래를 맞이할 수 없다'고 밝혔다. 과연 그는 말 그대로 행동하는 사람이었다. 한 달 전 대우는 경쟁관계에 있던 다른 재벌의 쌍용자동차를 인수했다. 그리고 우크라이나의 오토자즈(AvtoZAZ)와 13억 달러 규모의 자동차 조인트 벤처를 세우는 계약을 막 체결했다. 그는 자신 소유의 서울 힐튼호텔 꼭대기 집무실에서 "우리는 다른 이들보다 유리한 위치에 있다"고 자신 있게 말했다.

그러나 모두가 그 생각에 동의하는 건 아니었다. 「월스트리트 저널」은 김우중의 전략에 대해 '자살행위가 될 수 있다'고 경고했다. 재벌들의 과잉투자와 빚더미 위에서 추진되는 괴물 같은 대규모 프로젝트들이 이 나라에 위기를 불러 온 주범이라는 비난이 국내외에서 제기됐다. 이는 모두 '아시아 모델'이 육성한 것이었다. 모든 거대재벌의 규모가 확 줄어 들었다. 현대의 정주영은 그렇게 원하던 제철소 건설을 뒤로 미뤘다. 그리고 단계적으로 현대자동차의 인력도 25% 줄였다. 재벌들에겐 선택의 여지가 없었다. 자금난에 시달리던 국내 은행들은 대출을 꺼렸다. 외부 파이낸싱을 통해 큰 손실을 본 데다 IMF가 강제한 고금리 정책, 통화긴축 정책까지 겹치면서 경제는 깊은 침체의 늪으로 빠져 들었다.

그러는 동안 김대중은 루빈과 한 약속을 지켰다. '아시아 모델'에 대한 개혁을 해 나간 것이다. 1월 13일 그는 4대 재벌 총수들과 조찬 모임을 가졌다. 그 자리에서 총수들은 회계 관행을 개선하고 부채 규모를 줄이며 자회사들을 떨어내겠다고 약속했다. 그러나 김우중은 그런 약속을 하지 않았다. 그는 출장 중이어서 모임에 참석하지 않았다. 현대를 비롯한 다른 재벌들이 공개적으로 대규모 구조조정을 발표하는 가운데, 대우는 그저 김대중의 정책에 따르고 있다는 것을 보여주기 위해 소규모의 상징적인 조치만 취했다. 김우중의 실수는 이 위기를, 대우가 세계적인 기업으로 부상하는 와중에 등장한 거추장스러운 걸림돌 정도로 여겼다는 점이다. 한국 경제의 작동방식 전체를 뒤바꿔 놓을 근본적인 변화가 될 거란 사실을 깨닫지 못했던 것이다.

김우중은 막연히 낙관적인 시각을 가지고 있었다. 다분히 놀라운 성공신화만 써 온 그의 경력 때문이었다. 1936년 12월 대구에서 태어난 그는 정주영처럼 자수성가한 기업인이었다. 가난한 집안에서 태어나 엄청난 노력과 정치적 커넥션을 통해 성공을 일궈 낸 인물이었다. 교사인 그의 아버지는 한국전쟁 중에 북으로 끌려갔다. 당시 열네 살인 김우중은 어머니와 두 남동생을 먹여 살려야 하는 소년 가장이 됐다. 대구 지역 시장에서 신문팔이를 했지만 당시 많은 한국인이 그랬던 것처럼 그의 가족은 끼니를 잇기 힘들었다. 그는 "가족들이 먹을 것을 사야 하는데 주머니에 동전 몇 닢밖에 없던 적도 많았다"고 회고했다. 총명한 김우중은 전쟁이 끝난 뒤 서울의 명문인 연세대에 들어갈 수 있었다. 그는 경제학을 전공했다. 학교까지 10킬로미터를 두 시간씩 걸어서 다닌 그는 '나에게 돈은 한푼도 없었지만 그래도 꿈이 있었다'고 기록했다.

'밤늦게 도서관을 나와 집으로 터덜터덜 걸어가며 하늘을 바라보던 때의 그 느낌을 아직도 잊을 수 없다. 그 어떤 것도 나를 막을 순 없었

다.'

1967년 김우중과 4명의 동업자는 1만 달러를 모아 서울의 한 빌딩 구석에 회사를 차렸다. 그는 그 회사 이름을 대우실업이라고 지었다. 회사 이름은 그의 야망을 상징하는 것이었다. 대우는 한국말로 '큰 우주(great universe)'를 뜻했다. 초창기 이 회사는 의류를 수출했다. 나중엔 직접 공장을 세워 물건을 만들었다. 뉴욕 사무소에선 직접 고객을 찾아다니며 물건을 팔았다. 약속도 없이 샘플만 들고 가 문을 두드리기도 했다. 그는 "하루에 고객 3~4명을 만나는 데 그치지 않고, 10명까지도 찾아갔다"고 말했다. 정주영이 그랬던 것처럼 김우중도 박정희와 가까운 관계를 유지하면서 큰 기회를 만들었다. 김우중의 아버지는 대구에 살던 박정희의 스승이었다. 1976년 정부는 김우중에게 기계공장을 하나 인수하라고 권했다. 37년 동안 적자만 내다가 빚더미에 오른 회사였다. 김우중은 수개월 동안 공장에서 먹고 자며 그 공장의 문제가 근로인력의 생산성이 떨어지는 것임을 간파했다. 기본급만 가지고선 정상적으로 살 수가 없다 보니 직원들이 야근 수당을 타기 위해 일부러 태업을 하고 있었던 것이다. 그는 "기계는 돌아가는데 나오는 건 없었다"고 기억했다. 김우중은 근로자들과 새로운 계약을 맺었다. 생산성이 높아지면 그만큼 더 많은 보수를 주기로 한 것이다. 그러자 이익이 나기 시작했다. 이곳이 바로 대우중공업의 효시였다.

이 성공을 바탕으로 대우는 정부가 지원하는 매각 딜을 따내는 길을 열었다. 김우중은 정부를 설득해 제너럴 모터스(GM)가 소유한 한 자동차회사의 지분 50%를 인수했다. 그러고는 GM이 가지고 있던 지분도 조금씩 사들였다. 이것이 바로 대우자동차였다. 1978년 박정희 정부는 재정난에 빠져 있던 조선소를 인수하라고 했다. 김우중은 이 제안을 거절했다. 조선소를 운영하는 것은 그에게도 버거운 일이었기 때문이다. 그러나 박정희에겐 그의 의견이 중요하지 않았다. 정부는 김우중이 해외출장을 나가기만 기다렸다. 그러다 그가 없는 동안 대우가 이 조선소를 인수한다고 발표해 버렸다. 결국은 이 회사가 대우에서 가장 중요한 사업체로 발돋움하게 된다.

1997년 대우는 글로벌 기업으로 성장했다. 김우중은 자동차뿐 아니라 선박, 가전제품, 트럭, 통신장비, 기계류까지 만들었다. 증권사도 차리고 호텔도 경영했으며 고속도로도 건설했다. 그러는 동안 김우중은 상당히 위험한 투자도 감행했다. 수단에 타이어 공장을 세우고, 이란·이라크의 전쟁 중에는 이란에 철도도 건설했다. 또 리비아에선 100억 달러 규모의 대수로 공사도 마쳤다. 저널리스트 루이스 크라(Louise Kraar)는 그를 앤드루 카네기(Andrew Carnegy)나 존 D. 록펠러(Rockefeller)에 비유했다. 그는 직접 『모든 길은 금으로 깔려 있다 Every Street Is Paved with Gold』(국내에선 『세계는 넓고 할 일은 많다』라는 제목으로 출판–옮긴이)라는 경영서를 쓰기도 했다. 돈을 벌고 기업을 세우는 방법을 다룬 일종의 지침서였다. 그는 '모두가 불가능하다고 생각할 때 나는 가능성부터 생각했다' 고 기록했다.

1990년대 중반 대우자동차는 글로벌 자동차 산업 역사에서 전무후무한 몸집 불리기에 나섰다. 그의 전략은 잠재력은 많으나 경쟁자는 적은 신흥시장을 뚫는 것이었다. 이에 따라 이란과 베트남, 인도에 자동차 공장을 세웠다. 김우중은 폴란드 정부와 11억 달러 규모의 합작회사를 세우기 위한 사업자 입찰에서 GM을 누르고 선정되기도 했다. 대우는 우즈베키스탄에도 공장을 세웠다(그가 엄청난 돈을 쏟아 붓자 이 나라에 '대우이스탄(Daewooistan)' 이란 별명이 붙기도 했다). 그의 계획은 엄청나게 위험한 것들이었지만, 회의론자 상당수가 오히려 그에게 설득을 당했다. 김우중은 미개발의 소비자들과 높은 성장 가능성, 그리고 맵시나는 신모델 등에 대해 엄청난 열정을 가지고 초를 쳐가며 몇 시간이고 설명을 늘어놓았다. 그는 현대의 정주영같이 제왕적이고 비밀에 싸인 다른 재벌의 총수들과는 달랐다. 김우중은 겸손하면서도 열심히 발로 뛰는 의류 영업사원으로 남아 있었다. 가끔 서울시청 주변이나 힐튼호텔 로비에서 휴대전화로 누군가와 통화하는 모습이 눈에 띄기도 했다.

그러나 실상을 들여다보면 김우중의 신흥시장 전략은 허점투성이였다. 일단 성장 국가에 대규모 공장을 세우긴 했지만 소득 수준은 계속 낮은 상태였다. 김우중은 "보통 10년에서 15년 걸리는 일들을 나는 5년 안에 해내려 한다"고 말한 바 있다. 또 "규모의 경제를 이루기 위해선 아직 시장이 없는 곳에 투자를 하고, 그곳에 자동차를 팔 수 있는 길을 찾아야 한다"고 설명했다. 전형적인 '아시아 모델' 식 과잉투자였던 것이다. 부채를 떠안은 공장들이 너무 빠르게, 또 너무 큰 규모로 건설됐다. 그에 반해 수익은 보잘것없었다. 계속해서 공장을 돌리기 위해 더 많은 자금을 쏟아부어야 했다. 김우중은 자동차 산업을 확장하기 위해 200억 달러의 빚을 졌다. 그리고 위기가 한국을 덮쳤을 때, 대우의 부채는 감당할 수 없는 수준이 돼 있었다. 그래도 김우중은 방향을 틀지 않았다. 그의 모험은 늦추거나 멈추기에 너무 멀리 가 버렸던 것이다.

재무상황이 악화되어도 김우중은 정부가 개입해 그를 구제해 줄 거라 기대했다. 특히 그는 김대중과 돈독한 관계라는 것을 믿었다. 집무를 시작하자마자 새 대통령은 대우의 김우중을 재벌들의 가장 강력한 연합체인 전국경제인연합회 회장에 추천했다. 그리고 매달 경제 관련 자문을 듣기 위해 그를 초청했다. 이 위기에서 나라를 건져 내는 데 김우중이 도움을 줄 수 있을 것 같았기 때문이다. 그러나 몇 달이 지난 뒤 상황이 더 악화되면서, 김우중과 대통령 경제팀 간에 갈등이 커졌다. 김우중은 "정부 관료들이 기업의 과다차입을 무조건 나쁘다고 비난한다"고 말했다. "이것은 외환위기이지 산업위기가 아니다. 이런 긴급상황에서는 우리에게 정부의 단기 지원이 필요할 뿐"이라는 이야기였다. 그럼에도 대통령은 개혁 프로그램을 밀고 나갔다.

대우의 김우중은 다른 백기사를 찾아 나섰다. 그는 GM을 찾아가 1998년 2월 양해각서(MOU)를 맺고 GM에 대우자동차의 지분을 팔기로 했다. 김우중은 이를 통해 70억 달러 정도를 마련할 수 있을 거라 기대했다. 그러면서도 김우중은 몇 차례 더 대통령을 찾아가 기업 구조조정에 필요한 시간을 달라고 애걸했다. GM에서 자금이 들어올 때까지만 기다려 달라는 것이었다. 짜증이 난 김대중은 그에게 10월까지 말미를 줬다.

9월이 됐는데도 GM과의 협상은 지지부진했다. 양측은 대우의 자동차 사업 부문에 대한 가치 평가에서 합의를 이끌어 내지 못했다. 돌이킬 수 없는 상황에 처한 대우는 더 많은 자금을 빌려 왔다. 1998년 한 해 동안 대우는 국내에서 100억 달러의 단기 채권을 발행했다. 전체적인 부채 규모는 40%나 증가했다. 정부는 대우가 붕괴할 경우 금융 시스템 전체에 미칠 영향을 걱정하지 않을 수 없었다. 논란이 됐던 1998년의 한 보고서에 따르면 김대중의 경제자문역들은 대우의 영업이익 규모가 빌린 돈의 이자비용을 겨우 만회하는 정도라고 경고하기도 했다.

1999년 초 김우중은 자신이 만들어 낸 금융 재앙이 얼마나 어마어마한 규모인지 깨달았다. 3월 공개된 연결재무제표상 대우는 거의 파산 상태였다. 김대중은 대기업들의 정부 관계를 재편하는 한편, 금융 분야에서도 시장에 초점을 맞춘 개혁을 실시한다. 세금으로 은행들의 부실채권을 사 줘서 재무 상태를 강화하는 대신, 이들 금융기관에 엄격하게 자기자본비율을 유지하도록 했다. 또 정부가 은행 경영에 간섭하지 않는 대신 스스로 사외이사와 감사기관을 둬 대출업무를 직접 감독하게 했다. 은행은 이제 더 이상 박정희 시대처럼 정부의 지시에 따라 재벌에 돈을 전달하는 자금창구가 아니었다. 한국의 금융기관에서 '묻지 마' 식 대출을 받지 못하는 때가 김우중에게도 온 것이다. 결국 대우의 현금 흐름이 뒤집혔다. 채권자들은 1999년 전반에만 대우가 발행한 채권 가운데 50억 달러를 상환하라고 요구했다. 대우가 새로 채권을 발행하기는 점점 더 어려워졌다. 당시 일반적이던 30% 금리에도 사겠다는 이가 없었다. 김우중은 후에 "전 세계 모든 금융기관이 우리에게 돈을 갚으라고 했다"면서 "그러나 도리가 없었다"고 말했다.

이후 대우는 죽음의 고통을 겪게 된다. 그해 4월 기가 죽은 김우중은 자회사들을 매각하는 등의 구조조정 계획을 발표한다. 그중엔 효자 계열사인 조선소도 있었다. 그러나 너무 작고, 너무 늦었다. 6월 대우는 채권단에 도움을 요청했다. 채권단은 김우중의 사재 10억 달러 등을 담보로 잡고, 일부 부채의 상환을 연장해 주는 한편 30억 달러를 추가로 빌려 주기로 했다. 그러나 이것으로도 부족했다. 8월 중순 대부분 정부 소유 기관이던 채권단은 대우를 쪼개 분산 매각하기로 결정했다. 그러자 김우중은 대중 앞에서 자신이 대우 사태를 해결할 것이며 명예롭게 은퇴하겠다고 밝힌다.

그러나 이마저도 이뤄질 것 같지 않았다. 김우중은 그의 구조조정

과정을 감독하라고 채권단이 보낸 은행 관계자들과도 계속 부딪쳤다. 그는 "감독관들은 회사가 잘 굴러가게 하겠다고 했지만, 돈을 뽑아 가는 것 말고는 아무 일도 안 했다"고 불평했다. 대우의 경영진은 이런 감독관들을 따르는 파와 김우중 충성파로 갈렸다. 그러자 구조조정이 무난하게 진행돼 경제에 대한 충격이 완화될 수 있을 거라 기대한 정부 관료들은 차츰 김우중에 대한 신뢰를 잃기 시작했다.

결국 김대중이 나섰다. 그는 새로운 경영진이 들어서서 독립적인 회사가 되기 전에는 대우를 바꿔 놓을 수 없다는 사실을 깨달았다. 대통령은 김우중에게 전화를 걸었다. 그리고 "한국을 떠나는 게 낫겠다"고 말했다. 그러고는 대우에 대한 해체작업을 허락했다. 김대중은 "이무런 권한도 없는 김우중이 구조조정에 계속 개입했다"면서 "결과적으로 잘 진행될 수 없을 것 같았다"고 말했다. 그리고 얼마 지나지 않은 1999년 10월 김우중은 자동차부품 공장 3곳의 준공식에 참석하기 위해 중국 옌타이로 떠났다. 그러고는 한국으로 돌아오지 않았다. 김우중은 경제전문지 「포천Fortune」과 인터뷰에서 "동양에선 체면이 매우 중요하다"면서 "내가 대우를 파산시킨다면 어떻게 사람들을 만날 수 있겠느냐?"고 말했다. 11월 그는 대우 임직원들에게 심금을 울리는 작별 인사를 남겼다. 그 자리에서 그는 대우 문제 때문에 온몸으로 고통을 느낀다고 말했다. 그는 이 말을 마지막으로 사라졌다.

외환위기, 미러클의 다음 장을 쓰다

아시아는 외환위기로 끔찍한 대가를 치렀다. 1998년 한국 경제는 거의 7%나 뒷걸음질쳤다. 태국은 10% 이상, 인도네시아는 13% 가까이 마이너스 성장을 기록했다. 실업률의 경우 태국은 3배, 한국은 4배

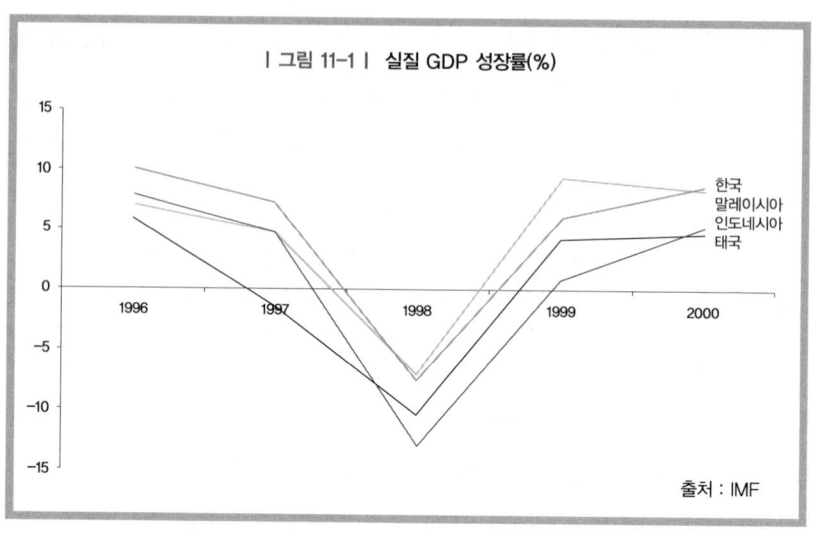

| 그림 11-1 | 실질 GDP 성장률(%)

출처 : IMF

아시아 위기는 모든 희생자에게 엄청난 타격을 줬다. 그러나 일부는 다른 이들보다 더 빨리 회복했다.

나 늘었으며, 인도네시아에선 10배를 기록했다. 빈곤 문제를 해결한 수하르토의 기록적인 업적도 제자리로 돌아왔다. 빈곤계층의 수가 두 배로 뛰었다. 절망감만이 대륙을 감쌌다. 미러클은 이제 재앙이 된 듯했다.

그러나 그렇지 않았다. 한국과 말레이시아 경제는 고꾸라졌던 것만큼이나 빠른 속도로 견고한 성장을 회복했다. 태국 역시 점차 회복세로 돌아섰다. 인도네시아만 이후 10년 동안 위기의 여파에서 벗어나지 못했다. 어설픈 정부 정책과 만연한 부패 탓에 인도네시아는 2007년까지 외국인투자와 경제성장률에서 위기 이전 수준을 회복하지 못했다. 아시아의 다른 초고속 성장 국가들은 대체로 위기의 여파를 받지 않았다. 특히 중국과 인도가 그랬다.

미러클은 살아남았다. 대우의 붕괴가 그 이유를 잘 설명해 준다. 위기가 부실자산을 다 휩쓸어가 버렸으며 '아시아 모델'이 낳았던 지나친 정부의 간섭, '흰 코끼리'(white elephant, 사육비만 많이 드는 성가신 동물─옮긴이) 같은 프로젝트들, 독선적인 경영방식 등을 모두 없앴던 것이다. 물론 아직도 '아시아 모델' 적인 요소들은 남아 있다. 그러나 자유시장에 초점을 맞춘 구조조정을 거치면서 호랑이들은 새로운 발전단계에 이를 수 있었다. 금융 시스템은 더 강해졌으며 기업들의 수익성은 좋아졌고 더 나은 규제와 위기관리 능력도 갖추게 됐다. 대우에서 갈라져 나온 상당수 기업들도 재무 구조조정을 거치고 새로운 경영진을 맞으면서 활기를 되찾았다. 대우의 조선사업 분야는 세계에서 가장 경쟁력 있는 조선회사 중 하나로 자리 잡았으며 GM은 대우자동차의 일부를 인수했다. 김우중의 실패는 미러클의 다음 장을 이어 가는 무대 위에서 고통스러운 구조조정의 시기에 펼쳐진 가장 극적인 사건이었다.

그러나 김우중 개인에게는 외환위기가 최후가 됐다. 해외로 도피한 김우중은 프랑크푸르트의 한 병원에서 심장질환 치료를 받았다. 그리고 한국과 연락을 끊었다. 한국 신문도 일절 읽지 않고 서울에 남아 있던 부인과도 통화하지 않았다. 몇 달을 병원에 머무른 뒤 작은 아파트로 옮겼다. 하노이의 대우호텔에서 일하는 베트남 요리사가 음식을 만들어 줬다. 2000년 말에는 수단에 나타났다. 타이어 공장을 만들며 베풀었던 선의가 큰 보답으로 돌아와 오마르 하산 아마드 알바시르(Omar Hassan Ahmad al-Bashir)가 그에게 집과 비서, 운전기사가 딸린 승용차를 내준 것이다.

이후 아시아와 유럽을 전전하던 그는 2005년 1월, 6년간의 유배를 마치고 한국으로 돌아왔다. 그 결정은 진정한 뉘우침의 표시라고 생각됐다. 검찰이 그를 기다리고 있다는 사실을 알고 결정한 귀국이었기 때문이다. '도둑을 처벌하라'는 현수막을 들고 나온 시위대와 경찰이 공항에서 그를 맞이했다. 손으로 쓴 성명서를 통해 그는 '국가 경제에 큰 부담을 지운 책임이 전적으로 나에게 있다'고 인정했다. 귀국한 이유를 해명하기 위해 그는 속담을 인용했다. '여우도 죽을 때는 제 살던 언덕을 향해 머리를 둔다.'

2006년 5월 김우중은 회계 부정과 횡령 혐의로 유죄를 선고받았다. 징역 10년과 230억 달러의 추징금이 선고됐다. 그리고 2007년 노무현 대통령에 의해 사면됐다.

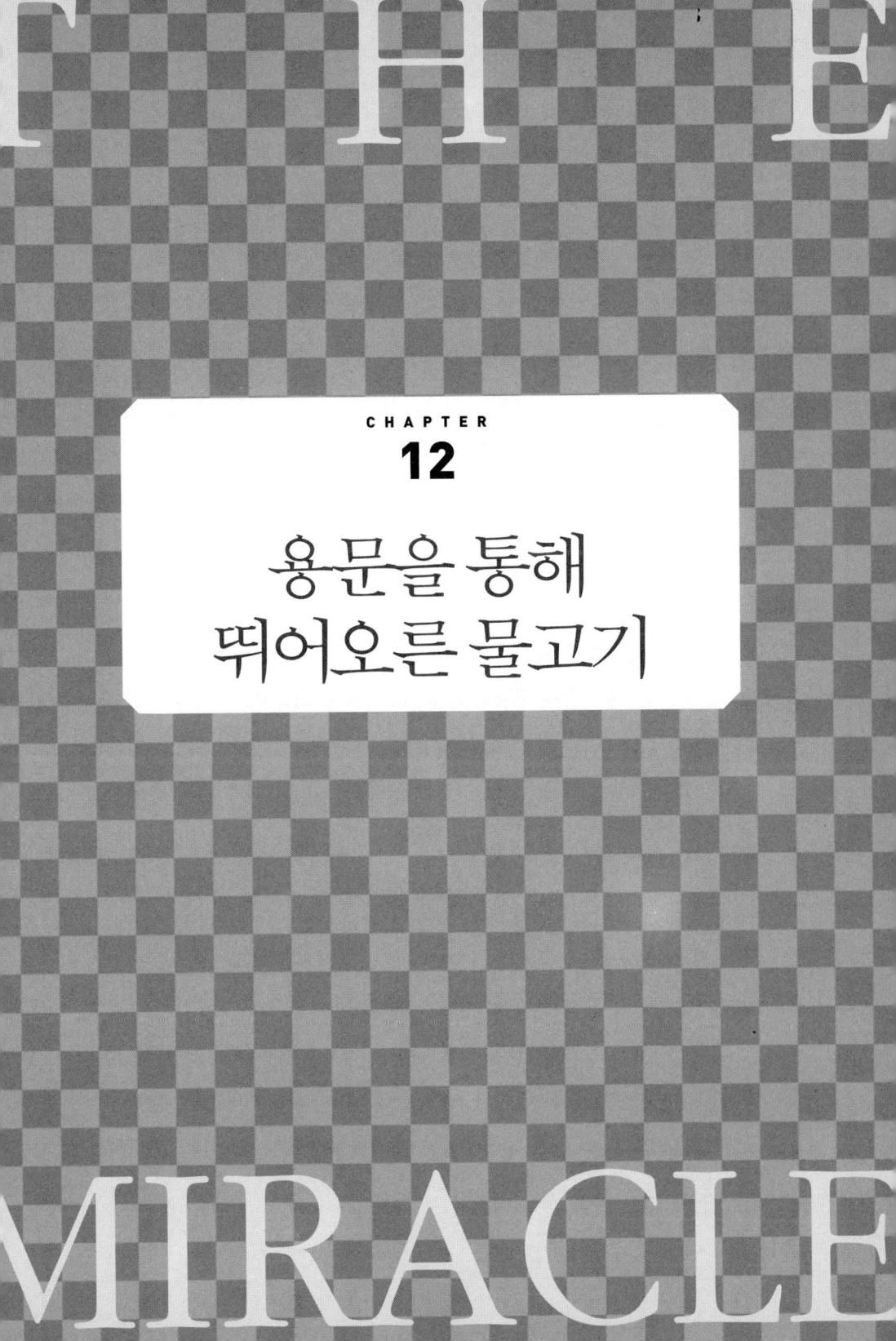

CHAPTER

12

용문을 통해
뛰어오른 물고기

2004년 말, 세계경제를 깜짝 놀라게 할 전화가 류촨즈(柳傳志)의 사무실에서 울렸다. 상대편은 중국계 PC 메이커 레노버(Lenovo)의 최고재무책임자(CFO) 메리 마(Mary Ma)였다. 그녀는 4개월 전부터 IBM의 PC 사업 분야를 인수하기 위한 협상을 진행하고 있었다. 대화는 쉽지 않았다. 그러나 지난 몇 주 동안 메리 마가 잔여 쟁점들을 하나씩 해결, 류촨즈의 기대감도 부풀어 오른 상태였다. 수화기 너머로 메리 마가 레노버의 창업자이자 회장인 류촨즈에게 말했다. 마지막 쟁점이던 지적재산권 문제가 해결됐다고 말이다. 그녀는 "이제 길이 뻥 뚫렸다"고 말했다.

류촨즈는 앞으로 펼쳐질 도전에 대한 생각으로 가득찼다. 이번 IBM 인수는 20여 년에 걸친 헌신과 노력의 결과였다. 그는 때를 잘 타고난 천재성을 바탕으로 경쟁자들과 맨주먹으로 싸우면서 자신의 조그만 벤처 기업을 중국에서 가장 큰 PC 회사로 키웠다. 중국 밖에선 여전히 낯선 이름이지만 레노버는 IBM 인수를 통해 세계에서 3번째로 큰 컴퓨터 제조업체로 발돋움했다. 1985년 레노버가 창업하고 1년이 됐을 당시, 이 회사의 주력 사업은 중국에 IBM PC를 판매하는 것이었다. 류촨즈는 IBM이 판매상들을 베이징에 있는 으리으리한 만리장성 쉐라톤 호텔에 불러 회의를 열었던 일을 기억했다. 당시 마땅히 입을 옷이 없던 류촨즈는 아버지 양복을 빌려 입고 갔다. 회의에서 가장 생생히 기억에 남았던 것은 IBM이 참석자들에게 양껏 제공한 쿠키였다. 중국 개혁 초기였던 당시는 쿠키 같은 사치품이 드물었기 때문이다. 그는 "회사가 얼마나 크면 쿠키를 이렇게 마구 제공하나 싶어 상당히 놀랐다"고 회고했다. 그래서 "IBM과 함께 협상 테이블에 앉게 될 거라고는 상상도 못 했다"고 말했다. 그러나 불과 20년이 지난 뒤, 그는 아예 그 회사를 가지게 됐다.

IBM 인수는 중국에도 기념비적인 일이었다. 류촨즈는 IBM 인수를 지난 200년간의 중국 역사에 비추어 의미를 부여했다. 서양 제국주의자에게 받은 굴욕감, 국공내전, 공산주의 근본주의자들의 혹독한 통치, 세계경제 속에서 중국에 대한 나쁜 평판 등으로 얼룩졌던 것을 떠올렸다. 이제 그 모든 것은 과거의 일일 뿐이다. 중국은 상승세를 타고 있으며 류촨즈의 PC 회사가 산업을 이끌고 있었다.

레노버의 인수는 전 세계적인 주목을 끌었다. 이만큼 중국의 부가 늘어 가고 있다는 것과 세계경제에서 미국의 역할이 중국으로 넘어가고 있다는 사실을 극명하게 보여준 예가 없었기 때문이다. 미국을 대표하는 기업인 IBM의 PC 사업 분야는 미국 경제, 그리고 자신들의 기술적 우위의 상징이었다. IBM은 1981년 PC를 개발했다. 이는 수십억 지구인의 삶과 근무 패턴을 완전히 바꾸었다. 그런데 이런 보석 같은 존재가 이제는 중국인의 손에 넘어간 것이다. 레노버의 성공은 한때 싼 노동력을 바탕으로 싸구려 장난감과 티셔츠만 양산하던 중국 경제가 자기 브랜드로 자신의 상품을 만들 줄 아는 근대화된 경제로 발돋움했다는 사실을 보여주는 것이었다. 대만이나 홍콩, 한국에서도 그랬듯 중국의 노동력도 급속히 진행되는 산업화 속에서 언제까지 싼값을 유지할 수는 없는 노릇이었다. 또 다른 경쟁력을 개발하는 것이 어렵게 이룬 미러클을 유지하는 길이었다. 일본, 한국, 대만은 경제를 선진화하기 위해 이미 중대한 전환에 들어간 상태였다. 옷을 짜고 간단한 가전제품을 조립하던 이들은 이제 자동차와 화학제품, 중장비, 반도체, LCD 패널을 생산하고 있었다. 중국은 다시 한 번 이들을 뒤따르고 있었다. 오히려 세계적으론 더 큰 임팩트를 준비하고 있었다.

두말할 나위 없이 IBM 매각은 미국에 엄청난 혼란과 우려, 심지어 공포감까지 불러일으켰다. 이는 1980년대 일본이 미국 기업들을 사들일 당시의 두려움을 상기시켰다. 레노버의 IBM 인수는 미국인들에게 중국의 야망에 대한 경각심을 일깨웠다 20년 전 모리타가 컬럼비아 픽처스를 인수한 것을 계기로 미국인들이 일본의 성장세를 경계하게 됐던 것과 같은 식이었다. 또 이 인수는 중국 기업들이 점차 세계무대로 진출하고 있다는 사실을 전 세계에 알렸다. 이 역시 1970~1980년대 혼다를 비롯한 일본 기업들과 마찬가지였다. 다시 한 번 미국 경제는 동쪽 세력의 위협을 받게 됐다. IBM 매각 이후 「크리스천 사이언스 모니터Christian Science Monitor」는 '중국 경제가 끌어당기는 힘은 만리장성만큼이나 노골적이고 분명하다'고 경고했다. 또 '이번 매각은 미국이 거의 한 세기 동안 누려 온 경제 헤게모니를 노리는 도전자 세력이 앞으로도 계속 커질 수밖에 없다는 것을 보여준다'고 덧붙였다.

레노버의 인수를 두고 워싱턴 정가에서도 말이 많았다. IBM이 미국의 중요한 기술을 중국에 넘겨 줬다고 믿는 정치인이 많았던 것이다. 상원 의원 토머스 레이놀즈(Thomas Reynolds)는 IBM을 레노버에 팔아 넘긴 것은 "민감한 정보와 기술을 중국에 그대로 넘겨 준 것"이라고 불평했다. "게다가 군사용으로 개발된 많은 기술이 도리어 미국을 공격하는 데 쓰일 수도 있다"고 경고했다.

반면 중국에서는 이번 인수에 상당한 자부심과 자신감을 느꼈다. 「베이징위러신바오北京娛來信報」는 '레노버의 위대한 행동은 중국 기업에 대한 사람들의 전통적인 인식, 부(富)가 많지 않아야 행복하다는 생각을 날려버렸다'고 보도하며 '이번 인수는 PC 세계에서 중국의 시대를 여는 시발점이 됐다'고 언급했다. 이에 비해 정작 류촨즈 본인은 상당히 조촐하게 이번 일을 자축했다. 12월 8일 인수를 발표하고 사흘 후 시끌벅적하던 여론이 잠잠해지자 류촨즈는 베이징 집에서 부인과 함께 와인을 따르며 인수를 축하했다.

그러나 축하는 길지 않았다. 그의 아내와 아들은 앞으로 어떻게 할 건지 신랄하게 묻기 시작했다. 그들은 사실 IBM 인수를 심각하게 걱정하고 있었다. 과연 미국인과 중국인이 한 회사에서 평화롭게 일할 수 있을까? 아내는 그게 의문이었다. 중국 기업에 편입된 IBM의 가치는 과연 얼마나 될까? 그러나 그녀가 진정 걱정하는 것은 남편이 너무 늦은 나이에 큰 기회를 잡았다는 것이었다. 그녀는 남편에게 "당신이 이룬 모든 것을 걸고 모험을 했다"고 말했다.

류촨즈는 그 위험성을 잘 알고 있었다. 그리고 한편으로는 그의 가족이 품고 있는 의문들을 이해하고 있었다. 자신의 경력이 가장 큰 도전에 맞닥뜨리게 됐다. 규모가 레노버의 세 배나 되는 IBM은 레노버에 인수되기 전 3년 반 동안 10억 달러의 손실을 보고 있었다. IBM 인수는 레노버에는 엄청난 기회였다. 중국에서 처음으로 진정한 다국적 기업이 나오는 계기가 될 수도 있었다. 그리고 덩샤오핑의 개혁 이후 얼마나 짧은 시간에 중국 경제가 발전을 이뤘는지 보여준 증거이기도 했다. 그러나 반대로 중국의 최고 기업가라는 사람이 얼마나 미숙한지, 중국이 서양을 따라잡으려면 얼마나 갈 길이 먼지를 국제적으로 드러내는 계기가 될 수도 있었다.

류촨즈는 자신감을 잃지 않으려고 애썼다. 그러면서 아내에게는 경영진이 인수작업을 시작하기 전에 이미 그녀가 염려하던 부분을 심사숙고했다고 말했다. 류촨즈는 새로운 도전을 있는 그대로 받아들이기로 했다. 단지 레노버의 이익을 위해서만이 아니라 중국을 위해서도 필요한 도전이었기 때문이다. 그는 IBM 인수를 두고 "일생에 단 한 번 올까 말까 한 기회였기에 받아들였다"고 말했다. 그는 "이런 기회를 얻은, 나와 같은 행운아는 그리 많지 않다"면서 "이 일을 할 수 있었던 것은 나에게 영광"이라고 말했다.

류촨즈와 메리 마

레노버 스토리는 공산주의 계획경제에서 시장경제로 넘어가던 무렵 중국의 복잡한 상황을 잘 보여준다. 전환기의 중국 경제는 속박에서 막 풀려난 자본주의와 아직도 여전한 국가의 통제가 마구 얽혀 있는 상황이었다. 이런 상황은 류촨즈 같은 기업인들에게 유례없는 기회이기도 했지만 근대화된 기업을 만드는 데 엄청난 걸림돌이 되기도 했다. 중국이 글로벌 경제에 혜성처럼 나타나기까지 그 과정이 순탄치만은 않았다.

　류촨즈와 그의 가족은 덩샤오핑의 개혁이 있기 훨씬 전부터 자본주의와 공산주의 사이의 이상한 영역에서 사업을 했다. 류촨즈는 1944년 4월 29일 상하이에서 태어났다. 그의 아버지 구슈(Gushu)는 중국은행 상하이 지점의 직원이었다. 마오쩌둥의 집권 이래 은행가들은 악덕 자본가로 여겨졌다. 그러나 구슈는 비밀동지로 국공내전 중에 상하이의 지하 공산주의 세력과 긴밀한 접촉을 가졌다. 이런 관계 덕분에 그의 가족은 보호받을 수 있었다. 베이징으로 옮겨진 뒤 그의 가족은 모아둔 돈을 대부분 잃었지만 도심 괜찮은 곳에 집을 얻을 만큼은 남아 있었다. 구슈는 국영기업을 재건한 중국은행에 다시 일자리를 얻었다. 그리고 그는 공산당에 가입했다.

　류촨즈의 어린 시절을 보면 그의 가족은 계급의식이 여전한 공산주의자들이 아니었나 생각된다. 학창 시절 류촨즈는 군사소설광이었다. 중국이 공산화됐을 무렵 가장 선망의 대상이던 전투기 파일럿이 되는 게 그의 꿈이었다. 1962년 고등학교를 졸업한 뒤, 파일럿에 지원하기 위한 모든 시험을 통과했다. 그러나 결국은 떨어졌다. 삼촌이 '우익세력'으로 낙인찍혀 있었기 때문에 그 역시 사상적으로 부적합하다는 판정을 받은 것이다. 이렇게 파일럿이 되겠다는 꿈은 좌절됐다. 그는 시안에 있는 군사학교에서 공부를 시작했다. 원자폭탄과 미사일 기술이 특화된 곳이었다. 그러나 여기서도 그는 충성심을 의심받고 중요한 프로젝트에선 항상 배제됐다. 대신 그는 레이더 시스템 연구작업에 배치됐다. 여기서 그는 처음으로 컴퓨터라는 영역을 접하게 된다.

　1966년 문화혁명이 일어날 당시, 덩샤오핑과 마찬가지로 류촨즈도 대혼란 속으로 빠져 들었다. 처음에 그는 홍위병에 가입했다. 우익을 척결하고 자본주의 앞잡이를 몰아내는 전위대였다. 류촨즈는 "우리는 진실로 마오쩌둥을 숭배했고, 그의 말이라면 뭐든지 믿었다"고 기억했다. 그러나 문화혁명이 점점 폭력으로 얼룩지면서 류촨즈의 믿음도 식었다. 캠퍼스에서도 폭동이 일어났고 '적'으로 간주된 교수들은 구타당하고 모욕을 당했다. 이에 질린 류촨즈는 홍위병에서 탈퇴했다. 그는 "문화혁명이란 것의 본질을 간파했다"며 "결코 국가의 발전을 위한 게 아니었다"고 말했다. 단지 마오쩌둥과 그의 수하들이 자신들의 목적을 이루기 위해 철 모르는 학생들을 이용했다는 것이었다. 그러나 이런 그의 태도는 홍위병들의 비판을 받았다. 한 주동자는 그를 '혁명의식 결핍자'라고 깔아뭉갰다.

류촨즈는 1968년 겨우 졸업을 할 수 있었다. 그리고 청두(成都)의 한 연구기관에서 중국의 레이더 시스템을 개선하는 작업을 시작했다. 얼마 지나지 않아 그의 인생에 중요한 전환점이 찾아왔다. 마오쩌둥이 모든 '지식인'을 농촌으로 보내 농사를 돕게 했던 것이다. 그들의 머릿속에서 '자본가적 사상'을 싹 지우겠다는 목적이었다. 많은 학생과 전문 인력이 집단농장으로 배치됐다. 류촨즈는 중국 남부 광둥 성(廣東省) 연안의 한 섬에서 군대가 운영하는 농장으로 파견됐다. 고립된 그곳에서 그는 논에 모내기를 하면서 대부분의 시간을 진흙투성이로 보냈다. 외부세계와는 완전히 단절된 시간이었다. 매일 아침 류촨즈와 동료들은 벽에 걸린 마오쩌둥의 초상화를 보며 그날 할 일을 보고했다. 밤 늦게 논일을 마치고 돌아오면 같은 초상화 앞에 서서 그날 거둔 성과에 대해 또 보고를 했다. 이런 고역과 외로움 속에서 류촨즈는 희망을 잃었다. 그는 "언제쯤 상황이 나아질지 알 수 없었다"며 "미래가 보이지 않았다"고 기억했다.

류촨즈가 그의 인생항로를 결정한 것은 바로 이렇게 불확실한 상황에 처해 있을 때였다. 그는 정치는 너무 위험하고 이길 확률이 낮은 게임이라 피해야겠다고 결심했다. 오히려 사업을 하면 웬만큼은 자유를 누리면서 국가를 위해 더 많은 것을 이룰 수 있겠다는 생각이 들었다. 그래서 그는 사업가가 되자고 굳게 다짐했다. 이 외딴 섬에서 거의 2년을 보낸 뒤(나중에 이 캠프는 남쪽 섬에서 중국 중부 후난 성(湖南省)으로 재배치됐다) 류촨즈는 사회복귀가 허락돼 베이징 집으로 돌아갔다. 그리고 유명한 중국과학원(Chinese Academy of Science)의 컴퓨터 연구부서에 일자리를 얻었다. 이 기관에선 군사용으로 쓸 대용량 메인프레임 컴퓨터 시스템을 개발 중이었다. 물론 캠프에 있을 때보다는 생활이 나았다. 그러나 1970년대 중반에 이르자 그는 또다시 억압된 듯한 느낌을 받았다. 류촨즈는 "하루 종일 입을 다물고 있어야 했다"면서 "도저히 참을 수 없었다"고 기억했다. 그는 "나에게 어떤 일이 벌어지고 있는지, 어떤 일에 대해 어떻게 생각하는지 털어놓으면 누군가가 보고를 했다"면서 "그러다 어떤 일이 터지면 그저 문제가 생기는 게 아니라 심각한 위험에 처했다"고 말했다.

류촨즈가 보기에 이보다 더 나쁜 것은 이 기관 안에서 엄청난 재능과 노력이 쓸모없이 낭비되고 있다는 점이었다. 여기서 개발된 컴퓨터 시스템은 사회나 경제를 위해 전혀 쓰이지 않았다. 한 프로젝트가 끝나면 그 장치는 곧장 옆으로 치워지고 새로운 연구가 시작됐다. 아무것도 상용화되지 않았다. 이 일을 지켜보기만 하는 것은 고역이었다. 류촨즈는 "누가 내 멱살을 잡고 있는 것처럼 목이 조여 왔다. 숨을 쉴 수가 없었다"고 털어놨다.

1980년대 초반 덩샤오핑의 개혁이 진행되면서 숨통이 트였다. 새로운 분위기가 중국과학원을 휩쓸었다. 덩샤오핑이 공공기관에 대한 지원을 축소함에 따라 예산이 깎일 거라 걱정한 과학원 간부들이 연구원들에게 창업을 권유했다. 과학적 전문성을 실생활에 적용, 판매할 수 있는 상품을 개발하라고 독려한 것이다. 류촨즈는 문화혁명 기간에 모를 심으며 구상했던 기업을 세울 기회라고 생각했다. 그는 창업을 해보겠다고 자원했다. 연구원은 고맙게스리 창업자금으로 2만 5000달러를 지원해 줬다.

사실 류촨즈의 행동은 위험한 것이었다. 덩샤오핑의 개혁은 아주 새로운 것이어서 얼마나 오래 갈지 알 수 없었기 때문이다. 정책이 다시 또 왼쪽으로 기울면 '자본가의 앞잡이'로 몰릴 수도 있는 상황이었다. 그렇지만 류촨즈는 선택의 여지가 없었다. 그는 "중국에 '맨발로 강가를 걷는 사람은 신발이 젖을까 걱정하지 않는다'는 속담이 있다"며 자신의 결정에 대해 설명했다. 그는 "다른 선택지로는 그저 예전처럼 가만히 있을 수밖에 없었다. 그러나 나는 그렇게 하기 싫었다"고 말했다.

비록 그의 벤처는 정부 연구기관에서 뻗어나온 것이었지만, 류촨즈는 다른 국영기업처럼 되는 것을 극도로 경계했다. 그가 생각하기에 중국에서 정부의 지원을 받는 기업들은 경영자들이 의사결정에 참여할 수 없어 비효율적으로 운영되면서도 방만하기만 했다. 그래서는 절대 성공할 수 없다고 믿었다. 그래서 새 벤처를 시작하기 전, 자금 지원 담당자에게 몇 가지 조건을 제시했다. 회사에 대한 완전한 경영권을 요구했으며 그가 원하는 사람을 뽑을 수 있는 권리와 회사의 사업 분야를 결정할 수 있는 권리를 달라고 했다. 그 대신 과학원에 추가 자금을 요청하지 않기로 약속했다. 과학원 지도부는 이를 흔쾌히 수락했다. 소속 연구원이 이렇게 창업에 열정적이라는 사실만으로도 만족했던 것이다. 1984년 류촨즈는 기업을 만들었다. 이것이 레노버의 전신이다. 레노버는 근본적으로 중국 경제에서도 괴상한 형태의 기업이었다. 국가 소유지만 민간인이 운영했기 때문이다. 류촨즈는 언제나 그랬듯 공산주의와 자본주의 사이에 끼인 형국이었다.

그는 컴퓨터 연구소에서 10명의 연구원을 스카우트했다. 그리고 10월에 첫 회의를 열었다. 과학원은 본관 밖에 있는 방 두 개짜리 경비초소를 사무실로 내줬다. 집기가 하나도 없는 이 사무실은 먼지만 가득했다. 그래서 첫 회의를 열기 전, 먼저 바닥을 쓸고 책상과 의자를 들여와야 했다. 류촨즈와 동료들은 공산주의자로 자란 과학자들이었다. 따라서 사업을 어떻게 시작해야 하는지 전혀 몰랐다. 류촨즈조차 새기업을 어떻게 꾸려야 할지 잘 몰랐다고 털어놨다. 그는 "첫 해엔 아무런 비전이 없었다"고 말했다. 첫 회의는 회사명을 정하느라 시간을 보냈다. 그러다 'New Technology Developer Inc.' 로 낙점했다(이 이름은 나중에 레전드(Legend)가 됐다가 2004년 레노버로 바뀌었다).

초창기에 류촨즈는 아이스 스케이트, 디지털 시계, 휴대용 계산기 등을 가져다 팔았다. 그러나 전문 기술자들이 몰려 있다 보니 자연스럽게 컴퓨터 사업 쪽으로 기울게 됐다. 얼마 지나지 않아 과학원은 신생기업 레노버에 새로 구입한 IBM PC 500대를 시험, 유지하는 일을 맡겼다. 레노버의 두 칸짜리 사무실에 보관하기에는 너무 많은 컴퓨터 박스가 쏟아져 들어왔다. 베이징의 찌는 듯한 여름날 지게를 진 중년 남자들이 헉헉거리며 컴퓨터 박스를 원 내의 빈방으로 옮겼다.

류촨즈는 독립적으로 IBM PC를 팔고 싶었다. 그는 "만약 IBM 장비를 구할 수 있다면 이는 돈줄을 쥐고 있는 셈"이라고 말했다. 그러나 당시는 1980년대 중반이었다. 중국의 경제는 여전히 빡빡하게 통제되던 상황이었다. 류챤즈가 IBM의 판매상이 되려면 수입 허가권이 필요했다. 국영기업인 만큼 가까운 관료에게 허가권 하나 정도는 따낼 수 있었을지도 모른다. 그러나 붙임성 없는 류챤즈에게는 어려운 일이었다. 중국은행의 홍콩 지점에 다니던 예전 동료가 그에게 귀띔했다. 홍콩 지점 컴퓨터 부서에 수입 허가권이 하나 있다는 것이었다. 류챤즈는 그 은행이 PC를 수입하면 레노버가 중국 내 판매를 담당키로 계약을 체결했다. 마침내 본격적으로 PC 사업에 뛰어든 것이다.

오래지 않아 류챤즈는 자신만의 컴퓨터를 만들고 싶다는 생각을 하게 된다. 해외에서 장비를 들여와 파는 사업이 많은 이익을 내며 성장하고 있었지만, 이익의 대부분이 외국 기업 주머니에 들어가고 있었기 때문이다. 류챤즈는 컴퓨터 전문가인 레노버 팀 모두가 "우리 브랜드를 단 컴퓨터를 만들고 싶어 했다"고 말했다. 레노버 PC를 만들겠다는 꿈에는 애국적인 요소도 담겨 있었다. 당시 중국에서 팔리던 외국 PC의 가격에는 프리미엄이 붙어 있었다. 보통의 중국인은 사기 힘들 정도의 가격에 제품을 팔고 있었으며 엄청난 이익을 남기고 있었다. 그는 중국산 PC가 중국의 기술수준을 끌어올리고 경제 전체를 발전시킬 수 있을 거라 믿었다. 처음부터 류챤즈는 레노버의 성공을 중국의 성공과 연관시키고 있었다.

토착 컴퓨터 사업을 펼치는 데는 많은 난관이 도사리고 있었다. 우선 정부와 민간 분야 사이에 끼어 있는 레노버의 불확실한 위치가 발목을 잡았다. 류챤즈는 중국 정부에서 생산 허가를 따내는 데 도움이 될 만한 정치적 인맥이 없었다. 다시 한 번 그는 규정을 교묘하게 피해 나가야 했다. 일단 규제가 덜한 홍콩에 매장을 내기로 했다. 홍콩 기업들이 앞다퉈 중국에 공장을 세우려 했던 것과 반대의 움직임이었다. 1988년 그는 영국령인 이곳에 홍콩 컴퓨터 기업과 본사의 지배를 받는 중국 국영기업이 합자한 자회사를 세운다. 류촨즈는 10만 달러를 들여 홍콩 동부에 사무실을 얻었다. 본사 겸 기숙사로 쓸 공간이었다. 경영진이 베이징에서 이곳을 방문할 때면 비싼 호텔에 묵을 돈이 없어 사무실에서 묵었다. 가끔은 복도의 카펫 위에서 잠을 청하기도 했다. 류촨즈에게는 회사를 이끌 원대한 계획이 있었다. 이 홍콩 법인은 그가 '해외로 진격하는 전투계획을 위한 세 개의 행진곡'이라고 이름 붙인 전략 가운데 가장 중요한 부분이었다. 그는 심지어 베이징의 인민대회당에서 직원 총회를 열고 해외진출을 맹세하기도 했다.

메리 마가 레노버를 만난 것이 이 무렵이었다. 메리 마는 중국과학원에서 세계은행 관련 업무를 맡고 있었다. 그녀는 레노버의 단독 주주인 과학원 원장과 함께 홍콩 자회사의 창립 기념식에 참석했다. 나중에 류촨즈는 그들을 다시 홍콩 지사로 초청했다. 메리 마는 눈앞에 펼쳐진 광경에 경악을 금치 못했다. 사무실은 칙칙하고 건물은 낡았다. 정장을 한 메리 마는 건물 뒤편으로 가 화물 엘리베이터를 타고 사무실로 올라갔다. 가는 내내 땀에 전 민소매 차림의 노동자들이 나르는 나무상자 사이에 끼어 있었다. 그녀는 "이런 초라한 사무실에서 일하면서 어떻게 해외진출을 장담했던 걸까" 하고 생각했다. 그러나 류촨즈는 담담했다. 그는 과학원장에게 장래 계획을 이야기했다. 컴퓨터를 직접 생산하고 다른 다국적기업들과 경쟁하겠다는 내용이었다. 메리 마는 깊은 인상을 받았다. "그들은 중국 경제의 개방을 발판으로 삼으려 하고 있었다"며 "비록 작은 기업의 대표였지만 원대한 꿈과 전략이 있었다"고 기억했다. 1989년 톈안먼 학살이 일어난 뒤 세계은행은 메리 마가 진행하던 프로그램을 중단했다. 다른 일을 찾아야 했던 그녀는 류촨즈와 레노버를 기억했고 1990년 홍콩 지사의 부사장으로 들어갔다.

그러는 동안 레노버 기술자들은 열정적으로 PC 개발에 매달렸다. 1989년 초 시제품이 완성됐다. 레노버는 이것 저것 끌어모아 임시변통으로 홍콩에 PC 공장을 세웠다. 교육수준이 낮은 현지 여공들을 데려다가 가르치고 장갑을 한 짝씩 준 뒤 286 컴퓨터를 조립하게 했다. 류촨즈의 직원들은 새로 만든 컴퓨터를 가지고 독일 하노버의 컴퓨터 박람회에 참여, 그곳에서 2000대가 넘는 주문을 따오기도 했다. 이제 정말 중국산 PC를 만들게 된 것이다.

중국의 WTO 가입과 레노버

류촨즈가 중국의 기술을 끌어올리려고 애쓰는 동안, 덩샤오핑은 그를 도울 방법을 찾으려고 애썼다. 이 나이든 개혁가는 톈안먼 학살 이전부터 중국 경제를 걱정하고 있었다. 그는 개혁이 광범위하게 진행되고 있었지만, 여전히 경제를 통제하려는 강력한 관료들이 기업인들을 숨 막히게 한다고 생각했다. 그와 동시에 지나치게 시장개혁을 추진하다가 베이징이 아예 국가의 경제를 조정할 능력을 잃을지도 모른다고 걱정했다. 그럴 경우 빈부격차가 사회적 안정을 위협하는 수준까지 커질지도 모르는 일이었다. 그러면서도 이제 자신의 개혁은 되돌릴 수 없는 상황에 왔음을 알고 있었다. 정부는 아주 섬세하게 균형을 잡아야 했다.

이런 생각은 1991년 초 상하이를 방문하는 동안 더 커졌다. 그는 그곳에서 시장인 주룽지를 만났다. 덩샤오핑은 평소 주룽지에게 큰 감명을 받았었다. 주 시장은 방대한 데이터를 처리할 수 있는 클리토니언(Clintonian, 빌 클린턴 미국 대통령과 그의 행정부 멤버들의 성향, 능력을 일컫는 신조어—옮긴이)의 능력이 있었다. 경제 문제를 다룰 때면 이와 관련한 원고를 척척 읽어 내곤 했다. 덩샤오핑은 또 그에게 신선한 아이디어가 많다고 생각했다. 그는 덩샤오핑이 미개발 지역인 푸둥(浦東)에 특별경제구역(SEZ)을 만들겠다고 했을 때, 구체적인 계획을 내놓으면서 이를 살짝 비틀었다. 제조업은 이미 남부 지역에 많으니 금융과 무역, 사회간접자본에 초점을 맞춘 특별경제구역을 만들겠다는 것이었다. 덩샤오핑은 바로 그것이 나랏일을 맡은 관료에게 필요한 창의성이라고 생각했다.

회의 중에 덩샤오핑은 이제 막 성공을 거두고 있는 개혁 프로그램의 향방에 대해 주룽지와 의견을 나눴다. 덩샤오핑은 "개혁에는 새로운 아이디어가 있어야 한다"고 말했다. "개혁에는 지난 10년간 시행해 온 것과는 다른 방식이 적용돼야 하며, 새로운 상황에 맞는 아이디어를 개척해야 한다"는 이야기였다. 주룽지는 중국 경제를 다음 단계로 이끌고 갈 주역이었다.

주룽지는 1928년 10월 1일 후난 성 창사 시(長沙市)에서 태어났다. 어린 시절 고아가 된 그는 삼촌 슬하에서 자랐다. 유교적 사회질서가 고착된 중국에서는 이런 환경의 아이들이 성공할 기회가 적었다. 그러나 주룽지는 특출난 학생이었다. 그는 창사 고서점의 소문난 단골이었으며 중국 문학을 끊임없이 파고드는 학자였다(평생을 정치인으로 살면서 그는 베이징 오페라 아리아를 부르고 에이브러햄 링컨의 명언을 인용해 외교관과 동료들을 놀라게 했다). 주룽지는 베이징의 명문인 칭화대(清華大)에 다닐 때 공산당에 가입했다. 졸업한 뒤 1951년 국가가 시행하는 사업에 참여해 만주 지역으로 파견됐다. 당시 이 지역에선 소비에트 스타일의 계획경제를 실험적으로 전개하고 있었다. 이 개념이 중국 전역으로 확대됐던 1952년, 주룽지는 새로 설립된 국가기관으로 자리를 옮겼다. 주룽지는 일찍부터 신흥 엘리트의 핵심부에 있었던 것이다.

그러나 당시에도 주룽지의 사고방식은 동료들과 달랐다. 계획경제와 시장경제를 합치는 것에 관심을 가졌던 그는 종종 다른 정책입안자들과 중국의 경제방향을 두고 논쟁을 벌이기도 했다. 특히 대약진운동이 실패로 돌아간 뒤 더 그랬다. 그러나 이런 솔직함이 그의 발목을 잡았다. 1958년 그는 '우파'로 지목돼 공산당에서 쫓겨났고 깡촌으로 가 5년간 돼지를 키우고 화장실 청소를 했다. 그러다 덩샤오핑이 집권하면서 다시 기회를 잡았다. 1979년 베이징으로 돌아와 국가 기관에 소속돼 경제를 되살릴 방안을 연구하게 됐다. 1991년 덩샤오핑은 그를 국무원 부총리로 임명한다. 1992년 덩샤오핑이 베이징 외곽의 국영 철강단지를 방문했을 때, 주룽지의 파워가 얼마나 커졌는지 실감할 수 있었다. 여기서 덩샤오핑은 곁에 있던 고위 인사들에게 아직도 경제개혁의 중요성을 깨닫지 못하는 원로가 너무 많다고 호통을 치면서 "주룽지는 경제를 이해하는 유일한 인물"이라고 칭찬했다.

이 시점부터 경제에 관한 한 그 누구도 주룽지의 관점에 의문을 제기하지 않았다. 1998년 그는 총리가 됐다. 아마도 중국 경제의 현대화에 덩샤오핑을 제외하고 주룽지만큼 큰 영향력을 가진 인물은 없을 것이다. 주룽지는 치솟는 인플레이션을 진정시켰고 더 안정적이면서도 활력 넘치는 성장을 할 수 있는 토대를 만들었다. 또 금융의 부담이던 악성 부채를 청소했으며 주식시장을 키워 냈다. 국영기업의 효율성을 높이는 한편, 민간기업들이 번영할 수 있게 한 것도 그의 공로다.

주룽지의 가장 중요한 정책은 중국을 세계무역기구(WTO, World Trade Organization)에 가입시킨 것이다. 그는 1999년 미국 연방준비제도이사회(Federal Reserve) 의장인 앨런 그린스펀(Alan Greenspan)이 베이징을 방문했을 때, 그와 이 문제에 관해 논의한 뒤 WTO 가입을 서둘렀다. 주룽지는 WTO가 요구하는 개혁을 이행하는 게 중국에 더 많은 일자리를 만드는 데 도움이 될 거라 생각했다. 국영기업에 대한 구조조정을 진행하면서 대규모 감원이 불가피했기 때문에 일자리는 그에게 가장 큰 관심사였다. 특히 WTO의 승인 아래 중국의 자본시장과 금융기관이 자유화한다면 중국 내 민간기업들의 재무구조가 더 탄탄해질 것이라는 그린스펀의 말에 귀를 기울였다. 주룽지의 생각에 WTO의 개혁은 경쟁을 바탕으로 한, 완전 시장경제에 이르려는 중국이란 퍼즐의 마지막 한 조각을 끼워 넣는 일 같았다. 해외 기업들에 내수시장을 개방하면, 중국 기업들은 서양의 일등 기업들과 싸우면서 최고의 경쟁력을 가진 기업들로 성장할 수 있을 것이었다. 1960년대와 1970년대, 일본과 호랑이 국가들의 기업인들이 그랬던 것처럼 말이다. 그는 "WTO 가입이 특정산업 분야에는 심각한 타격을 줄 수도 있다"며 그러나 "도전은 곧 기회가 되고, 압력은 곧 동기부여가 될 것"이라고 말했다.

그러나 이런 목표에 이르기까지는 매우 느리고 고통스러운 과정이 수반됐다. 중국은 1980년대 중반부터 WTO의 전신인 기구에 가입하려는 협상을 진행하고 있었다. 그러나 이는 베이징의 엄청난 정치적 반대에 부딪혔다. WTO 가입으로 시장이 확 열릴 경우 살아남을 중국 기업이 없을 거라 우려했던 것이다. 그러는 동안 미국 정부는 중국의 WTO 가입을 승인하는 조건으로 중국 시장에 대한 접근성을 보장하라고 더욱 더 압력을 넣었다. 주룽지는 1999년 4월 미국을 방문했다. 클린턴 대통령과 WTO 가입에 대한 협상을 마무리짓기 위해서였다. 그러나 그는 낙담한 채 빈손으로 돌아와야 했다.

주룽지는 포기하지 않았다. 6개월 뒤 미국 무역대표부의 샬린 바르셰프스키(Charlene Barshefsky) 대표는 협상을 재개하기 위해 베이징으로 날아왔다. 그러나 협상은 몇몇 민감한 정치적 이슈 때문에 교착 상태에 빠졌다. 금융과 통신 분야를 미국 기업에 개방할 수 없다는 중국과 중국 수입품에 대한 반덤핑 제재 권한을 유지하겠다는 워싱턴이 계속 맞부딪혔다.* 바르셰프스키는 낙담했다. 결국 그녀는 11월 13일 협상을 포기하고 귀국길에 올라야 했다. 그런데 출국하기 불과 몇 시간 전, 주룽지는 그녀에게 단둘이 회담을 하자고 했다. 총리는 혼자서 협상에 나섰고, 그가 개입함으로써 이야기에는 큰 진전이 보이는 듯했다. 그러나 몇 시간뿐이었다. 이튿날이 되자 다시 또 협상은 막다른 곳에 이르렀다. 11월 15일 아침 바르셰프스키는 자신의 짐을 공항으로 보냈다. 이제 정말 떠나겠다는 신호였던 것이다.

주룽지는 하루를 더 미루게 했다. 바르셰프스키는 또 한 번 총리와 최종협상을 했다. 그녀는 주룽지의 역할을 두고 "마치 솔로몬 왕과 같았다"고 말했다. 그는 앞으로 점차 해결해 나가겠다고 서약함으로써 잔여 쟁점들을 풀었다. 이런 그의 발언은 미국인들을 무장해제시켰다. 이들은 어쨌든 협상을 더 진전시키기로 했다. 그날 오후 양측은 중국의 WTO 가입을 승인한다는 합의문에 서명했다. 이날 주룽지와 바르셰프스키 간의 합의는 기본적으로 중국의 가입을 확인하는 절차였으

※ '덤핑'은 한 회사가 생산단가 이하의 가격으로 물건을 팔 때 발생한다. 경쟁자에게 시장점유율을 뺏기 위해 이런 방법을 사용한다. 미국 반덤핑법은 미국 산업을 보호하기 위해 이런 제품에 과징금을 부과한다.

며, 공식적인 중국의 WTO 가입은 2001년 이뤄졌다. 이는 류챤즈와 레노버에도 엄청난 사건이었다.

입지전적 CEO, 양위안칭

'우리는 금붕어가 용문을 지나 용이 되는 것을 보려고 합니다.'

1992년 사내보를 통해 류챤즈가 한 말이다. 중국 속담을 인용해 평범한 사람이 고위층에 오른 것을 묘사한 이야기다. 결국 류챤즈가 레노버를 두고 한 말이었다. 그는 당시의 회사 상황에 대해 "많은 임직원이 기대 이상으로 만족하고 있었다. 그러나 나는 더 높은 목표를 가지고 있었다. 우리가 미래에 이룰 수 있는 더 나은, 더 높은 목표가 있다는 것을 그들에게 말해 주고 싶었다. 우리 회사가 단지 작은 연못의 금붕어로 남는 것에 만족하지 않고 용으로 뛰어오르기를 바랐다"고 말했다.

그러나 류챤즈의 낙관론은 다소 생뚱맞은 것이었다. 이후 레노버는 암흑시대로 접어들었다. 해외의 PC 판매는 계속 제자리걸음이었다. 1990년 레노버는 자사 브랜드를 단 컴퓨터를 처음으로 중국 시장에 내놨다. 그러나 여기서도 류챤즈에겐 불리한 점이 많았다. 1990년대 초반 중국에서는 레노버가 10대 브랜드에도 끼이지 못했다. 게다가 중국 정부는 화끈한 개혁을 통해 외국 PC 메이커에 중국 시장의 문을 활짝 열어 놓은 상태였다. 류챤즈가 해외시장에서도 상대하기 버겁던 미국·일본 업체들과 국내시장에서도 싸워야 할 처지였다. 치열한 경쟁 속에서 중국 정부는 자국 PC 업체들을 돕기 위해 각종 지원 프로그램을 마련했다. 대규모 신규사업 투자도 그중 하나였다. 그러나 레노버는 공영과 민영 사이에 끼어 있는 특수한 상황 때문에 지원대상에서도 제외됐다. 이 지원책은 결과적으로 산업에 별 도움이 되지 않았지만 말이다. 중국 기업들은 일단 기술력에서 뒤졌다. IBM이나 휴렛팩커드 (HP, Hwelett-Packard), 컴팩(Compaq) 등을 능가할 마케팅 능력도 없었다. 1989년 중국 시장의 3분의 1 정도를 차지했던 외국 브랜드들은 1993년이 되자 시장을 80%까지 점유했다.

그러자 레노버 PC의 생존 자체가 위태로워졌다. 외국 컴퓨터를 수입 판매하는 분야에선 이익을 냈지만 자체 상표의 PC 사업에선 계속 돈을 까먹었다. 경영진에서는 이제 어찌해야 할지를 두고 치열하게 논쟁했다. 스트레스를 받은 류촨즈는 만성 두통에 시달렸다. 결국 메니에르 증후군으로 치료를 받아야 했다. 이후 수년 동안 난청에 시달려야 했다. 1994년 초에는 2개월 이상 입원실에서 위기 탈출을 모색하는 경영진 회의를 열어야 했다. 몇 사람은 레노버 컴퓨터 자체를 접어야 한다고 주장했다. 레노버의 자체 PC 사업은 고비용과 저품질, 관료주의적 경영, 낮은 R&D 수준 등으로 엉망진창이라는 것이었다. 그러나 류촨즈는 그 조언을 받아들이지 않았다. PC 사업을 접으면 레노버는 그저 외국 브랜드의 판매대행사로 전락할 것이었다. 이는 기술적으로 선진화된 중국을 만들겠다는 그의 꿈과 거리가 먼 일이었다. 류촨즈는 가지고 있는 자원 대부분을 PC 사업에 쏟아 붓기로 했다. 죽기 아니면 까무러치기였다. 이 결정은 그가 사업을 시작한 이후 내린 가장 중요한 것이었다.

그러나 PC 사업을 구할 결정타가 없다면, 어떤 극적인 변화라도 기대해야 하는 상황이었다. 그는 경영방식에 문제가 있다고 봤다. PC 사업을 구성하는 제조와 연구, 판매 등 각각의 분야는 서로 독립적으로 운영되고 있었다. 그러나 이는 엄청나게 비효율적이며 업무조율도 잘

되지 않았다. 전체 과정을 조망할 인력이 단 한 사람도 없었다. 레노버에는 운영 전 과정을 컨트롤하고 하나로 조화를 이룰, 이른바 PC 차르(czar)가 필요했다.

그는 이 중요한 자리에 예상치 못한 인물을 앉혔다. 나이는 어리지만 공격적인 영업사원 양위안칭(楊元慶)이었다. 류촨즈는 그에게 레노버의 PC 사업을 총괄하도록 했다. 그리고 사업을 전환시킬 책임을 부여했다. 이는 전무후무한 조치였다. 류촨즈 자신을 제외하고는 레노버에서 이처럼 강력한 힘을 가진 이가 없었기 때문이다. 그 결정은 엄청난 파장을 낳았다. 당시 양위안칭은 불과 29세였다. 훨씬 경험이 많은 경영진도 그의 명령을 들어야 하는 상황이 된 것이다. 류촨즈는 결정을 번복하지 않았다. 양위안칭은 HP 장비를 파는 쪽으로 특화돼 있던 자신의 부서에서 발군의 실력을 보였다. 어떤 경우에도 자신의 영업목표를 달성해 냈다. 류촨즈는 양위안칭을 '믿을 만하며' '아주 훌륭한 리더'라고 생각했다. 따라서 자신의 선택이 옳다고 확신했다. 류촨즈는 "그는 한 번도 회사를 실망시킨 적이 없다"고 말했다.

그의 예상은 적중했다. 양위안칭을 기용한 것은 레노버 역사에 중요한 터닝 포인트가 됐다. 양위안칭은 중국에서 외국 컴퓨터 메이커들과 경쟁하는 법을, 나아가 제압하는 법을 발견했다. 그는 레노버의 파트너로 함께 사업을 하던 외국 회사들의 영업전술과 경영기법을 빌려 왔다. 그리고 그런 경험을 외부인은 잘 모르는 중국 지식과 결합시켰다. 바로 이 전략이 레노버를 중국에서 가장 성공적인, 또 근대적인 기업으로 탈바꿈시켰다. 결국 IBM을 인수하게 되는 발판도 마련한 것이다.

과감하고 터프한 성격의 양위안칭은 항상 강한 의지를 담아 자신의 비전을 밝히곤 했다. 직원들은 그의 사무실에 들어가는 것조차 두려워했다. 또 그는 대담했으며 결단력도 있었다. 레노버가 그동안 너무 관료적으로 됐다고 생각한 그는 1994년 PC 사업을 담당하는 여러 부서를 한데 모아 직접 관리하며 직원을 3분의 2로 줄였다. 그러나 보기만큼 무모한 결정은 아니었다. 그는 중국 컴퓨터 시장에 대한 깊은 이해를 바탕으로 중국에서 레노버의 시장점유율을 높일 방안을 알아냈다. 대개 6000달러 정도의 가격표가 붙은 컴퓨터는 평범한 중국인들이 사기에 좀 비싼 편이었다. 돈이 없는 고객들은 컴퓨터를 살 때 개별 부품을 파는 소규모 상점을 찾아가곤 했다. 그래서 브랜드 있는 완제품을 사기보다는 부품을 산 뒤 직접 조립하는 것으로 비용을 아꼈다. 양위안칭은 경쟁력을 키우려면 가격을 내리는 수밖에 없다고 생각했다. 사실 레노버가 이런 전략을 안 써본 것은 아니었다. 보통 제품보다 10% 싼 가격에 '1+1'이라는 이름의 '가정용 컴퓨터'를 팔아 본 적이 있었다. 그러나 이는 껍데기뿐인 마케팅이었다. 심지어 모델 중엔 하드 드라이브가 없는 제품도 있었다. 이 일을 겪으며 양위안칭은 가격은 낮지만 기술수준은 높은 제품이 필요하다는 것을 깨달았다.

이를 위해 그는 레노버의 운영방식을 뜯어고쳤다. 일단 기술자들은 생산비용을 반으로 줄였다. 양위안칭은 돈을 아끼기 위해 부품을 대량 구매했다. 그리고 더 싸고 빠른 마이크로프로세서를 얻기 위해 인텔과 AMD의 경쟁을 이용했다. 가능하면 수입부품은 국산부품으로 대체했다. 중국에서 구하지 못하는 플라스틱으로 만들던 컴퓨터 본체 커버는 얇은 철판으로 바꿨다. 철판 커버는 보기에는 썩 좋지 않았지만 가격을 낮출 순 있었다. 재고관리도 철저히 했다. 상황을 파악하기 위해 한 달에 두 번씩 회의를 열어 현금 흐름과 재고를 점검했다. 직원들은 이 회의에 참석하는 것을 '법정에 간다'고 표현했다. 양위안칭은 목표치를 못 맞추는 관리자는 혹독하게 혼내면서 모욕감을 심어 주기도 했다. 직원들은 항상 두려움에 떨었다. 이는 레노버의 경쟁자들도 마찬가지였다. 양위안칭은 이렇게 나온 저가 컴퓨터를 1994년 5월 시장에 내놓았다. 그러자 레노버의 PC 사업은 다시 번창하기 시작했다. 1996년 초, 레노버는 1200달러짜리 펜티엄 PC를 출시했다. 중국에서 이 정도 품질의 컴퓨터가 이 가격에 나온 것은 처음이었다. 외국 컴퓨터 메이커들은 서서히 레노버에 위협을 느끼기 시작했다. 양위안칭은 "(외국 기업들에) 숨쉴 틈을 주지 않았다"며 "그들은 이미 저 멀리 뒤처져 있었으며 우리를 따라잡을 만큼 속도를 낼 수 없었다"고 말했다.

양위안칭은 동시에 레노버의 영업과 마케팅 부문에서도 드라마틱한 변화를 가져왔다. 특히 외국 PC 메이커들과 일을 했던 그의 경험이 이 분야에서 빛을 발했다. 중국에 HP 제품을 파는 동안 판매 대행업체들과 네트워크를 구축하며 판매망을 확보하는 HP의 전략을 체득한 것이다. 레노버는 항상 자체 영업인력을 가지고 컴퓨터를 팔아 왔다. 양위안칭은 이런 전략이 레노버의 유연성을 떨어뜨리는 한편, 신규시장에 진출할 수 있는 능력도 떨어뜨린다고 생각했다. 판매 대행업체들이야말로 그 지역의 상황을 가장 잘 알고 있기 마련이다. 양위안칭은 1994년부터 이런 대행업체를 물색하기 위해 전국을 돌아다녔다. 그러면서 이들에게 레노버의 제품을 팔 경우 다른 PC 업체들과 거래할 때보다 더 많은 이익을 낼 수 있게 해주겠다고 설득했다. 이 과정에서 양위안칭은 개혁정책의 도움을 받게 된다. 대행업체 같은 '중간상'들은 옛 마오이스트 체제에선 저주받은 존재로 인식됐다. 자랑스러운 노동자 계급을 착취한다는 이유에서였다. 그러나 경제가 자유화되면서 더 많은 중국인이 자기 사업을 시작하려 했고, 그러기에 가장 쉬운 방법이 판매 대행업자가 되는 것이었다. 한편으로 양위안칭은 기존의 영업 조직을 해체시켰다. 정규직 영업사원 100명 가운데 18명만 남기고 모두 해고했다. 양위안칭은 당시 "옛것을 없애지 않으면 새로운 것이 들어올 공간이 없다"고 매몰차게 말했다.

이런 전략은 기적을 낳았다. 1997년 말 레노버는 중국에서 넘버1 PC 브랜드가 됐다(2위는 IBM이었다). 류촨즈는 결국 레노버가 미국계 다국적기업과도 경쟁할 수 있다는 것을, 그리고 이길 수 있다는 것을 보여줬다. 그러나 아직 그가 꿈꾸는 글로벌 기업이 된 건 아니었다. 1995년 류촨즈는 "아직 우리를 진짜 용이라고 부를 순 없다"고 말했다. "지금은 이무기 정도"라고 했다. 그러나 레노버가 곧 진짜 용이 될 수 있는 기회가 찾아왔다. 그것도 생각했던 것보다 훨씬 빨리.

아시아 기업들, 용문을 통과하다

용문을 통과하겠다고 꿈꾸는 아시아 기업이 레노버만은 아니었다. 국제 비즈니스에서 이런 성공 스토리는 현재 도약을 꿈꾸는 엄청난 수의 아시아 기업에서 앞으로 수십 년은 더 펼쳐질 것이다. 지금 당장도 글로벌 경쟁자로 부상한 아시아 기업을 꼽을 때 소니, 혼다 등 꼭 일본 기업만 거론되지는 않는다. 가장 공격적으로 도약을 한 곳이 바로 한국이다. 박정희의 창조물 중 몇몇은 외환위기와 경영 실패, 자기과신 등으로 한때 고전했지만, 거의 불가능할 것으로 보이던 회생에 성공했다. 외환위기의 여파와 그에 따른 구조조정은 한국이 대전환하는 중요한 계기가 됐다. 재벌은 방만한 조직의 군살을 빼고 국제적으로 경쟁력 있는 제품을 생산해야만 살아남을 수 있었다. 실적 없는 회사는 과감히 털어내야 했다. 시장의 힘이 커지고 정부의 통제가 축소되면서 한국 기업에 더 높은 단계의 경쟁력을 가질 수 있는 새로운 규율이 마련된 것이다. 그 결과는 놀라웠다. 한국 기업들은 세계무대에서 엄청난 성과를 보였고 일본, 미국, 유럽의 라이벌들을 경악케 했다.

가장 좋은 예가 정주영의 현대자동차다. 정주영은 1986년 처음으로 글로벌 차산업의 선두주자들과 경쟁을 시도했다. 미국 시장에 엑셀(Excel) 세단을 수출하면서부터다. 4995달러 가격표가 붙은 고효율 엔진의 엑셀은 즉시 검소한 운전자들에게 인기를 끌었다. 그러나 소비자들은 낸 만큼 받게 된다는 사실을 곧 깨닫게 된다. 자주 고장이 나는 데다가 수시로 부품을 바꿔야 했던 것이다. 판매는 곤두박질쳤고 현대라는 이름은 '싸구려'와 동의어가 됐다. 1998년 「레이트 쇼Late Show」를 진행하는 데이비드 레터맨(David Letterman)은 '우주에서 가장 재미있는 장난 10가지'를 소개하면서 '계기판에 현대 로고를 붙이는 것'을 8위에 꼽기도 했다.

그런데 1990년대 후반에 접어들면서 상황이 바뀌었다. 정주영의 아들 정몽구가 변화를 이끌었다. 서로 다투던 자식들에게 현대라는 왕국을 분할해 주며 정주영은 1998년 현대차를 정몽구에게 맡겼다. 2년 뒤 정몽구는 이를 나머지 현대그룹에서 떼어 냈다. 이는 환영받을 조치는 아니었다. 보수적이면서 줄담배를 즐기는 정몽구는 자동차 사업 분야의 경험밖에 없었다. 그러나 사소한 것까지 직접 챙기는 것을 좋아했다. 현대 경영진의 어떤 이는 "그는 로비에 놓을 크리스마스 트리까지 직접 결정했다"고 말했다.

나중에 알려지지만, 당시 그의 능력은 과소평가돼 있었다. 정몽구는 현재의 평판을 극복하지 못한다면 현대는 정체될 수밖에 없다는 것을 잘 알고 있었다. 그러기 위해선 기술자들이 아니라 소비자들이 사랑하는 차를 만들어야 했다. 2000년 정몽구는 회사 사장실에 나타나 소리를 질렀다. "살아남으려면 품질이 제일 중요하다. 비용이 얼마나 들어도 이를 바로잡아야 한다." 이는 회사 밖에 있는 사람들에게는 당연한 말이었다. 그러나 서울 본사 사무실에선 항상 싸게, 그리로 빨리 차를 만드는 게 우선이었다. 꼭 잘 만들 필요는 없었다. 정몽구는 아버지처럼 강철 같은 손으로 회사를 쥐어짰다. 그리고 품질에 대한 새로운 인식을 불어넣었다. 그는 현대의 R&D 예산을 확 늘렸다. 그리고 디자이너와 엔지니어들에게 아직 설계 단계에 있는 제품이라도 결점이 있으면 제거하도록 했다. 조립 라인에 있는 근로자들에게는 생산 과정에 개선할 부분이 있으면 주저치 말고 말하게 했다. 이는 도요타의 오노 다이치가 했던 것과 비슷했다. 그러자 J.D. 파워 품질 조사에서 현대차의 순위가 오르기 시작했다. 2004년에는 혼다와 함께 공동 2위를 차지하며 미국의 판매량도 살아났다. 2007년 현대는 계열사인 기아와 함께 미국 시장에서 77만 2482대의 자동차를 팔았다. 2000년에 비해 91%나 늘어난 수치다. 2005년 정몽구는 "우리는 우리 자신을 천하무적의 경쟁자로 만들 것"이라고 약속했다.

이렇게 현대는 용문을 뛰어넘었다. 이제는 레노버의 차례였다.

레노버, 공룡을 삼키다

2001년 IBM의 최고재무책임자 존 조이스(John Joyce)는 레노버의 베이징 본사에 도착했다. 조이스는 에베레스트 정상 부근까지 가 본 산악인이었다. 이번에 류촨즈와 양위안칭에게 건넨 제안 역시 그런 정도의 모험이었다. 그는 두 사람에게 레노버가 IBM의 PC 사업부 인수에 관심이 있느냐고 물었다. 천성적으로 저돌적인 양위안칭은 솔깃했다.

이 계약이 성사된다면 레노버는 어떤 중국 기업보다도 큰 국제적인 입지를 다지게 되는 것이었다. 그러나 류촨즈는 위험하다고 생각했다. IBM 사업부는 레노버가 삼키기에 너무 크고 비대하다고 여긴 것이다. 그는 조이스의 제안을 거절했다. 조이스는 류촨즈의 반응을 최고경영자(CEO) 루이스 거스트너(Louis Gerstner)에게 보고했다. 걸출한 경영자 거스트너는 류촨즈의 조심스러운 반응에 깊은 인상을 받았다.

"그래서 그가 회장인 것이야." 거스트너가 조이스에게 말했다.

일단 거절을 당했지만 조이스는 류촨즈를 계속 설득했다. 그리고 류촨즈는 IBM이 생존을 위해 PC 사업부를 팔아야 한다는 것을 알게 됐다. 이 사업부는 이미 천덕꾸러기 신세가 돼 있었다. IBM이 다른 최첨단 사업에 집중하는 동안 이 현물 사업부는 자금만 소진하고 있었기 때문이다. 2년 뒤 조이스는 레노버를 다시 찾아왔다. 이번 방문은 아주 기가 막힌 타이밍이었다

양위안칭과 메리 마는 레노버의 기업전략을 짜느라 기진맥진한 상태였다. 레노버는 이제 중국 시장의 4분의 1 이상을 점유한, 범접할 수 없는 최강자로 자리 잡은 상태였고 류촨즈는 국가적 영웅이자 중국판 스티브 잡스로 추앙받고 있었다. 통신회사인 차이나 넷컴(China Netcom)의 CEO 에드워드 티안(Edward Tian)은 2002년 "중국인이건 외국인이건 그 누구도 중국 기업이 존경받는 외국 브랜드를 이길 것이라고 생각지 못했다"며 "중국인들에게 우리의 기술이 세계 어떤 기술만큼이나 좋을 수 있다는 자신감을 심어 줬다는 면에서 레노버는 영웅"이라고 말했다. 그런 레노버가 갈림길에 서게 됐다. 몇 년 전부터 회사는 사업다각화를 시도했다. 닷컴에도 투자하고 MP3 플레이어, IT 서비스에도 손을 댔다. 그러나 어느 것 하나도 성공하지 못했다. 결국 양위안칭과 메리

마는 운영방향을 바꾸는 것을 생각할 수밖에 없었다. 그들은 애널리스트들을 불러 주식시장에서 레노버가 어떻게 인식되는지 물었다. 투자자들은 이익률 이상의 것을 원한다는 게 이 전문가들의 이야기였다. 이익률만 따지기보다는 투자대비 수익률 혹은 자본대비 수익률을 더 따진다는 것이었다. 메리 마는 "이런 식의 사고방식은 사실 당시 경영진에게는 상당히 새로운 개념이었다"고 말했다. "우리는 계속 돈을 벌고 있는 한 아무 문제가 없다고 생각했다"는 것이었다.

글로벌 PC 산업을 조사한 메리 마 역시 상황이 레노버에 불리한 방향으로 가고 있음을 알게 됐다. PC가 점점 일상용품처럼 되면서 수익성을 유지하며 살아남기 위해선 규모의 경제가 절실해진 것이다. 물론 레노버는 중국에서 가장 큰 업체고 중국은 세계에서 가장 빠르게 성장하는 시장이었지만, 그것만으로는 기업의 미래를 보장할 수 없었다. 이 회사는 중국을 벗어나면 아무것도 아니었다. 메리 마의 분석에서 가장 핵심이 됐던 요소는 주룽지의 개혁 프로그램, 바로 중국의 WTO 가입이었다. 외국 기업을 막아 줄 마지막 장벽이 해체될 상황에 처한 것이었다. 메리 마는 이제 중국 안에서나 밖에서나 레노버를 HP나 델(Dell)의 경쟁자로 생각할 때가 됐다는 것을 깨달았다. 메리 마는 "WTO 가입 이후 중국의 상황이 완전히 바뀌었다"고 말했다. 레노버가 제대로 경쟁하려면 밖으로 나가 세계 3대 업체 중 하나가 되어야만 했다.

그러나 말처럼 쉬운 일이 아니었다. 전 세계적으로 영업·판매망을 구축하는 것은 엄청난 비용과 시간이 드는 작업이었기 때문이다. 게다가 경쟁이 치열한 PC 시장에서 양질의 인력을 구하고 유명 브랜드로 키워 내는 것 역시 힘든 일이었다. 레노버는 유럽 3개국에서 시범적으로 영업사무소를 운영했다. 그 결과 메리 마의 우려가 사실이었다는 것만 증명됐다. 국내에서 큰 성공을 거둔 레노버의 경영진도 중국 밖에서는 대규모 사업체를 이끌어 본 적이 없었다. 중국 내 어떤 기업도 그런 경험이 없었다. 메리 마는 "완전히 바닥부터 시작해 해외진출을 하는 것은 불가능하겠다"라고 결론 내렸다. 기존 사업체를 인수하는 게 더 싸고 쉬운 방안이 될 터였다.

결론은 IBM이었다. 류촨즈와 양위안칭, 메리 마는 IBM의 제안을 추진해 보기로 했다. 일단 예비단계에 들어갔다. 메리 마는 2003년 11월과 2004년 3월 미국에 실사 팀을 보내 IBM 경영진을 만나게 했다. 그들이 가져온 내용은 상당히 고무적인 것이었다. IBM은 경험 많은 글로벌 영업 팀을 보유하고 있으며, 탁월한 기술에 물론 브랜드 인지도도 있었다.

그러나 메리 마의 의견에 모두가 동의하는 건 아니었다. 그해 4월 메리 마는 출장차 상하이에 도착하자마자 베이징의 양위안칭에게서 전화를 받았다.

"메리, 지금 돌아와야겠습니다. 이사회가 거절했소." 양위안칭이 그녀에게 말했다.

류촨즈가 다시 또 IBM의 제안을 반려했던 것이다. 메리 마는 충격에 빠졌다. 즉시 베이징 본사로 달려가 레노버 이사회를 대상으로 로비를 펼쳤다. 또 류촨즈에게 전화를 해 간곡히 말했다.

"왜 우리에게 또 다른 기회를 주지 않으십니까?"

그녀의 간청이 먹혀들었다. 이후 양위안칭, 메리 마, 류촨즈와 이사회는 일주일 넘게 집중적인 회의를 열었다. IBM을 기회로 보는 시각과 그 반대로 보는 시각이 엇갈렸다. 류촨즈는 전부터 그랬듯 위험요소에 초점을 맞췄다. 그는 IBM 인수로 얻게 될 거라 생각하는 재능 있는 인력, 브랜드 인지도 등의 혜택이, 정작 IBM을 손에 넣는 순간 모두 사라질 수도 있다고 우려했다. 아이비에머들(IBMers, IBM 임직원을 의미—옮긴이)은 당장 경쟁업체로 떠나고 IBM 브랜드 가치는 망가질 수 있다는 이야기였다. 이런 문제점들은 사실 그의 더 큰 걱정거리와 직결돼 있었다. 과연 레노버의 중국 경영진이 미국인들을 통솔할 수 있겠는가 하는 것이었다. 자신이 데리고 있던 옛 공산주의자들과 IBM의 개인주의적 미국인들이 문화적 차이를 극복할 수 있을 것 같지 않았다.

양위안칭과 메리 마는 이런 류촨즈의 우려를 덜어 줄 작업에 착수했다. 그들은 과연 레노버의 현재 경영진이 전 세계적인 IBM의 영업망을 제대로 통제할 수 있겠는가를 놓고 격론을 벌였다. 놀랍게도 결론은 '노(No)'였다. "우리는 글로벌 사업을 어떻게 운영해야 하는지 전혀 모른다"는 게 류촨즈의 입장이었다. 따라서 통합을 하고 나면 현재 IBM에 있는 경영진에게 도움을 청할 수밖에 없다. 그러면 결과적으로 합친 기업에선 레노버와 IBM 경영진이 한 팀을 이뤄야 하는 상황이었다. 그런데 매킨지 앤드 컴퍼니가 새로운 경영체제에 대해 기가 막힌 아이디어를 냈다. 그리고 경영진은 이 예상치 못했던 공식에 마음이 기울었다. 바로 합병 이후 새롭게 출범할 레노버의 CEO에 IBM 출신을 앉히는 것이었다.

류촨즈와 양위안칭은 모두 회사를 위해 자신들의 보검을 내려놓았다. 류촨즈는 이사회엔 남겠지만 회장직에서 물러나겠다고 했다. 그는 자신에게 그런 거대한 일을 해낼 만한 에너지가 있을지 의문이었던 것이다. 양위안칭은 더 큰 희생을 감수했다. 경력의 절정에 있던 그는 CEO직을 포기하고 류촨즈의 회장직을 이어 받기로 했다. 그는 합병된 기업의 문화적 갈등을 줄이기 위한, 세 단어의 공식을 만들어 냈다. '존중, 개방, 타협'이었다. 경영진이 이 세 가지 가치를 존중한다면 이 질성은 극복될 수 있을 것이라고 믿었다. 그리하여 류촨즈는 우려를 덜었고 이사회도 입장을 바꿨다.

이후 IBM과 레노버 간의 길고도 치열한 협상이 진행됐다. 7월 말부터 11월까지 메리 마가 이끄는 레노버의 협상 팀은 뉴욕과 홍콩을 오가며 IBM 경영진과 밀고 당겼다. 가장 첨예하게 부딪친 부분이 가격이었다. 양측이 제시한 가격차는 2억 5000만 달러였다. 큰 액수는 아니지만 어느 쪽도 굽히지 않았다. 또 다른 걸림돌은 지적재산권이었다. 레노버가 IBM 사업부를 인수하면서 얼마만큼의 보유기술을 함께 살지, 이를 인수할 경우 레노버가 어떤 로열티를 누리게 될지 등이 쟁점이었다. 조이스는 레노버와 단독으로 매각협상을 진행하자는 제안을 거절함으로써 메리 마를 측면으로 압박했다. 실제로 인수에 관심을 갖는 다른 세력도 있었다. 처음에 레노버 경영진은 단지 IBM에 '플랜 B'가 있는 정도라고만 생각했다. 당시 이 협상에 관심을 가졌던 곳은 데이비드 본더맨(David Bonderman)이 이끄는 사모펀드 텍사스퍼시픽 그룹(Texas Pacific Group)으로 드러났다. 조이스는 레노버와 텍사스퍼시픽 그룹 간의 경쟁을 메리 마로부터 유리한 조건을 끌어내는 데 이용했다. IBM 인사들은 텍사스퍼시픽 그룹과 협상을 갖고 난 뒤엔 항상 메리 마에게 나온 이야기를 구체적으로 공개하며 같은 조건으로 맞춰 주길 요구했다.

그러면서 양측은 점차 타결에 가까워졌다. 조이스는 수시로 베이징에 와 걸림돌 제거를 도왔다. 특히 민감한 이슈들을 해결할 때면 협상장에 류촨즈와 양위안칭만 남기고 모두 내보냈다. 이렇게 세 사람이 긴밀하게 이야기함으로써 해결점에 도달하기도 했다. 결국 두 회사는 12억 5000달러에 인수하기로 합의했다. 양측이 제시했던 액수의 중간 정도였다. 지적재산권 문제를 두고는 마지막까지 질질 끌었다. 2004년 추수감사절이 지난 뒤, 베이징에 있던 메리 마는 뉴욕으로 갔다. 최종 합의문이 될 문서를 건네받기 위해서였다. 그런데 비행기 안으로 IBM 에서 전화가 왔다. 문서에서 한 단어만 바꿔도 되겠느냐는 것이었다. 그러나 레노버 담당 변호사는 거절했다. 12월 초 IBM은 텍사스퍼시픽 에 '귀사와의 협상은 결렬됐다'고 전했다. 드디어 레노버가 IBM PC 사업부를 인수하게 된 것이다.

메리 마는 그제야 마음을 놓을 수 있었다. 그리고 조촐하게 자축하기로 했다. 큰맘먹고 보석을 사기로 한 것이다. 그녀는 용문을 뛰어넘은 금붕어를 떠올렸다. 레노버는 결국 도약에 성공했다. 이제 드디어 용이 된 것이다. 그녀는 용 모양 보석은 얼마나 매력적일까 생각했다. 그러나 그 대신 나비 모양을 한 브로치를 샀다. 중국 공예에 빠지지 않고 등장하는 요소였고 메리 마에게는 '아름다운 꿈'의 상징이었다. 12월 8일, 레노버의 인수를 공식 발표하는 자리에 류챤즈와 조이스 사이에 서 있는 그녀의 가슴에는 브로치가 자랑스러운 듯 달려 있었다.

중국 경제성장의 상징, 레노버

류챤즈와 양위안칭, 메리 마는 IBM의 최고경영진과 융합하기 위해 노력했다. 레노버는 이제 세계 곳곳에서 HP, 델과 치열하게 경쟁하고 있다. 그러나 메리 마가 예상했듯, 이 중국 기업은 다국적기업으로서 제구실을 하기 위해 여러 가지 어려움을 겪고 있다. 2009년 초 류챤즈 와 양위안칭은 각각 회장과 CEO로 복귀했다. 다시 회사에 에너지를 불어넣기 위해서였다. 아직도 레노버는 국제시장에서 성공을 거두기 위해 분투하는 중이다. 그러나 류촨즈는 자신의 창조물이 곧 승리할 것이란 사실을 믿어 의심치 않는다. 게다가 레노버의 위대한 실험이 그의 가장 중요한 목표를 이루는 데 이바지할 거라 믿고 있다. 바로 중국의 경제성장이다. 류촨즈는 "내 마음엔 우리가 이 나라를 더 나은 나라로 만들기 위해 무언가를 할 수 있다는 강한 비전이 있다"고 말했다.

CHAPTER

13

쇼트닝에서 소프트웨어로의 예상치 못한 여행

어느 산업에 진출할지 결정하려고 굳이 아인슈타인에게 물을 필요는 없다.
—아짐 프렘지

2005년 6월, 인도의 IT 거인 와이프로(Wipro Ltd.)의 아짐 프렘지(Azim Premzi) 회장은 경영에 관해 중요한 결정을 내려야 했다. 출중한 능력을 자랑하던 부회장이 사임한 것이다. 이제 막 성장하고 있는 기술 서비스 부문을 총괄하던 이였다. 프렘지는 후임자를 물색해야 했다. 와이프로에서 신생 사업부에 속했지만 이 부문은 금세 주력 사업군이 돼 있었다. 1996년까지만 해도 5000만 달러 규모였던 이 부문은 그해 13억 5000만 달러의 매출을 냈다. 하루 저녁에 와이프로는 글로벌 IT 업계에서 강자로 부상했다. 소프트웨어 제작, 신제품 설계, 신규 프로젝트에 대한 R&D, 컴퓨터 시스템 구축 등의 분야에서 세계 최대의 다국적기업이 된 것이다.

프렘지는 와이프로가 매우 중요한 갈림길에 서 있다고 봤다. 전 세계 기술 아웃소싱 분야에서는 거의 매일같이 새로운 기회가 나타났다.

그동안 인도의 IT 산업은 변방에 머물러 있었다. 다국적기업들이 이 나라의 싼 인력을 활용해 자잘한 프로그램 제작만 맡겼던 것이다. 그러다 2005년에 이르러 저임금, 숙련된 기술자, 최고 수준의 전문기업들, 컴퓨터 서비스에 대한 수요 급증 등 여러 요소가 합쳐지면서 이 나라의 IT 분야는 글로벌 경제에서 없어선 안 될 요소로 자리 잡았다. 미국의 모든 CEO는 자신의 전략에 인도를 꼭 넣었다. 그러지 않고는 경쟁자들이 누리는 수익성과 생산성을 맞출 수 없었기 때문이다. 프렘지는 와이프로를 CEO들에게 가장 먼저 선택 받는 기업으로 만들고 싶었다. 그러기 위해선 좀더 공격적인 경영이 필요했다. 강력한 마케팅, 브랜드 전략을 바탕으로 심도 있는 서비스를 제공하는 한편, 인수합병에도 적극적으로 나설 필요가 있었다. 간단히 말해, 누가 좀 와이프로를 걷어차 자극을 줘야 한다고 생각한 것이다. 지난 40여 년 동안 그가 경영진에 준 자극 같은 것이 필요했다. 결국 프렘지는 딱 하나 그런 역할을 할 수 있는 사람이 있다는 결론을 내렸다. 바로 자신이었다.

프렘지는 대부분 기업가들이 은퇴를 선언하고 편안한 말년을 준비할 무렵 이런 결정을 내렸다. 예순을 넘길 즈음 프렘지는 이미 인도 IT 산업에선 아이콘 같은 인물이었다. 길게 늘어뜨린 회색 콧수염과 위엄 있어 보이는 흰 머리가 그의 트레이드 마크였다. 인도 IT 산업의 아버지인 그는 세계경제에서 커지는 인도의 영향력을 상징하는 인물이기도 했다. 인도의 빌 게이츠(Bill Gates)로도 알려진 프렘지는 이 나라 최대 부호 중 한 명이었다. 그의 재산은 127억 달러로 추정됐다.

이렇게 모은 재산 위에 또 돈을 쌓기 위해 새 직책을 맡으려 한 건 아니었다. 그는 소문난 구두쇠였다. 어렵게 번 돈을 흥청망청 쓰는 사람이 아니었다. 9년 동안 그는 고향인 방갈로르(Bangalore)에서 소형차 포드 에스코트(Ford Escort)를 타고 다녔다. 2005년 드디어 돈을 좀 써서 도요타 코롤라(Corolla)를 구입했다. 방갈로르에 있는 와이프로 본사에서는 빈 회의실 불을 일일이 끄고 다녔고 비행기를 타고 출장을 갈 때면 일행과 함께 이코노미 클래스를 탔다. 뉴욕에 가도 르 서크(Le Cirque, 맨해튼에 있는 고급 프렌치 레스토랑—옮긴이)의 주방장 특선보다는 노점에서 핫도그를 즐겨 먹었다. 이렇게 비용에 민감한 그의 습성이 와이프로의 순이익을 끌어올렸다. 덩달아 프렘지 자신의 재산도 올랐다. 그는 뉴욕 증시에 상장된 이 회사의 지분 80%를 가지고 있다. "와이프로는 괜찮은 투자"라고 그는 단호하게 말한다.

그러나 프렘지를 움직이게 하는 데는 단지 개인적인 부를 쌓는 것 외에 무언가 더 원대한 목적이 있었다. 그것이 와이프로를 얕볼 수 없는 다국적기업으로, IBM의 서비스 제공자로, 글로벌 경제에서 없어선 안 될 존재로 자리 잡게 했다. 와이프로는 그 길을 잘 걸어 왔다. 이 회사는 세계에서 가장 큰 독립 R&D 연구소이기도 했다. 여기선 다른 가전제품 회사를 위해 MP3 플레이어나 컴퓨터 프린터를 디자인했다. 금융부터 산매업 분야까지 각 사업체에 맞는 정보 시스템을 만들어 줬다. 그리고 휴대전화에 들어갈 소프트웨어를 개발했다. 또 프렘지는 다른 한편으로는 다국적기업들을 대상으로 '비즈니스 프로세스 아웃소싱(business-process outsourcing)'이라는, 줄여서 BPO라고 부르는 서비스를 제공했다. 와이프로 직원들은 신용카드 애플리케이션이나 의료보험 청구, 데이터 입력에 소비자 전화 응대까지 다양한 업무를 맡았다. 이런 업무는 주로 미국계인 거대기업을 위한 것이었다. 해가 갈수록 서비스도 점점 발전했다. 와이프로는 이제 반도체도 디자인하고 항공 내비게이션 시스템을 위한 소프트웨어도 만든다.

프렘지와 인도의 여타 IT 대가들의 성공은 미러클의 방향을 바꿔 놨다. 미러클이 인도에 상륙하기 전, 다른 아시아 국가의 미러클은 제조업 분야에 집중돼 있었다. 한국, 대만, 홍콩, 싱가포르, 특히 중국은 고품질에 저임금 노동력을 바탕으로 전 세계 제조업 생산물량을 진공청소기처럼 빨아들이고 있었다. 여기에 인도가 뛰어들었다. 그런데 미러클 역사상 처음으로 제조업이 아닌 IT 서비스 분야에서였다. 이런 일이 일어날 수 있었던 것은 동아시아에서 미러클이 발생한 것과 맥락을 같이 한다. 저비용, 재능 있는 인력, 수송·통신을 원활하게 하는 인프라 등의 조화가 이를 가능케 한 것이다. 최근 들어 의류업체나 컴퓨터 제조업체들은 일부라도 생산 기반을 중국으로 옮기지 않으면 살아남을 수가 없었다. 마찬가지로 특히 미국계 다국적기업을 중심으로 IT 등의 서비스를 제공하는 업체들은 인도로 아웃소싱을 하지 않으면 재정적인 압박을 견딜 수가 없게 됐다. 이런 과정을 통해 인도의 IT 산업이 세계 경제의 운영방식을 재편한 것이다. 중국의 성장이 청바지, 인형, PC가 생산되는 방식을 영원히 바꿨다면, 인도는 소프트웨어가 만들어지고 R&D를 진행하며 보험금을 청구하는 방식을 영원히 바꾸었다.

　미국 경제에는 어떤 면에서 인도의 성장이 중국의 성장보다 더 중요하게 작용했는지도 모른다. 중국은 낮은 보수, 낮은 수준의 기술이 필요한 일자리를 미국에서 가져갔다. 그 결과 미국은 계속 성장할 수 있었고, 미국의 노동력이 금융 서비스나 테크놀러지 등 좀더 높은 급여 분야로 옮겨갔기에 제조업 일자리를 아시아로 넘겨 주고도 실업 문제가 크게 불거지지 않았다. 그런데 인도는 높은 수준의 기술, 많은 보수를 요하는 일자리를 미국에서 가져왔다. 인도 기업들은 IT 산업뿐 아니라 법률·회계·의료 서비스 분야에도 간여했다. 예전엔 미국 땅을 벗어나면 할 수 없던 일들이 인터넷의 발달로 세계 어디서도 할 수 있게 된 것이다. 인도에서 대학을 졸업한 인력이 미국의 대학 졸업자와 직접 경쟁하게 된 것이다. 그런 와중에 와이프로 같은 현지 기업뿐 아니라 인텔, 마이크로소프트, IBM, 텍사스 인스트루먼트 등 다국적 기업들도 인도에 연구소를 세우고 현지법인을 세우느라 수십억 달러를 쏟아부었다. 재능 있고 값싼 인력을 백분 활용하기 위해서다.

인도의 잠재적 성장 가능성은 뼛속 깊이 자유무역 신봉주의자인 미국조차 상황을 다시 한 번 되돌아보게 했다. 프린스턴 경제학자이자 대통령 자문역에 자유무역주의자인 앨런 블라인더(Alan Blinder)는 서비스 아웃소싱의 여파는 자유방임주의 경제학자들이 예상하는 것보다 훨씬 더 심각할 것이라고 강조한다. 앞으로 10년에서 20년 사이 미국에서 무려 4000만 개의 일자리가 해외로 흘러나갈 위험이 있다는 것이다. 현재 제조업 종사자의 두 배에 달하는 수치다. 이렇게 파생된 일자리는, 영어권에 있다는 사실만으로도 엄청나게 유리한 고지에 있는 인도가 대부분 흡수할 가능성이 높다. 중국이 세계의 작업장이라면, 인도는 세계의 서비스 센터가 되는 셈이다.

인도의 IT 산업은 인도에도 상당한 변화를 일으키고 있다. 만모한 싱이 자유화를 통해 인도가 도약할 수 있는 기반을 마련했다면, 프렘지 같은 기업인들은 발화 스위치를 누른 셈이었다. 이들의 성공은 어떤 형태의 인도 기업이라도 세계적인 강자로 부상할 수 있음을 보여줬다. 프렘지는 "우리는 다양한 분야에서 비즈니스 리더들의 야망과 자신감을 확 끌어올렸다"고 말했다. "소프트웨어 분야의 바보들도 해냈는데 우리라고 못 할 게 있느냐는 식으로 받아들이게 됐다"는 것이다. IT 서비스나 BPO 등의 산업이 성장하면서 대졸자들에겐 이 나라 역사상 가장 풍부한, 그리고 가장 높은 보수가 제공됐다. 이에 따라 소비 수준이 증가하면서 덩달아 쇼핑몰, 멀티플렉스 극장, 뉴미디어 등 다른 선진화된 사업들이 발전해 또 새로운 일자리가 창출됐다. 인도 IT 분야의 거점인 방갈로르는 1990년대 초만 해도 그저 조용한 도시였다. 1985년 텍사스 인스트루먼트가 이곳에 연구소를 세울 때만 해도 소달구지로 위성 안테나를 운반했다. 오늘날 방갈로르는 600만 인구가 호화 레스토랑에서 식사를 하고 북적대는 쇼핑 센터에서 선물을 사는 복잡한 대도시로 변모했다. 도시 외곽에 있는, 와이프로 등 거대 기술기업의 연구단지에선 지금도 똑똑한 인도 인력들이 아시아와 서양의 경제적 관계를 바꾸고 있다.

인도는 프렘지 같은 몇몇 통찰력 있는 기업인들의 노력으로 IT 거물이 될 수 있었다. 이들은 정부가 만들어 놓은 여러 가지 장벽을 넘어 거의 불가능해 보이던 일들을 이뤄 냈다. 아이로니컬하게도 이 모든 것을 시작한 기술자들은 차라리 다른 일을 하는 게 더 나았었다.

산업혁명과 IT 혁명

F.C. 콜리(Kohli)는 새 직장이 별로 만족스럽지 않았다. 1960년대 후반, 콜리는 타타(Tata) 일가의 신임받는 관리자였다. 당시 인도에서 이만큼 부러움을 사는 직장도 없었다. 타타는 인도에서 가장 존경받는 가족기업 중 하나였기 때문이다. 이 왕국은 1860년대 무역업체로 시작됐다. 그러다 철강, 자동차, 홍차, 텔레콤, 금융, 호텔, 화학, 산매업으로 영역을 넓혔다. 콜리는 타타 파워(Tata Power)라고 불리는, 오너 일가가 운영하는 전력회사의 사장이었다.

1969년 그는 예기치 않게 경력상의 변화를 겪는다. 타타 일가가 한

해 전 설립한 신생 벤처를 맡기로 한 것이다. 타타 컨설턴시 서비스 (Tata Consultancy Service), 줄여서 TCS라고 불리던 기업으로 컴퓨터 프로그램을 짜고 기업에 관련 컨설팅을 해 주는 곳이었다. 당시 인도는 생활에 필요한 전기조차 부족하던 때라, 이런 벤처는 거의 공상과학에 가까웠다. 그러나 앞을 내다보는 안목이 있던 타타는 앞으로는 전산화가 산업의 대세가 될 거라 생각했다. 그러나 소프트웨어에 문외한인 콜리는 전력회사를 떠나 장래가 불투명한 신생기업으로 옮기는 것을 주저할 수밖에 없었다. 일단 오너의 제안을 받아들였지만 일년 뒤엔 예전 자리로 돌아가겠다는 단서를 달았다. 타타 일가는 언제라도 원할 때 돌아가라고 관대하게 허락했다.

그러나 상황이 바뀌면서, 콜리는 이후 27년을 TCS에서 보내게 된다. 그리고 인도 IT 서비스 산업의 아버지가 된다. "누군가 완전 백지 상태에서 새로운 산업을 일으키기 위해 자금을 끌어들여야 한다면, 그가 바로 적임자다." 프렘지가 콜리를 두고 한 말이다. 콜리가 처음 TCS에 왔을 때, 이 회사는 다른 타타 계열사들을 대상으로 기초적인 데이터 작업과 소프트웨어 프로그래밍을 해 주는 정도의 사업을 하고 있었다. 콜리는 TCS를 일으켜 세우려면 내부거래 이상의 사업을 시작해야 한다고 생각했다. 그는 회사 서비스를 팔기 위해 다른 인도 기업들도 방문했다. 몇 년 뒤 그는 몇몇 굵직한 계약을 따냈다. 그중엔 방대한 뭄바이 전화번호부의 전산화 작업도 포함돼 있었다. 그러나 인도 내에서 확장을 한다는 것은 엄청나게 힘든 일이었다. 당시 인도는 라이선스 라즈의 장벽이 높을 때였다. 따라서 콜리는 해외에서 새로운 기술을 들여오려고 할 때마다 사사건건 발목을 잡혔다. 무엇이든 해외에서 수입하는 것은 까다롭게 돼 있었다. 특히 얼마 안 되는 외화를 투입해야 하는 값비싼 컴퓨터 장비를 들여오는 일은 더욱 그랬다. 게다가 정부는 컴퓨터가 인력을 대체하면서 실업률을 높일 거라 우려했다. 그래서 신기술을 받아들이는 일에 적극적이지 않았다. 콜리는 심지어 새로운 장비 수입을 위해 2년이나 승인을 기다리기도 했다.

이런 제한에도 불구하고 콜리는 인도가 글로벌 IT 강국이 될 수 있다고 믿었다. 당시엔 급진적인 생각이었지만 결국 그의 예상은 맞아떨어졌다. 대규모 자본이 필요하고 서양을 따라잡아야 하는 위치에 있는 다른 산업들과 달리, IT 산업은 인도가 선진국들과 동등한 위치에서 경쟁할 수 있다고 생각했다. 콜리는 1975년 인도에서 열린 한 컴퓨터 컨퍼런스에서 이렇게 말했다.

"예전에 산업혁명이 있었다. 우리는 어쩔 수 없는 여러 가지 이유 탓에 이 기회를 놓치고 말았다. 오늘날 새로운 혁명이 벌어지고 있다. 바로 IT 혁명이다. 완전히 새로운 사고를 요하는 혁명이다. 이는 우리가 충분히 가지고 있는 능력이다."

그러나 콜리는 그의 비전을 쉽게 달성하진 못했다. 라이선스 라즈 때문이었다. 콜리는 "우리는 밖에서 일하면서 그곳에서 기술을 배워야 한다. 그리고 그 기술을 가지고 들어와야 한다"고 말했다. 그는 새로운 기술과 장래의 TCS 고객을 찾기 위해 미국을 휘젓고 다녔다. 그의 첫 번째 성공은 1974년 찾아왔다. IBM의 경쟁자 버로(Burroughs)와 접촉하면서다. 그는 디트로이트에 있는 버로 본사를 찾아가 버로 컴퓨터를 이용한 TCS의 프로그래밍 경험에 대해 설명했다. 이 컴퓨터는 콜리가 인도에 들여오려고 애쓰던 제품이기도 했다. 네 차례 더 방문한 끝에 콜리는 버로의 신제품 컴퓨터를 이용한 헬스케어 소프트웨어를 제작하는 사업권을 따냈다. 글로벌 인도 IT 기업의 시대가 시작된 것이다.

서브라마니안 라마도라이(Subramanian Ramadorai)의 합류로 TCS의 미국 사업은 더 강화됐다. 컴퓨터 과학자인 그는 미국 NCR에서 진단 프로그램을 만들며 우아하게 살고 있었다. 그러나 가족 문제로 직장을 포기하고 인도로 돌아와야 했다. 그의 부모가 어린 신부와 결혼시키려 할 때, 거의 동시에 TCS에서 입사 제안이 들어왔다. 미국을 떠나긴 싫었지만 두 제안 모두 솔깃한 것이었다. 결국 그는 고향으로 돌아왔다.

라마도라이는 1972년 첫 출근을 했다. TCS는 허튼짓을 절대 용납하지 않고 부하들을 마구 부리는 콜리가 분위기를 휘어잡고 있었다. 프렘지는 콜리를 '자기밖에 모르는 장군'이라며 '사람들을 열받게 만들었다'고 묘사했다. 라마도라이는 이보다는 점잖게 '사나운 공사감독관' 혹은 '말 수가 적은 사람' 정도로 표현하며 '그래도 마음은 따뜻한 사람'이라고 했다. 콜리에 대해서는 '끊임없이 과제를 던졌다'면서 '그냥 나가 버리고 싶은 마음이 불쑥 불쑥 들었다'고 기억했다. 그는 "계속 자리에 붙어앉아 시키는 일만 보고 있어야 했다"면서 "나는 아주 훌륭한 보병이었다"고 했다. 타이트하게 통제되면서도 보수는 얼마 되지 않는 이 프로그래머들이 바로 그 유명한 '사이버 쿨리'(coolie, 인도의 하급 노동자—옮긴이)들이다.

1970년대 후반 TCS는 중요한 전환점을 맞게 된다. 버로가 사업부를 분사해 또 다른 타타 계열사와 미국 기업의 조인트 벤처에 넘긴 것이다. 엄청난 수입원을 잃은 콜리는 더 다양한 고객군을 확보할 필요성을 느꼈다. 라마도라이는 "우리가 시장을 만들 필요가 있었다"고 말했다. 콜리는 다른 고객을 찾기 위해 1979년 라마도라이를 시켜 뉴욕에 TCS 사무소를 내게 했다. 그가 미국에서 일한 경험을 활용할 수 있을 것이라 기대한 것이다. 싱가포르의 찬친복이 10년 전 해외투자를 유치하기 위해 무작정 떠났던 것과 비슷했다. 라마도라이는 맨해튼에 있는 타타 사무실에 책상 하나를 가져다 놓고 TCS의 잠재고객을 찾아 나섰다. 혼자서 편지를 쓰고 전화번호부와 컴퓨터 잡지에서 접촉 포인트를 찾는 등 거의 원맨쇼였다. 가장 큰 걸림돌은 미국 기업인들이 인도에 대해 가지고 있던 끔찍한 이미지였다. 그들이 아는 것은 극심한 가난, 친소련적인 분위기 정도가 고작이었다. 그러나 뉴욕에 도착하고 몇 달이 지난 뒤 그는 중요한 클라이언트와 접촉할 수 있었다. 그리고 4개월 남짓 설득한 끝에 1980년 라마도라이는 아메리칸 익스프레스(American Express)에서 소프트웨어 프로그래밍 업무 계약을 따냈다. TCS가 새로운 글로벌 비즈니스를 만들 수 있다는 것을 보여준 계약이었다.

사회주의-자본주의 벤처 세운 무르티

라마도라이가 뉴욕에서 고객들과 씨름하는 동안, 또 다른 인도인 기술자 나라야나 무르티(Narayana Murthy)는 인도 푸네(Pune)의 한 아파트에 TCS의 주요 경쟁자가 될 업체를 냈다. 사업가로서 그의 경력은 불가리아 기차역의 좁고 어두침침한 곳에서 범상치 않게 시작됐다.

무르티는 1946년 8월 20일 중산층 가정에서 태어났다. 그러나 정치적으로는 상당히 좌파에 기울었다. '부는 모든 사회구성원에게 분배돼야 한다'는 교의 때문에 사회주의에 심취한 적도 있다. 그러나 1974년 배낭을 메고 프랑스부터 인도까지 소비에트 공산권 국가들을 둘러본 뒤 생각을 바꿨다. 불가리아를 떠나 유고슬라비아의 니스(Nis)라는 마을에 도착한 어느 밤이었다. 배고프고 지쳤지만 이미 밤 9시 30분을 넘긴 터라 문을 연 곳을 찾을 수 없었다. 갈 곳을 찾지 못해 기차역에 침낭을 펴고 잠을 청했다. 그는 이를 '평범한 호텔'이라고 불렀다. 아침이 돼도 식사할 곳이나 머물 곳을 찾을 수 없었다. 마침 일요일이라 마을에 하나 있던 은행도 문을 닫은 상태였다. 식당에선 자국 화폐를 내지 않으면 주문을 받을 수 없다고 했다. 그는 역사로 돌아가 침낭 속에서 그날 저녁 기차가 올 때까지 하루 종일 자는 수밖에 없었다. 역에 있는 그의 머리를 채운 건 온통 따뜻한 음식뿐이었다. 그러다 한 여성과 마주 앉게 됐다. 경제학자인 그녀는 공산주의 체제 하에서 자신이 겪은 어려움들을 털어놨다. 옆에서 대화를 엿듣던 한 남성이 이들을 경찰에 신고했다. 무르티는 경찰에 끌려가 기차역 안의 골방에 갇히는 신세가 됐다. 손바닥만 한 창문으로 한 줄기 빛이 들어오는 곳에 혼자 앉아 사흘을 보냈다. 결국엔 풀려났지만 경찰은 그를 이스탄불 행 화물열차에 실어 쫓아냈다. 그들은 무르티가 '우방국에서 왔기 때문에' 그냥 풀어주는 것이라고 했다. 그는 "우방을 이렇게 대하는 시스템이라면 나는 그들의 적이 되고 싶다"고 중얼거렸다. 이 일로 공산주의에 대한 믿음이 흔들렸다. 대신 그는 기업가 정신을 실험해 보기로 마음을 굳혔다. '모두를 위한 부를 창출함으로써 자본주의와 사회주의의 가장 좋은 요소만 접목한 기업을 세워 보겠다'는 포부였다.

1980년 무르티는 파트니(Patni) 컴퓨터 시스템즈라는 인도 IT 기업의 소프트웨어 부문 수장이 됐다. 그는 글로벌 기술업계에 중요한 변화가 일어나고 있음을 감지하고 이 변화가 그가 꿈꾸는 사회주의·자본주의 벤처를 세울 수 있는 기회라고 생각했다. 1980년대 초반 컴퓨터는 더 작아지면서도 기능은 더 강력해지고 가격도 낮아졌다. 스프레드시트 같은 새로운 소프트웨어와 고품질의 운영체제가 시장에 쏟아져 나왔다. 무르티는 "지금이 바로 컴퓨터의 힘을 유비쿼터스(ubiquitous, 언제 어디에나 있는—옮긴이)로 만들 수 있는 합류점"이라고 말했다. 기술적 진보의 트렌드를 탈 수 있는 소프트웨어 서비스 기업을 만들겠다는 구상이었다. 1981년 그와 6명의 판티 동업자들은 그의 아파트에서 만나 자본금 250달러를 모았다. 그리고 인포시스 테크놀러지(Infosys Technologies)를 창설했다.

인포시스는 처음부터 글로벌 기업을 목표로 했다. "인도에는 아무런 기회가 없었다"는 게 무르티의 설명이다. 또 "수출지향적 기업으로 만든다는 면에서 그렇게 하는 게 유리하다고도 봤다"고 말했다. 수많은 아시아 기업가가 그랬듯 그들의 첫 번째 타깃은 미국이었다. 무르티가 인도에서 기업을 운영하는 동안 6명의 동업자는 사업을 알리기 위해 미국 곳곳을 돌아다녔다. 그들의 첫 번째 클라이언트는 지금은 없어진 데이터 베이직스(Data Basics)라는 미국 기업이었다. 인포시스는 아웃소싱을 통해 그들의 소프트웨어 제품을 업그레이드시킬 수 있을 거라고 설득했다. 이후 디지털 이큅먼트(Digital Equipment) 같은 굵직한 회사들과 계약이 이어졌다. 당시 인도 내에선 프로그래밍 작업이 거의 이뤄지지 않았다. 현지와의 커뮤니케이션을 신뢰할 수 없는 데다가 인포시스와 거래를 튼 미국 기업들이 자국에서 서비스 받기를 바랐기 때문이다. 인포시스는 자사 전문인력을 클라이언트 사무실로 직접 보내, 프로젝트가 끝날 때까지 상주하게 했다.

무르티의 이 특별한 벤처는 불안하게 출발했다. 1989년 인포시스의 매출은 100만 달러에 그쳤다. 무르티의 파트너들은 이 비즈니스가 과연 살아남을 수 있을지 회의했다. 과연 인포시스 같은, 인도의 신생업체가 국제적인 기업으로 성장할 수 있을까? 몇 주 동안 가족들과 떨어져 일에 매달리고 쥐꼬리만 한 월급을 받으며 많은 시간을 길에서 보내던 그들은 점점 지치고 질리기 시작했다. 7명의 창업자는 중요한 회의를 열었다. 그리고 오랜 토론 끝에 회사를 매각할지 여부를 투표에 부치기로 했다. 무르티는 토론 내내 조용히 앉아 있었다. 그러더니 나머지 창업자들의 지분을 매입하겠다고 했다. 무르티가 이런 결심을 내비치자 다른 멤버들을 자신감을 되찾았다. 그들은 마음을 고쳐먹었다. 그리고 들어왔던 인수 제안을 거절했다. 인포시스가 살아남기 위해 몸부림치는 동안, 와이프로는 무르티의 사업 영역을 파고들었다.

와이프로, 기름 짜던 회사에서 IT 기업으로

1966년 아침 프렘지는 스탠퍼드 대에서 여름 계절학기 시험을 치르기 위해 공부를 하던 중이었다. 그때 그의 인생을 바꿀 전화가 걸려 왔다. 어머니 걸바누가 약간은 넋이 나간 목소리로 뭄바이에서 걸어 온 전화였다. 이제 겨우 51세인 아버지가 심장마비로 사망했다는 것이다. 그는 서둘러 귀국했다. 기계공학 학사과정이 이제 두 학기 남은 상태였기에 그는 곧 돌아올 거라 생각했다.

그러나 다시는 돌아가지 못했다. 아버지가 어려움에 처한 가족사업의 후계자로 그를 지명했던 것이다. 식물성 기름을 만들어 파는 서인도 베지터블 프로덕트(Western India Vegetable Pruducts)라는 회사였다(와이프로라는 이름은 1977년부터 썼다). 그러나 이는 프렘지가 꿈꾸던 일이 아니었다. 그의 꿈은 세계은행에서 경력을 쌓는 것이지 뭄바이의 식료품 가판대에서 땅콩 기름을 파는 게 아니었다. 그러나 가족을 돌봐야 한다는 부담감이 그를 짓눌렀다. 게다가 홀로 된 어머니를 두고 떠날 수도 없었다(프렘지는 2000년 원격교육으로 결국 학위를 땄다). 의사인 어머니는 인도에서 처음으로 척수성 소아마비를 앓는 아이들을 위한 병원을 운영했다. 프렘지는 "아무것도 낼 수 없는 정말 정말 가난한 환자들이 인도 전역에서 찾아왔다"고 기억했다. 병원은 직원이 300명이나 되는 복잡한 조직이었고 항상 새로운 기금을 구하느라 필사적이었다. 걸바누는 냉정했지만 직원이나 환자들에게는 관대했고, 정부 보조금을 위해서는 언쟁도 잘 참았다. 프렘지는 그녀의 경영기법을 와이프로에 적용하려고 했다.

서인도 베지터블 프로덕트 뭄바이 본사에 들어갔을 때 프렘지의 나이 21세였다. 그는 별로 환영받지 못했다. 회사는 계속 손실을 보고 있었고, 투자자들은 몹시 화가 나 있었다. 프렘지의 첫 번째 주총에서 한 투자자는 "좀더 성숙하고 좀더 회사를 잘 경영할 수 있는 이에게 당신의 주식을 넘길 것을 강력히 권고한다"고 말했다. 이런 식의 공세는 오히려 아버지의 유지를 받들겠다는 그의 결심만 강하게 했다.

이에 발끈한 주주는 아픈 곳을 찔러 댔다. 프렘지에겐 사업체를 경영해 본 경험이나 지식이 없으며 식품회사를 운영할 준비가 전혀 안 돼 있다는 것이었다. 프렘지는 이런 지적에 정면으로 맞서기로 결심하고 뭄바이의 한 교수에게 읽어야 할 경영지침서 목록을 받았다. 그리고 업무를 마친 뒤 밤늦도록 그 책들을 독파했다. 또 시장조사에도 직접 나서 한 달에 열흘 정도는 몇 시간씩 시장을 돌아다녔다. 하루에 40곳 이상의 산매상들을 만나 자기 회사 상품에 대해 묻고 경쟁사 제품은 어떤지 살피는 한편 내부적으로는 기업을 전문적이고 집중적으로 운영하는 데 필요한 조치들을 도입했다. 프렘지가 들어오기 전에는 대개 도매상들이 전국의 농장을 방문해서 땅콩 몇 개를 맛본 뒤 기름의 품질을 예측해 값을 정하는 식이었다. 프렘지는 농가에서 땅콩 샘플을 모아온 뒤 이를 말려 무게를 달아 정확한 기름 함량을 측정한 후 결과에 따라 값을 매겼다. 그는 또 매주 월요일 경영진 회의를 열었다(이는 지금도 와이프로의 전통이 돼 있다). 당시는 직접 전화를 걸기가 어렵던 시절이라 교환원을 시켜 현장에 있는 관리자들에게 전화를 걸어 실시간으로 정보를 수집하게 했다. 와이프로의 수익성이 점점 좋아지자 프렘지는 비누 등 생활용품으로 사업영역을 확대했다. 건설장비에 쓰는 수력 부품을 만드는 공장도 세웠다.

1970년대 후반 프렘지는 흥미로운 기회가 오고 있음을 감지했다. 당시 외국 기업의 인도 진입이나 인도에 대한 외국인의 투자를 극렬하게 반대하던 새 정부가 막 들어선 상태였다. 새 정부는 외국 회사는 인도 현지법인의 최대주주가 되지 못하게 하는 법안을 통과시켰다. 소액주주가 되느니 차라리 사업을 접고 떠나겠다는 다국적기업이 속출했다. IBM도 그중 하나였다. IBM이 떠나자 인도는 어디 다른 곳에서 컴퓨터를 구해야 했다. 여기에 틈새가 있었다. 그는 "어느 산업에 진출할지 결정할 때 굳이 아인슈타인에게 물을 필요는 없다"고 말했다.

프렘지는 컴퓨터 사업을 시작하려면 무엇부터 해야 하는지도 몰랐다. 그래서 그걸 아는 사람을 채용했다. 그중 하나가 국영 인도전자회사(Electronics Corporation of India)의 임원 스리다르 미타(Sridhar Mitta)였다. 1980년 프렘지는 직원을 통해 미타에게 와이프로의 R&D 수장직을 제안했다. 미타 역시 변화를 준비하고 있었다. 국영기업은 이미 구식이 됐다고 생각했기 때문이다. 그러나 와이프로가 그 대안은 아니었다. 그는 와이프로의 수장인 프렘지에게 컴퓨터 사업 분야에 들어오지 말라고 조언했다. '성공하기 힘들 것'이란 이야기였다. 그러나 와이프로는 밀고 나갔다. 프렘지는 "딱 2년만 일해 보자"고 간청했다. "만약 성공하면 당신은 새 사업을 시작하는 좋은 경험을 하는 것이고, 실패해도 무엇을 하면 안 되는지 배울 것 아니냐?"고 설득했다. 결국 미타는 계약서에 사인을 했다.

　그는 컴퓨터 사업의 출발점에 섰다. 모든 인도 IT 기업의 필수 코스를 따라 방갈로르에 사무실을 잡았다. 그리고 최고 수준의 인력을 구하기 위해 인근의 기술학교들을 접촉했다. 일단 엘릭트로닉스(Electronics Corp.)에서 8명을 스카우트하고, 4명의 대졸자를 채용했다. 몇 달 동안 컴퓨터 사업에 대해 공부한 미타는 미국 기업에서 운영체제 사용권을 따고 인텔에서 마이크로프로세서를 사 왔다. 직원 10명이 일하는 아주 단촐한 공장이 미소르 인근 지역에 마련됐다. 1981년 드디어 와이프로는 첫 번째 컴퓨터 S-86을 선보였다.

　와이프로가 실리콘 밸리의 벤처들처럼 화려하게 시작한 건 아니었다. 수딥 바너지(Sudip Banerjee)는 1983년 와이프로의 라이벌 회사에서 영업사원으로 일했다. 당시 그는 와이프로로 옮긴 옛 동료를 만나기 위해 콜카타(당시엔 캘커타로 불렸다)의 벵갈리에 있는 와이프로 사무실을 찾아갔다. 그 사무실은 건물의 20층에 있었는데 엘리베이터는 10층까지밖에 운행하지 않았다. 그는 콜카타의 찌는 듯한 더위를 참으며 10개 층을 걸어 올라가야 했다. 칠판에는 여러 종류의 기름을 짜내는 씨앗 이름과 최근 가격 등이 어지럽게 적혀 있었다. 컴퓨터 영업사원은 땅콩 기름 판매사원 바로 옆에서 일했다. 바너지는 "들어가자마자 다시 나왔다"고 기억했다. 마침 그의 친구는 고객을 만나러 가고 없었다. 사무실 매니저가 그에게 마실 것을 권했다. 그리고 "당신 친구에게서 이야기 많이 들었다"며 "마침 우리는 사람을 구하고 있다"고 말했다. 10층을 걸어 오르느라 땀범벅이 된 그는 그 제안을 거절했다. 그래도 매니저는 와이프로 본사에 한번 갔다 오자며 회사에 대해 한 가지 몰랐던 것을 알게 될 것이라고 설득했다. 곧이어 바너지는 와이프로의 뭄바이 본사에서 거의 사람을 녹초로 만드는 인터뷰를 받게 된다. 식품회사에 대한 케이스 스터디를 두고 시험을 봤고, 필기시험도 치렀으며, 방문판매를 하는 역할극도 했다. 최종 관문은 바너지가 '마라톤 인터뷰'라고 불렀던 프렘지의 면접이었다. 바너지는 당시 프렘지를 '매력 있고 세련됐으며, 거의 영화배우처럼 잘생긴 사람'이라고 묘사했다. 인터뷰가 끝날 무렵 프렘지는 주위 경영진과 귀엣말을 하더니 바너지에게 회사에 들어오라고 강권했다. 무에서 유를 창조해 기술제국을 건설해 보자는 제안이었다. 바너지는 이 말에 설득됐다. 바너지는 말했다.

"그는 비전을 팔고 있었다."

GE가 손을 들어 주다

와이프로는 인도 컴퓨터 업계를 이끄는 선도기업이 됐다. 그러나 1990년대 들어 경제 환경이 바뀌면서 프렘지의 IT 사업도 위기를 맞는다. 인도에 불어닥친 외환위기가 컴퓨터 업계에 직격탄을 날린 것이다. 와이프로는 마이크로프로세서 같은 핵심 부품을 미국에서 수입해야 했다. 그런데 정부가 돈줄을 꽉 움켜쥐고 있는 통에 외환을 구할 수가 없었다. 부품 조달이 제대로 안되니 컴퓨터 생산도 중단될 수밖에 없었다. 만모한 싱의 개혁 프로그램이 시작되면서 문제는 더 심각해졌다. 무역과 외국인투자에 대한 라이선스 라즈가 철폐되면서 주요 PC 업체들이 다시 인도의 문을 두드렸다. 1992년엔 IBM이 인도로 돌아왔다. 프렘지의 컴퓨터 사업은 국내 기업을 보호하려는 정부 정책 덕분에 발전할 수 있었던 만큼 이런 장벽이 없어진 마당에 1년에 1만 대 정도의 PC를 생산하는 그의 손바닥만 한 기업은 기술이나 자원 등 모든 면에서 국제적인 거인들의 상대가 될 수 없었다. 와이프로는 뭔가 다른 것을 찾아야 했다.

해결책은 회사 연구소에서 이미 마련하는 중이었다. 1984년 프렘지는 수출용 소프트웨어 패키지를 만들기 위해 와이프로 시스템즈라는 부서를 만들었다. 와이프로는 미국에서 인스타플랜(InstaPlan)이란 프로젝트 관리 소프트웨어로 어느 정도 성공을 거둔 적이 있었다. 그러나 회사의 다른 구제 경쟁자들에 비해 턱없이 부족한 자원 탓에 다른 소프트웨어 제품들까지 국제시장에 진출시키는 것은 불가능한 일이었다. 1980년대 후반, 이 회사의 사업 모델은 TCS나 인포시스가 하던 방식으로 옮겨갔다. 프렘지는 미국에서 소프트웨어나 관련 서비스 개발 작업을 하던 프로그래머들을 채용하기 시작했다.

아웃소싱에 기반한 사업 모델 쪽으로 변화를 이끌어 간 이가 스리다르 미타(Sridhar Mitta)다. 1989년 무렵 미타 역시 프렘지에게 컴퓨터 R&D 연구소에서 일하는 기술자들이 외국 기업 일을 맡아서 할 수 있게 해 달라고 요구했지만 프렘지는 거절했다. 미타가 와이프로 시스템즈의 운영을 방해한다고 생각했던 것이다. 그러나 미타는 포기하지 않았다. 자꾸 고집을 부려 프렘지는 화를 내기도 했다. 그러나 점차 '알아서 하라'는 쪽으로 돌아섰다. 미타는 "이것이 와이프로라는 회사가 돌아가는 방식"이라며 "다른 곳이었으면 나는 아마 쫓겨났을 것"이라고 말했다.

미타는 더 나아가 인터넷 시대의 도래와 함께 아웃소싱이 와이프로의 미래가 될 것이라고 확신했다. 새롭게 형성되고 있던 월드와이드웹(World Wide Web)에 푹 빠졌던 그는 연구실에 비싼 인터넷 망을 깔았다. 당시 인도엔 인터넷 서비스 공급자가 없어서 미국과 직접 연결해야 했다. 1991년 어느 날 그는 샌디에이고의 존 그레이브스(John Graves)라는 사람의 편지를 받았다. 그레이브스는 교육 소프트웨어 제품에 대한 아이디어가 있는데 캘리포니아에서 프로그래머를 고용할 만한 자금이 없다며 그 일을 해 줄 수 있겠느냐는 내용이었다. 미타는 그레이브스의 제품 개발에 한 팀을 배정했다. 소프트웨어 설계를 돕는 프로그램이었다. 그는 완성된 제품을 인터넷을 통해 그레이브스에게 전달했다. 당시는 이런 식의 거래가 흔하지 않았다. 다른 인도 기업들과 달리 미타는 자신의 프로젝트를 전부 인도 안에서 해결했으며 고객과 커뮤니케이션하는 것도 인터넷을 이용했다. 그는 "세상이 바뀌고 있었다"면서 "디지털화할 수 있는 것이라면 무엇이든 아무 장애 없이 전 세계로 보낼 수 있게 됐다"고 기억했다. 미타는 그의 사업이 중요한 기회를 만났다고 믿었다. 와이프로는 방갈로르에 앉아 전 세계의 다국적기업을 상대로 R&D 업무를 해 주는 '임대 연구소(lab for hire)'가 됐다.

인도에서 와이프로의 입지가 탄탄해지면서 미타의 아이디어는 더욱 진가를 발휘했다. 한편 자유화가 진행되면서 와이프로의 기존 사업 모델이 불안해지자 프렘지와 임원진의 의견이 갈렸다.

미타와 몇몇 사람은 사내 자원을 IT 아웃소싱 쪽에 투입해야 한다고 주장했지만 다른 관리자들은 회사의 제1사업을 포기하지 못하고 여전히 컴퓨터 사업에 몰두하고 있었다.

그렇지만 프렘지에게는 선택의 여지가 없었다. 1992년 프렘지는 와이프로의 방향을 틀어 글로벌 서비스 제공업체로 재탄생시켰다. 바너지는 "어쩔 수 없는 결정이었다"며 "그러지 않으면 사업 자체를 할 수 없었다"고 말했다. 인도 시장에서만 일하던 영업사원과 관리자들이 모두 미국으로 건너가 계약을 따는 작업에 착수했다. 당시 미국에서 와이프로 IT 서비스 분야의 마케팅을 담당했던 삼부다 뎁(Sambuddah Deb) 사장은 "마치 사업을 처음부터 새로 시작하는 것 같았다"고 기억했다.

처음엔 회사 전체가 어려웠다. 비용을 줄이기 위해 뎁과 동료들은 싸구려 호텔에 묵고 비행기는 이코노미 클래스만 탔다. 와이프로 직원이 상주하는 도시에서는 지역 슈퍼마켓에서 장을 본 뒤 그 직원의 집으로 갔다. 그러면 직원의 부인들이 저녁 식사를 준비했다. 그래서 뎁은 꼭 인도 여성잡지를 들고 갔다. 대미(對美) 마케팅에는 프렘지도 동참했다. 그러나 인도에 일을 맡겨 보라고 미국 경영자들을 설득하는 것은 쉬운 일이 아니었다. 프렘지는 "부사장의 보조의 보조와 약속을 잡는 것도 쉽지 않았다"고 기억했다. 그는 "복도에서 하릴없이 기다리는 일이 비일비재했다"면서 "인도에 대해 전혀 모르는 이도 많았다"고 했다. 프렘지는 미국 출장에 대해 '매우 피곤하고도 모욕적인 일'이라고 표현했다. 또 "그들은 인도가 R&D 일을 할 수 있을 거라 생각하지 않았다"며 "자신들의 지적재산권을 지키지 못할까 봐 걱정했다"고 말했다. 그러는 한편 인도에서는 새로운 서비스 사업을 개발하고 기술수준을 끌어올리기 위해 돈을 쏟아붓고 있었다. 그러나 새로 들어오는 사업은 여전히 초라했다. 1990년대 초반, 와이프로의 회계 담당 기리쉬 파란즈페(Girish Paranjpe)는 회사 운영을 위해 주 단위로 자금을 끌어와야 했다고 기억했다. 와이프로는 점점 빚더미에 오르게 됐다. 파란즈페는 "사업 전환작업이 재정에 상당한 압박을 주었다"고 말했다. 프렘지와 고위 경영진은 이틀에 한 번씩 만나 재정상태에 대해 논의했다. 프렘지는 자신감 있게 보이려고 노력했다. 그러면서도 하루에 두 번씩 업데이트된 상황에 대해 보고를 듣기 위해 파란즈페를 사무실로 불렀다.

와이프로가 어려움에 처해 있는 동안 국내외적으로 변화가 찾아왔다. 새로운 IT 서비스 사업에 기회를 가져다줄 변화였다. 만모한 싱의 개혁은 와이프로의 기존 컴퓨터 사업은 힘들게 했는지 몰라도, 한편으로 와이프로, 인포시스, TCS 등이 해외에 더 쉽게 사무실을 열고, 더 쉽게 인력을 보낼 수 있게 했다. 최신 기술을 인도에 들여올 수 있게 했던 것이다. 그러는 동안 인터넷의 발달은 소프트웨어 서비스에 대한 수요를 더 늘렸다. 커뮤니케이션 기술도 좋아졌다. 이제 미국 CEO들은 인도 기업에 아웃소싱을 함으로써 얻을 수 있는 비용절감 효과를 무시할 수 없었다.

아마도 제너럴 일렉트릭(GE)의 저명한 CEO 잭 웰치만큼 인도에 대한 신용을 높이는 데 기여한 이는 없을 것이다. 1989년 인도를 방문했을 때 웰치는 라지브 간디부터 자이푸르(Jaipur, 인도 라자스탄 주의 주도—옮긴이)의 왕까지 많은 이를 만나며 융숭한 대접을 받았다. 특히 그 왕은 궁에서 화려한 저녁식사를 베풀기도 했다. 그런 뒤 둘은 카펫과 베개가 준비된 왕궁 지붕에 올라가 환상적인 불꽃놀이를 감상했다. 웰치는 '꿈인지 생시인지 꼬집어 볼 정도'였다고 기억했다. 그가 가장 깊은 인상을 받았던 것은 인도인들이었다. 기술이나 경영자 마인드, 교육수준 등이 대단했다. '우리는 그곳에서 모든 종류의 기회를 발견했다. 출장에서 돌아온 뒤 친(親)인도 인사가 됐다'고 웰치는 기록했다. 다음달 GE의 연례회의에서 웰치는 인도를 모험을 해 볼 만한 대단한 나라로 묘사했다. 그리고 "나는 인도에 도박을 하고 싶다"고 말했다. 그는 GE의 모든 사업부에 인도와 관련한 전략을 짜라고 지시했다. 마침내 이

대기업의 매니저들이 모두 기술 관련 업무를 인도에 이관하는 작업을 시작했다. 웰치는 "당시 인도 시장은 준비가 덜 된 상태였다"며 "그러나 그들의 두뇌는 준비가 돼 있었다"고 말했다. "나의 전략은 오로지 이런 인도의 지식을 어떻게 활용하는가 하는 것이었다"고 했다.

웰치는 1989년의 인도 출장에서 프렘지와도 돈독해졌다. 두 사람은 GE의 의료장비를 판매할 합자회사를 세웠다. 와이프로가 IT 서비스 산업으로 방향을 틀었을 때도 웰치는 일찌감치 가장 중요한 고객이 됐다. 이런 GE와의 관계 덕에 와이프로는 다른 고객들에게도 믿음을 줄 수 있었다. 1990년대에 바너지는 적어도 1년에 두 번은 보스턴을 방문했다. 이곳에 몰려 있는 IT 기업들을 접촉하기 위해서였다. 그는 로건(Rogan) 공항 근처에 있는 라마다 인(Ramada Inn)에 머물며 지역 전화번호부를 뒤져서는 IT 기업에 무작정 전화를 걸었다. 대부분은 회신을 주지 않았지만 만약 회신이 온다면 그들의 관심을 끌 확실한 방법이 있었다. 바너지는 "60초 안에 무조건 GE 이야기를 꺼내야 했다"고 말했다. 인텔과 노텔(Nortel), 선 마이크로시스템즈(Sun Microsystems), 탄뎀(Tandem) 컴퓨터 등이 초창기 고객이 됐다. 점차 프렘지와 바너지, 뎁은 와이프로의 미래가 될 사업을 일으키기 시작했다.

로이의 아멕스, BPO 효시 되다

라만 로이(Raman Roy)는 '열반에 들었다'고 생각했다. 1992년 그는 아메리칸 익스프레스(American Express, 아멕스) 인도 법인의 운영·기술 최고책임자였다. 그 자리가 모든 이가 꿈꾸는 극적인 경력은 아닐지 모른다. 그러나 뉴델리에서 10대를 보내며 미국의 거대 다국적기업에서 일하는 꿈을 꾸던 그는 '회사가 자동차와 집을 제공했다. 그 이상

뭘 더 바라겠느냐'고 생각했다.

그런 그가 예기치 않은 전환점을 맞았다. 신용카드 업무를 담당하는 직원을 감독하고 회계장부를 관리하던 그는 데리고 있는 직원들의 능력이 미국 본사뿐 아니라 다른 지역의 직원들보다 월등한데 인건비는 훨씬 적게 든다는 것에 주목했다. 여기서 굉장한 아이디어를 떠올렸다. 만약 아멕스가 신용카드 관련 업무를 인도로 옮겨 관리한다면 비용이 엄청나게 절감되겠다는 것이었다. 그는 뉴욕의 상관에게 이 아이디어를 제안했다. 그러나 긍정적인 답을 얻지 못했다. 본사의 최고 경영진은 인도가 그런 일을 해낼 만한 인프라를 아직 갖추지 못했다고 생각했다. 전화 상태도 좋지 않아 로이가 뉴욕의 상관들과 통화하기도 어려울 정도였으니 말이다.

그러던 어느 날 로이의 비서는 아멕스의 감사 존 맥도넬(John McDonnell)에게서 전화를 받았다. 로이는 '무슨 일이 생겼나?' 하고 걱정했다.

'왜 다른 이도 아니고 맥도넬이 나에게 전화를 했을까?'

맥도넬은, 예전에 로이가 제안했던 대로 인도가 회사의 비영업부문 기지가 될 수 있는지 점검하러 오겠다고 했다. 아멕스는 전 세계 신용카드 사업부의 회계 관련 업무를 통합할 계획인데, 인도가 그 일의 기지가 될 여러 후보 지역 중 하나라는 것이었다. 얼마 지나지 않아 로이는 세 군데로 압축된 후보 지역에 속한 인도를 적극적으로 홍보하고 있었다.

아멕스는 로이가 이끄는 지사의 비용 효율성에 깊은 인상을 받았다. 결국 새로운 시도를 해 볼 기지로 인도가 선정됐고 로이가 이 일을 맡게 됐다. 로이가 아멕스에서 한 이 실험은 인도의 비즈니스 프로세스 아웃소싱(BPO, business process outsourcing)의 효시였다. BPO를 인도 서비스 산업의 주류로 만든 촉발점이 된 것이다.

그러나 꽉 막힌 인도 관료들은 이 창의적인 사업이 문을 열기도 전에 사사건건 방해를 놨다. 만모한 싱이 장애물을 없애려고 그렇게나 노력했지만, 그동안 라이선스 라즈가 낳은 각종 규제의 장벽은 여전히 두터웠고 마치 오래된 거미줄 같아서 쉬이 쓸어낼 수도 없었다. 로이는 몇 시간 전부터 후텁지근한 정부청사 복도에서 우유를 탄 홍차를 찔끔거리면서, 딱딱한 의자에 앉아 정부 담당자를 기다리고 있었다. 그가 해결해야 할 가장 큰 문제는 전화선을 옮기는 것이었다. 회계업무를 성공적으로 보려면 다른 기업들보다 전용회선을 더 많이 확보해야 했다. 그러지 못하면 본사와 정보를 주고받는 데 엄청난 어려움이 있을 게 뻔했다 그러나 정부는 그의 청을 거절했다. 로이는 "관료들은 내가 미국을 위해 간첩활동을 할 거라 의심했다"고 말했다. 모든 프로젝트의 운명이 전화선에 달려 있었다. 로이는 포기하지 않았다. 그는 관료들을 찾아가 새로운 사업이 일자리를 늘리고 외화를 벌어들일 거라며 "나는 인도가 더 많은 것을 하게 되길 바란다"고 읍소했다. 6개월에 걸친 로비 끝에 결국 정부를 설득한 로이는 1993년 사업부를 세우고 운영에 들어간다.

아멕스의 BPO 사업부는 처음에는 상당히 제한적인 규모로 브리티시 에어웨이(Brithish Airways)처럼 몇몇 기업이 만든 프로그램과 비슷한 수준이었다. 그러다 GE가 이 아이디어에 무게를 실어 주면서 상황이 바뀌었다. 1996년 GE캐피탈 인도 법인의 프라모드 바신(Pramod Bhasin)은 로이와 똑같은 생각을 하게 됐다. 자기 팀의 직원만으로 신용카드 관련 데이터를 모두 처리하고 회사의 글로벌 영업을 위한 서류

작업을 다 처리할 수 있겠다고 판단한 것이다. 바신은 미국의 3분의 1 정도 비용으로 이런 일들을 해 낼 수 있다고 생각했다. 바신은 냉소적인 상관들을 계속 부추겨 이 계획을 추진하게 했다. 가장 먼저 라만 로이에게 전화를 걸었다. 로이는 아멕스에서 전례없는 이 사업을 최초로 추진함으로써 이 분야의 전문가로 인정받고 있었다. 따라서 GE로선 로이가 영입대상 1순위일 수밖에 없었다. 바신은 로이에게 스카우트를 제의했다. 결국 1996년 로이는 GE가 인도에 BPO 사업을 세우는 작업에 동참한다.

바신과 로이는 GE캐피털 글로벌 신용카드 사업의 비영업부문 업무를 처리하는 것으로 사업을 시작했다. 미국 본사는 고객정보를 인도로 보냈다. 그러면 인도에선 고객 주소를 바꾸는 등 데이터베이스를 업데이트하는 단순작업을 했다. 로이는 GE의 콜센터 업무도 시도해 보고 싶었다. 서비스를 요구하는 미국 고객의 전화를 인도에서 받는 식이었다. 그러기 위해선 직원들에게 고객 불만과 질문에 응대하는 법을 가르쳐야 했다. 로이가 생각하기에 이런 업무를 맡기에는 인도가 적격이었다. 저비용에 영어를 구사하는 노동력이 널려 있었기 때문이다. 바신은 회의적이었지만 로이가 강력하게 밀어붙여 콜센터 사업을 추진하게 됐다. 1998년 인도에 첫 콜센터가 문을 열었다. 바신과 로이는 직원 20명과 함께 뉴델리 외곽의 구르가온(Gurgaon)에 사무실을 냈다. 방음을 위해 직원들은 각자 집에서 낡은 커튼을 가져왔다. 바신은 "거의 육감에 의존해 일을 했다"면서 "이 콜센터는 예비실험이었다"고 말했다.

그럼에도 바신은 무언가 큰 일이 이뤄지고 있다고 느꼈다. 로이의 콜센터 사업이 안착하자 GE의 비영업부문 업무가 인도로 쏟아져 들어

왔다. 웰치는 희열을 느꼈다. 이를 두고 '선풍적인 일'이라며 "GE의 '뒷방(back room)'을 인도의 '앞방(front room)'으로 옮겼다"고 뿌듯해 했다. 웰치는 바신을 미국에서 열린 GE 경영자 컨퍼런스에 연사로 초청했다. 그리고 이 대기업의 전 임원이 인도로 사업부를 옮기게끔 설득하는 작업을 맡겼다. 1998년 한 회의에서 바신이 프리젠테이션을 마치자 웰치가 강단에 올랐다. 그리고 모여 있던 경영자들을 향해 인도가 제공하는 기회를 놓치고 있는 당신들은 모두 미쳤다고 일갈했다. 바신이 델리의 사무실로 돌아왔을 때, 그의 이메일 사서함은 인도를 방문하고 싶다는 이들의 편지로 가득 차 있었다.

글로벌 IT 강국, 인도

21세기 초, 인도는 글로벌 IT 강국이 돼 있었다. F.C. 콜리가 30년 전 예언했던 그대로다. 2000 회계연도에 인도가 전체 IT 산업과 BPO 서비스 산업으로 벌어들인 돈은 80억 달러였다. 8년 뒤 이 분야는 무려 640억 달러 규모로 성장했다. 여기서 일하는 사람도 200만 명에 이른다. 콜리의 타타 컨설턴시, 무르티의 인포시스, 프렘지의 와이프로가 이 산업의 최강자들이다. 특히 인포시스는 아웃소싱 사업으로 42억 달러의 매출을 올린다. 이로써 무르티는 모두를 위한 부를 쌓겠다던 꿈을 이뤘다. 1994년 인포시스는 인도에선 최초로 임직원 모두에게 대규모 스톡옵션을 부여했다. 성공한 기업이 창출한 부를 직원 모두에게 골고루 나누겠다는 의지였다. 무르티의 침실에서 시작한 이 회사는 이제 80에이커 남짓한 사무실을 둘 정도로 성장했다. 방갈로르 외곽에 있는 본사 사무실은 대학 캠퍼스와 디즈니랜드를 섞은 듯한 분위기다. 이집트 피라미드와 시드니 오페라하우스를 본떠 만든 건물들이 늘어서 있다.

프렘지 역시 상당한 성공을 거뒀다. 그가 마지못해 시작한 IT와 BPO 서비스는 2007·2008 회계연도에 그에게 37억 달러의 수입을 안겨 줬다(식물성 유지 같은 와이프로의 기존 사업도 여전히 6억 6800만 달러의 매출을 내고 있다. 프렘지는 '재미있기 때문에' 이 사업들을 매각하지 않는다고 했다. 'IT 사업은 그곳에서 일하는 사람들만 직접 만지고 느낄 수 있지만, 이 사업은 소비자들을 직접 만지고 느낄 수 있다'고 설명했다). 그럼에도 프렘지에게 와이프로는 그가 성취할 목표의 시작일 뿐이었다. 이제는 글로벌 IT 사업을 끌어오는 것에 만족하거나, 어떤 계약을 성사시키는 것에 희열을 느끼지 않게 됐다. 그의 목표는 모든 기업활동에 대한 서비스를 제공하는 것이다. 콜센터에서 고객 문의를 받거나 데이터를 입력하고, 소프트웨

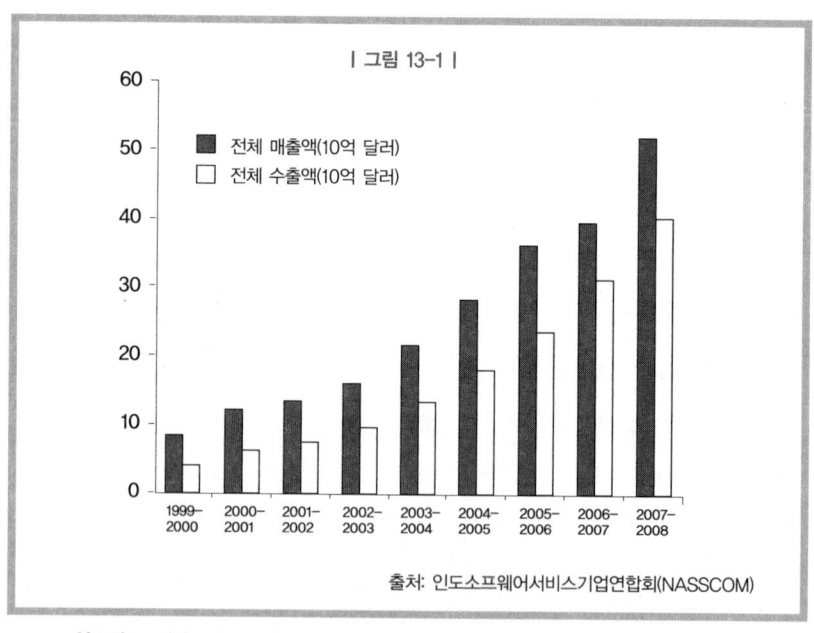

| 그림 13-1 |

전체 매출액(10억 달러)
전체 수출액(10억 달러)

출처: 인도소프트웨어서비스기업연합회(NASSCOM)

인도의 IT 서비스와 BPO 산업은 지난 10년 동안 굉장한 속도로 성장했다.

어를 짜고, 상품을 개발하고 CEO들에게 가장 적합한 기술을 컨설팅해 주는 업무를 다 포함해서다. 와이프로가 어떤 기술이나 전문성을 발 빠르게 개발하지 못하면 프렘지는 그것을 사 왔다. 와이프로는 세계적 으로 굵직한 인수합병을 진행해 왔다. 그 가운데는 미국의 컨설팅 기 업, 호주의 반도체 개발업체, 포르투갈의 산매 IT 서비스 업체, 핀란드 의 휴대전화 디자인 업체도 포함돼 있다.

프렘지의 목표 중 하나는 라만 로이다. 앞만 보고 달려가던 로이는 2000년에 GE를 그만뒀다. 그리고 몇몇 사람과 함께 스펙트라마인드 (Spectramind)를 차렸다. 후에 이 회사는 인도에서 가장 큰 BPO 서비스 업체 중 하나로 성장한다. 2002년에 들어서면서 프렘지는 여러 번의 매입을 통해 스펙트라마인드의 지분을 몽땅 사들였다. 로이는 인수 이 후에도 3년 동안 회사를 이끌었다. 그러나 혼자 일하는 데 익숙한 그 는 회사를 떠나 2006년 1월 또다른 BPO 회사를 만들었다. 그의 네 번 째 창업이란 의미에서 이름을 콰트로(Quatrro)라고 지었다.

프렘지나 무르티 같은 기업인들은 인도를 부상하는 아시아의 경제 강국 반열에 올려 놓았다. 아시아가 글로벌 경제의 최전선에서 제자리 를 찾고 있는 지금, 한 가지 질문이 떠오른다. 과연 미국은 이런 도전 에 어떻게 대처했을까?

냉장고 공장의 교훈

나는 그들이 어디서 왔는지 신경 쓰지 않는다. 그들은 일자리를 가져올 뿐이다.
—제럴드 리브스

릭 프랭클린(Rick Franklin)과 여행한 후 자유무역에 대한 나의 믿음
은 흔들렸다. 우리는 2007년 6월 흰색 혼다 차를 타고 사우스캐롤라이
나 외곽의 2차선 도로를 달리고 있었다. 짙은 숲, 말과 소들이 거니는
목초의 그림 같은 풍경이 지나갔다. 그러더니 곧 기괴한 상점과 낡은
집들이 빼곡히 들어선 작은 마을로 접어들었다. 뺨이 바셋하운드
(basset-hound, 다리가 짧은 사냥개−옮긴이)처럼 생기고 수다스러우며 아이
작 아시모프(Isaac Asimov)에 푹 빠져 있던 프랭클린은 이 지역 주민이
었다. 그는 이 지역 주민들에게 불어닥쳤던 재앙에 대해 지루하게 늘
어났다.

"내가 젊을 땐 말이지, 그냥 학교만 졸업하고 계산 좀 할 줄 알면 취
업을 할 수 있었지." 그가 설명했다.

"그런데 이제는 일자리를 잡을 수 없어. 설사 잡는다고 해도 거기에

만 의존해선 살 수 없지."

절망감에 사로잡힌 주민 중 상당수가 마약에 손을 댔다. 사거나 팔거나 상관없이 말이다. 한때 단란한 가족이 살던 곳이 이제는 코카인 소굴이 됐다.

"우리가 계속 이렇게 간다면 아무것도 남지 않게 될 거야." 프랭클린의 경고였다.

프랭클린은 큰길을 벗어나 울퉁불퉁한 뒷길로 들어섰다. 완전히 망가진 무언가를 보여주기 위해서였다. 오래된 집들 뒤엔 폐허가 된 방직공장의 잔해가 남아 있었다. 조용하고 텅 빈 몇몇 공장에는 풀만 무성히 자라고 있었다. 마치 디노사우르스의 해골 같았다. 지금과는 전혀 다른 시대의 잔해물이었다. 다른 공장도 부서진 벽돌과 유리만이 버려진 공간에 나뒹굴고 있었다. 사우스캐롤라이나의 이 마을은 이런 방직공장들에 의지해 살았다. 일자리도 제공하면서 세금도 많이 냈다. 모든 공동체가 이들을 중심으로 형성됐다. 그것이 얼마나 중요한 의미를 가졌는지와는 상관없이 공장들은 중국 등 저임금으로 무장한 다른 나라들과의 경쟁에서 살아남을 수 없었다. 공장들이 사라지자 이 작은 마을도 사라지게 됐다. 프랭클린은 나를 폐허가 되다시피 한 중심가에 내려줬다. 상당수의 상점과 레스토랑이 문을 닫은 상태였다. 건물 주인들은 창문마다 '세 놓음'이란 표지를 붙여 놨지만 입주자가 나타날 것 같지 않았다. 어떤 상점은 아예 판자로 입구를 막아 버렸다. 미러클이 사우스캐롤라이나에는 그다지 우호적이지 않았던 것이다.

그간 접해 온 경제학을 통해 나는 자본주의가 변할 수밖에 없음을 배웠다. 그러나 정작 세계화와 아시아의 부상으로 미국 인력들이 피해를 본 실상은 본 적이 없었다. 이에 대해 심각하게 생각하지도 않았다.

그저 홍콩의 내 사무실에서 쫙 펼쳐진 빅토리아 하버를 내려다보며, 여러 가지 경제 통계나 이론에 파묻혀 엄청난 확신을 가지고 자유무역의 이점을 설명하는 게 고작이었다. 방갈로르나 상하이, 서울이 엄청난 속도로 개발되고 부를 쌓는 것을 지켜보며, 오늘날 국제경제의 밝은 면만 바라보는 것은 참 마음 편한 일이었다.

그러다 경제에 대한 나 자신의 믿음에 의문을 품게 됐다. 아시아가 미국의 미래를 빼앗는 건 아닐까? 자유무역과 세계화가 미국 중산층을 더 가난하게 만드는 걸까? 미국은 성장하는 아시아로부터 스스로를 보호해야 하는 것일까? 내가 틀렸던 걸까?

그러다 우리는 종착지에 다다랐다. 캠던(Camden)이란 마을에 있는 흰색 공장이었다. 건물에 들어서면서 뭔가 범상치 않은 곳임을 직감했다. 안내 데스크 옆에 걸린 현수막엔 커다란 중국 글자와 함께 영어로 '영원토록 성실한 마음'이란 글이 적혀 있었다. 공장에는 조립 라인마다 성조기와 중국 오성기가 번갈아 걸려 있었다. 이곳에선 미국인들이 미국 내수용 냉장고를 만들고 있었다. 벽에는 더 특이한 현수막과 포스터가 걸려 있었다. 그 속엔 깊은 의미를 담은 문구가 적혀 있었다.

'다른 사람을 비판하기가 더 쉽다. 다른 사람의 잘못을 보기가 더 쉽다.'

냉장고 부문에서 일하는 리 신(Li Xin)이 만든 것이었다.

'1%라도 품질이 떨어지면 소비자에겐 100%의 재앙이 된다!!!'

이것은 카르웬 브랜더리(Karwen Brandery)라는 이상한 이름의 직원이 만든 문구였다(알고 보니 이를 쓴 미국인 조립공의 이름은 케빈 브래드쇼(Kevin Bradshaw)였다. 그러나 영어를 할 줄 모르는 이 회사 사장이 철자를 아무렇게나 쓴 것이었다). 이 기업 역시 이 페이지를 읽는 독자들에게는 아직 생소한 이름일지 모른다. 바로 하이얼(Haier)이다.

이 냉장고 공장을 여타 냉장고 공장보다 주목하게 만든 이유가 있다. 바로 중국 기업이 미국에 세운 첫 번째 제조공장이기 때문이다. 중국의 가장 큰 가전제품 제조업체인 하이얼은 이 공장을 세우느라 4000만 달러를 투자했다. 여기서 일하는 임직원 200명은 공장장부터 제일 말단까지 모두 미국인이다. 지금은 시작 단계다. 하이얼은 미국 소비자들을 겨냥한 원대한 계획을 가지고 이곳 사우스캐롤라이나 외곽의 110에이커 부지에 1억 달러 규모의 산업단지를 조성했다. 5개 동의 공장에서 에어컨과 식기세척기, 세탁건조기를 생산하며 1000개의 일자리를 제공하고 있다. 이곳의 생산품들은 벌써 미국의 수출을 늘리고 있다. 캠던에서 선적된 냉장고들이 중남미나 중동으로 팔려 나가고 있는 것이다.

사우스캐롤라이나의 작은 마을에 들어온 아시아 기업은 하이얼만이 아니다. 이 주의 다른 곳엔 일본의 혼다가 공장을 운영하고 있다. 혼다는 이곳에서 보트와 레저용 자동차를 생산한다. 이 회사의 부품공급업체들 역시 근처에 둥지를 틀었다. 하이얼 공장이 위치한 커쇼 (Kershaw) 카운티는 근로자의 3분의 1이 미국에 투자한 외국계 기업 직원이다.

하이얼 공장을 둘러보면서 냉장고가 조립 라인을 따라 다음 단계로 넘어가는 걸 지켜봤다. 그러면서 오늘날 국제경제가 얼마나 놀라운지 새삼 깨달았다. 미국에 있던 한 산업이 아시아로 옮겨 가면서 일자리가 사라지는 동안, 전혀 다른 산업 분야에서 아시아 기업들이 성장했고 같은 장소에 다시 일자리가 생기고 있었던 것이다. 게다가 그들은 공산주의 중국 정부의 통제를 받는 기업들이었다.

하이얼을 환영합니다

언뜻 보면 하이얼 공장에는 어떤 아이로니컬한 측면이 있는 듯하다. 미국 기업인들은 미국에서 공장 문을 닫았다. 그리고 생산기지를 해외로 옮기거나 외국 기업에 아웃소싱했다. 그러는 동안 외국 기업들은 미국에 공장을 세웠으니 말이다. 미국 기업들은 그렇게 생각하지 않았는데 왜 중국인들은 미국에서 생산을 하는 게 유리하다고 생각했을까? 이것은 포퓰리스트적인 반무역주의자들이 줄곧 제기해 온 질문이다. 물론 현실은 그렇게 간단하지 않다. 항상 변화하는 글로벌 경제에서 각기 다른 산업의 각기 다른 기업들은 각기 다른 시기에 각기 다른 우선순위를 두고 살아 왔다. 그러나 앞으로 미국과 아시아의 관계에서도 계속 적용될 변치 않는 사실이 하나 있다. 바로 모리타 아키오나 혼다 소이치로가 그랬듯, 미국은 모든 기업인이 가장 성공하고 싶어 했던 곳이라는 점이다. 그리고 앞으로도 그럴 것이다.

하이얼의 이야기는 이런 사실을 더 분명하게 해 준다. 1980년대 초반, 해변 도시인 칭다오(青島, 맥주로 유명하다)에 본사를 둔 하이얼은 방만하고 비효율적인 중국의 전형적인 국영회사였다. 싸구려 제품이 대부분이었고 노동자들은 근무시간에 꾸벅꾸벅 졸거나 심지어 조립 라인에서 소변을 보기도 했다. 1984년 개혁의 바람이 전국을 휩쓸었다. 칭다오 시의 공무원 장루이민(張瑞敏)에게 엉망진창인 회사를 바로 세우라는 임무가 주어졌다. 1985년 어느 여름날, 그는 한 소비자가 조금 전에 구입한 냉장고가 작동이 안 된다며 공장으로 들고 온 것을 보았다. 화가 난 장루이민은 창고로 들어가 고객에게 배달될 냉장고 400개를 모두 검사했다. 그 결과 그중 76개 제품에서 같은 결함을 발견했다.

그는 이 제품들을 내보내지 않고 대신 600명의 직원들 앞에 쌓아 뒀다. 그리고 해머를 나눠 주고는 소리쳤다.

"모두 부숴 버려!"

잠시 후 바닥은 냉장고 파편으로 뒤덮였다. 장루이민도 그중 한 대를 손수 부쉈다(현재 이 해머는 하이얼 박물관에 보관돼 있다). 하이얼은 아주 폭력적이면서도 드라마틱한 방식으로 자신의 경쟁력 없던 과거와 결별을 선언한 것이다.

장루이민은 1949년 마오쩌둥의 붉은 군대가 최종 승리를 선언하기 직전에 태어났다. 레노버의 류촨즈처럼 그는 중국에서 '끼인' 세대였다. 공산주의 세계에서 자랐지만 자본가적인 사업 마인드가 강했던 것이다. 방직공장 노동자의 외아들인 그는 서양 경영서적부터 노자의 도가사상 같은 중국 철학서까지 닥치는 대로 읽었다. 장루이민이 넘겨받을 무렵의 하이얼은 한 달에 겨우 84개의 냉장고를 만들어 내고 있었다. 처음에는 칭다오의 혹한 속에서도 난방용 석탄을 살 돈이 없었다. 그러자 노동자들은 창문을 뜯어 불을 쬐기도 했다. 동기부여를 위해 장루이민은 당근과 채찍 접근법을 썼다. 그는 노동자들을 실어나르기 위해 버스를 샀다. 당시로는 매우 호사스러운 일이었기 때문에 직원들은 그를 좋아하게 됐다. 그러면서도 게으른 직원들에게는 엄하게 대했다. 마오이스트 식의 형벌로, 실수를 저지른 사람은 공장 바닥에 그려 놓은 원 안에 들어가게 해 모두가 보는 앞에서 모욕을 줬다. 체면을 중시하는 중국이니 무척 가혹한 벌이었다.

이렇게 장루이민은 하이얼의 품질과 생산성을 높여 가는 한편 다른 회사를 인수하면서 덩치를 키웠다. 하이얼은 곧 중국 백색가전 시장을 지배하게 됐다. 모리타 아키오나 정주영 등 그보다 앞서 아시아 기업들을 키워 낸 거장들이 그랬듯 장루이민도 새로운 사업을 찾아 글로벌 시장으로 나섰다. 1995년 하이얼은 미국으로 수출하기 시작했다. 미국 시장 진출의 거대한 첫발을 내딛게 한 제품은 아주 작은 냉장고였다. 네모반듯한 이 소형 냉장고는 대학 기숙사나 호텔 미니 바에 필수적으로 들어가는 제품이었다. 하이얼의 판매상은 마이클 제멀(Maichel Jemal)이라는 미국인이 운영하는 웰빌트 어플라이언스(Welbilt Appliance)였다. 미국 진출 초창기 하이얼의 사업은 아주 미미했다. 그러나 제멀은 하이얼이 더 커질 거라 믿었다. 제멀은 하이얼의 장루이민에게서 "승리하고자 하는 욕망, 세계적인 브랜드로 성장하고자 하는 의지"를 봤다고 말했다. 둘은 1999년 하이얼 아메리카(Haier America)라는 합자회사를 세웠다.

동시에 하이얼은 미국에 공장 지을 곳을 물색했다. 생산비용은 중국이 미국보다 훨씬 낮았다. 그러나 속이 텅 빈 구조 탓에 크기만 엄청나게 큰 가전제품을 컨테이너에 실어 태평양을 건너는 비용이 만만치 않았다. 중국에서 생산하는 것이 의미가 없을 정도였다. 게다가 하이얼이 미국 시장에서 '메이드 인 차이나' 냉장고만 판매한다면 언젠가 한계에 봉착할 것이라고 생각했다. 또 미국 소비자들의 취향에 맞는 제품을 개발할 필요성도 느꼈다. 장루이민이 보기에 미국 시장에서 점유율을 높이려면 현지공장을 세워야 했다.

하이얼은 냉장고 공장 부지로 적당한 곳을 찾기 위해 부부 컨설턴트를 고용했다. 원래 캠던은 대상 부지가 아니었다. 그러나 1998년 이 마을에서 열린 칵테일 파티에서 결정이 바뀌었다. 이 지역 경제개발이사회의 전 의장이 이 부부와 대화를 나누다가 부인의 고향이 캠던이란 사실을 알게 됐다. 지체없이 그는 하이얼 공장의 신축부지 후보로 고향을 끼워 주면 안 되겠느냐고 부탁했다. 아주 특별한 기회일 수 있음을 직감한 주정부도 이 공산주의 투자자를 환영하는 레드 카펫을 깔았다. 공무원들은 1980년대부터 혼다 같은 일본 기업들이 미국에 공장을 짓느라 엄청난 돈을 쏟아붓던 상황을 떠올렸다. 그들은 이제 막 떠오르고 있는 중국도 똑같을 거라 생각했던 것이다. 그해 말 하이얼 본사에서 실사단이 왔을 때 '하이얼을 환영합니다' 라는 현수막이 마을 전체를 덮었고 지역 상공인 대표들은 하이얼 경영진에 서한을 보내 전적인 지원을 약속했다. 이런 노력이 열매를 맺었다. 1999년 하이얼은 사우스캐롤라이나에 냉장고 공장을 짓기 시작했다.

미러클, 금융위기, 그리고 세계화

하이얼의 엄청난 성공에도 제멀은 '아직 절정은 오지 않았다' 고 생각했다. 이는 꼭 하이얼만의 이야기가 아니었다. 캠던 냉장고 공장은 미국으로 밀물처럼 들어오는 중국 투자의 처음 한 방울에 불과했다. 이런 면에서 중국은 또 한 번 미국 경제에 두각을 나타낸 다른 아시아 경제의 전철을 밟은 셈이다. 2008년 중반까지 혼다는 미국에 90억 달러를 투자했다. 10개의 공장을 세웠으며 2만 7000명을 고용했다. 일본 차업체 전체로는 미국에 330억 달러를 투자했다. 그리고 미국 지사와 판매망에서 42만 5000명을 고용했다. 2005년 정주영의 현대자동차는 미국 앨라배마에 첫 현지공장을 세웠다. 그리고 계열사인 기아는 2009년 조지아에 공장을 세웠다.

이런 아시아 기업들의 투자는 미국이 미러클에서 이익을 얻어 낼 수 있는 여러 방편 중 하나일 뿐이었다. 아시아 인들이 부유해질수록 미국의 기업은 더 나은 고객을 확보하게 된다. 앞으로도 계속 성장할 아시아는 비행기 티켓부터 카페라테, 자동차, 휴대전화까지 거의 모든 제품의 시장 규모를 끌어올릴 것이다. 이 말은 결국 인텔이나 모토롤라, 스타벅스, 코카콜라, 보잉 등 미국의 핵심 기업들이 부상하는 아시아에서 세계 어떤 지역보다도 더 적극적인 소비자들을 만나게 될 거란 이야기다. 21세기는 아시아의 시대일지 모른다. 그러나 그렇다고 해서 미국이 아무런 이익도 얻지 못할 거라는 뜻은 아니다.

미국은 미러클을 통해 엄청난 보상을 받았다. 미국 기업들은 아시아에 대한 아웃소싱과 오프쇼어링을 통해 비용을 절감함으로써 높은 수준의 경쟁력을 유지해 왔다. 이런 생산의 이동은 의류, 장난감, 가전 제품 같은 생필품 값을 훨씬 낮은 수준으로 끌어내렸다. 계속 미국에서 생산됐다면 상상도 할 수 없는 가격이다. 아시아의 부상은 미국인들에게 더 나은 삶을 누릴 수 있게 해 준 것이다. 무엇보다도 미러클은 미국적 이상의 명백한 승리를 입증했다. 자본주의는 어디서나 가장 강력한 힘이었다. 근본적인 면에서 중국은 장제스가 이끌던 국민당의 철학에 '재점령' 당한 셈이었다. 한국은 라이벌인 북한을 한참 앞질렀다. 인도는 그간의 사회주의적 가르침을 내쳤다. 인도네시아, 한국, 대만 등 여러 사회에서 민주주의가 유지됐다. 베를린 장벽의 붕괴처럼 미러클은 미국의 자랑스러운 승리 중 하나였다.

그러나 이들 아시아의 성공에 대처하는 미국인들에게는 아이로니컬한 면이 있다. 자본주의를 창조하기 위해 그토록 노력하고서 정작 강력한 자본주의를 이룬 아시아는 끌어안지 않았다는 점이다. 오히려 아시아가 도전해 올 것이라는 공포와 두려움에 질려 한 걸음 뒤로 물러섰다. 제일 처음 미국인들이 충격을 받았던 것은 일본의 부상이었다. 오늘날 이 위협은 중국발(發)로 바뀌었다. 인도 역시 미국인들에게 우려의 대상이 됐다. "아시아 국가들이 미국인들의 일자리를 '훔치고' '불공정한' 무역을 일삼으면서 미국 산업을 궁지로 몰아넣고 있다"는 것이다. 그러면서 "아시아 기업들이 미국 경제에 중요한 부분을 '사들이고' 있다는 것"도 걱정거리다. 특히 중국에 대한 반응은 거의 피해 망상 수준이다. 2005년 국영 중국해양석유총공사(CNOOC)는 중간 규모의 미국계 에너지 기업 유노칼(Unocal)을 인수하려다 포기했다. 중요한 석유자원을 중국에 넘겨 주면 미국 안보에 치명타가 될 것이라고 우려한 워싱턴 정치인들의 극심한 반대에 부딪혔던 것이다.

사실 캠던에서도 중국인을 받아들이는 게 끝내주는 아이디어라고 모두가 동의했던 것은 아니다. 남부의 보수적인 성향을 가진 일부 인사에게 중국인은 여전히 냉전시대의 위험한 무신론자, 좌익세력일 뿐이었다. 하이얼 공장의 인사부장 제럴드 리브스(Gerald Reeves)는 몇몇 친구에게 "우리와는 어울릴 수 없는 공산 정부가 소유한 중국 회사에 다니다니 제정신이 아니다"라는 말까지 들었다. 릭 프랭클린의 어머니도 아들이 하이얼의 운송담당 매니저로 입사하자 교회에서 그의 옆에 앉지도 않았다. 다행히도 캠던 전체적으론 이성적인 사고를 통해 이런 저항을 극복할 수 있었다. 리브스는 하이얼에 대해 "나는 그들이 어디서 왔는지 신경 쓰지 않는다"고 말했다. 하이얼 공장이 처음 문을 열었을 때, 채용인력은 28명에 불과했다. 리브스는 그때 몰린 수천 명의 지원자를 물리치고 이 회사에 입사했다.

반(反)아시아 감정이 퍼져 나가면서 보복, 보호주의, 신규 관세도입 같은 이야기가 나왔다. 생산과 재화, 서비스의 자유로운 이동을 막는 법을 제정해야 한다는 목소리도 커졌다. 이런 분위기를 이끈 장본인 중 하나가 CNN의 앵커 루 돕스(Lou Dobbs)다. 그는 아시아에 아웃소싱

한 미국 기업의 주주 가운데 주식을 팔아 버릴 사람을 모으기도 했다. 그는 저서 『미국의 수출Exporting America』에서 믿기 어려운 제안을 하나 했다. 일자리를 지키기 위해 미국계 다국적기업이 해외에서 생산한 제품을 본국으로 들여오는 것을 막아야 한다는 것이었다. 그는 이런 다국적기업의 활동을 '무역정책의 남용'이라고 못 박았다. 그는 또 미국인과 중국 본토의 임금격차가 너무 크다는 사실을 지적했다. 그러면서 "이런 상황에 미국 노동자가 제3세계 노동자와 직접 경쟁하는 자유무역을 추구하는 것은 명백히 불공정하면서도 터무니 없는 이야기"라고 비난했다.

돕스는 덩샤오핑이나 만모한 싱이 거부했던 편협한 정책을 지지하고 나선 셈이다. 일부 비평가나 포퓰리스트는 미러클이 세계 각국 간에 서로 경제적 우위를 차지하기 위한 경쟁을 촉발했다고 오해했다. '너 아니면 나'로 승자와 패자가 명확히 갈리는 제로섬 게임(a zero-sum game)이라고 여겼다. 따라서 그들에게 아시아의 성장은 곧 미국의 후퇴였던 것이다. 그러나 이런 식의 사고는 틀렸다. 일반적으로 미국과 세계경제는 아시아의 환상적인 경제성장으로 아시아 스스로가 누렸던 것만큼이나 많은 혜택을 받았다. 부를 찾아 떠나는 아시아 국가들의 대서사시가 계속되는 한 미국은 미러클에서 새로운 이익을 계속 얻을 것이다. 떠오르는 아시아를 위협이 아닌 기회로, 경쟁자가 아닌 파트너로 바라보는 한 말이다.

그런데 2009년 2월 이 책의 마지막 부분을 집필하는 동안, 싱이 말했던 '개화 반대론의 힘(forces of obscurantism)'이 다시 득세했다. 1930년대 대공황 이후 최악이라는 경제위기가 들이닥치면서 세계는 혼란의 소용돌이에 빠져 버렸다. 그리고 미러클의 근간인 친(親)무역주의 철학을 이야기하기에는 너무 위험한 시대가 돼 버렸다. 일자리를 지키고 기업을 살리려는 절박한 노력이 이어지면서 각국 정부는 점점 민족주의적인 성향으로 돌아서게 됐다. 산업에 구제금융을 지원하고 수출 증대 프로모션을 도입하며 '국산품 애용' 운동까지 벌이게 됐다. 게다가 경기 하강 폭이 커지면서 세계화 자체의 효용에 대한 의구심도 커졌다. 월스트리트(Wall Street)에서 촉발된 서브프라임 모기지 사태가 글로벌 경기침체로 퍼져 나가자, 페르시아 만의 왕족부터 중국의 조립공까지 세계화가 번영과 함께 고난도 안겨 줄 수 있음을 알게 됐다. 무역과 투자의 끈끈한 관계가 가난한 국가들을 끌어올릴 수 있다는 믿음은 완전히 뒤집혔다. 그들이 어렵게 창조한 부가 고스란히 사라졌으며 수백만 명이 다시 빈곤상태로 떨어져 버렸다. 미러클을 촉발한 수출주도형 모델의 효과에 대해 의문을 품는 경제학자들이 아시아에서도 나왔다. 이번 경기침체로 큰 타격을 입은 곳은 모두 세계경제에 깊이 의존하던 경제권이었다. 특히 한국, 싱가포르, 대만, 홍콩 같은 선도국들이었다. 중국에선 수억 빈곤층의 희망인 수출공장 수만 개가 신용경색과 수요감소로 문을 닫았다. 그러면서 수천만 명이 일자리를 잃었다.

그러나 그것이 미러클의 종말을 의미하는 것은 아니었다. 리콴유나 박정희, 그리고 다른 초창기 미러클 리더들이 고안했던 세계화 주도형 개발방식은 수정할 필요가 분명히 있다. 미러클의 눈부신 성공 그 자체에 문제가 있었기 때문이다. '투자와 수출'을 통해 부를 창출하는 방식은 너무나 성공적이었다. 그래서 정책입안자들은 그 밖의 다른 성장 원천을 찾으려 하지 않았다. 내수시장은 키우지 않고 지나치게 무역에만 의존했던 것이다. 중국의 예를 들어 보자. 한동안 중국 개혁의 시발점이 됐던 안후이 성 주민 같은 시골의 농부들은 중국이 산업화에 몰두하는 동안 거의 잊혀져 있었다. 그러다 제조업이 삐걱거리기 시작한 지금에서야 베이징은 농촌 발전에 초점을 맞추게 됐다. 그동안 중국뿐 아니라 어느 미러클 국가도 경제성장의 또 다른 축이 될 수 있는 내수를 진작시키는 데 관심을 가지지 않았다. 또 그들은 건강보험이나 실업보험 같은 복지 프로그램을 제대로 갖추는 데도 실패했다. 이런 프로그램이 마련됐다면 꽁꽁 저축만 하던 국민들이 지갑을 열 수 있었을 텐데 말이다. 아시아 지도자들은 쌓아 둔 부를 활용해 미러클을 유지하는 방안을 찾는 데도 무관심했다. 2008년과 2009년에 나타난 경기침체가 이들을 혼수상태에서 깨어나게 해 주길 바라는 마음이다. 그래서 1997년 아시아 외환위기가 그랬듯 필요한 변화를 이끌어내 미러클을 한 단계 더 강한 수준으로 끌어올리기를 바란다.

그렇다고 오늘날 아시아가 직면한 문제 때문에 미러클을 창조한 세계화의 힘을 부정하는 것은 아니다. 이전 페이지에서 소개한 이야기들은 자유무역과 외국인투자, 자유 기업활동이 부를 생산하고, 다른 정책들이 도저히 하지 못하던 빈곤 문제를 해결했다는 사실과 관련해 완벽한 증거들이다. 이런 도구들은 지구상에서 가장 가난하던 나라를 강대국으로 성장시키기도 했다. 2008년, 2009년의 경기침체가 끝나면(분명히 언젠가 그럴 것이다) 세계화의 힘은 다시 한 번 인류 복지를 증진시키는 촉매가 될 것이다. 전 세계의 정치·경제 지도자들은 경제하강을 막겠다고 보호주의 조치를 취하거나 근린궁핍화 정책을 도입함으로써 글로벌 경제에 대한 장기적 안목을 훼손해선 안 된다. 미러클의 교훈을 거스르는 정책은 재앙일 뿐이다. 2005년 세계은행은 14억의 인구가 아직도 절대빈곤에 처해 있다고 발표했다. 아시아에선 친무역·친

투자 정책을 통해 급속한 소득증대를 이룰 수 있었다. 아프리카나 중동 역시도 이를 따름으로써 부유해질 수 있다는 증거는 무수히 많다. 궁핍한 방글라데시나 에티오피아, 아이티도 대만이나 한국과 비슷한 정책을 취한다면, 분명 그들도 미러클에 불을 댕길 수 있을 것이다.

그러나 혼자서는 미러클을 이룰 수 없다. 아시아의 사례에서도 나타났듯, 워싱턴과 미국 기업의 무역과 투자에 대한 지원은 미러클에 필수요소다. 미국은 정책을 안정적으로 유지함으로써 미러클의 생명력을 이어가는 데 아주 중요한 역할을 했다. 이번 경기침체는 상당 부분 미국의 경제정책과 미국인의 행동 때문이었다. 그럼에도 세계가 침체의 늪으로 빠져 드는 동안, 글로벌 커뮤니티는 워싱턴이 한 발짝 앞에서 회복과 쇄신을 위한 길을 제시해 주길 기대했다. 버락 오바마 (Barack Obama) 정부는 세계화의 손해를 최소화하는 동시에 세계화로 인한 혜택을 지켜 줄 방안을 찾을 의무가 있다.

한편 전 지구적으로 미러클을 퍼뜨리는 것이 미국인들에게는 최우선 과제다. 그저 이타적인 차원에서 하는 이야기가 아니다. 2008년, 2009년 경기침체가 엄청난 피해를 주며 일깨웠듯, 오늘날처럼 고도로 통합된 세계에선 모두가 한꺼번에 부상하고, 또 한꺼번에 추락할 수 있기 때문이다. 수입증가 속도가 전 세계적으로 주춤해졌다는 것은 결국 미국산 제품과 서비스에 대한 고객이 줄어들었다는 이야기다. 그러면 미국 내의 일자리도 줄 수밖에 없다. 미러클이 사라진 세계가 미국에 끼칠 폐해는 비단 경제 영역에만 그치지 않는다. 아시아의 미러클에 대한 스토리는 경제성장과 민주주의의 상관관계를 말해 준다. 아시아에서는 대부분 독재정권이 미러클의 초석을 쌓았는지 모른다. 그러나 거의 모든 나라에서 경제성장은 독재정권의 정통성을 흔들었고 결국 민주주의가 그 자리를 대신했다. 중국에서는 국가 차원의 경제개혁에도 불구하고 덩샤오핑과 그의 계승자들이 공산당을 주도하고 있다. 이런 중국에서도 시장 주도의 경제에 대한 수요는 마오쩌둥이 엄혹하게 통치하던 때보다 훨씬 더 많은 자유를 인민들에게 주었다. 사는 방식, 근무환경, 통신 등 여러 면에서 말이다. 앞으로도 계속될 이 미러클은 더 자유로운 세상을 만들 것이다. 그럼으로써 미국의 국가안보와 외교적 이익에도 더 긍정적인 환경이 조성될 것이다.

결국 앞으로 미국은 계속해서 번영을 창조해 내는 일에서 제 역할을 찾을 수 있을 것이다. 미국은 이미 아시아가 미러클을 이룰 수 있게 도왔다. 그러나 아직 임무가 끝난 게 아니다. 네루의 말처럼 아직도 많은 이의 눈에는 눈물이 고여 있다. 그 임무는 이들의 눈물이 멎을 때까지 끝나지 않을 것이다.

몬텍 싱 알루왈리아, 인도 국가기획위원회 부의장. 전 상공부 · 재무부 차관

안와르 이브라힘, 말레이시아 전 부총리. 전 재무부 장관

수딥 바너지, 인도 L&T 인포텍 CEO. 전 와이프로 CEO

프라모드 바신, 인도 겐팩트 CEO

스티븐 보스워스, 전 주한미국대사

찬친복, 싱가포르 전 경제개발이사회 의장

모리스 장, 대만의 TSMC 창업자

B.K.차터베디, 인도 만모한 싱 총리의 전 내각대신

P.치담바람, 인도의 재무부 장관. 전 상공부 장관

윌리엄 칩 코너, 홍콩 W.E. 코너&어소시에이츠 회장

다임 자이누딘, 말레이시아 전 재무부 장관

삼부다 뎁, 인도 와이프로의 최고 글로벌 수송 책임자

빅터 펑, 홍콩 리&펑 회장

모하마드 밥 하산, 인도네시아의 목재 재벌

앨런 하셴펠트, 미국 전 하스브로 회장

노부유키 이데이, 일본 전 소니 CEO

존 조이스, 미국 전 IBM CFO

김정렴, 한국 전 재무부 장관. 박정희 전 대통령의 비서실장

김대중, 한국 전 대통령

고바야시 요타로, 일본 전 후지제록스 회장

F.C. 콜리, 인도 전 타타 컨설턴시 서비스 부회장

K.Y.리, 대만 벤큐 CEO

리콴유, 싱가포르 고문장관. 전 총리

넬슨 린제이, 미국 사우스캐롤라이나 커쇼 카운티 경제개발국 디렉터

류촨즈, 중국 레노버 창업자

메리 마, 중국 전 레노버 CFO

마할릴 아리프, 말레이시아 전 프로톤 CEO

마하티르 모하마드, 말레이시아 전 총리

스리다르 미타, 인도 e4e 전무. 전 와이프로 CEO

사이몬 머레이, 홍콩 전 허치슨 왐포아 CEO

나라야나 무르티, 인도 인포시스 테크놀러지스 공동창업자

딥팍 나야르, 인도 전 경제자문역

박태준, 한국 POSCO 창업자

데이비드 팍스, 미국 전 하이얼 아메리카 리프리저레이터 사장

아짐 프렘지, 인도 와이프로 회장

S. 라마도라이, 인도 타타 컨설턴시 서비스 CEO

제럴드 리브스, 미국 하이얼 아메리카 리프리저레이터 인사부장

라만 로이, 인도 스펙트라마인드와 콰트로 창업자

루안밍, 전 중국공산당 사관학교 TRD 부학장

에밀 살림, 인도네시아 전 내각장관. 수하르토의 경제자문역

캐럴라인 시, 대만 에이서 컴퓨터 공동창업자

스탠 시, 대만 에이서 컴퓨터 공동창업자

조지프 앤드 루시 선, 대만 전 총통 쑨원쉬안의 아들과 딸

케네스 팅, 홍콩 케이더 인더스트리얼 회장

알리 와드하나, 인도네시아 전 재무부 장관

잭 웰치, 미국 전 GE CEO

　2009년 1월 1일. 새해 벽두부터 신나는 소식이 들렸다. 미국 경제일간지 「월스트리트 저널」이 바로 전날자에 새해엔 '브릭스' 대신 '이크'를 주목하라는 내용의 기사를 내보낸 것이다. 그동안 주목받던 브라질·러시아·인도·중국으로 이뤄진 '브릭스(BRICs)' 대신 인도·중국·한국으로 이뤄진 '이크(ICK)'가 세계경제를 이끌게 될 것이란 이야기였다. 그 거대하고 자원 많은 브라질·러시아를 뒷전에 두고 오히려 손바닥만 한 한국을 신흥 유망시장의 반열에 올려놓은 것이다.

　기사에 대한 평가는 분분했다. 긍정적인 반응 한편에는 그렇게 호들갑 떨 일은 아니라는 신중론도 있었다. 어쨌든 한국 시장을 긍정적으로 바라보는 시각이 있다는 점에서 분명 반가운 뉴스였다. 한국을 포함한 모든 나라가 미국발(發) 금융위기의 여파에 시달리던 때라 더욱 그랬다.

실제로 2009년만 두고 볼 때 한국 경제의 성적표는 나쁘지 않았다. 곤두박질치던 경제성장률을 여느 선진국보다 먼저 다시 끌어올렸으며, 국내 기업들은 경기침체를 무색하게 할 만큼 엄청난 실적을 올렸다. 여기에 향후 세계 정치·경제를 이끌 모임으로 주목받는 주요 20개국(G20) 정상회의를 유치하는 긍정적 외부효과까지 더해졌다.

외신과 외국계 증권사 보고서는 한국이 경제위기를 가장 먼저 벗어날 국가가 될 것이란 예측도 내놨다. 1990년대 후반 외환위기를 극복했던 경험이 한국 경제의 체질을 강화했다는 분석이 이런 예측을 뒷받침했다. 학계에선 외환위기 당시 한국의 대응방식을 재조명하는 작업도 진행됐다. 물론 섣부른 낙관을 경계하는 시각도 있다. 너무 높은 대외의존도, 북핵 위협 등으로 인한 코리아 디스카운트 등의 약점은 여전하기 때문이다. 그래도 분명한 것은 이번 위기를 겪으면서 한국과 한국 경제가 상당한 스포트라이트를 받게 됐다는 점이다.

2010년에 접어든 지금, 한국은 여러 모로 재평가의 시기를 거치고 있다. 과연 우리의 성장 모델이 옳은 것이었는지, 개발독재 방식은 유효했는지, 이제는 성장보다는 분배에 초점을 맞출 때인지 등에 대해서 말이다. 특히 지난해 말엔 박정희 대통령 서거 30주기를 맞아 이런 부분에 대한 논쟁이 치열하게 벌어졌다. 박정희가 없었다면 한국은 전쟁 이후 아무런 발전이 없는 후진국으로 전락해 있을 거란 의견과 박정희의 개발독재가 아니었어도 자생적인 고도성장이 가능했을 거란 주장이 팽팽히 맞섰다.

인류학에서 '낯설게 하기'라는 기법이 있다. 문화 현상을 조사할 때 자기 자신을 제3자의 위치에 놓고 바라보는 것이다. 한 문화를 연구할 때 그 집단에 속한 이가 조사에 참여하는 게 가장 편한 일일 것이다.

그러나 그런 경우 개인의 선입견이나 감정, 경험 때문에 연구결과가 왜곡될 우려가 있다. 그래서 최대한 연구자 자신을 제3자의 위치에 놓는 것, 그것이 바로 낯설게 하기다. 이를 고려할 때 한국에 대해 상대적으로 '낯선 이'인 마이클 슈먼이 지켜본 이 아시아 경제 보고서가 우리의 질문을 해결하는 데 유용한 길잡이가 될 수 있다.

끝부분에도 나오지만 그가 직접적으로 이야기를 전달하는 대상은 아시아 독자가 아니다. 미국 독자다. 아시아가 이렇게 변하고 있으니, 성장하고 있으니 미국인들은 깨어 있어야 한다는 게 그의 결론이다. 그는 '우리' 미국인이라는 표현도 서슴없이 썼다. 결국 이 책은 미러클을 이룬 아시아 국가들이 기분 좋으라고 쓴 게 아니란 생각이다. 그렇기 때문에 '우리' 아시아 인에게 주는 시사점이 더 많을 듯하다. 저자는 책 전반을 두고 '아시아적 가치'가 과연 효과적이었는가, 심지어 그런 게 있기는 한가라는 질문을 끊임없이 던진다. 이는 앞머리에서도 언급한 한국의 개발독재가 과연 최선이었는지에 대한 대답과도 맞물려 있다. 책을 읽어 가며 그 해답을 찾을 수 있으리라 믿는다.

번역을 하면서 '참 꼼꼼하게 만든 책'이라는 느낌을 받았다. 읽는 재미와 정보를 함께 담으려 한 저자의 의도가 곳곳에서 엿보였다. 방대한 양의 참고문헌을 보면 저자가 얼마나 공을 들였는지도 알 수 있다. 한편 저자는 사건보다는 인물을 중심으로 서술해, 독자들이 처음 접한 내용이라도 쉽게 소화할 수 있도록 했다. 그의 소위 '글발'이 돋보이는 대목이다. 과연 이런 느낌을 한글판에 얼마나 성공적으로 반영시켰을지 걱정이 앞선다.

이와 함께 김대중 대통령, 김정렴 전 청와대 비서실장 등을 포함해 리콴유, 마하티르 모하마드, 스탠 시, 잭 웰치 등 자신이 직접 인터뷰한 각계 인사의 이야기를 바탕으로 집필했다는 점도 이 책의 가치를 한층 높인다. 이렇게 많은 저명인사들을 만났다는 것은 같은 기자로서 솔직히 부러운 일이다. 마이클 슈먼 개인의 탁월함 덕분이기도 하겠지만, 「월스트리트 저널」이나 「타임」 등 그가 몸담았던 매체의 영향력도 무시할 수 없을 것이다. 한국에서도 이런 세계적인 미디어 그룹, 그리고 이런 범세계적 이슈를 전문적으로 다룰 수 있는 기자가 나오기를 바라는 마음이다.

책 제목이 '미러클'이긴 하지만 등장한 모든 나라, 인물이 미러클을 이룬 것은 아니다. 모두가 기적을 추구했지만, 그중엔 실패한 이도, 절반의 성공에 그친 나라도 있었다. 식민지배에서의 탈피, 민족주의와 독재로 점철된 정치환경, 공산주의와의 대립 등 서로 엇비슷한 출발선에서 시작했지만 현재 아시아 각국이 받은 성적표는 제각각이다.

2010년인 지금, 우리는 대공황 이후 최악이라는 경제위기를 지나고 있다. 하버드 대의 경제사학자 니얼 퍼거슨 교수는 현재의 미국이 빅토리아 왕조 시대의 영국과 같다고 말했다. 영원히 해가 지지 않을 것 같던 대영제국이 한 순간에 패권을 잃었듯, 미국 역시 언제 그렇게 될지 모른다는 경고다. 특히 역사적으로 금융위기 이후엔 지정학적인 후폭풍이 뒤따랐다고 한다. 결국 이번 위기가 누구에겐 위험이 되겠지만, 다른 누군가에겐 기회가 될 수 있다는 이야기다. 따라서 지금 아시아 국가들이 손에 쥔 성적표도 어떻게 바뀔지 모른다. 이번에 출간된 『더 미러클』에선 일본이 첫 장을, 그리고 한국이 둘째 장을 장식했다. 그러나 다음 10년 후, 혹시 『더 미러클 2』가 나온다면 그 자리가 어떻게 뒤바뀔지 아무도 가늠할 수 없다.

그동안 현업에 있으면서 틈틈이 책 번역에 매달렸다. 국제경제 기사를 쓰다 보면 주로 미국이나 중국, 일본 관련 내용만 다루게 되는데, 이번 번역을 통해 다른 아시아 경제권에 대해서도 시각을 넓힐 수 있는 기회가 됐다. 업무에 지장을 주지 않으려고 애는 썼지만 부서장으로선 알게 모르게 인내심이 필요했을 것이다. 널리 이해해 주신 김동섭 부국장, 고현곤 부장께 감사드린다. 그리고 누구보다 번역하는 동안 여러 모로 배려해 준 아내 하지희에게 감사한다. 퇴근 후 작업을 하기 위해 많이 놀아 주지 못하고 무조건 일찍 재웠던 아들 김재윤에겐 미안할 뿐이다.

21세기의 새로운 10년을 여는 2010년에 이 책이 나오게 돼 의미가 깊다. 앞으로 10년 후 한국 경제와 한국 기업인이 미러클의 가장 첫 머리에, 가장 화려한 조명을 받으며 소개됐으면 하는 바람이다.

김필규